ERICH
SCHMIDT
VERLAG

D1668283

Consulting

Ein Lehr-, Lern- und Lesebuch zur Unternehmensberatung

Von
Prof. Dr. Thomas Deelmann
und
Prof. Dr. Andreas Krämer

ERICH SCHMIDT VERLAG

Bibliografische Information der Deutschen Nationalbibliothek
Die Deutsche Nationalbibliothek verzeichnet diese Publikation
in der Deutschen Nationalbibliografie; detaillierte bibliografische Daten
sind im Internet über http://dnb.d-nb.de abrufbar.

Weitere Informationen zu diesem Titel finden Sie im Internet unter
ESV.info/978-3-503-19516-9

ISBN 978-3-503-19516-9

Vorwort

Augenscheinlich ist Beratung ein spannendes, wenn auch undurchsichtiges Feld. Auf der einen Seite stehen Unternehmensberatungen als Arbeitgeber bei Studierenden und Absolventen verschiedener Fachrichtungen sowie Professionals hoch im Kurs. Auch Unternehmen und Selbständige aus benachbarten Branchen bieten oft Beratungsleistungen an. Man darf sagen, dass Unternehmensberatung nach wie vor eine hohe Anziehungskraft ausstrahlt. Auf der anderen Seite gibt es viele verschiedene Geschäftsmodellvariationen, unterschiedliche Beratungsformen und -felder, regionale und fachliche Schwerpunkte, Methoden und Vorgehensweisen, so dass die Orientierung schwerfällt. An dieser Stelle möchten wir mit dem vorliegenden Buch ansetzen und auf relativ überschaubarem Raum Transparenz schaffen und Strukturen anbieten. Als Ordnungskriterium haben wir uns für die „typische Beraterkarriere" entschieden: Von der Orientierungsphase über Einstieg und Aufstieg bis zum Ausstieg aus der Beratung. Zusätzlich angeboten werden u. a. Informationen zum Markt, die Sicht von Kunden und Gesellschaft sowie Einblicke in Beratungsvariationen abseits des Mainstreams. Dabei wollten wir weder den Beruf des Consultants „hochjubeln", noch ein „Berater-Bashing" betreiben, sondern neutral verschiedene Facetten skizzieren.

Konzipiert haben wir das Arbeitsbuch unter drei Gesichtspunkten: Es soll als Lernbuch Studierende mit Material versorgen, als Lehrbuch Dozentinnen und Dozenten mit Detailwissen unterstützen sowie als Lesebuch nicht nur Quereinsteigern, sondern allen Interessierten Einblicke in eine spannende, vielfältige und dynamische Branche bieten.

Seinen Lesebuchcharakter verdankt das Buch nicht zuletzt der Bereitschaft der 21 Expertinnen und Experten, die uns für Interviews zur Verfügung gestanden haben. Ihre Texte sind an geeigneter Stelle in das Buch integriert. Ihnen allen gebührt ein großes Dankeschön! Danken möchten wir ebenfalls den Studierenden, Kolleginnen und Kollegen, die uns in den letzten Jahren in vielen Vorlesungen und Gesprächen Rückmeldungen zum Inhalt und zu seiner Aufbereitung gegeben haben sowie Dr. Robert Bongaerts, Dr. Gerd Wilger und Martin Jung für Anregungen. Auch danken wir dem Erich Schmidt Verlag, insbesondere Frau Claudia Splittgerber, für die Unterstützung bei diesem Projekt. Im Voraus bedanken wir uns schon jetzt bei allen, die uns mit Anmerkungen, Rückmeldungen oder Fragen zum Buch kontaktieren!

Thomas Deelmann   *Andreas Krämer*

thomas.deelmann@hspv.nrw.de   *andreas.kraemer@exeo-consulting.com*

Inhaltsübersicht

Seite

Vorwort V

Inhaltsübersicht VII

Inhaltsverzeichnis IX

Übersicht der Interviews XV

Abbildungsverzeichnis XVII

Tabellenverzeichnis XXI

1   Einführung 1

2   Entwicklungslinien 13

3   Bewerbung 51

4   Einstieg 67

5   Projektleitung 97

6   Management und Führung 117

7   Kunde und Gesellschaft 175

8   Varianten der Beratung 215

9   Rahmenbedingungen 243

10   Abschluss 269

Literaturverzeichnis 283

Stichwortverzeichnis 299

Inhaltsverzeichnis

Seite

Vorwort V

Inhaltsübersicht... VII

Inhaltsverzeichnis..IX

Übersicht der Interviews XV

Abbildungsverzeichnis... XVII

Tabellenverzeichnis..XXI

1   Einführung 1

   1.1   Berufsfeld: Beratung.. 1

   1.2   Ziel: Arbeitsbuch... 2

   1.3   Aufbau: Orientierung am Berater-Karrierepfad 3

   1.4   Beratung und beratungsnahe Dienstleistungen............................... 6

2   Entwicklungslinien 13

   2.1   Übersicht und Leitfragen.. 13

   2.2   Definition und Besonderheiten... 13

   2.3   Kursorische Darstellung der Historie 16

   2.4   Ausgewählte aktuelle Trends und Themen..................................... 24

      2.4.1   Rahmenbedingungen 24

      2.4.2   Digitalisierung (bei Beratern und Kunden)............................ 24

      2.4.3   Automatisierung von Unterstützungsprozessen (intern)........... 26

      2.4.4   Automatisierung von Kernprozessen (intern) 27

      2.4.5   Wiedererstarken der Wirtschaftsprüfer (Big Four).................. 27

      2.4.6   War for Talents.. 28

      2.4.7   Plattformen und Netzwerke... 29

      2.4.8   Fragmentierung und Spezialisierung in der Branche 31

      2.4.9   Zusammenhang Gesellschaft-Unternehmen-Beratung 33

2.4.10 Rankings und brancheninterner Wettbewerb 34

2.4.11 Meta-Beratung 35

2.4.12 Veränderung in der Beratungsausrichtung 36

2.4.13 Neue Honorarmodelle 37

2.4.14 Zwischenfazit 38

2.5 Veränderte Wettbewerbssituation 40

2.6 Fragen, Diskussionsstellungen und Schlagworte 50

3   Bewerbung 51

3.1 Übersicht und Leitfragen 51

3.2 Markt 51

3.2.1 Übersicht 51

3.2.2 Entwicklung des Marktvolumens 51

3.2.3 Beratungsfelder 54

3.2.4 Anbietervielfalt 56

3.3 Bewerbungsprozess 57

3.3.1 Anforderungen 57

3.3.2 Rekrutierungswege 59

3.3.3 Typischer Ablauf eines Bewerbungsverfahrens 59

3.3.4 Exemplarische Fragen und Diskussionsstellungen im
        Bewerbungsverfahren 60

3.3.5 Das Mengengerüst (Oder: Wie groß ist die Konkurrenz?) 62

3.4 Fragen, Diskussionsstellungen und Schlagworte 66

4   Einstieg 67

4.1 Übersicht (Level: Consultant) und Leitfragen 67

4.2 Typischer Arbeitstag, typische Arbeitswoche 67

4.3 Personalpyramide & „Up-or-Out"-Prinzip 72

4.4 Karrierepfade und Personalentwicklung 78

4.5 **Vergütung und Gehalt** 85

4.5.1 Mythen und plakative Berichterstattung 85

4.5.2 Empirische Befunde 85

4.5.3 Ergänzende Überlegungen zur Einordnung der Gehaltsstruktur 87

4.6 **Wissensmanagement** 88

4.6.1 Grundlagen 88

4.6.2 Direkte und Transaktionskosten 94

4.6.3 Implikationen für Berater und Kunden 94

4.6.4 Ausgestaltung des Wissensmanagements in Beratungen 94

4.7 **Fragen, Diskussionsstellungen und Schlagworte** 96

5 **Projektleitung** 97

5.1 **Übersicht (Level: Project Manager) und Leitfragen** 97

5.2 **Projekt, Projektmanagement, Programmmanagement** 97

5.2.1 Projekt 97

5.2.2 Projektmanagement 98

5.2.3 Programmmanagement 100

5.3 **Klassisches Projektmanagement** 101

5.4 **Agiles Projektmanagement** 107

5.5 **Überführung der Projektaktivitäten in die Linienorganisation** 112

5.6 **Rollen** 114

5.7 **Fragen, Diskussionsstellungen und Schlagworte** 116

6 **Management und Führung** 117

6.1 **Übersicht (Level: Partner) und Leitfragen** 117

6.2 **Strategien** 117

6.3 **Ökonomische Stellgrößen** 128

6.4 **Profitabilität** 129

6.5   Aufbauorganisation **130**

6.6   Produkte, Marketing und Pricing **132**

   6.6.1   Nutzenargumente und Ziele von Consulting 132

   6.6.2   Consulting im informationsökonomischen Dreieck 141

   6.6.3   Differenzierte Werttreiber 143

   6.6.4   Spezialisierung als Nutzenargument 146

   6.6.5   Das Ziel der Marketingaktivitäten: Erhöhung des „Perceived
          Value" 149

   6.6.6   Preis- und Honorargestaltung 151

   6.6.7   Grundsätzliche Möglichkeiten der Honorarbestimmung 152

   6.6.8   Preisdifferenzierung als Konsequenz der Perspektive eines
          Value-Based Pricing 158

   6.6.9   Honorarmodelle für die Beratungsleistung 163

6.7   Erfolgsmessung und Bewertung **170**

6.8   Fragen, Diskussionsstellungen und Schlagworte **174**

7   Kunde und Gesellschaft **175**

7.1   Übersicht und Leitfragen **175**

7.2   Karriere nach der Beratungsanstellung **175**

7.3   Kundenprofessionalisierung **177**

   7.3.1   Beratermanagement 177

   7.3.2   Ansatzpunkte für die professionelle Projektgestaltung 183

   7.3.3   Beschaffung der Beratungsleistung als Treiber der
          Professionalisierung 184

7.4   Gesellschaftliche Wahrnehmung **197**

7.5   Situation und Reaktion der Berater **204**

7.6   Fragen, Diskussionsstellungen und Schlagworte **213**

8 Varianten der Beratung.. 215

8.1 Übersicht (Der „andere" Beratungsmarkt) und Leitfragen...... 215

8.2 Beratungsformen.. 215

    8.2.1   Aufteilung.. 215

    8.2.2   Gutachterliche Beratung.. 216

    8.2.3   Expertenberatung... 217

    8.2.4   Organisationsentwicklung.. 217

    8.2.5   Systemische Beratung.. 218

8.3 Interne Beratung.. 223

8.4 Junior- und Senior-Beratungen... 230

8.5 Fragen, Diskussionsstellungen und Schlagworte........................ 242

9 Rahmenbedingungen.. 243

9.1 Übersicht und Leitfragen... 243

9.2 Beratung als System... 243

    9.2.1   Beratersystem.. 243

    9.2.2   Kundensystem.. 246

    9.2.3   Systemische Betrachtung... 246

9.3 Rechtliches.. 248

9.4 Beratungsforschung... 254

9.5 Beratung in Ausbildung, Studium und Fortbildung.................... 264

9.6 Fragen, Diskussionsstellungen und Schlagworte......................... 267

10 Abschluss... 269

10.1 Übersicht: Konzeptionelles Gesamtmodell.................................. 269

10.2 Themen für heute und die Zukunft... 269

10.3 Quintessenz.. 281

Literaturverzeichnis... 283

Stichwortverzeichnis... 299

Übersicht der Interviews

Seite

Prof. Dr. Reinhold **Mauer** (Hümmerich legal):
Schnittstellen und Gemeinsamkeiten mit anderen Professionen   9

Prof. Dr. Dirk **Lippold** (HU Berlin):
Entwicklung der Profession   20

Jonas **Lünendonk** (Lünendonk & Hossenfelder):
Aktuelle Branchenentwicklungen   45

Stephan A. **Butscher**, Ilka **Cremer** (Simon-Kucher & Partners):
Bewerbungsprozess   63

Lea **Mühlenschulte** (Complion):
Einstieg in die Beratung   70

Dr. Laura S. **Dornheim** (Beraterin, Digitalstrategin):
Frauen in der Beratung   82

Dr. Christopher **Schulz** (Consulting-Life.de):
Erfolgreich im Projektmanagement   105

Prof. Dr. Peter **Preuss** (FOM Hochschule, People Consolidated):
Agilität im Projektmanagement   110

Edmund **Cramer** (cramer müller & partner):
Führung einer Beratung   120

Giso **Weyand** (Team Giso Weyand):
Marketing und Vertrieb für Beratungsleistungen   136

Wilfried **Bauer** (T-Systems):
Mit Beratern zusammenarbeiten   179

Klaus **Kemme** (Deutsche Bahn):
Beratungsleistungen einkaufen   190

Thomas **Steinmann** (Capital):
Blick von außen auf Beratung   201

Prof. Dr. Thomas **Wrona**, Pauline Charlotte **Reinecke**
(TU Hamburg-Harburg):
Wandel und Veränderung durch und für Berater   207

Dr. Oliver **Mack** (mack:consulting):
Besonderheiten Systemischer Beratung   219

Daniel **Eckmann** (Center for Strategic Projects, DT):
Inhouse Consulting   227

Alexandra **Krüger** (BDSU):
Studentische Unternehmensberatung   237

RA Prof. Dr. Andreas **Quiring** (LKC):
Die rechtliche Seite   251

Prof. Dr. Volker **Nissen** (TU Ilmenau):
Consulting Research   259

Abbildungsverzeichnis

Seite

Abbildung 1:   Verschiedene Perspektiven auf Beratung 4

Abbildung 2:   Aufbau und Struktur des Buches 6

Abbildung 3:   Umsatz der rechts- und wirtschaftsberatenden Berufe
2008 und 2016 (Mrd. EUR; Deutschland) 7

Abbildung 4:   Vergleich von Produkten und Dienstleistungen 15

Abbildung 5:   Digitalisierung von Beraterleistung 25

Abbildung 6:   Arbeitsgeber-Attraktivität aus Sicht von Wirtschaftswissenschaftlern, Informatikern und Ingenieuren
(Studierende) 29

Abbildung 7:   Positionierungsansätze und subjektive Bewertung
des eigenen Spezialisierungsgrades durch
Unternehmensberater 32

Abbildung 8:   Narrative der Wirtschaft und ausgewählte Beratungsinhalte im Zeitverlauf 34

Abbildung 9:   Entwicklung der Einkaufsprozesse aus Sicht der
Unternehmensberater 36

Abbildung 10: Geschäftsmodelle für Beratungsunternehmen 39

Abbildung 11: Veränderung des Marktumfelds am Beispiel von
Roland Berger 42

Abbildung 12: Volumen des Unternehmensberatungsmarktes und
Anzahl der Berater in Deutschland, 1990-2019 52

Abbildung 13: Veränderungen des BIP (preisbereinigt) und des
Beratungsmarktes (jeweils ggü. Vorjahr, in %) von
1990 bzw. 1991 bis 2019 53

Abbildung 14: Typischer Arbeitstag eines Beraters 68

Abbildung 15: Typische Arbeitswoche eines Beraters 69

Abbildung 16: Schematische Darstellung einer pyramidalen
Personalstruktur 73

Abbildung 17: Up-or-Out-Prinzip 75

Abbildung 18: Wachstumsnotwendigkeit einer Beratung beim
Up-or-Out-Prinzip 76

Abbildung 19: Implizites und explizites Wissen – Wissensübergänge 90

Abbildung 20: Bausteinmodell des Wissensmanagements 91

Abbildung 21:   Wertschaffung durch Wissen 93

Abbildung 22:   Erfolgsfaktoren Wissensmanagement in Beratungen 95

Abbildung 23:   Magisches Dreieck des Projektmanagements 99

Abbildung 24:   Projekttypen 99

Abbildung 25:   Illustratives PERT-Netzwerk 102

Abbildung 26:   Typische Aufbauorganisation eines Beratungsprojektes 103

Abbildung 27:   Projektrisikomanagement-Prozess 104

Abbildung 28:   Beispiel für einen (Teil-) Projekt-Statusbericht 104

Abbildung 29:   Methode für das agile Projektmanagement:
                Scrum Framework 109

Abbildung 30:   Tandem-Ansatz für die Überführung von Projekt- in
                Linienaufgaben 113

Abbildung 31:   Beraterrollen: Wie kann der Berater Mehrwert schaffen 114

Abbildung 32:   Teamrollen nach Belbin 115

Abbildung 33:   Verschiedene Geschäftsmodelle im Vergleich
                (Kundensicht) 118

Abbildung 34:   Idealtypische Wettbewerbsstrategien für Beratungen 119

Abbildung 35:   Abwandlung der klassischen Personalpyramide 131

Abbildung 36:   Matrixorganisation einer Beratung 131

Abbildung 37:   Wahrgenommener Wert der Beratungsleistung 133

Abbildung 38:   Spezialisierungsgrad in der Wahrnehmung der
                Unternehmensberater 148

Abbildung 39:   Entscheidung für den Berater aus Kundensicht 150

Abbildung 40:   Orientierungspunkte für die Preisbildung 153

Abbildung 41:   Kalkulation des minimalen (Break-even) Stundensatzes ... 154

Abbildung 42:   Abwägung zwischen Kundennutzen und -aufwand bei
                der Beraterauswahl 157

Abbildung 43:   Wirkungsweise der Preisdifferenzierung (Beispiel) 159

Abbildung 44:   Mittlere Tagessätze nach Umsatzgröße der Beratung
                und Beraterlevel 162

Abbildung 45:   Wirkungsweise unterschiedlicher Honorarmodelle für
                sog. Professional Services Firms 165

Abbildung 46:   Bewertung von Festpreishonoraren aus
                Beraterperspektive 167

Abbildung 47: Modell zur Erfolgsbeurteilung von Projekten 171

Abbildung 48: Gap-Modell der Dienstleistungsqualität 173

Abbildung 49: Kreislauf des Beratermanagements aus Kundensicht 178

Abbildung 50: Statementbewertung zum Thema Einkaufsprozesse
aus Beratersicht 187

Abbildung 51: Veränderung der Einkaufsprozesse 188

Abbildung 52: Ansehen von Berufen in Deutschland (Mai 2020);
OpinionTRAIN 2020 198

Abbildung 53: Wahrnehmung des Größenverhältnisses zwischen
Imkern und Unternehmensberatern (UB) in
Deutschland; OpinionTRAIN 2020 200

Abbildung 54: Aspekte der Unternehmensethik bei Beratungen 205

Abbildung 55: Illustration und Fallbeispiel für die
Gutachterliche Beratung 216

Abbildung 56: Illustration und Fallbeispiel für die Expertenberatung 217

Abbildung 57: Illustration und Fallbeispiel für die
Organisationsentwicklung 218

Abbildung 58: Illustration und Fallbeispiel für die
Systemische Beratung 218

Abbildung 59: Poolorientierte Organisation einer Studentischen
Beratung 233

Abbildung 60: Ressortorientierte Organisation einer Studentischen
Beratung 234

Abbildung 61: Typisches Netzwerk einer Studentischen
Unternehmensberatung 235

Abbildung 62: Beratungssystem im engeren Sinne 247

Abbildung 63: Beratungssystem im weiteren Sinne 248

Abbildung 64: Ausgewählte Zielstellungen bei der Rechtsformwahl 250

Abbildung 65: Geeignete Rechtsform bei Priorisierung nach
Haftungsvorsorge und variabler Zweitpriorität 250

Abbildung 66: Betriebswirtschaftliche Facetten der organisationalen
Beratung 258

Abbildung 67: Einordnung der Vorlesung „Consulting" im Modul
Corporate Change des Studiengangs Corporate
Management an der BiTS Hochschule.................................. 265

Abbildung 68: Ausgewählte Aus- und Weiterbildungsangebote
               (Screenshots) 266
Abbildung 69: Konzeptionelles Gesamtmodell und beispielhafte
               Abhängigkeiten im Markt für Beratungsleistungen 270
Abbildung 70: Imageprofile von Beratungsberufen (Deutschland,
               Mai 2020); OpinionTRAIN 2020 272
Abbildung 71: Unternehmensberater als Tätigkeit (Deutschland,
               Mai 2020); OpinionTRAIN 2020 274

Tabellenverzeichnis

Seite

Tabelle 1:   Vermittlerrollen von Beratern 18

Tabelle 2:   Kompetenzen und Fähigkeiten einzelner Karrierelevel
in der pyramidalen Struktur 74

Tabelle 3:   Ökonomische Stellgrößen von Beratungen; typische
relative Ausprägung für unterschiedliche
Beratungsfelder 129

Tabelle 4:   Indikatoren der Beratungsqualität aus Kundensicht 144

Tabelle 5:   Checkliste für die Ausgestaltung von Zeithonoraren.......... 164

1 Einführung

1.1 Berufsfeld: Beratung

Der Beruf des Beraters[1] (engl. Consultant) erfreut sich einer hohen Popularität.[2] Für die Angebotsperspektive lässt sich beobachten, dass Studierende verschiedenster Fachrichtungen den Beruf ergreifen wollen, ebenso wie berufserfahrene Menschen. Einige üben die Tätigkeit für ein paar Jahre aus, andere für ein ganzes Berufsleben. Viele nennen sich „Berater" oder „Consultant", noch mehr übernehmen faktisch Beratungsaufgaben, ohne eine solche Bezeichnung zu führen, sondern arbeiten im Controlling, Corporate Development oder in Stabsabteilungen. In Zahlen kann die Popularität beispielsweise aus den diversen Listen zur Arbeitgeberattraktivität abgelesen werden: Wenn unter den 100 attraktivsten Arbeitgebern elf Beratungen (oder Unternehmen mit einem hohen Beratungsanteil) vertreten sind[3], dann erscheint dies bemerkenswert.

Auch in der Nachfrage zeigt sich eine ungebrochene Attraktivität der Dienstleistung. So ist der Branchenumsatz in den letzten Jahren stetig gewachsen; selbst in gesamtwirtschaftlich angespannten Zeiten waren Rückgänge des Marktvolumens nur von kurzfristiger Natur.

Und schließlich zieht die Branche eine hohe mediale Aufmerksamkeit auf sich: Für die circa 130.000 Berater in Deutschland[4] – zum Vergleich: diese Gruppe ist seit Jahren immer etwas kleiner als die Zahl der in Deutschland aktiven Imker (ca. 150.000[5]) – und einem Anteil am BIP, der bei circa 1 % liegt, erscheint die Menge an Publikationen in der Wirtschafts- und Tagespresse überproportional groß.

Die nachfolgende, selbstredend nicht vollständige Liste möchte das Spektrum der vorzufindenden Literatur und Informationsquellen von und über Berater und Beratungen aufzeigen. Es reicht

---

[1] Soweit sich aus dem Kontext nichts anderes ergibt, sind immer alle Geschlechter gemeint, auch wenn nur die weibliche oder nur die männliche Schreibweise gewählt wird.

[2] Die Begriffe Consultant, Berater, Beratung, Beratungsgesellschaft etc. werden synonym verwendet, soweit sich aus dem Kontext nichts anderes ergibt.

[3] Vgl. Universum Communications: 2017, S. 5. Andere Untersuchungen kommen zumindest für Wirtschaftswissenschaftler zu einem ähnlichen Bild. In der Studie Arbeitgeber Ranking von Absolventa sind 2020 acht Beratungen bzw. Unternehmen mit einem hohen Beratungsanteil unter den Top 50 zu finden und 13 unter den Top 100. Für Ingenieure (zwei unter den Top 50) und Informatiker (sieben unter den Top 50) liegen die Nennungen geringer; vgl. Absolventa: 2020a, b, c.

[4] Vgl. Bundesverband Deutscher Unternehmensberater BDU e.V.: 2020a, S. 4.

[5] Vgl. Deutscher Imkerbund e.V.: 2020.

- von wissenschaftlichen Fachbüchern und Dissertationen (z. B. „Consulting Research" von Nissen; „Die Auswahl von Unternehmensberatungen" von Kohr) bis zu pointiert geschriebenen Werken im Sachbuch-oder belletristischen Format (z. B. „Beraten und verkauft" von Leif; „McKinsey kommt" von Hochhuth),
- von Online-Portalen (z. B. consulting.de; consultantcareerlounge.com) bis zu Blogs (z. B. beraterleben.de; blog.wiwo.de/die-consultanten),
- von physischen Schwergewichten (z. B. „Management Consulting – A Guide to the Profession" von Kubr; die zweibändige Loseblattsammlung „Handbuch der Unternehmensberatung") bis zu broschürehaften Werken (z. B. von Amelns „Organisationsberatung"),
- von Bewerbungsratgebern (z. B. „Insider Dossier" von squaker.net; „Perspektive Unternehmensberatung" von e-fellows.net) bis zu Erfahrungsberichten (z. B. „FRA-MUC-FRA" von Sauer und Sahnau; „IT-Beratung aus der Sicht eines Insiders" von Lupus Leander),
- von Einsteigerliteratur (z. B. „Beratung und Consulting für Dummies" von Nelson und Economy) bis zu Arbeiten, die sich auf Spezialbereiche fokussieren (z. B. das „Rechtshandbuch für Unternehmensberater" von Quiring).

Die nun naheliegende Frage lautet, warum bei der Vielzahl von Informationsquellen noch ein weiteres Werk notwendig ist?

Das vorliegende Buch möchte eine Lücke schließen und erstens eine umfängliche Darstellung der typischen Mechanismen bieten, die in Beratungsorganisationen wirken, ohne jedoch selbst zu umfangreich zu werden. Es möchte zweitens sachlich und faktenbasiert informieren und gleichzeitig auch persönliche Eindrücke und Einschätzungen liefern. Und es möchte drittens das Selbstlernen ebenso unterstützen, wie es als Begleitmaterial für Seminare, Trainings oder Vorlesungen dienen will.

1.2 Ziel: Arbeitsbuch

Ziel des Buches ist es also, als Lehr-, Lern- und Lesebuch für den Beruf des Beraters nutzbar zu sein. Als *Lehrbuch* bietet es Dozenten Material für entsprechende Vorlesungen. Neben dem reinen Text lassen sich insbesondere die einzelnen Abbildungen gut im Rahmen einschlägiger Vorlesungen verwenden. Als *Lernbuch* unterstützt es an der Thematik interessierte Personen bei der Orientierung und der Aus- und Weiterbildung. Leitfragen zu Beginn eines Kapitels, Wiederholungs- und Wissensfragen sowie einschlägige Stichworte am Ende eines Kapitels helfen, den Wissensfortschritt sichtbar zu machen. Als *Lesebuch* bietet es u. a. dank der enthaltenen Interviews mit erfahrenen Branchenkennern eine hoffentlich kurzweilige und zum anderen gewollt subjektiv geprägte Lektüre.

Verschiedene Zielgruppen möchte das Buch ansprechen:

- Berufseinsteiger, die eine Karriere in der Beratung anstreben.
- Erfahrene Berufstätige, die über eine zweite Karriere und einen Wechsel in die Beratung (angestellt oder selbständig) nachdenken.
- Professionals, die aus einem verwandten Berufsfeld heraus zusätzlich Beratungsleistungen anbieten wollen.
- Kunden, die Berater einsetzen sowie verstehen wollen und sich über die „Gegenseite" informieren möchten.[6]
- Lehrende und – last but not least – Studierende, die für einschlägige Veranstaltungen Unterstützung suchen.

Das Buch möchte dabei das Wesentliche abdecken, ohne allumfänglich zu sein. Es möchte Wirkmechanismen aufzeigen, aber nicht „Standard-Tools" beschreiben. Es möchte dabei sachlich, aber nicht „knochentrocken" erscheinen. Und, ganz wichtig: Es möchte eine neutrale bis positive Position zur Beratung einnehmen und nicht in „Jubelgeschreie" ausbrechen, Beratung als Allheilmittel oder Berater als „Götter in schwarz, dunkelblau und anthrazit" anpreisen. Aber auch ein „Berater-Bashing" möchte das Buch selbstredend nicht vornehmen – eine differenzierte Betrachtung der Branche erscheint mehr als angebracht.

1.3 Aufbau: Orientierung am Berater-Karrierepfad

Beratung ist ein facettenreiches Themengebiet, dem man sich ihm aus mehreren Blickwinkeln nähern kann, z. B. entlang der Phasen eines Beratungsengagements, über die Kompetenzen, mit denen ein Berater die Kunden unterstützen möchte, mit Hilfe von Beteiligten und Akteuren sowie an Hand unterschiedlicher Betrachtungsebenen (vgl. Abbildung 1).

Im Rahmen dieses Lehr-, Lern- und Lesebuchs soll als Leitgedanke der „Berater-Lebenszyklus" stehen. Alternativ hätte neben diesem „Consultant Career Cycle" (das Arbeitsleben des individuellen Beraters) auch noch ein „Consultancy Cycle" (Entwicklung einer Beratungsorganisation), ein „Customer Cycle" (Professionalisierung von Kundenorganisationen bzw. ihr Umgang mit Beratungsangeboten), ein „Concept Cycle" (Geburt, Wachstum, Reife und Sterben von Themen bzw. Beratungsangeboten), ein „Cultural Cycle" (Rolle der Beratung in der Gesellschaft) oder ein „Commercial Cycle" (Bearbeitung einer Kundenorganisation mit Beratungsangeboten) gewählt werden können. Der Berater-Lebenszyklus erschien unter allen Varianten allerdings als für die oben genannten Zielgruppen am sinnvollsten.

---

[6] Die Begriffe Kunde, Mandant und Klient etc. werden synonym verwendet, soweit sich aus dem Kontext nichts anderes ergibt.

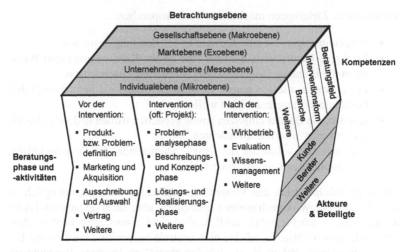

Abbildung 1: Verschiedene Perspektiven auf Beratung

Nach diesem einleitenden *Kapitel 1* und einer sich anschließenden schlaglichtähnlichen Darstellung historischer und aktueller Entwicklungen wie z. B. der Digitalisierung und möglichen Automatisierung der Beratung (*Kapitel 2*) orientiert sich der Aufbau dabei primär an einem typischen Weg, einem Karrierepfad bzw. der Interessenentwicklung von Studierenden in Master- oder fortgeschrittenen Bachelor-Studiensemestern (vgl. Abbildung 2):

- Von der Informations- und Bewerbungsphase (*Kapitel 3*; exemplarische Inhalte: Beratungsmarkt, Entwicklung der Disziplin, typische Bewerbungsprozesse und -verfahren),
- über die Zeit als Berufseinsteiger als „Consultant" (*Kapitel 4*; exemplarische Inhalte: Wie sieht ein Arbeitstag, eine Arbeitswoche aus? Welche Mechanismen wirken um mich herum (Stichworte: „Up-or-out"-Turniermodus, Wissensmanagement))
- und als erfahrener Berater in der Management-Rolle eines „Projektleiters" (*Kapitel 5*; exemplarische Inhalte: Was sind Projekt- und Veränderungsmanagement? Wie funktioniert das und worauf ist zu achten?) bis hin zur
- höchsten Karrierestufe des geschäftsführenden „Partners" (*Kapitel 6*; exemplarische Inhalte: Worauf ist beim Management eines Beratungsunternehmens zu achten? Wie führe und organisiere ich meine Beratung? Wie beeinflusst mich die Digitalisierung bei meinen Service Offerings und der eigentlichen Leistungserbringung?) Im Fokus steht ein Partner (als Einzelunternehmer oder einer von vielen in einer Professional Service Firm), der sein „Consulting as a Business" interpretiert und Grundlagen einer Beratungs-BWL benötigt.

Ergänzt werden diese Inhalte in *Kapitel 7* zum einen um Aspekte, die sich mit dem Wechsel von einer Beratung in eine Kundenorganisation (z. B. als Resultat des Up-or-out-Mechanismus) beschäftigen sowie um Punkte, die sich explizit der Kundenperspektive widmen (Grundüberlegung: Fast jede Organisation kommt mit Beratern in Kontakt und viele ehemalige Berater arbeiten auf der Kundenseite – Wie können Kundenorganisationen professionell mit Beratern arbeiten?) und die Rolle der Beratung in der Gesellschaft (Phänomen: Beratung wird als sehr ambivalent wahrgenommen, seine Rolle kann als dichotom beschrieben werden).

Eingerahmt werden die Inhalte zum anderen in *Kapitel 8*, in dem „Varianten der Beratung" abseits des Mainstreams vorgestellt werden. Bisher wurden die Inhalte des Buches (stillschweigend) auf das Consulting-Massengeschäft, die sog. Expertenberatung gelenkt (ca. 85% des Marktes, Vertreter sind große wie kleine Anbieter – z. B. Accenture, BCG, CSP der Deutschen Telekom, Deloitte, EY, KPMG, Rödl & Partner, Siemens Management Consulting), die auch in der Tages- und Wirtschaftspresse regelmäßig Erwähnung finden. Neben diesen Vertretern des Mainstreams existieren jedoch weitere Beratungen, die sich z. B. alternativer Beratungsformen bedienen (z. B. Organisationsentwicklung, systemische Beratung), Teil eines „anderen" Beratungsmarktes sind (z. B. Studentische Unternehmensberatungen, Senior Consulting Services) oder eine neu Art von Geschäftsmodellen reflektieren (z. B. Berater-Netzwerke, Plattformen). Sie werden ebenfalls vorgestellt, um den Blick auf das Berufsfeld oder die Dienstleistergruppe „Beratung" nicht zu früh zu stark einzuengen.

Das *Kapitel 9* beleuchtet ausgewählte rechtliche Aspekte und fokussiert auf das Themenfeld „Beratung" als Forschungsdomäne.

Das abschließende *Kapitel 10* beleuchtet die zukünftige Entwicklung des Beratungsmarktes und gibt einen Ausblick auf die mögliche Entwicklung der Profession sowie insgesamt zehn ausgewählte Handlungsfelder.

Im Aufbau sind sich die einzelnen Kapitel sehr ähnlich: Sie starten mit einigen (teilweise salopp formulierten) Leitfragen, welche zu den dann folgenden Inhalten hinführen. Anschließend werden die Inhalte des Kapitels präsentiert. Sie werden durch Interviews mit erfahrenen Experten ergänzt. Jedes Kapitel schließt mit Wiederholungs- und Verständnisfragen, Diskussionsstellungen und Anregungen – sowie einer kurzen Liste von Stichworten, die ausgewähltes, im Kapitel verwendetes Fachvokabular nochmal konsolidiert.

Abbildung 2: Aufbau und Struktur des Buches

1.4 Beratung und beratungsnahe Dienstleistungen

Während der Hauptfokus des Buches auf der Arbeit der Unternehmensberater liegt, werden auch Schnittstellen mit anderen Professionen berücksichtigt. Dies folgt der Argumentation von Mauer, Krämer und Becker, die in den Bereich der rechts- und wirtschaftsberatenden Berufe die Rechts-, Steuer und Unternehmensberatung sowie auch die Markt- und Meinungsforschung einordnen.[7] An dieser Stelle erscheint es daher auch sinnvoll, kurz über die Umsatzvolumina der einzelnen Teilsegmente und die Dynamik der Entwicklung zu berichten:

- Das Statistische Bundesamt fasst Unternehmens- und Public Relationsberatung zusammen (WZ08-702) und ordnet diesem Bereich für das Jahr 2016 einen Umsatz von 32,5 Mrd. EUR zu.
- Ähnlich groß ist der Bereich Wirtschaftsprüfung und Steuerberatung, Buchführung, der auf einen Umsatz von 31,5 Mrd. EUR kommt.
- Der Rechtsberatung werden 25,8 Mrd. EUR zugeordnet.
- Das Segment Werbung und Marktforschung umfasst einen Umsatz von ca. 30 Mrd. EUR, wobei das Teilsegment Markt- und Meinungsforschung auf 2,8 Mrd. EUR kommt.

---

[7]   Vgl. Krämer, Mauer, Becker: 2000, S. 6.

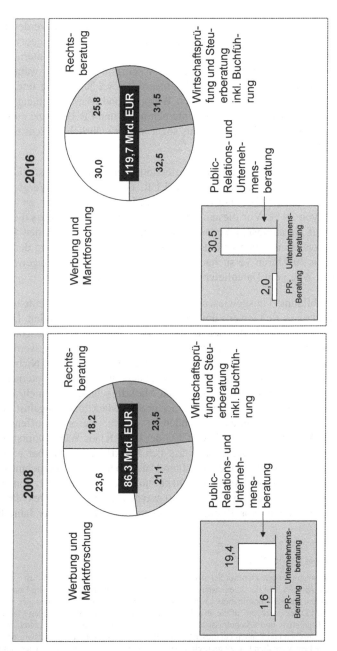

Abbildung 3: Umsatz der rechts- und wirtschaftsberatenden Berufe 2008 und 2016 (Mrd. EUR; Deutschland)

Um die Dynamik der Umsatzentwicklung im Zeitverlauf zu verdeutlichen, werden in Abbildung 3 die Strukturen der Jahre 2008 und 2016 gegenüberge-stellt. In der untersuchten Periode von acht Jahren erreicht die Unternehmens- und PR-Beratung ein mittleres jährliches Wachstum von 5,8 %, während das durchschnittliche Wachstum aller Segmente bei 4,2 % p.a. lag und die ge-ringsten Wachstumsraten im Bereich Werbung und Marktforschung erkenn-bar sind (3,0 % p.a.). Werden die Unternehmens- und PR-Beratung aufgespal-ten, ergeben sich für die Consultants sogar mittlere jährliche Wachstumsraten von knapp 6 %.

Werden die genannten Beratungsprofessionen zusammengefasst, liegen die Umsätze in 2016 bei etwa 120 Mrd. EUR. Gegenüber dem Vergleichsjahr 2008 ergibt sich ein absoluter Zuwachs von 31,4 Mrd. EUR bzw. ein relativer Zuwachs von 39 %. Vor diesem Hintergrund wird auch klar, dass die Fokus-sierung auf Beratungstätigkeiten auch in angrenzenden Bereichen verstärkt wird. Besonders deutlich ist dies im Bereich der Marktforschung der Fall. In den letzten 20 Jahren versuchen die großen Institute einen Imagewandel zu erreichen: Weg vom Datenlieferanten, hin zum Berater.[8]

Die in Abbildung 3 ausgewiesene Trennung der Beratungssegmente mag sug-gerieren, dass es sich jeweils um klar abgegrenzte Bereiche handelt. Das ist in der Regel auch der Fall. Gleichzeitig sind Schnittstellen zu beachten, zum Beispiel dann, wenn Rechtsanwälte auch als Consultants tätig werden (vgl. dazu das Interview mit Prof. Dr. Reinhold Mauer weiter unten). Nicht minder große Überlappungsbereiche ergeben sich auch zwischen der Unternehmens-beratung und Agenturleistung oder auch Marktforschung. Seit mehr als zwei Jahrzehnten besteht aus Perspektive der großen Marktforschungsinstitute der Ehrgeiz, auch als Consultant verstanden zu werden.[9] Besonders offensiv wur-de dieser Ansatz vom ehemaligen CEO der GfK, Klaus Wübbenhorst, vertre-ten. Dabei ist es nachvollziehbar, dass sich Marktforscher darüber echauffie-ren, wenn die von ihnen bereitgestellten Daten später von Unternehmensbera-tern in der unternehmensinternen Diskussion nicht nur genutzt, sondern im schlimmsten Fall auch neu-interpretiert werden. In diesem Kontext lässt sich auch die Darstellung von Rommel einordnen: „Bis in die 1990er Jahre hinein

---

[8]   Vgl. Gräper, Corvin: 2012.

[9]   So führt beispielsweise Hartmut Scheffler, Kantar Holding, in einem Interview aus: „...Und natürlich wird der Teil der datenbasierten Beratung vor dem Hintergrund von Big Data, Daten-plattformen, Datenökonomie immer wichtiger. Wir verstehen Daten und können gute von schlechten Daten (bezogen auf die jeweilige Fragestellung) trennen, wir verstehen Marken und können Ergebnisse und Erkenntnisse auf Marken und Markenführung transformieren, wir ver-stehen Menschen und können bei dieser Interpretation und Transformation Basiswissen zu menschlichem Verhalten und zu menschlichen Einstellungen einfließen lassen. Diese unique Wissenskombination legitimiert unser Beratungsangebot und unseren Beratungsanspruch." Scheffler: 2019.

war es üblich, die in Papier geronnene Beratungsleistung einschließlich Summary beim Kunden abzuliefern – und darüber hinaus nicht weiter in Erscheinung zu treten. Dies ist heute nur noch im Kontext geschlossener Ja/Nein-Entscheidungen vertretbar. Bei komplexeren Fragestellungen wünschen Kunden zunehmend, Berater in die Entscheidung, Implementierung und Umsetzung einzubinden."[10]

In der dargestellten Argumentation, warum andere Professionen einen Teil des Beratermarktes beanspruchen wird häufig vordergründig inhaltlich argumentiert, entscheidend sind aber auch die ökonomischen Rahmenbedingungen. Aus Sicht eines Leiters einer Marktforschungsagentur mag es surreal erscheinen, dass Junior-Berater größerer Strategieberatungen (oder besser noch Praktikanten), die dem Unternehmen als Marktforschungsspezialisten „verkauft" wurden, einen höheren Stundensatz erzielen als sie selbst. Nichts liegt daher näher, als den Ansatz zu forcieren, die bestehenden Daten in Richtung Handlungsempfehlungen weiterverarbeiten und damit Entscheidungen im Management direkt zu unterstützen. In diesem Fall würde die Funktion des Beraters nicht mehr erforderlich sein. Für den Marktforscher ergeben sich Chancen u.a. durch eine größere Kundennähe, ein besseres Verständnis der Kundenprozesse und -entscheidungswege sowie für die Durchsetzung höherer Preise.

Schnittstellen und Gemeinsamkeiten mit anderen Professionen

Interview mit Prof. Dr. Reinhold Mauer

Wo sehen Sie allgemein und aus Ihren persönlichen Erfahrungen heraus Schnittstellen oder Überlagerungsbereiche zwischen Consultants und Rechtsberatern?

Beide sind als Berater und damit als freiberufliche Dienstleister für Unternehmen und andere Organisationen tätig. Die Beratungsfelder überschneiden sich regelmäßig, weil Business-Themen immer auch einen rechtlichen Rahmen haben, der die Handlungsspielräume mehr oder weniger eng steckt. Zum Beispiel eine Restrukturierung oder Prozessoptimierung eines Unternehmens: Die Zielstrukturen orientieren

---

[10] Rommel: 2020.

sich an realen Gegebenheiten, betriebswirtschaftlichen und technischen Überlegungen. Aber sie sind durch rechtliche Rahmenbedingungen, wie z. B. arbeitsrechtliche Schutzvorschriften, begrenzt und überlagert. Umgekehrt kann eine rechtliche Beratung nur dann gut sein, wenn sie auch im Business praktisch umsetzbar und nutzenstiftend ist.

In welchen Bereichen sehen Sie für Anwälte gute Chancen, auch als Managementberater tätig zu werden?

Dort, wo die Handlungsoptionen durch engmaschige Normen sehr begrenzt sind und wo durch Verhandlung mit Dritten möglichst gute Ergebnisse erzielt werden müssen. Je komplexer die Rechtslage, umso eher taugt der erfahrene Anwalt als Managementberater. Umgekehrt wird es für – nicht juristische – Berater schwierig, alleine zu agieren, wenn sie sich in Bereiche wagen, die rechtlich kritisch oder komplex sind.

Über welche Fähigkeiten müssen Anwälte verfügen, um auch als Consultant erfolgreich tätig werden zu können?

Analytisches Denken und möglichst branchennahes Erfahrungswissen sind die Schlüssel zum Erfolg als Consultant. Wer als Anwalt zugleich als Consultant tätig sein will, benötigt daher diese Fähigkeiten. Der verbreitete Vorwurf, dass Anwälte zu weit weg sind von der unternehmerischen Praxis trifft so generell nicht zu. Je spezialisierter ein Anwalt ist und je besser er eine Branche kennt, desto praxisnäher wird seine Beratung ausfallen. Spezifische Eigenschaften und Besonderheiten eines Unternehmens muss sich jeder Berater erschließen, egal ob Unternehmensberater, Anwalt oder sonstiger Berater.

Welche rechtlichen Restriktionen sehen Sie, wenn Rechtsanwälte als Berater tätig werden möchten?

Rechtliche Grenzen werden durch das Verbot von Interessenkollisionen und durch gesellschaftsrechtliche Schranken gesetzt. Der Anwalt darf keine widerstreitenden Interessen vertreten. Ein Anwalt in einer Sozietät sitzt dabei in einem Boot mit allen anderen Kollegen dieser Kanzlei. Die Interessenkollision ist daher kanzleiweit zu verstehen. Dies schließt es praktisch aus, die eigenen Mandanten oder deren Gegner sowie Wettbewerber als nicht-anwaltlicher Consultant oder überhaupt zu betreuen. Der Anwalt muss zudem unabhängig sein und bleiben. Dies setzt einer Beratungstätigkeit außerhalb seiner Kanzlei ebenfalls Grenzen, auch in zeitlicher Hinsicht. Der Anwalt muss stets für seine Mandanten erreichbar sein. Dies kann eine Beratertätigkeit in größeren Projekten mit intensiver zeitlicher Einbindung ausschließen.

Gesellschaftsrechtlich ist schließlich zu beachten, dass Anwälte sich beruflich nur mit bestimmten freien Berufen zusammenschließen dürfen. Consultants gehören nicht zu diesen sozietätsfähigen Berufsträgern. Zulässig sind jedoch Kooperationen mit Consulting-Unternehmen sowie eine Tätigkeit als Gesellschafter oder Mitarbeiter in einer Consulting-Firma, vorausgesetzt, die zeitliche Freiheit des Anwalts bleibt ihm erhalten.

Über diese Themen hinausgehend: Welche Trends sehen Sie persönlich im Beratungsmarkt?

Die wichtigsten Trends sind das ständige Anwachsen und die Änderungen der rechtlichen Rahmenbedingungen, auch im internationalen Kontext und weiterhin die Entwicklung besserer Algorithmen, um komplexe Fragen beherrschbarer zu machen. Eine Zusammenarbeit zwischen verschiedenen Beratern macht daher Sinn, um die Herausforderungen dieser Trends zu einer Stärke des eigenen Teams zu machen.

Zur Person:

Prof. Dr. Reinhold Mauer arbeitet als Rechtsanwalt in der Bonner Kanzlei HÜMMERICH legal. Er berät Mandanten zu arbeitsrechtlichen Fragen. Sein Spezialgebiet ist das internationale Arbeitsrecht. Daneben ist er als Datenschutzbeauftragter für verschiedene Unternehmen tätig. Seit jeher beschäftigt er sich zudem mit dem Marketing und Management von Anwaltskanzleien und anderen Freiberuflern.

2 Entwicklungslinien

2.1 Übersicht und Leitfragen

Grundidee: In diesem Abschnitt wird zunächst kurz die Profession der Unternehmensberatung definiert (Kernfragen sind dabei, welche Eckpunkte für die Beschreibung bestehen und wie einheitlich diese ist; Kapitel 2.2). Hierbei ist auch zu beachten, dass sich das Bild des Unternehmensberaters im Zeitablauf verändern kann. Daher wird im weiteren Abschnitt die Entwicklung der Unternehmensberatung im historischen Kontext aufgezeigt (Kernfragen sind dabei u.a., wie das Berufsbild entstanden ist und wie sich die Ausrichtung der Consultants über die vergangenen Dekaden verändert hat; Kapitel 2.3). Darauf aufbauend wird in Rahmen einer Ist-Analyse untersucht, wie aktuelle Trends die Tätigkeit der Unternehmensberater beeinflussen (Kapitel 2.4). Diese Trends haben auch einen Einfluss auf die Wettbewerbssituation im Markt, welche in Kapitel 2.5 diskutiert wird. Hierbei ist nicht nur relevant, wie einzelne Unternehmensberatungen miteinander im Wettbewerb stehen, sondern auch, welche Substitutionsbeziehungen zwischen den Unternehmensberatern und anderen Professionen bestehen.

Leitfragen hierbei sind:

1. Mit welcher begrifflichen und thematischen Basis arbeitet dieses Buch?
2. Was ist eigentlich Beratung? Wie kann diese definiert werden?
3. Wie hat sich Beratung im Laufe der Zeit zu der Branche entwickelt, die wir heute sehen?
4. Und welche Themen treiben die Branche derzeit um?
5. Wie lassen sich die Anbieter grob strukturieren und wie sieht ihre Wettbewerbssituation aus? Welche verwandten Bereiche und Branchen bieten Beratungsleistungen an?

2.2 Definition und Besonderheiten

Für den vorliegenden Text wird auf folgende Definition von Beratung zurückgegriffen:[11]

Als organisationale Beratung wird ein professioneller, vertraglich beauftragter Dienstleistungs- und Transformationsprozess der intervenierenden Begleitung durch ein Beratersystem bei der Analyse, Beschreibung und Lösung eines

---

[11] Der nachfolgende Abschnitt ist mit kleineren semantischen (vgl. die folgende Fußnote 12) und orthographischen Anpassungen Deelmann et al.: 2006, S. 6-7 entnommen.

Problems des Kundensystems – im Sinne einer Arbeit an Entscheidungsprämissen – mit dem Ziel der Transformation verstanden.[12]

Wesentlich bei dieser Definition sind mehrere Aspekte:

- *Professionalität:* Mit diesem Kriterium wird Beratung in dem hier verstanden Sinne von einer irgendwie gearteten Hilfestellung oder Unterstützung abgegrenzt.
- *Vertragliche Beauftragung:* Ist als ein formales Kriterium zentral, da sie die Beziehung zwischen Beratung und Kunde initialisiert und sich – auch innerorganisatorisch – von einem einfachen Anweisungsverhältnis im Rahmen bestehender Arbeitsverträge abhebt.
- *Prozess:* Organisationale Beratung ist – auch im interaktionsärmsten Beratungstyp wie der Gutachterberatung – hier als Prozess gefasst und grenzt sich so von singulären „Ereignissen", wie einmaligen Vorträgen, Weiterbildungsveranstaltungen oder Gesprächen ab.
- *Intervenierende Begleitung:* Damit ist ein offener Oberbegriff für im Hinblick auf die Interventionen zu unterscheidenden Typen der Beratung bezeichnet, der verschiedene Interventionen wie gutachterliche Beratung, Expertenberatung oder systemische Beratung umfasst. Der Begriff der „Begleitung" grenzt sich von anderen Formen der Zusammenarbeit (z. B. Co-Management) oder ersetzender Arbeit (Interimsmanagement) ab.
- *Beratersystem:* Damit wird ein abgegrenztes System – bestehend aus einer oder mehrerer Personen und deren Interaktionsbeziehungen – bezeichnet, das nicht identisch mit dem Kundensystem ist. Im Falle der externen Beratung ist dies bereits durch eine gesellschaftsrechtlich und wirtschaftlich eigenständige Entität gegeben. Im Falle der internen Beratung sind hingegen Grenzziehungen in einer Binnenstruktur einer Organisation zentral (i.S. einer Abteilung). Wesentlich dabei ist die fehlende direkte Betroffenheit des Beratersystems von einem Problem des Kundensystems – wenngleich eine indirekte Verbundenheit besteht.
- *Analyse, Beschreibung und Lösung:* Damit sind die Aufgaben der Beratung beschrieben, wobei hier darauf hingewiesen werden muss, dass grundsätzlich eine Informationsasymmetrie zugunsten des Kunden vorliegt.
- *Problem des Kundensystems:* Damit soll betont werden, dass es nicht um von dem Beratersystem – möglicherweise ausgehend von der verfügbaren Lösung – projizierte Probleme gehen kann, die vom Kunden zu lösen sind, sondern um eine gemeinsame Erarbeitung von Lösungen für virulente Probleme des Kunden.

---

[12] Notiz: Deelmann et al.: 2006 sprechen ursprünglich nicht von einem *Beratersystem* und einem *Kundensystem*, sondern von einem *Beratungssystem* und *Klientensystem*.

- *Arbeit an Entscheidungsprämissen:* Der Kunde ist der einzige, der in der Berater-Kunden-Beziehung für die Kundenorganisation entscheiden kann. Beratung trägt zur Vergegenwärtigung, Evaluierung und ggf. Veränderung von in der Vergangenheit bereits festgelegten Entscheidungsprämissen bei. Damit ist aber auch der wesentliche Unterschied zwischen – sowohl externer wie interner – Beratung und dem Kunden bezeichnet: Die riskante Entscheidung – unter Unsicherheit – trifft einzig der Kunde. Und zwar auch dann, wenn dies auf der Grundlage eines mehr oder minder starken Einflusses durch Berater geschieht. Im Gegensatz zu Externen Beratungen können sich die Folgen von ‚schlechter Beratung‘ allerdings auch auf die weiteren Bedingungen der Möglichkeit ‚Interner Beratung‘ nachhaltiger auswirken, da in der Regel zwischen Interner Beratungseinheit und Mutterorganisation ein direkterer Legitimations- und Finanzierungszusammenhang besteht.
- *Transformation:* Beratung hat das Ziel, dass in dem Kundensystem eine neue Form im Sinne einer Selbstveränderung des Kundensystems gefunden werden kann.

Um das Verständnis für Beratungsleistungen zu schärfen, ist es sinnvoll einerseits eine Abgrenzung zwischen Produkt und Dienstleistung vorzunehmen (im Vergleich zum Produkt ist die Dienstleistung beispielsweise immateriell und der Kunde ist Teil der Leistungserstellung), und andererseits die besondere Situation des Consultings im Dienstleistungsbereich zu beschreiben. Beide Schritte sind in Abbildung 4 dargestellt.

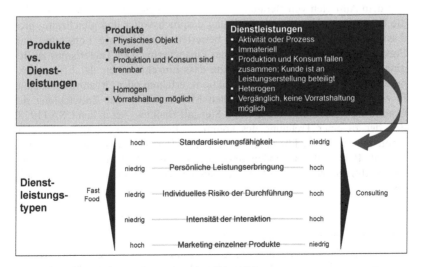

Abbildung 4: Vergleich von Produkten und Dienstleistungen

Auf einzelne Punkte soll hier kurz noch einmal näher eingegangen werden:

- *Intangibilität – Individualisierung – Interaktion:* Die Objektivierung der Qualität ist beschränkt, wie bereits oben beschrieben wurde. Dies ergibt sich bereits aus einer in der Regel heterogenen Erwartungshaltung zur Beratungsleistung. Um die Qualität der Leistung einordnen zu können, nutzen die Kunden Ersatzindikatoren. Dazu zählt auch die Leistungskategorie der Berater (siehe Tabelle 2 weiter unten).

- *Kostenstruktur und Kapazitätsauslastung:* Grundsätzlich gilt, dass die Elastizität des Gewinns umso grösser wird, je höher das Verhältnis fixer und variabler Kosten ist. D. h. wenn die variablen Kosten relativ unbedeutend sind (dies ist beispielsweise in einem mittleren Beratungsunternehmen mit fest angestellten Mitarbeitern der Fall), dann reagiert der Gewinn vergleichsweise stark auf eine Mengenänderung. Unter diesem Aspekt gewinnt die Preisdifferenzierung für die Steuerung der Kapazitätsauslastung an Bedeutung, denn es muss eine große Absatzmenge bzw. eine hohe Auslastung erreicht werden.

- *Nichtübertragbarkeit und Heterogenität:* Da die Nutzung und Erstellung von Dienstleistungen simultan stattfinden, muss der Nachfrager während und für die Erstellung präsent sein und ist in den Prozess involviert. Die Beratungsleistung ist daher verhältnismäßig wenig standardisierbar und kaum skalierbar.[13]

2.3 Kursorische Darstellung der Historie

Seit dem Auftreten von Beratung, so wie sie aktuell verstanden wird, wurden die Facetten der Unternehmensführung anspruchsvoller und gleichzeitig professioneller. Diese Entwicklungen betreffen Bereiche wie Forschung und Entwicklung, Buchhaltung, Recht oder Finanzierung. Der Taylorismus zu Beginn des 20. Jahrhunderts führte dazu, dass Einzelpersonen als „Effizienzexperten" engagiert wurden, um Produktionsverfahren oder Organisationsabläufe zu optimieren. Einen wesentlichen Meilenstein in der Entwicklung der Consulting-Industrie stellt der Glass-Steagall-Banking-Act in den USA (1933) dar, der zu einer Trennung des kommerziellen Bankgeschäfts vom Investmentbanking führte. Für unabhängige, freie Berater wurde damit der „Weg frei", da Banken ihren Kunden keine Beratungsdienste mehr anbieten durften. Die Nachfrage nach im Markt verfügbaren externen Beratern stieg schlagartig an.

---

[13] Unabhängig davon versuchen insbesondere die größeren Beratungsgesellschaften seit jeher, eigene „Beratungsprodukte" zu entwickeln und zu vermarkten, die zumindest einen gewissen Spielraum für Standardisierung bieten.

Wie es Krizanits beschreibt, füllten die Berater „Lücken im Wissen und in Kompetenzen von Linienmanagern; sie waren spezialisiert auf bestimmte Branchen und bestimmte Linienfunktionen wie Produktion, Rechnungswesen, Verwaltungsabläufe, Vertrieb etc."[14]

Im Laufe der 1940er Jahre kam es zu einer weiteren dynamischen Entwicklung, nachdem sich die Zahl der Beratungsunternehmen in den USA 1940 gegenüber 1930 auf etwa 400 vervierfacht hatte. Die wachsenden Beratungsgesellschaften entdeckten Auslandsmärkte für sich. So eröffneten US-amerikanische Beratungen zügig nach Ende des Zweiten Weltkriegs bzw. Mitte der 1950er Jahre Büros in Westeuropa. Für mehr als ein Jahrzehnt behielten die ausländischen Consultingfirmen eine dominierende Rolle, während dann zwischen 1975 und 1989 eine Differenzierung der nationalen Managementberatungsmärkte und -institutionen stattfand.[15] In dieser Phase hat sich zum Beispiel in Deutschland Roland Berger als „nationaler Player" etabliert. Die Beratung spielte auch später innerhalb des deutschen Beratungsmarktes eine Sonderrolle, weil es sich unter den Top 10-Anbietern um die einzige Beratungsgesellschaft deutschen Ursprungs handelte.[16]

Die Beratungsgesellschaft von Roland Berger entstand 1967, nachdem der Firmengründer (30-jährig) nicht nur fünf Jahre bei der Boston Consulting Group gearbeitet hatte, sondern bereits in jungen Jahren während des Studiums als Unternehmer tätig war (eigene Wäscherei, die später verkauft wurde). In den folgenden Jahrzehnten schaffte es Berger nicht nur, lukrative Beratungsprojektes zu akquirieren und publikumswirksame Ergebnisse zu produzieren (z.B. die Formierung der TUI), sondern sich auch in der Öffentlichkeit als Experte zu unterschiedlichen wirtschaftlichen Themen einen Namen zu machen.[17]

Im Rahmen der Entwicklung und Veränderung der Absatzmärkte haben sich Berater an die sich ändernden Anforderungen auf Kundenseite angepasst. So beschreiben Bessant und Rush unterschiedliche Vermittlerrollen von Beratern (vgl. Tabelle 1).

---

[14] Krizanits: 2015, S. 4.

[15] Vgl. Glückler, Armbrüster: 2003, S. 275.

[16] Vgl. Reihlen, Smets, Veit: 2010, S. 324.

[17] Vgl. Brosziewski: 2004, S. 262.

Tabelle 1: Vermittlerrollen von Beratern[18]

Kundenbedürfnis	Vermittlerrolle	Anbieter
Technologie	Identifikation spezifischer Bedürfnisse; Auswahl geeigneter Optionen	Quellen der Technik
Fähigkeiten und Humanressourcen	Bedarfsermittlung; Auswahl; Training und Fortbildung	Arbeitsmarkt; Schulungsressourcen
Finanzielle Unterstützung	Investitionsbewertung; Erstellen eines Business Case	Finanzierungsquellen – Risikokapital, Banken, Regierung usw.
Geschäfts- und Innovationsstrategie	Identifikation und Entwicklung; Kommunikation und Umsetzung	Umweltsignale – Bedrohungen, Chancen usw.
Kenntnisse über neue Technologien	Aufklärung, Information und Kommunikation; Verknüpfung mit dem externen Wissenssystem, etc.	Best-Practice-Beispiele; neue Wissensbasis
Implementierung	Projektmanagement; Management von externen Ressourcen; Organisationsentwicklung	Fachressourcen

Trotz der Veränderungen der Consulting-Industrie in den letzten Jahrzehnten besitzt die Beratung einige grundlegende Eigenschaften, die zum Teil auch als Bestimmungsgründe (bzw. -hindernisse) einer Disruption in der Branche zu verstehen sind:

- *Arbeitsintensität:* Beratung war, ist und wird vermutlich auch zukünftig arbeitsintensiv sein. Die meisten Beratungsgesellschaften setzen auf den Menschen als grundlegende Ressource für Forschung, Analyse, Empfehlung, Prozessdefinition, Prozessmanagement und Implementierung von Projektvorschlägen. Damit sind sowohl Chancen als auch Risiken verbunden. Eine wesentliche Limitation für das Beratungsgeschäft ist die geringe Skalierungsfähigkeit. Im Rahmen von Digitalisierung und Industrie 4.0 führt das auch dazu, dass konventionelle Consultings für Berufseinsteiger und erfahrene Berater an Interesse verlieren.

- *Abrechnungsfähiges zeitbasiertes Geschäftsmodell:* Die zeitbasierte Vergütung ist innerhalb beratender Dienstleistungen (Rechts-, Steuer- und Unternehmensberatung) zwar stark in der Diskussion und wird polarisiert bewertet, bisher ist sie jedoch die Industrienorm geblieben. Eine zentrale Schwäche dieser Gebührenstruktur ist der Fehlanreiz zum Einsatz verhältnismäßig vieler Tage, welcher zur Maximierung der Einnahmen führt. Eine Honorarfestlegung auf Basis des Erfolgs oder des Werts, der für den Klienten generiert wird, ist in der Branche immer wieder diskutiert und propagiert worden. In der Realität wird die

---

[18] Vgl. Bessant, Rush: 1995.

Umsetzung aber nicht nur durch den Willen der Berater bestimmt, sondern wesentlich durch die Akzeptanz von Mandanten bzw. Kunden.[19]

- *Hohe Margen im Beratungsgeschäft:* Neben Kosten für Büroräume sind die wesentlichen Kostentreiber für die Dienstleistung die Aufwendungen des zeitlichen Einsatzes der Berater. Die Kosten für den Einsatz von Junior-Beratern liegen um ein Vielfaches über dem Vergleichswert, den ein angestellter Mitarbeiter das Kundenunternehmen kostet. Trotzdem wird das in der Regel akzeptiert, wenn ein komplettes Beraterteam angeboten wird. Die den Kunden üblicherweise in Rechnung gestellten Tagessätze (je nach Größe des Beratungsunternehmens und Hierarchiestufe des Beraters zwischen 725 und 2.200 EUR; vgl. Abbildung 44) liegen erheblich über den variablen Kosten und ermöglichen selbst bei mittleren Auslastungen bereits signifikante Gewinne. Bei den oben dazugehörigen Angaben handelt es sich um Mittelwerte. An dieser Stelle soll der Hinweis erlaubt sein, dass Tagessätze für Partner weit höher als 2.200 EUR liegen können (z. B. in der Top-Liga in Ausnahmefällen bei 7.000 bis 10.000 EUR; vgl. auch Kap. 4.5.1).

- *Zeitgebundener Wert:* Mit dem zunehmenden Tempo der Veränderung nimmt der Wert des Ergebnisses eines Beraterprojektes ab, sobald ein Forschungsbericht, eine Wettbewerbsanalyse oder ein Strategieplan an einen Kunden geliefert vorliegt. Dies betrifft besonders Berater, deren Kernkompetenz zumindest in der Anfangszeit in der reinen Informations- und Transparenz-Lieferung bestand (gute Beispiele hierfür sind Marktforschungs- und Beratungsgesellschaften wie Gartner, Forrester und IDC).

- *Wissensvermarktung:* Modelle, Vorlagen und Werkzeuge der Berater wurden in der Vergangenheit als „Geschäftsgeheimnis" bewertet und als intellektuelles Kapital betrachtet. Doch die zunehmende Verbreitung sowie die Nutzung des Internets verändern diese Situation. Im Rahmen der „Demokratisierung" von fast allem, einschließlich Managementinformationen und -wissen, werden Außenstehenden viele Informationen zugänglich, die die Beratungen bisher als Alleinstellungsmerkmal bzw. Unique Selling Proposition (USP) angesehen haben.[20]

---

[19] Vgl. Krämer, Mauer, Kilian: 2005.

[20] Vgl. Kaplan: 2017.

Entwicklung der Profession

Interview mit Prof. Dr. Dirk Lippold

Sie kennen den Markt der Unternehmensberater seit mehr als 40 Jahren. Welchen Stellenwert hatte Beratung damals? Sehen Sie Unterschiede beziehungsweise Parallelen zu heute?

Auf zwei grundlegende Unterschiede zwischen früher und heute möchte ich besonders hinweisen: Erstens, vor 40 Jahren hatten wir etwa 5.000 Unternehmensberater in Deutschland – heute sind es knapp 130.000. Daraus folgt eine wesentlich höhere Alleinstellung des Beraters in früheren Jahren. Zweitens, während man früher mit Block und Blei zum Kunden ging, ist heute der Laptop ständiger Begleiter der Berater.

Nun zu den Parallelen, zu den Gemeinsamkeiten. Auch damals gab es schon methodisches Vorgehen bei den Beratungsprojekten (z. B. Orgware mit den fünf Phasen des Wasserfall-Modells: Problemanalyse, Detailorganisation, softwaretechnische Realisierung, Implementierung und Wartung). Und auch damals war der Ruf des Unternehmensberaters sehr anerkannt.

Damit sind wir beim Stellenwert der Beratung bzw. des Beraters vor 40 Jahren. Der typische Unternehmensberater war früher älter, seniorer. Der Beratungsberuf war aber damals ebenso anerkannt wie heute – trotz eines fehlenden einheitlichen Berufsbildes. Richtig gute Berater kannten sich damals sehr gut mit der EDV (heute also IT) aus. Sie waren exzellente Fachleute und gute Verkäufer und beeindruckten durch ihre Persönlichkeit und ihren Auftritt. Signifikant anders war das damals also auch nicht.

Welche Entwicklungen prägten den Beratungsmarkt im anfänglichen Zeitverlauf? Wie unterscheiden sich die heutigen Aufgaben bzw. Projekte von denen vor einigen Jahren?

In den 1970er Jahren verfügte kein einziger Berater über einen Computer oder ähnliches. Die einzigen, die damals Computer besaßen, waren mittlere und große Betriebe. Den Großrechnermarkt beherrschte die IBM, gefolgt von DEC und UNIVAC. Im Markt der mittleren Datentechnik dominierte Nixdorf aus Paderborn. Als dann IBM das Unbundling, also die preisliche Trennung von Hardware und Software, einleitete, entwickelte sich die Softwarebranche – neben Hardwareher-stellern und Anwenderunternehmen – sehr schnell zur dritten Kraft.

Warum ist das so wichtig? Weil diese dritte Kraft von Beratungsunter-nehmen induziert wurde – denn die ersten Softwareprogrammierer wa-ren in Wirklichkeit Beratungsunternehmen, die bei ihren Kunden im-mer wieder dieselben Lösungen für die Buchhaltung, für die Material-wirtschaft, für die Kostenrechnung, für den Vertrieb konzipieren und dann programmieren mussten. Und weil man das Rad nicht ständig neu erfinden wollte, entwickelten diese Beratungsunternehmen dann auch Standardsoftware und wurden zu einem guten Teil auch Soft-warehäuser. Während bis dato die Beratungsunternehmen in Deutsch-land relativ bedeutungslos waren, stieg ihr Stellenwert quasi über Nacht – also mit der Entwicklung von Softwarelösungen – enorm an. Mit anderen Worten, das starke Wachstum im Beratungsmarkt ist also nicht auf die klassischen Unternehmensberatungen, sondern vielmehr auf die IT-orientierten Beratungsunternehmen zurückzuführen.

Und was ist mit der „Stimmung" in der Branche? Wie kam es zu diesem einmaligen Wachstum, das immer deutlich über dem Wirt-schaftswachstum lag?

Die Entstehung der Europäischen Union, die Globalisierung der Wirt-schaft sowie die Möglichkeiten der neuen Informations- und Kommu-nikationstechnologien führten in den 1990er Jahren zu einem prospe-rierenden Geschäft für die Beratungsbranche. Zu diesen günstigen Umweltfaktoren kam dann Ende des Jahrzehnts der Aufstieg der New Economy, die Neuausrichtung zahlreicher Computersysteme auf das neue Jahrtausend und die Umstellungsvorbereitungen der europäischen Wirtschaft auf den Euro hinzu. Kaum eine Branche wurde so nachge-fragt wie der Beratungsbereich und hier ganz besonders das IT-nahe Consulting. Dies führte zu überschwänglichem Optimismus bei vielen Beratungsunternehmen und hatte ein Ansteigen der Tagessätze und der Gehälter zur Folge. Außerdem reagierte die Branche mit einem massi-ven Ausbau der Beratungskapazitäten. Während die deutsche Bera-tungsbranche in diesen Boomjahren eine durchschnittliche jährliche Wachstumsrate von zehn Prozent verzeichnen konnte, wuchs die deut-sche Wirtschaft im gleichen Zeitraum lediglich um jährlich drei Pro-zent.

Ist die Beratungsbranche eigentlich immer gewachsen? Gab es auch Rückschläge? Und wenn ja, wie wurden diese gemeistert?

Als die Börsenblase platzte und die Weltwirtschaft zu Beginn des neuen Jahrtausends in eine tiefe Krise fiel, hatte auch die Beratungsbranche dieser Entwicklung wenig entgegenzusetzen. Im Gegenteil, führende Consulting-Firmen mussten erhebliche Umsatzeinbußen und sogar Verluste hinnehmen. Sie wurden von ausbleibenden Aufträgen, von Budgetkürzungen und von vorübergehenden Vertrauensverlusten hart getroffen. Der Wegfall der Euro- und der Jahrtausend-Umstellungsprojekte konnte durch neue Projekte nicht kompensiert werden. Für viele Beratungsunternehmen war dies eine völlig neue Erfahrung. Nun galt es, entsprechende Strategien, die den Kundenunternehmen in solchen Situationen immer wieder aufgezeigt wurden, für das eigene Unternehmen umzusetzen.

Da die Beratungsunternehmen bezüglich der Unternehmensgröße quasi mit ihren Mitarbeitern „atmen", wurde innerhalb kürzester Zeit die auf Hochtouren laufende Recruiting-Maschine abgestellt und ein Einstellungsstopp verkündet. Gleichzeitig wurde in den größeren Beratungseinheiten ein Großteil der in der Probezeit befindlichen Mitarbeiter gekündigt.

Ab 2005 erholte sich die Wirtschaft auf breiter Front, so dass sich die Investitionsstaus auflösten. Insbesondere die zurückgestellten Einführungen von ERP-Systemen kamen wieder auf die Agenda der Unternehmen. Die Begleitung und Umsetzung weltweiter SAP- oder Oracle-Rollouts bestimmten die Leistungserbringung der großen, global agierenden IT-Dienstleister. Aber auch im Bereich der Strategieberatung machte sich die Erholung der Wirtschaft bemerkbar. Die Industrie investierte wieder vermehrt in Wachstums- und Effizienzprojekte. Hinzu kamen erhöhte Aktivitäten im Mergers & Acquisitions-Bereich – seit je her eine Domäne der Strategieberater in enger Zusammenarbeit mit den Wirtschaftsprüfern.

Auf die Ende 2008 folgende Bankenkrise mit ihren gesamtwirtschaftlichen negativen Auswirkungen war die Beratungsbranche dann deutlich besser vorbereitet. Die Beratungsunternehmen hatten aus der letzten Krise in den Jahren 2002/2003 gelernt und die eigenen Strukturen wesentlich effizienter und flexibler auf die Marktveränderungen eingestellt. Personalentlassungen konnten daher weitestgehend vermieden werden, es wurde aber durch Kurzarbeit flexibilisiert. Darüber hinaus wurden Einstellungsstopps ausgesprochen bzw. Einstellungen nur bei Ersatzbedarf vorgenommen. Um die Kosten im Griff zu halten, wurden besonders bei den großen Consulting-Firmen verstärkt Bestandteile des Beratungsprozesses – zum Beispiel Anwendungsmodifikationen, Knowledge Management, Research oder Benchmarking – nach

Indien oder Osteuropa ausgelagert.

Deutlich schneller und dynamischer als erwartet, hat die deutsche Consultingbranche nach dem Krisenjahr 2009 wieder ein nahezu zweistelliges Umsatzplus erzielt und damit den Anschluss an die Phase mit kräftiger Branchenkonjunktur und zweistelligen Wachstumsraten erreicht. Die Beratungsbranche profitierte dabei stark von der Sonderrolle der deutschen Wirtschaft als Konjunkturlokomotive in Europa. Gute Exportzahlen, eine weiter verbesserte Binnenkonjunktur sowie ein belebter Arbeitsmarkt haben in den letzten Jahren für ein günstiges Investitionsklima in deutschen Firmen gesorgt.

Über diese Themen hinausgehend: Welche Trends sehen Sie persönlich im Beratungsmarkt?

Den größten Wachstumstreiber sehe ich nach wie vor bei Beratungsprojekten mit Digitalisierungshintergrund. Cloud-basierte Geschäftsmodelle bleiben dabei der Motor der Digitalisierung und treiben damit auch das Beratungsgeschäft.

In diesem Zusammenhang setzen sich auch im Consulting zunehmend agile Projektmethoden durch. Entsprechend sind technische Kenntnisse und ein tiefes Verständnis für den Einsatz neuer digitaler Tools für Berater unabdingbar. Um die digitale Transformation im Kundenunternehmen zum Erfolg zu führen, bleiben Kulturwandel und Change wichtige Rahmenbedingungen. Allerdings sehe ich nicht, dass Künstlich Intelligenz (KI) die Präsenzberatung auf absehbare Zeit ersetzen kann.

Eine große Herausforderung für das Beratungsmanagement liegt in der Bindung langjähriger Mitarbeiter, um das in zahlreichen Projekten gesammelte Wissen für das Unternehmen zu erhalten.

Ein wesentliches Plus für die generelle Entwicklung unserer Beratungsunternehmen sehe ich in der Tatsache, dass die Consultingbranche bei den Hochschulabsolventen einen sehr guten Ruf genießt.

Zur Person:

Prof. Dr. Dirk Lippold ist Gastprofessor an der Humboldt-Universität zu Berlin und lehrt darüber hinaus an verschiedenen Privathochschulen in MBA-, Master- und Bachelor-Studiengängen. Seine Lehrtätigkeit umfasst die Gebiete Consulting & Change Management, Marketing &

Vertrieb, Personal & Organisation, Technologie- und Innovationsmanagement sowie Geschäftsprozesse. Zuvor war er mehr als drei Jahrzehnte in der Software- und Beratungsbranche, zuletzt als Geschäftsführer einer großen internationalen Unternehmensberatung tätig. Als Autor zahlreicher Fachbücher zu den oben genannten Themen hat sich Lippold insbesondere in der Beratungsbranche einen Namen gemacht. So gilt sein über 700 Seiten umfassendes Buch „Die Unternehmensberatung. Von der strategischen Konzeption zur praktischen Umsetzung" als das „Standardwerk für angehende und praktizierende Unternehmensberater" (Thomas Lünendonk).

2.4 Ausgewählte aktuelle Trends und Themen

2.4.1 Rahmenbedingungen

Ab circa den 2000er Jahre haben sich die wirtschaftlichen, technischen und sozialen Rahmenbedingungen grundlegen geändert, auch für Unternehmensberater. Dies hat einzelne Entwicklungen verursacht bzw. angetrieben und beschleunigt, auf die hier kurz eingegangen werden soll.

2.4.2 Digitalisierung (bei Beratern und Kunden)

Unternehmensberatungen profitieren vom Trend der Digitalisierung, wenn sie Teil eines Prozesses sind, bei dem eine Vielzahl von Projekten von Unternehmen gesteuert und durchgeführt werden. Das hat auch dazu geführt, dass einzelne Beratungen ihre Ausrichtung und Positionierung verändert haben.[21] Andere Beratungen haben ihre grundsätzliche Spezialisierung mit dem Thema Digitalisierung verknüpft und erreichen damit ein überdurchschnittliches Wachstum. Damit ist auch verbunden, dass sich Managementberatungen in Teilen vom klassischen Beratungsansatz und -prozess verabschieden. Dies wird in Abbildung 5 illustriert. In Anlehnung an die Typologisierung von digitalen Dienstleistungen von Leimeister ergeben sich Veränderungen die sowohl die Einbeziehung eigener Mitarbeiter (des Beratungsunternehmens) als auch der Mitarbeiter des Kundenunternehmens betreffen.[22] Diese Neugestaltung von digitalen Leistungserbringungen hat wiederum Implikationen für die strategische Ausrichtung der Beratungen.

---

[21] Vgl. Christensen, Wang, van Bever: 2013.

[22] Vgl. Leimeister: 2012, S. 39.

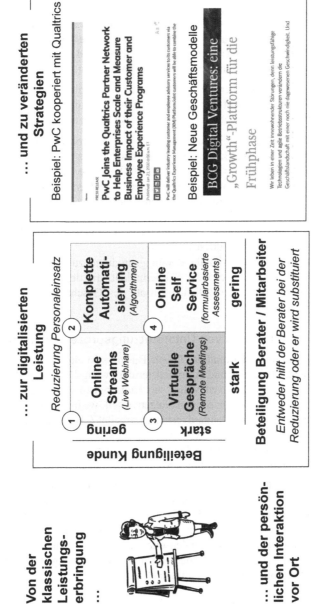

Abbildung 5: Digitalisierung von Beraterleistung

Auch wenn nicht alle Beratungsgesellschaften ihr Schicksal unweigerlich mit dem Trend Digitalisierung verknüpfen, können und wollen sich die wenigstem diesem entziehen. So verfügen die klassischen Strategieberatungen heute über Geschäftsbereiche oder Tochterunternehmen, die komplett auf Themen der Digitalisierung ausgerichtet sind. Gleichzeitig wird aber die Frage aufgeworfen, warum die Beratung selbst nicht digitalisiert ist.[23]

Selbst in einem klassischen People Business mit komplexen Dienstleistungen muss darüber nachgedacht werden, ob und wie Beratung virtualisiert oder digital unterstützt werden kann. Die Ansatzpunkte liegen auf der Hand:

- So war beispielsweise die Reisetätigkeit bis vor wenigen Jahren untrennbar mit dem Beraterdasein verbunden, dies gilt heute nicht mehr. Remote-Beratung erlaubt eine deutlich flexiblere Arbeitsgestaltung.
- Wissensmanagement war schon immer eine Herausforderung – insbesondere für größere Beratungen. Der Einsatz einschlägiger IT-Lösungen bietet hier Lösungsmöglichkeiten. Doch dies ist erst der Anfang. Die Unternehmensberatung bietet noch viele weitere Ansatzpunkte zur digitalen Evolution.
- Wenn es gelingt, digitale Beratungsprodukte zu entwickeln, ergeben sich ähnliche Chancen der Skalierbarkeit, die der Beraterzunft bisher durch den stark persönlichen Ansatz des Geschäftsmodells verwehrt geblieben ist.

2.4.3 Automatisierung von Unterstützungsprozessen (intern)

Verbunden mit dem Merkmal des People Business ist eine direkte Interaktion, bei der Standardisierung und Automatisierung zwangsläufig mit dem Risiko eines Verlusts von „Perceived Value" aus Kundensicht verbunden ist. Im besten Fall empfindet der Kunde einen Nutzenvorteil, wenn erkennbar wird, dass der Berater nach einem Standardverfahren arbeitet („Das wird sich wohl bewährt haben."), im schlechtesten Fall wird dasselbe Vorgehen aus Kundensicht als Qualitätsverlust eingeschätzt („Ich hätte mir mehr Eingehen auf die Besonderheiten unseres Geschäfts gewünscht.").

Abgesehen von der Schnittstelle zwischen Berater und Projektmitarbeiter auf Kundenseite ergeben sich in den internen Prozessen eine Reihe von Möglichkeiten der Automatisierung, die einerseits die Prozesskosten reduzieren und den Berater von organisatorischen Belastungen außerhalb der Projektarbeit befreien und gleichzeitig die Kundenseite nicht negativ berühren. Dies betrifft z. B. die Organisation von Reiseplanungen und -abrechnungen oder die Schulungen und Fortbildungsveranstaltungen.[24]

---

[23] Vgl. Werth, Greff, Scheer: 2016.

[24] Vgl. Wang, Swanson: 2007, S. 80 ff.

2.4.4 Automatisierung von Kernprozessen (intern)

Wie Nissen, Seifert und Blumenstein in ihrer Studie herausstellen, sind die beiden herausragenden Chancen, die von den befragten Klienten mit der Virtualisierung verbunden werden, erstens eine höhere Arbeits- und Reaktionsgeschwindigkeit sowie zweitens niedrigere Beratungspreise. Insbesondere standardisierte und automatisierte virtuelle Beratungsleistungen bieten die Chance, Arbeitsergebnisse schneller zu erzielen.[25]

Mit steigendem Virtualisierungsgrad wird der persönliche Kontakt zwischen Berater und Kunde, aber auch zwischen Berater und Berater minimiert. Wird die Virtualisierung bis in das Extrem getrieben, so kommt es nur noch bei den kritischsten Aktivitäten und Problemstellungen zu einem direkten Kontakt zwischen den Akteuren und insbesondere zwischen Berater und Kunde. Je höher der Virtualisierungsgrad ist, desto häufiger werden Kollaborationswerkzeuge wie Instant Messenger, Videoanwendungen, E-Mail-Anwendungen, Shared File Repositories oder Virtual Workspaces genutzt. Die stärksten Effekte in Hinblick auf die Nutzung von Kostensenkungspotenzialen verspricht eine mit der Virtualisierung einhergehende Automatisierung.

Aber: Ob eine Beratungsleistung erfolgreich virtualisiert werden kann oder nicht, hängt in erster Linie von der Akzeptanz und von den Erwartungen der Kunden ab. Nur wenn die Kunden die veränderten Beratungsformen und Interventionsabläufe akzeptieren, sind sie auch bereit, diese Leistungen in Anspruch zu nehmen.

2.4.5 Wiedererstarken der Wirtschaftsprüfer (Big Four)

Noch Anfang der 2000er Jahre stehen die großen Wirtschaftsprüfungsgesellschaften nicht sonderlich gut dar. Die nicht abreißenden Berichte über Unternehmensskandale, welche die Zielkonflikte in der Positionierung und im Selbstverständnis offenbaren und die Notwendigkeit eines wirksamen Ethik-Managements verdeutlichen, setzen alle Professional Service Firms unter Druck. Besonders betroffen sind die Wirtschaftsprüfer, die neben ihren Prüfungs- auch Beratungsbereiche etabliert haben und die dadurch Vorwürfen von Interessenkonflikten ausgeliefert sind. Argumentiert wird dabei, dass ein Dienstleister, der einen Kunden berät, diesen nicht auch prüfen darf, da er seine eigene Beratungsleistung bewerten würde.

Vordergründig in die Schlagzeilen der Wirtschaftspresse geraten zwar Firmen wie Enron oder Worldcom wegen ihrer Bilanzfälschungen, aber im Nachgang auch Beratungsgesellschaften, die mit ihren Aktivitäten in einem besonderen Vertrauensverhältnis zu ihren Klienten und zur Öffentlichkeit standen. Dies hat einem Umdenken, aber auch strukturellen Effekten geführt. Mit Arthur

---

[25] Vgl. Nissen, Seifert, Blumenstein: 2015.

Andersen verschwand im Jahre 2002 eine der zu den ehemals „Big five" zählenden Wirtschaftsprüfungs- und Steuerberatungsgesellschaften innerhalb nur weniger Monate aufgrund strafbaren Fehlverhaltens vollständig vom Markt.[26] Auf den ersten Blick scheint die Situation 20 Jahre später anders zu sein: Globale Präsenz, ein breites Kompetenzspektrum und ein exzellenter Ruf bei Entscheidern sind die strategischen Trümpfe von Deloitte, EY, KPMG und PwC. Diese „stechen" weiterhin, wie man an den guten Wachstumszahlen ablesen kann. Nachdem die „Großen Vier" ihre Consulting-Expertise gestärkt haben, sind sie jetzt gefordert, ihre Unternehmenskultur zu modernisieren. Dabei helfen die wachsenden Advisory-Units und die zugekauften Beratungsteams. Gleichzeitig droht sich aber die Vergangenheit in gewisser Weise zu wiederholen, wenn EY als Wirtschaftsprüfer beim DAX-Konzern Wirecard augenscheinlich gravierende Fehler in der Prüfung unterlaufen sind.

2.4.6 War for Talents

Wie die Financial Times darstellt, wurde der Begriff „Krieg um Talente" (War for Talents) in den späten 1990er Jahren erstmals von Beratern populär gemacht. Auch über 20 Jahre später bleibt das Kampfvokabular bestehen – und Beratungsunternehmen selbst stehen an vorderster Front. Während Consultings früher relativ geringe Probleme hatten, ihr Umsatzwachstum durch eine breite Auswahl von geeigneten Bewerbern zu beflügeln und die besten Köpfe einzustellen, ergeben sich aktuell gleich mehrere Probleme. Das erste Problem: Die Anforderungen an die Bewerber wachsen, es werden diverse Eigenschaften verlangt. Das zweite Problem: Bewerber verfügen heute über veränderte Ansprüche und Lebensplanungen. Eine 70-Stunden-Woche gehört nicht mehr zwingend dazu. Das dritte Problem: Neben Beratungen bieten z. B. Start-ups die Möglichkeit, innerhalb kürzester Zeit im Job zu wachsen und Erfahrungen zu sammeln. Dieser Knappheit kann nur entgehen, wer sich an die veränderten Markt- und Wettbewerbsverhältnisse flexibel anpasst. In der Konsequenz führt dies nicht nur zu veränderten Arbeitszeitmodellen, sondern auch zu einem Anstieg im Lohnniveau.[27] Daher konkurrieren die Unternehmensberatungen nicht nur mit besonders prestigeträchtigen Industrie- oder Dienstleistungsunternehmen (wie dies Abbildung 6 verdeutlicht), sondern auch verstärkt mit Start-ups.

---

[26] Vgl. Scherer: 2002, S. 304.

[27] Vgl. Hill: 2016.

Wirtschaftswissenschaften		Informatik		Ingenieurswissenschaften	
Rang	**Name**	**Rang**	**Name**	**Rang**	**Name**
1.	Daimler	1.	Google	1.	Daimler
2.	BMW	2.	Apple	2.	Porsche
3.	Adidas	3.	Microsoft	3.	Audi
4.	Porsche	4.	SAP	4.	BMW
5.	Google	5.	Amazon	5.	Airbus
6.	Lufthansa	6.	BMW	6.	Bosch
7.	Audi	7.	Daimler	7.	Siemens
8.	Apple	8.	Blizzard	8.	Tesla
9.	Bosch	9.	Porsche	9.	VW
10.	PwC	10.	Bosch	10.	Deutsche Bahn
11.	McKinsey	13.	IBM	30.	McKinsey
12.	EY	25.	Accenture	39.	BCG
15.	BCG	31.	McKinsey		
16.	Deloitte	37.	Capgemini		
16.	KPMG	42.	PwC		
19.	SAP	42.	KPMG		
37.	Accenture				

Abbildung 6: Arbeitgeber-Attraktivität aus Sicht von Wirtschaftswissenschaftlern, Informatikern und Ingenieuren (Studierende)[28]

2.4.7 Plattformen und Netzwerke

Nicht nur aufgrund des steilen Aufstiegs der Internetgiganten Amazon, Google und Facebook wird von einer Netzwerkökonomie gesprochen.[29] Auf vielfältige Weise prägen heute Plattformen und Netzwerke die Beziehung zwischen Unternehmen und ihren Kunden. Dies hat auch Konsequenzen für den Beratungsmarkt. Seit Beginn des neuen Jahrtausends sind eine Reihe neuer Firmen in den Markt mit dem Ziel eingetreten, insbesondere Einzelberater und potenzielle Auftraggeber auf möglichst effiziente und flexible Weise zusammenzuführen und für diese Dienstleistung entlohnt zu werden. Getreu dem Motto „Wenn das Facebook bei sozialen Medien schafft oder UBER bei Fahrdiensten, lässt sich das wohl auch bei Beratungsleistungen realisieren." Aus einer Vielzahl von Plattformen werden nachfolgend ausgewählte Anbieter genannt, die teilweise über mehrere Tausend registrierte Berater verfügen:[30]

- a-connect
- berater.de
- brains consulting
- Business Talent Group
- Comatch

---

[28] Vgl. Absolventa: 2020a, b, c; befragt wurden 50.000 Studierende, dargestellt sind die jeweiligen Top 10 der drei Studienrichtungen sowie die weiteren platzierten Beratungen und Unternehmen mit einem hohen Beratungsanteil unter den Top 50.

[29] Vgl. Libert, Beck, Wind: 2016.

[30] Vgl. Paddags: 2018.

- consocium
- consultingheads
- Eden McCallum
- Klaiton.

Bei diesem Geschäftsmodell werden die klassischen Treiber einer zwei- oder mehrseitigen Plattform erkennbar. Der Plattformbetreiber generiert eine kritische Masse an Anbietern (die Anzahl der beteiligten Berater sollte größer sein als die einer einzigen größeren Unternehmensberatung). Bestehen in ausreichender Form Kapazitäten, sind die Anbieter in der Lage, ihren Klienten die Möglichkeit zu geben, Berater kostengünstiger, flexibler sowie für neue Projektformate zu rekrutieren. Konkret sieht das am Beispiel des deutschen Start-ups Comatch wie folgt aus:[31]

- Die Plattform umfasst einen Online-Marktplatz, auf dem ein Angebot an selbstständigen Beratern und die Nachfrage nach Beraterleistungen (Firmen) koordiniert werden.
- Comatch arbeitet mit einem Algorithmus, bei dem nur fachlich geeignete Berater ein freies Projekt online sehen können. Unter denen, die sich dafür interessieren, filtern der Algorithmus sowie das Comatch-Team dann noch einmal aus. Somit besteht die Leistung des Portalanbieters also nicht nur in einer einmaligen Profilierung (Beraterbasis) und im Marketing (Bedarfsgenerierung), sondern ebenfalls in der projektbezogenen Qualifizierung des Angebots. Dies soll gewährleisten, dass die Erwartungen der potenziellen Auftraggeber möglichst genau getroffen werden. Der Plattformbetreiber sichert dem Nachfrager (Unternehmen) ein Expertenteam zu, das möglichst die Bedürfnisse im konkreten Projekt trifft oder sogar übertrifft.
- Falls sich ein „Match" einstellt, entsteht eine Win-Win-Win-Situation: Für die Unternehmen ergibt sich erstens die Chance, Consultants bis zu 70 % günstiger als über Beratungsgesellschaften einkaufen zu können. Die vermittelten Berater verdienen zweitens etwa doppelt so viel wie Angestellte (1.000 – 1.300 EUR sind als Tagessatz im Mittel zu erzielen).[32] Für sie ist wichtig, dass aufwendige Akquise-Bemühungen entfallen; außerdem haben sie die Chance, Kundenunternehmen kennenzulernen, zu denen sie bisher keinen Zugang bekommen konnten. Drittens ergibt sich die Provisionierung für Comatch daraus, dass die beauftragten Berater 15 % des Tagessatzes an die Plattform abführen.

Häufig sind entsprechende Beratungs-Plattformen durch Berater selbst gegründet worden. Dafür sind unterschiedliche Gründe verantwortlich, z. B. (a)

---

[31] Vgl. Schnor: 2017.

[32] Die Werte orientieren sich an den regionalen Mittelwerten aus der Untersuchung von Comatch: 2017.

Berater sind verstärkt auf der Suche nach skalierungsfähigen Business- und Erlösmodellen und müssen erkennen, dass das eigene Geschäft nur wenig skalierungsfähig ist. (b) Berater – insbesondere die Partner und Projektleiter der größeren Unternehmensberatungsgesellschaften sind einem starken Preisdruck durch spezialisierte kleinere Wettbewerber ausgesetzt und kennen von daher die Angriffspunkte des eigenen Geschäftsmodells sehr gut. (c) Berater – insbesondere in größeren Einheiten – haben die Chance, größere persönliche Netzwerke zu Kollegen aufzubauen, die für die Bildung von Berater-Plattformen die höchste Relevanz haben. Wenn diese Personen aus der leitenden Position im Beratungsunternehmen ausscheiden, bleiben die Netzwerke bestehen.

2.4.8 Fragmentierung und Spezialisierung in der Branche

Für das Verständnis der Marktveränderungen ist es wichtig, die Besonderheiten der Dienstleistung zu verstehen und dabei unterschiedliche Anbietersegmente zu unterscheiden. Sehr grobgranular kann von General Consultants, Zünften bzw. Gilden und Franchise gesprochen werden.[33] Auch in angrenzenden wirtschaftsnahen Beratungsberufen, wie der Rechtsberatung, verstärkt sich der Trend zur Spezialisierung. Bei einer Gesamtzahl von etwa 165.000 in Deutschland zugelassenen Anwälten lagen am 01.01.2019 etwa 56.000 Fachanwaltschaften vor (34%). Seit dem Jahr 2000 hat sich die Relation Fachanwälte zu Anwälten insgesamt etwa verdreifacht. Trotz einer fehlenden direkten Vergleichbarkeit sind ähnliche Entwicklungen auch im Bereich der Managementberatung erwartbar.[34]

Ob sich angesichts der Marktlage – und insbesondere vor dem Hintergrund einer fortwährenden Spezialisierung – im größeren Maßstab Generalisten im Beratungsmarkt etablieren können, ist zu diskutieren. Eigene Studienergebnisse in Kooperation mit dem BDU aus dem Jahr 2010 zeigen ein hohes Maß an Spezialisierung (aus der subjektiven Sicht der Berater auf ihr Unternehmen).[35]

Nur 8 % der teilnehmenden Berater sehen sich eher als funktionaler Generalist, 25 % sehen sich eher als Branchengeneralist (vgl. Abbildung 7). Etwa jeweils ein Drittel der Beratungshäuser bezeichnen sich als sehr stark spezialisiert.

---

[33] Vgl. Deelmann, Ockel: 2015, S. 3-4 und auch die Ausführungen weiter unten in Kapitel 3.2.4.

[34] Das Zahlenmaterial für Rechtsanwälte stammt von der Bundesrechtsanwaltskammer (BRAK), die Daten sind verfügbar unter https://www.brak.de/fuer-journalisten/zahlen-zur-anwaltschaft/archiv-statistiken/ und werden dort aktualisiert.

[35] Vgl. exeo Strategic Consulting AG, Bundesverband Deutscher Unternehmensberater BDU e.V.: 2010.

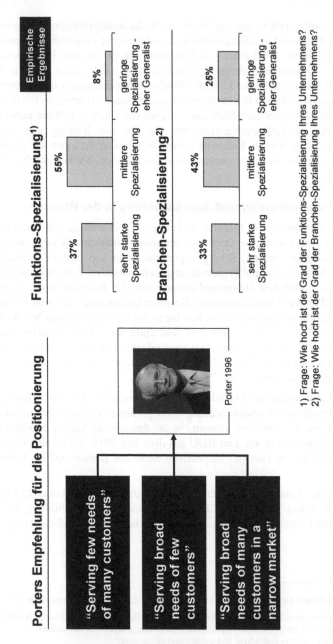

Abbildung 7: Positionierungsansätze und subjektive Bewertung des eigenen Spezialisierungsgrades durch Unternehmensberater

2.4.9 Zusammenhang Gesellschaft-Unternehmen-Beratung

Zwischen den Parametern „gesellschaftliche Entwicklungen", „Veränderungen von Organisationen" und „Ausrichtung und Tätigkeit von Unternehmensberatungen" bestehen Abhängigkeiten. Unternehmensberatungen können dabei Treiber der Veränderungen sein, oder sich an exogene Rahmenbedingungen anpassen. In diesem Kontext unterscheidet Krizanits grobe Entwicklungslinien der Gesellschaft, der tätigen Organisationen sowie speziell von Unternehmensberatungen über die letzten circa 100 Jahre und grenzt dabei sechs Phasen voneinander ab:[36]

- Produktion und Absatz organisieren – für die Zeit bis Mitte/Ende der 1960er Jahre. Die Phase ist geprägt durch einen Überhang an Nachfrage. Weltweit besteht hoher Konsumbedarf, die Produktionskapazitäten sind wichtige Engpass-Faktoren.
- Grenzen des Wachstums und Krise der Hierarchie – für die Zeit von Ende der 1960er Jahre und die 1970er Jahre. Spätestens mit dem Bericht des Club of Rome beginnt eine Diskussion um die Grenzen des Wachstums. Auch für Beratungen bedeutet dies eine Umorientierung.
- Kennzeichen der Zeit der 1980er Jahre: Bei schrumpfenden Märkten sollen die Margen durch interne Leistungsoptimierungen verbessert werden. Außerdem erhält das Thema Kundenorientierung eine wichtigere Rolle in der strategischen Ausrichtung der Unternehmen.
- In der Zeit von 1990-2000 steht die strukturelle Kopplung von Organisation und Umwelt im Vordergrund.
- Das Motto in der Periode 2000-2008: Höchstleistung erzielen bei Wachstum und Innovation auf globalen Märkten. Die Globalisierung schreitet voran. Deutschland baut seine führende Position als Exportnation aus – auch unterstützt durch Consultants.
- Seit 2008: Redimensionieren, flexibilisieren, Hyperkomplexität managen. In diesem Zusammenhang wird auch das VUCA-Akronym benutzt, das für Volatilität (Schwankung), Uncertainty (Ungewissheit), Complexity (Komplexität) und Ambiguity (Mehrdeutigkeit) steht.[37] Aufgrund der Charakteristika der VUCA-Welt ist ein Umdenken erforderlich, und zwar hin zu einem agilen Management und weg von der Vorstellung des allwissenden und alles antizipierenden „Great Man".[38]

Abbildung 8 fasst die Beziehungen zwischen gesellschaftlichen Entwicklungen, den Entsprechungen in Unternehmen sowie passenden Beratungsinhalten nochmal grafisch zusammen.

---

[36] Vgl. Krizanits: 2015, S. 6-28.

[37] Vgl. Krämer: 2015, S. 115.

[38] Vgl. Dahm, Thode: 2019, S. 23.

Die großen Narrative der (westdeutschen) Wirtschaft ...
... und ausgewählte Beratungsinhalte / -beispiele:

ca. bis Ende 1960er	1970er	1980er	1990er	2000-2008	seit 2008
Produktion & Absatz organisieren	Grenzen des Wachstums & Krise der Hierarchie	Margen aus interner Leistungs- optimierung schöpfen	Strukturelle Kopplung Umwelt ⇔ Organisation verbessern	Höchstleistung erzielen bei globalem Wachstum & Innovation	Redimensio- nieren, flexibilisieren & Hyperkomplexi- tät managen
Beispiele: • Administration • Produktion • Führung	Beispiele: • Marketing • Strategische Planung • OE	Beispiele: • Just-in-Time • Qualitätsmanagement • Benchmarking	Beispiele: • Re- Engineering • MIS • Change	Beispiele: • SAP • Corporate Governance • Compliance	Beispiele: • VUCA • Sustainability • Risk- Management

Abbildung 8: Narrative der Wirtschaft und ausgewählte Beratungsinhalte im Zeitverlauf

2.4.10 Rankings und brancheninterner Wettbewerb

Zusätzlich ergibt sich eine Konstante im Consulting-Business: Das hohe Maß an Vertrauenseigenschaften und die damit einhergehende Informationsasymmetrie zwischen Auftraggeber (Unternehmen) und Auftragnehmer (Beratungsgesellschaft) in unterschiedlichen Phasen des Projektzyklus. Das Interesse möglicher Auftraggeber an der Unternehmensberatung mit dem besten Know-how oder mit der besten Reputation führte in den letzten Jahren zu einem starken Zuwachs von Ranking-Verfahren oder Awards. Dazu gehören z. B.:

- Die besten Berater Deutschlands (Brandeins): Hierbei wird der Frage nachgegangen: „Wer sind die besten Berater am Markt?" Insgesamt bietet die Untersuchung eine Bewertung von mehreren Hundert großen und kleinen Beratungsfirmen. Die Bewertung ist dabei zweigeteilt: Einerseits wurde die Perspektive der Kundenunternehmen einbezogen, anderseits die Sicht von Kollegen.[39]
- Best of Consulting (WirtschaftsWoche): Für die „Best of Consulting"-Awards können sich Beratungen aktiv bewerben und müssen dazu ein durchgeführtes Projekt präsentieren. Dies ist in verschiedenen Kategorien (z. B. Strategie, HR, IT) möglich. In einem zweistufigen Verfahren werden zunächst von einem Fachbeirat alle Projekte in einer Kategorie gesichtet. Die drei besten werden dann einer Jury vorgeschlagen. Die Jury wiederum entscheidet, welche der vorgeschlagenen Projekte in den einzelnen Kategorien auf den Siegerplätzen landet.[40]

---

[39] Für weitere Details vgl. Brand eins: 2018.

[40] Für weitere Details vgl. WirtschaftsWoche: 2019.

- Top Consultant (Compamedia): Explizit auf mittelstandsfokussierte Berater zielt die Auszeichnung „Top Consultant" ab. Hier werden ebenfalls jährlich Berater mit einer guten Reputation bewertet, allerdings ohne eine Rangfolge der Platzierungen in den Vordergrund zu stellen.[41]

2.4.11 Meta-Beratung

Die Dienstleistung „Meta-Beratung" hat sich im Beratungsmarkt etabliert, muss sich aber auch ständig den externen Markt- und internen Unternehmensentwicklungen anpassen. Die Meta-Beratung verfolgt nach Mohe das Ziel, Klienten bei ihrem professionellen Umgang mit Beratung zu unterstützen, und zwar getrieben durch die Bestimmungsgründe (a) marktseitige Intransparenz, (b) unternehmensseitige Intransparenz und (c) gescheiterte Beratungsprojekte.[42] Die der Meta-Beratung zugrundeliegenden Hauptziele, nämlich Professionalisierung der Kundenunternehmen beim Einsatz externer Beratungen und die Erhöhung des Wertschöpfungsbeitrags (Return on Consulting) von Beratungsprojekten besitzen hohe Relevanz.

Der Nutzen der Meta-Beratung setzt sich damit nach Manger-Wiemann und Treichler im Wesentlichen aus den folgenden Aspekten zusammen:[43]

- *Verbesserung der Entscheidungsqualität:* Sicherstellung der hohen Qualität von Beratungsprojekten und aller damit verbundenen Entscheidungen. Ein wesentlicher Punkt in diesem Zusammenhang ist die Einbeziehung mehrerer Personen in die Entscheidungsfindung.
- *Verbesserung und Objektivierung der Beraterauswahl:* Sicherstellung des „best match" mittels strukturierter, mehrdimensionaler Evaluation und vergleichende Bewertung unterschiedlicher Beratungsangebote. Dies hat in größeren Unternehmen dazu geführt, dass Organisationseinheiten, die sich speziell mit dem Beratereinkauf beschäftigen, gebildet werden.
- *Optimierung der Kosten:* Sicherstellung der Wirtschaftlichkeit aller Beratungseinsätze durch geeignetes Scoping von Projekten und Auswahl des „best value for money"-Ansatzes (optimales Preis-Leistungsverhältnis).
- *Vermeidung von Projektrisiken:* Sicherstellung einer reibungslosen Projektdurchführung durch Einsatz qualitativ hochstehender Beratungsunternehmen und Beratungsteams basierend auf einer laufenden Kontrolle und Messung der Leistungen sowie des Projekterfolgs.

---

[41] Für weitere Details vgl. Top Consultant: 2019.

[42] Vgl. Mohe: 2007, S. 191.

[43] Vgl. Manger-Wiemann, Treichler: 2018.

- *Arbeitsentlastung:* Zugriff auf Kapazitäten, um zeitgerechte Entscheidungen und eine reibungslose Abwicklung von Beratungsprojekten sicherzustellen.
- *Unabhängigkeit:* Vertrauenswürdige Ratschläge und Empfehlungen in allen Fragen der Auswahl und Zusammenarbeit mit externen Beratern.

In der Konsequenz führt dieser Prozess zu deutlich veränderten Einkaufsprozessen für Beraterleistung. Für den Berater bedeutet dies: (a) Mehr Aufwand in der Akquise, (b) weniger Transparenz hinsichtlich der Entscheidungsfindung und (c) vielfach geringere Zuschlagsquoten für ein Angebot (vgl. Abbildung 9).[44]

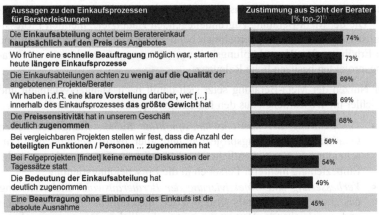

Aussagen zu den Einkaufsprozessen für Beraterleistungen	Zustimmung aus Sicht der Berater [% top-2][1)]
Die **Einkaufsabteilung** achtet beim Beratereinkauf **hauptsächlich auf den Preis** des Angebotes	74%
Wo früher eine **schnelle Beauftragung** möglich war, starten heute **längere Einkaufsprozesse**	73%
Die Einkaufsabteilungen achten zu **wenig auf die Qualität** der angebotenen Projekte/Berater	69%
Wir haben i.d.R. eine **klare Vorstellung** darüber, wer [...] innerhalb des Einkaufsprozesses **das größte Gewicht** hat	69%
Die **Preissensitivität** hat in unserem Geschäft deutlich **zugenommen**	68%
Bei vergleichbaren Projekten stellen wir fest, dass die Anzahl der **beteiligten Funktionen / Personen** ... zugenommen hat	56%
Bei Folgeprojekten [findet] **keine erneute Diskussion** der Tagessätze statt	54%
Die **Bedeutung der Einkaufsabteilung** hat deutlich zugenommen	49%
Eine **Beauftragung ohne Einbindung** des Einkaufs ist die absolute Ausnahme	45%

1) Frage: Wie haben sich die Einkaufsprozesse von Beratungsprojekten bei Ihnen in den letzten Jahren entwickelt? Bitte bewerten Sie hierzu die folgenden Aussagen anhand einer Skala von 1=stimme überhaupt nicht zu bis 5=stimme voll und ganz zu. Mit den Werten dazwischen können Sie entsprechende Abstufungen vornehmen.
Quelle: *exeo* Strategic Consulting AG / BDU: Repräsentativbefragung „Pricing und Honorarbildung von Beratungsleistungen" Oktober 2010

Abbildung 9: Entwicklung der Einkaufsprozesse aus Sicht der Unternehmensberater

2.4.12 Veränderung in der Beratungsausrichtung

Nicht nur für erfolgreiche Künstler und Unternehmen besteht die permanente Herausforderung einer stetigen „Neuerfindung". Für Unternehmensberatungen erscheint dies zunächst nicht zwingend, ist aber nicht weniger zutreffend. Branchenprimus McKinsey ist sicherlich als Beispiel zu erwähnen, wenn es um Neuerfindung von Beratung geht. „Aus einem wird viele" wird die gegenwärtige Strategie betitelt. Hintergrund ist ein Zerfall des klassischen Strategieberatungsgeschäfts: So wird geschätzt, dass die klassischen Strategie-

---

[44] Vgl. exeo Strategic Consulting AG, Bundesverband Deutscher Unternehmensberater BDU e.V.: 2010.

Konzepte, die vor dreißig Jahren noch etwa 60-70 % des Umsatzes ausmachten auf mittlerweile 20 % Umsatzanteil gesunken sind. Verantwortlich dafür sind u.a. der Trend zur Flexibilisierung oder Modularisierung der Beratungsdienstleistungen, die stärkere Ausrichtung auf Implementierung und die Umsetzung eines agilen Managements. McKinsey Solutions, Aberkyn, Lumics (das Gemeinschaftsunternehmen der Lufthansa Technik AG und McKinsey & Company) oder SocialGuide (eine Dienstleistung zur Twitter-Analyse) sind prominente Beispiele für diese Neuausrichtung. Die Wettbewerber haben ähnliche Anstrengungen unternommen, wie die folgenden Beispiele verdeutlichen:[45]

- Forcieren von digitalen Geschäftsmodellen (z. B. der Start-up-Ableger der Boston Consulting Group, BCG Digital Ventures),
- Zusammenlegen bisher unterschiedlicher Aktivitäten im Rahmen von Strategie-, Marketing- und Agentur-Beratungen zu einem gemeinsamen Geschäftsfeld (z. B. Booz Digital – „full-service team of strategists, designers, and technologists who help companies turn ideas into transformational digital businesses"),
- Anpassung der Beratungsausrichtung an Megatrends wie beispielsweise die Analyse von Daten, häufig auch als Big Data tituliert (z. B. Deloitte Analytics Lab).

2.4.13 Neue Honorarmodelle

Die veränderten Rahmenbedingungen haben nicht nur dazu geführt, dass sich die Beratungsleistung verändert hat, sondern auch die Möglichkeiten der Abrechnung von Beratungsleistungen neu überdacht werden. Dabei sind die grundsätzlichen Modelle vielfach nicht neu.[46] Wenn Pricing-Berater ihren Kunden nahelegen, im Rahmen einer optimalen Preisgestaltung den Preis des Produktes oder eines Services am bereitgestellten wahrgenommenen Wert für den Kunden zu bemessen, liegt die Frage nahe, wie sich dieses „Value-Based-Pricing" in der Consulting-Branche umsetzen lässt.[47] Schließlich werden mit dem Ansatz Erwartungen in Richtung weniger Aufwand und höhere Gesamtvergütung geweckt. Dem stehen grundsätzlich zwei Probleme entgegen.

Erstens ist hat sich bei Beratungsdienstleistungen seit langen die Honorarform der Abrechnung nach Stundensätzen (also die zeitbasierte Preisfestsetzung) etabliert. Ändert sich die Metrik der Honorarbestimmung, ohne dass dies den Kunden nachvollziehbar erklärt und veranschaulicht werden kann, besteht die Gefahr einer empfundenen Preisunfairness.

---

[45] Vgl. Manger-Wiemann, Treichler: 2018.

[46] Vgl. Krämer, Lehnhof: 1996; Krämer, Mauer, Kilian: 2005.

[47] Vgl. Krämer, Mauer, Kilian: 2005.

Zweitens ergibt sich das Problem, dass teilweise bei der Beauftragung des Projektes der „perceived value", also der subjektiv wahrgenommene Wert der Beratung kaum abschätzbar ist. In diesem Zusammenhang ist auch zu berücksichtigen, dass es sich bei der Leistungserbringung vielfach um eine Co-Produktion handelt (der Kunde ist Teil des Dienstleistungsprozesses).[48]

Der Erfolg vieler neuer Geschäftsmodelle, die eine Leistung (zumindest in Teilsegmenten) zu einem Preis von Null anbieten (Facebook, Google im B2C-Bereich) und sogenannte Freemium-Modelle (Spotify, Dropbox, SurveyMonkey etc.)[49] hat auch die Beraterzunft kreativer werden lassen. Dies betrifft aber nicht nur die Pro Bono-Beratung, die einen primär sozialen oder gesellschaftlich orientierten Zweck verfolgt. Einige Berater sind dazu übergegangen, sich ihren Einsatz nicht monetär vergüten zu lassen, sondern durch die Übertragung von Firmenanteilen (insbesondere bei der Beratung von Start-ups, die auf der einen Seite über einen relativ hohen Beratungsbedarf, auf der anderen Seite oftmals aber über keine freien Finanzmittel zur Bezahlung von Beratungsleistungen verfügen). Damit ergibt sich bei den beteiligten Beratern zum einem die stärkste Form der Übernahme von unternehmerischen Risiken, zum anderen ermöglicht dies aber auch sehr hohe Gewinne beim Erfolg der Start-ups.

2.4.14 Zwischenfazit

In der Konsequenz sind aus den aufgezeigten Trends eine Vielzahl von Geschäftsmodellen im Beratermarkt entstanden, die deutlich über die von Christensen, Wang und van Bever aufgezeigten Formen[50] hinausgehen. Gleichzeitig werden die Trennlinien zwischen den Modellen unschärfer. Dies soll anhand von Abbildung 10 veranschaulicht werden. Im Zentrum steht dabei das von Osterwalder und Pigneur vorgeschlagene Konzept des Geschäftsmodells, das wie folgt beschrieben wird: „A business model is nothing else than a description of the value a company offers to one or several segments of customers and the architecture of the firm and its network of partners for creating, marketing and delivering this value and relationship capital, in order to generate profitable and sustainable revenue streams."[51] Obige Definition eines Geschäftsmodells kombiniert die Idee der Wertschöpfungsbetrachtung mit der des Produktlebenszyklus. Fokussiert wird auf den Wert, der vom betrachteten Unternehmen an den Kunden weitergegeben wird.

---

[48] Vgl. Baaij: 2013, S. 80.

[49] Vgl. Krämer, Kalka: 2016.

[50] Vgl. Christensen, Wang, van Bever: 2013.

[51] Vgl. Osterwalder, Pigneur: 2002. Auf weitere Definitionen von Geschäftsmodellen wir hier nicht weiter eingegangen und stattdessen auf die Ausführungen von Scheer; Deelmann, Loos: 2003 verwiesen.

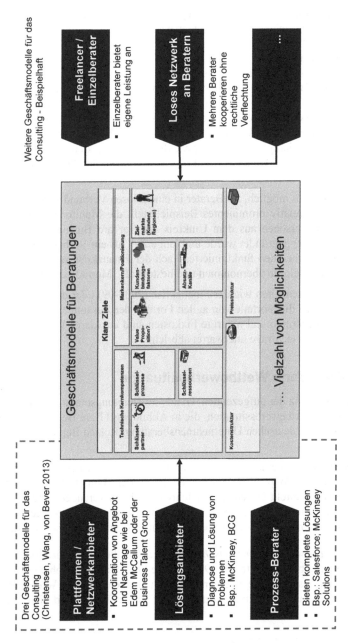

Abbildung 10: Geschäftsmodelle für Beratungsunternehmen

Während häufig die großen Beratungsunternehmen im Zentrum des öffentlichen Interesses stehen, darf nicht übersehen werden, dass ein großer Teil der als Berater tätigen Menschen nicht in größeren Einheiten tätig sind, sondern als Einzelberater. Dabei ist die Perspektive Einzelberater vs. große Beratungsgesellschaft nur auf den ersten Blick ein Gegensatz. Gerade große IT- und Prozess-Beratungen setzen zunehmend auf den Einsatz von freien Beratern („agile talents"). Die Vorteile liegen auf der Hand. Die großen Firmen nutzen so die erhöhte Verfügbarkeit von Expertenwissen, sie reduzieren Kosten, sie vermeiden die Aufstockung des ständigen Personalbestands, sie erhöhen die Geschwindigkeit für die Abwicklung von Projekten und sie erweitern die Perspektive um Annahmen und Ideen von außen, die die eigene Sicht infrage stellen.[52]

Außerdem ist es möglich, als Berater in einem losen Verbund von Beratern zu arbeiten. Ein relativ prominentes Beispiel stellt die Monitor Group dar, die 1983 von 6 Personen aus dem Umkreis der Harvard Business School (u.a. Michael Porter) gegründet wurde und lange Zeit als ein Verbund spezialisierter Einzelunternehmen funktionierte. Nach der Finanzkrise wurde das Unternehmen von Deloitte übernommen und besteht als „Monitor Deloitte" fort.

Gerade in Krisenzeiten wie der Finanzkrise (2008-09) oder der Corona-Krise (2020) werden die Vorteile von agilen Formen der Zusammenarbeit deutlich. Schlanke Strukturen und niedrige Fixkosten sind ein klarer Wettbewerbsvorteil, wenn die Nachfrage unerwartet abbricht.

2.5 Veränderte Wettbewerbssituation

Als Konsequenz der aufgezeigten Trends im Beratungsmarkt ergibt sich eine veränderte Wettbewerbssituation, die in Abbildung 11 am Beispiel der Position der größten deutschen Unternehmensberatung, Roland Berger, verdeutlicht wird.

Im Wettbewerb zueinander standen in der Vergangenheit primär Beratungen aus der Peer Group, also McKinsey, BCG oder Bain. Dabei hat sich das Wettbewerbsumfeld in den letzten Jahren erheblich verändert, und das auch, wenn die Schnittstellen zu beratungsnahen Leistungen wie Agenturleistung, Marktforschung, Rechts- oder Steuerberatung etc. ausgeklammert werden:

- *Wettbewerb durch Wirtschaftsprüfer:* Auf diese Konkurrenzbeziehung wurde bereits Mitte der 1990er-Jahre hingewiesen – wobei es nach der Jahrtausendwende zu einer signifikanten Trennung von Wirtschaftsprüfungs- und Beratungsaufgaben kam; dieser Trend kehrt sich aber seit

---

[52] Vgl. Younger, Patterson, Younger: 2015.

einigen Jahren wieder um.[53] So stellt Thronberens 1995 dar, dass Wirtschaftsprüfer immer häufiger neben ihrer Prüfertätigkeit auch um Prob-
lemlösungen im Bereich der Unternehmensberatung gebeten werden.
Der Grund dafür liege insbesondere in dem durch langjährige Zusammenarbeit geschaffenen Vertrauensverhältnis und in dem hohen Ansehen, welches dem Berufsstand entgegengebracht wird.[54] Der Einstieg
der damaligen Big Eight (heute Big Four: PwC, KPMG, EY und Deloitte) in das IT-Consulting ist in der zweiten Hälfte der 1980er Jahre erfolgt.[55] Auch Backhaus und Spät ordnen die Unternehmensberatung als
interessanten Markt für Wirtschaftsprüfer ein. Ihre Untersuchung
kommt zum Ergebnis, dass den Wirtschaftsprüfern von Seiten der Unternehmen durchaus hohe Kompetenz in den Bereichen Finanzierung,
Investition, Recht, aber vor allem bei der Unternehmensbewertung und
Kostenrechnung zugebilligt wird. Insgesamt wird für diesen Berufsstand gefordert, er müsse durch eine Erweiterung des Leistungsspekt-
rums teilweise Aufgabenbereiche der klassischen Unternehmensberatung mit abdecken.[56] In den letzten Jahren haben sich die Übernahmen
von Beratungsgesellschaften durch Wirtschaftsprüfer verstärkt, wie das
Beispiel PwC verdeutlicht: Ende Oktober 2013 kündigte die Wirt-
schaftsprüfungsgesellschaft PricewaterhouseCoopers an, die Traditi-
onsberatung Booz & Company zu übernehmen. Für Booz & Co war es
das Ende einer langen Partnersuche. Unter anderem hatte man mit
Konkurrent A.T. Kearney über einen Zusammenschluss verhandelt.
Heute agiert die Beratung relativ autark als „Strategy&" im PwC-
Verbund.

---

[53] Auslöser einer stärkeren Trennung von Prüfung und Beratung waren u.a. die Skandale um Enron und Holzmann: Die KPMG wurde in Deutschland kritisiert, nachdem E&Y bei dem von der
KPMG geprüften Baukonzern Philipp Holzmann im Jahr 1999 nachträglich Verluste in Milliar-
denhöhe entdeckt hatte. Eine Pleite wurde hier im Gegensatz zu Enron gerade noch verhindert,
auch, weil sich Bundeskanzler Gerhard Schröder für den Erhalt der Holzmann-Arbeitsplätze
einsetzte. Beim US-Unternehmen Enron waren die Konsequenzen weitergehend. Diese Gesellschaft stellte im Jahr 2001 mit einem offiziellen Umsatz von 101 Mrd. USD immerhin die
siebtgrößte Unternehmung der USA dar. Der Enron-Skandal endet nicht nur mit dem Bankrott
des Unternehmens, sondern mündet letztlich auch in der Liquidation der involvierten Prüfungs-
gesellschaft Arthur Andersen; vgl. Möller, Sigillo: 2010, S. 22.

[54] Vgl. Thronberens: 1995.

[55] Vgl. Armbrüster: 2006, S. 42.

[56] Vgl. Backhaus, Spät: 1994.

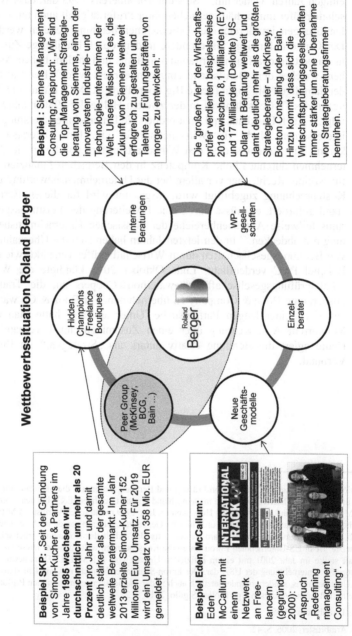

Beispiel : Siemens Management Consulting; Anspruch: „Wir sind die Top-Management-Strategieberatung von Siemens, einem der innovativsten Industrie- und Technologie-unternehmen der Welt. Unsere Mission ist es, die Zukunft von Siemens weltweit erfolgreich zu gestalten und Talente zu Führungskräften von morgen zu entwickeln."

Die "großen Vier" der Wirtschaftsprüfer verdienten beispielsweise 2018 zwischen 8,1 Milliarden (EY) und 17 Milliarden (Deloitte) US-Dollar mit Beratung weltweit und damit deutlich mehr als die größten Strategieberater – McKinsey, Boston Consulting oder Bain. Hinzu kommt, dass sich die Wirtschaftsprüfungsgesellschaften immer stärker um eine Übernahme von Strategieberatungsfirmen bemühen.

Wettbewerbssituation Roland Berger

Interne Beratungen

WP-gesellschaften

Hidden Champions / Freelance Boutiques

Roland **B**erger

Einzelberater

Peer Group (McKinsey, BCG, Bain ...)

Neue Geschäftsmodelle

Beispiel SKP: „Seit der Gründung von Simon-Kucher & Partners im Jahre **1985 wachsen wir durchschnittlich um mehr als 20 Prozent** pro Jahr – und damit deutlich stärker als der gesamte weltweite Beratermarkt." Im Jahr 2013 erzielte Simon-Kucher 152 Millionen Euro Umsatz. Für 2019 wird ein Umsatz von 358 Mio. EUR gemeldet.

Beispiel Eden McCallum: Eden McCallum mit einem Netzwerk an Freelancern (gegründet 2000): Anspruch „Redefining management consulting".

Abbildung 11: Veränderung des Marktumfelds am Beispiel von Roland Berger

- *Spezialisierte Berater:* Obwohl sich große Beratungsgesellschaften in funktionale Teams aufteilen und damit auch ein jeweils spezielles Angebot unterbreiten können, ist die Positionierung einer Beratung mit nach außen kommunizierter Spezialisierung eine andere, sei es in Themen wie Pricing (Simon-Kucher), Einkaufsprozesse (Kerkhoff), Controlling (Horváth) oder Logistik bzw. Supply Chain Management (Barkarwi). Wie sich gezeigt hat, sind spezialisierte Berater in der Lage, deutlich schneller zu wachsen, als die etablierten klassischen Managementberatungen. Erzielte die auf Preismanagement fokussierte Beratung Simon-Kucher vor 25 Jahren noch einen Umsatz von 10 Mio. EUR, kommt das Bonner Unternehmen 2019 auf einen Umsatz von ca. 350 Mio. EUR p.a. (im gleichen Zeitraum ist die Anzahl der Mitarbeiter von etwa 60 auf mehr als 1.300 angestiegen). Treiber dabei war unter anderem eine aggressive internationale Expansion. Heute beschreibt sich die Beratung als „World Leading Consultancy in Pricing". Wachstumsraten von mehr als 20 % pro Jahr, die sich nachhaltig realisieren lassen, bringen durchaus positive „Nebeneffekte" mit sich. Erstens spricht Umsatzwachstum für Dynamik und Innovationsgeist. Gleichzeitig stellt dies ein Signal für Erfolg dar (zumindest so lange, wie ein Umsatzwachstum auch das Ziel der meisten Kundenunternehmen ist). Zweitens ergeben sich positive Signale für die Rekrutierung von neuen Beratern. Stark wachsende Beratungen erscheinen attraktiv, weil sie besondere Karrieremöglichkeiten mit sich bringen. Drittens führt dies zu einem Wettbewerb der Kandidaten für den Partnerlevel und ist damit eine Stütze für das Karriereanreizmodell, welches vielen Beratungen zu Grunde liegt. Die Unternehmensanteile, die intern an neue Partner verkauft werden, gewinnen rasant an Wert.[57]
- *Unternehmensinterne Beratungseinheiten:* Wenn größere deutsche Konzerne wie die Deutsche Telekom, Siemens, Daimler oder die Deutsche Bahn teilweise für mehr als 100 Mio. EUR jährlich Beratungsleistungen beschaffen, dann liegt die Frage nahe, ob sich diese Kosten durch den Aufbau eines eigenen Beraterteams nicht senken lassen. Diese Tendenz ist nicht neu, wirkt aber in den letzten Jahren verstärkt. In der Argumentation kommt es dabei nicht nur auf Kostensenkungen aus Managementsicht an, sondern auch darauf, gezielt Berater aus dem Markt zu rekrutieren und ihnen eine interessante Entwicklungsmöglichkeit zu geben. Dies ist nicht von der Hand zu weisen, führt man sich

---

[57] Hierzu die folgende Überschlagsrechnung. Ein Partner erwirbt einen Anteil an der Beratungsgesellschaft von 1 %. Zu diesem Zeitpunkt liegt der Umsatz der Beratung bei 10 Mio. EUR. Als Firmenwert wird ein Umsatzmultiple von 1,5 bestimmt. Der Anteil kostet den Partner demzufolge 150.000 EUR. Wenn das Umsatzwachstum der Beratung in den nächsten 10 Jahren jeweils 20 % beträgt, hat sich der Wert der 1%-Beteiligung auf ca. 930.000 EUR erhöht.

den Akquise-Druck vor Augen, der auf einen Senior-Berater, Projektmanager oder Partner zukommt.

- *Plattformanbieter:* Die stärkere Digitalisierung der Wirtschaft führt einerseits zu einem Wachstumsschub für die Beratungsbranche, andererseits ist die klassische Unternehmensberatung aber in ihrem Geschäftsmodell auch selbst angegriffen. Über Beratungsnetzwerke lässt sich heute innerhalb kürzester Zeit ein internationales Team aus hochspezialisierten Beratern zusammenstellen. Dies ist lukrativ, weil die Plattformanbieter die Kosten einer festen Anstellung von Beratern ersparen, ebenso hohen Kosten für imageträchtige Standorte. So beschreibt das Magazin brand eins die Beratung BTG: „Die Business Talent Group verzichtet nicht nur an fast allen Standorten auf Büros – sie hat auch keine Partner. Oder fest angestellte Berater, Manager, Assistenten und Praktikanten, die im Back-Office an Projekten arbeiten oder auf ihren nächsten Einsatz warten und so die Fixkosten in die Höhe treiben."[58] Kostensenkungen von Plattform-Beratungen werden zum Teil an die Kunden weitergeben. Dies führt zu interessanten Geschäftsmodellen wie z. B. dem von Eden McCallum, welche klassische Unternehmensberatung sehr in Bedrängnis bringen können. Eden McCallum wurde im Jahr 2000 gegründet (deutlich früher als BTG), und bietet nach Eigenangaben das Wissen, Insights und die Erfahrung der großen Unternehmensberatungen. Allerdings erlaubt sein flexibleres Geschäftsmodell Projekte auf den individuellen Kunden maßzuschneidern, da alle Projekte von freischaffenden Unternehmensberatern durchgeführt werden. Dabei ist das Leistungsversprechen der Plattformanbieter durchaus beachtlich: Top-Berater (mit nachgewiesen Projekterfahrungen und -erfolgen) werden zu vergleichsweisen geringeren Tagessätzen angeboten. Fink beschreibt die Vorteile auch aus Sicht der beteiligten Beratern: „Kurz zusammengefasst bieten sie erfahrenen Beratern, die einige Jahre bei McKinsey, BCG, Bain oder einer anderen klassischen Managementberatung gearbeitet haben, eine Plattform, um als Freelancer weiter zu beraten. Für ehemalige Berater ist das eine sehr attraktive Option. Viele von ihnen haben sich aus der klassischen Beratung verabschiedet, um ihr eigenes Geschäft aufzubauen."[59] Um die Projektakquise kümmern sich die Plattformbetreiber wie BTG und Eden McCallum. Sie erhalten eine Vermittlungsprovision und haben so die On-Demand-Economy auf die Beratungsbranche übertragen.

- *Einzelberater:* Sie schaffen es in der Regel zwar nicht, komplette Beratungsteams zu ersetzten, können aber trotzdem in Konkurrenz zu Beratungsgesellschaften wie Roland Berger treten, wenn die Unternehmens-

---

[58] Laube: 2014.

[59] Fink: 2017.

leitung des Kunden den Einsatz spezifischer Personen schätzt (z. B., weil diese über eine einzigartige Branchenexpertise verfügen).

Das veränderte Wettbewerbsfeld hat wiederum dazu geführt, dass sich Beratungen neu erfinden. Sich als Strategieberatung zu bezeichnen, reicht heute nicht mehr. Nicht von ungefähr kommt es, dass sich Roland Berger intensiv darum bemüht haben, über eine Kooperation mit Rocket Internet in den Start-up- und Digitalisierungsmarkt einzusteigen. Im Rahmen einer Gesellschaft (gegründet 2014) mit 50:50-Beteiligung wollen die Partner „einen Super-Inkubator für große Unternehmen" gründen, sagt Charles-Edouard Bouée, damaliger CEO von Roland Berger: „Unsere Firma wird wie eine Fabrik funktionieren und eine Firma mit digitalem Geschäftsmodell nach der anderen produzieren." Berger folgt damit dem Ansatz kleinerer und agilerer Wettbewerber, wie Barkawi (einer Beratung mit Fokus auf Supply-Chain-Management), dessen Gründer den Erfolg der Firma wie folgt erklärt: „[...] aus einer Beratung heraus können Ideen zum Erfolg führen. Das ist ein Konzept, das wir seit zehn Jahren praktizieren. Damals wurden Interessenskonflikte und Verzettelung unterstellt, wenn Berater auch operativ tätig wurden oder an operativen Unternehmen beteiligt waren. Und mittlerweile scheint das, was wir damals propagiert haben, in Mode zu kommen."[60]

Aktuelle Branchenentwicklungen

Interview mit Jonas Lünendonk

Sie beobachten die Beratungsbranche schon lange und intensiv. In der Zurückschau: Gab es Situationen oder Ereignisse, welche die Branche substantiell verändert haben?

Nein, würde ich sagen. Ich beschäftige mich seit über zehn Jahren mit dem Managementberatungsmarkt und kann mich noch erinnern, wie 2011 und 2012 das Ende der Strategieberatung vorausgesagt wurde. Eingetreten ist dies jedoch nicht. Die VUCA-World, Zölle und Handelskonflikte, die Digitalisierung sowie weitere Megatrends, die auf die Unternehmen einwirken, tun hier ihr Übriges. Natürlich hat sich der Art der Strategiearbeit verändert und viele Themen müssen heute deutlich umsetzungsnäher bearbeitet werden, aber in Summe hat sich das Marktvolumen laut des BDU seit der Finanzmarkt- und Wirt-

---

[60] Räth: 2015.

schaftskrise 2009 nahezu verdoppelt. Zudem bleiben die Themen rund um Beratung ein People Business. Zwar spielen Analytics-Tool in der Analysephase und für manche Standardthemen eine zunehmend wichtigere Rolle, aber die kreative Erarbeitung von Lösungskonzepten und deren erfolgreiche Umsetzung bleiben klassische Beratungsthemen mit Zukunftspotenzial.

Selbstverständlich steigen die Anforderungen an die Mitarbeiterinnen und Mitarbeiter von Beratungen, da neben der Branchen- und Fachexpertise auch zunehmen Technologie- und Daten-Analyse-Know-how gefragt sind. Jedoch sehe ich bisher keine substantielle Veränderung, die die Branche tatsächlich vollkommen umkrempelt.

Und wie ist es heute: Welche Themen treiben Kunden und Berater um. Prominent ist vermutlich die Digitalisierung – aber was gibt es noch?

Wenig überraschend steht Digitalisierung bei allen ganz oben auf der Agenda, wobei hier anzumerken ist, dass die Auswirkungen in den einzelnen Kundenbranchen und Unternehmensfunktionen teilweise sehr unterschiedlich sind. So bedeutet die Digitalisierung für die Automobilindustrie etwas völlig anderes als für Banken und Versicherungen, da sich beispielsweise Geschäfts-, Nutzungs- und Vertriebsmodelle sowie Kundeninteraktion komplett verändern.

Eine Optimierung der Supply Chain, des Einkaufs oder von Finance & Controlling beinhaltet heute immer auch digitale Komponenten. Angefangen vom OCR-Scan über RFID-Chips bis hin zur Process Mining und Robotic Process Automation (RPA). Das bedeutet, selbst wenn wir heute über klassische Themen wie Effizienzsteigerung oder Kostensenkung sprechen, spielen digitale Aspekte eine zentrale Rolle. Hinzu kommen Themen rund um Big Data Analytics, die Entwicklung von neuen Produkt- und Serviceinnovationen sowie der Aufbau von Plattformen, zum Beispiel für den Einkauf oder für Banken und Versicherungen oder die Umsetzung von Industrie 4.0-Konzepten.

Bei all diesen Veränderungen rückt seit 2016 wieder stärker das Thema „Mensch" in den Mittelpunkt. Wurde die Digitalisierung vorher sehr stark aus technischer Sicht wahrgenommen, so spielen nun wieder die Menschen – Kunden, Mitarbeiterinnen und Mitarbeiter, externe Partner – eine stärkere Rolle. Wie können diese in die Lage versetzt werden, mit der Technik richtig und sinnvoll zu interagieren und damit Prozesse zu verbessern. Der Dreiklang aus Menschen, Prozessen und Struktur gilt immer noch und führt auch zukünftig zu Beratungsbedarf

– gerade in einer sich immer schneller wandelnden Welt. In diesem Kontext steigen auch die Anforderungen an kompetentes Change Management, denn die Veränderungen müssen organisiert und aktiviert werden.

Immer wieder gibt es Behauptungen, dass die Zukunft den spezialisierten Beratungen gehört. Und es gibt Behauptungen, dass Full-Service-Anbieter im Vorteil sind. Wie beurteilen Sie diese Situation?

Es kommt darauf an! Diese Diskussion verfolgen wir auf Kunden- wie auch auf Beratungsseite seit fast drei Jahrzehnten und die eine richtige Antwort greift hier nicht. So gibt es Kunden, die sehr gerne mit einem Dienstleister zusammen alles aus einer Hand beziehen, aber auch Kunden, die Konzeption und Umsetzung aus unterschiedlicher Hand erhalten wollen, um beispielsweise Interessenskonflikte bei der Konzeption zu verhindern. So wird teilweise von Kunden die Befürchtung geäußert, dass das Umsetzungsprojekt größer und umfassender ausfällt, wenn dieselbe Beratung auch die Konzeption durchführt. Soweit die subjektive Einschätzung aus den Gesprächen.

Ein Blick auf die Umsatzentwicklung der Beratungsunternehmen in den letzten Jahren ist jedoch ebenfalls sehr interessant. So sind die großen internationalen Strategieberatungen, die großen IT- und Beratungskonzerne, die Big-Four-Wirtschaftsprüfungsunternehmen sehr stark gewachsen, was eine entsprechende Nachfrage von Kundenunternehmen impliziert. Darüber hinaus haben aber auch die mittelständischen deutschen Beratungsunternehmen mit Umsätzen zwischen 15 und 300 Mio. Euro sehr erfolgreich zugelegt. Hingegen weniger stark – prozentual – sind kleine Beratungsunternehmen mit weniger als 15 Mio. Euro gewachsen. Zwar wird es auch in Zukunft so sein, dass sich kleine, innovative Boutiquen gründen und dann mit einem Spezialthema schnell wachsen, allerdings gibt es für diese Spezialthemen stets Grenzen. In Summe zeigt sich daher eine gewisse Wachstumsschwäche bei den sehr kleinen Beratungen.

Das ist nicht überraschend, denn die Anforderungen, mit denen Beratungsunternehmen heute konfrontiert sind, haben deutlich zugenommen. Angefangen von IT- und Technologie-Know-how, über die Gewinnung von ausreichend Beraterinnen und Beratern bis hin zur nachhaltigen Entwicklung von Beratungs- oder Analytics-Tools. Da sind Investitionen gefordert. Darüber hinaus steigen die Anforderungen in Ausschreibungsprozessen – und dieser wurde auf Kundenseite zunehmend professionalisiert, sodass mehr Kapazitäten zur Gewinnung von neuen Projekten aufgewendet werden müssen. Gerade für kleine Beratungen ist das eine belastende Herausforderung, da die besten Beraterinnen und Berater neben dem Tagesgeschäft in Ausschreibungen gebunden sind.

Vor diesem Hintergrund bin ich der Meinung, dass die großen Full-Service-Anbieter in einer zunehmend komplexeren Welt, die auch durch schnelle technologische Entwicklungen angetrieben wird, den Vorteil zahlreicher Kompetenzen inhouse zur Verfügung haben. Es werden jedoch nach wie vor, kreative und innovative kleine Beratungen mit einem guten Partner-Ökosystem ebenfalls sehr gute Leistungen für ihre Kunden erzielen. Und natürlich gibt es auch Kundenunternehmen, die gerne mit einem geschäftsführenden Partner einer kleinen oder mittelständischen Beratung auf Augenhöhe arbeiten möchten, anstatt mit einem weltweiten Beratungskonzern, der über 100.000 Mitarbeiter beschäftigt und für den das Beratungsprojekt nur eines unter vielen ist. Wie gesagt, es kommt darauf an, wobei ich derzeit eine stärkere Tendenz in Richtung Full-Service- oder End-to-End-Prozess-Dienstleister sehe.

Neben den Managementberatern beobachten Sie mit Ihrem Haus ja auch noch andere Branchen. Gibt es hier Verwischungen der Grenzen? Und falls ja, sind diese Vermischungen nachhaltig oder sind dies eher kurzfristige Bewegungen, die kaum Wirkung entfalten?

Seit langem verschwimmen die Grenzen in zahlreichen Projekten zwischen Business und IT, wobei diese Entwicklung in den 1980er Jahren bereits und verstärkt wieder seit Anfang der 2000er Jahre zu sehen war. Interessanter ist sicher die Tatsache, dass seit 2015 zahlreiche Management- und IT-Beratungsunternehmen ihr Portfolio in Richtung Agentur, Design, Customer Experience sowie Data Analytics gestärkt haben. Gleichzeitig bauen Agenturen stärker IT-, Technologie- und Prozess-Know-how auf, um ihre Kunden umfassend beraten zu können. Dies hat sicher damit zu tun, dass die Digitalisierung viel stärker als früher den Kunden respektive den Mitarbeiter in den Vordergrund rückt.

Die Entwicklung von neuen Geschäftsmodellen oder Produkt- und Service-Innovationen ohne Endkunden-Know-how und eine entsprechende Optimierung der Interaktionspunkte (u.a. Mobil, Webportale, Bestellprozesse, Apps) ist heute nahezu zum Scheitern verurteilt. Darüber hinaus besetzen immer mehr Plattformen die Kundenschnittstelle mit innovativen Lösungen und einer guten Usability. Eine intuitive, einfache und möglichst medienbruchfreie Customer Journey ist heute oft Voraussetzung dafür, dass Geschäftsmodelle überhaupt skalieren. Gleichzeitig müssen Prozesse und Systeme auch innerhalb der Unternehmen so optimiert werden, dass die Experience der Mitarbeiterinnen und Mitarbeiter mit der im privaten Umfeld vergleichbar ist. Die Identität und das Verhalten wird ja schließlich nicht an der Eingangstüre zum Unternehmen abgegeben. Ich glaube, dass diese Entwicklung nachhaltig so bleiben wird, jedoch unter der Einschränkung, dass diese Services nur einen Teil der eigentlichen Beratungsleistungen ausmachen. Laut unserer letzten Studie schätzen wir das Marktvolumen rund um das Thema Customer Experience Services auf circa 4 Mrd. Euro in Deutschland. Der deutsche Beratungsmarkt hat laut BDU jedoch ein Marktvolumen von deutlich über 33 Mrd. Euro.

Über diese Themen hinausgehend: Welche Trends sehen Sie persönlich im Beratungsmarkt?

Die Themen Datenanalysefähigkeit sowie Technologie-Kompetenz sind zukünftig in vielen Fällen ein zentraler Erfolgsfaktor. Die schnelle Auswertung von Kundendaten, wenn diese in ausreichender Qualität vorliegen, und das Ableiten von praxis- und umsetzungsnahen Handlungsempfehlungen wird weiter an Bedeutung gewinnen. Daneben glaube ich, dass sich IT- und Managementberatungskompetenzen nicht mehr trennen lassen, da nahezu alle Lösungen digitale Komponenten im Kern mit sich führen. Im Zuge dieser zunehmenden Vernetzung sehe ich auch den Bedarf an Beratung im Bereich Risk und Security steigen.

Die schnelle Entwicklung von praxisnahen Lösungen lässt zudem den Bedarf für agile Projektumsetzung steigen sowie die Einbindung von Partnerunternehmen in die End-to-End-Umsetzung von Projekten, um dem Kunden möglichst ein komplettes Leistungspaket bieten zu können. Hinzu kommt, dass Technologiepartnerschaften und Kooperationen deutlich an Bedeutung gewinnen. Gespannt bin ich darauf, welche Rolle zukünftig große Software- und Analytics-Unternehmen, wie zum Beispiel Palantir aus den USA spielen, die in der Lage sind, schnell unterschiedliche Datentöpfe miteinander zu verbinden und daraus Schlüsse zu ziehen. Daneben wir es sicher auch interessant sein zu sehen, wie umfangreich und mit welchen Beratungsservices die großen Maschinen- und Anlagenhersteller (z. B. Bosch und Siemens) auf das Thema Industrie 4.0 und Datenplattformen reagieren und welcher Wettbewerb sich dadurch für die klassischen Beratungen ergibt.

Zur Person:

Jonas Lünendonk ist Berater und Analyst. Als geschäftsführender Gesellschafter der Lünendonk & Hossenfelder GmbH, dem einzigen
Marktforschungsunternehmen im deutschsprachigen Raum, das sich
auf B2B-Services spezialisiert hat, berät er Professional Services Unternehmen wie Unternehmensberater, IT-Consultants, Agenturen und
IT-Freelancer-Agenturen, um auf Trends und Entwicklungen in ihren
Märkten zu reagieren. Er ist Autor von Studien und Referent zu Themen wie dem Management Consulting Markt, Innovationsentwick-
lung, Künstliche Intelligenz, Customer Experience, Automatisierung
und RPA. Außerdem veröffentlicht er das jährliche Ranking der führenden Unternehmensberatungen in Deutschland. Neben seiner Tätigkeit als Geschäftsführer studiert er Business Analytics und Data Science, denn Digitalisierung bedeutet kontinuierliche Weiterbildung und
Entwicklung!

2.6 Fragen, Diskussionsstellungen und Schlagworte

**Wiederholungs- und Verständnisfragen, Diskussionsstellungen, Anre-
gungen:**

1. Worin besteht die Relevanz bzw. Bedeutung von „Beratung"? Oder anders: Warum gibt es eigene Vorlesungen diesen Wirtschaftszweig?
2. Welche Besonderheiten weisen Dienstleistungen auf? Welche Beratungsleistungen?
3. Was bedeutet der Begriff Disruption? Könnte eine solche Disruption
   auf die Beratung treffen? Bitte erläutern Sie Ihren Standpunkt!
4. „Beratung hat eine Vermittlerrolle" – Was bedeutet dieser Satz?
5. Bitte beschreiben Sie die historische Entwicklung der Branche!
6. Was sind „Plattformanbieter" im Umfeld der Beratung?
7. Wie schätzen Sie dieses Geschäftsmodell aus Beratersicht ein?
8. Und aus Kundensicht?
9. Zwischen Wirtschaftsprüfern und der Beratungsbranche besteht eine
   besondere Beziehung. Warum?
10. Im Beratungsgeschäft werden hohe Margen erzielt, so heißt es. Wenn
    diese Aussage stimmt: Warum ist dies so?

Stichworte:

Beratung, organisationale Beratung, Unternehmensberatung, Consulting, Charakteristika von Beratung, Vermittlungsfunktion, Disruption, War for Talents,
Big Four, Digitalisierung, Automatisierung, Rankings, Pricing

3 Bewerbung

3.1 Übersicht und Leitfragen

Grundidee des Kapitels: Beratungen sind augenscheinlich attraktive Arbeitgeber. Eine grobe Orientierung zum Markt bzw. zur Arbeitgeberlandschaft (Kapitel 3.2) und über einen typischen Bewerbungsprozess (Kapitel 3.3) soll in diesem Kapitel gegeben werden. Anschließend kann die eigentliche Beratungskarriere starten.

Leitfragen hierbei sind:

1. Was sollte man wissen, wenn man über einen Einstieg in die Beratung nachdenkt?
2. Wie groß ist der Markt für Beratungsleistungen eigentlich und wie sieht er aus?
3. Mit welchem Ablauf in einem Bewerbungsprozess kann man rechnen?

3.2 Markt

3.2.1 Übersicht

Der Markt für organisationale Beratung kann nur schwer vollständig und mit all seinen Facetten beschrieben werden. Dies ist sicherlich stark dadurch begründet, dass es (i) in Deutschland keine Marktzugangsbarrieren gibt, (ii) die Berufsbezeichnung Berater oder Unternehmensberater nicht geschützt ist – somit also die Anbieterseite nur unzureichend bzw. nicht abschließend dargestellt werden kann – und schließlich (iii) auch nicht alle Kundenorganisationen gerne, offen und detailliert über ihre Beratungsbeauftragungen sprechen – und daher auch die Nachfrageseite nicht vollständig beschrieben werden kann. Unbeschadet dieser Herausforderungen lässt sich aber dennoch der Markt hinreichend valide mit Hilfe von Daten beschreiben, von denen einige auf Umfragen basieren und andere mit Hilfe von Schätzungen oder Extrapolationen ermittelt werden.

3.2.2 Entwicklung des Marktvolumens

Nach der eher qualitativen Beschreibung der Marktentwicklung und der einschlägigen Rahmenbedingungen weiter oben soll in diesem Abschnitt die quantitative Entwicklung im Vordergrund stehen.[61]

---

[61] Vgl. als Basis auch Deelmann: 2017, insb. S. 80-82.

In Deutschland werden regelmäßig vom Bundesverband Deutscher Unternehmensberater BDU e.V. Marktdaten veröffentlicht, z. B. das Honorarvolumen.[62]

Unter Zuhilfenahme von vereinzelten Schätzungen ist es möglich, das Marktvolumen und die Entwicklung der Beraterzahl ausgehend vom Jahr 1990 darzustellen (vgl. Abbildung 12). Das Marktvolumen wächst von ungefähr 5 Mrd. EUR in 1990 bis auf gut 35 Mrd. EUR in 2019 an. Rückgänge sind lediglich in den Jahren 1993, 2002/2003 sowie 2009 zu verzeichnen. Die Marktentwicklung spiegelt sich auch in der Zahl der Berater wider. Sie ist in diesem Zeitraum von gut 30.000 auf knapp 130.000 angestiegen.

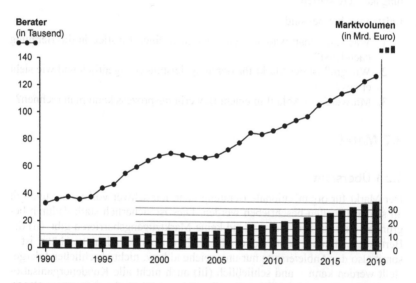

Abbildung 12: Volumen des Unternehmensberatungsmarktes und Anzahl der Berater in Deutschland, 1990-2019[63]

Das Anwachsen von Marktvolumen und Beraterzahl sieht auf den ersten Blick beeindruckend aus. Zur besseren Einordnung bietet es sich an, die Wachstumswerte mit einer Referenzgröße zu vergleichen. In Abbildung 13 wird die gesamtwirtschaftliche Entwicklung (BIP) der Entwicklung des Beratungsmarktes gegenübergestellt. Im oberen Teil der Abbildung ist die Veränderung des BIP in Prozent im Vergleich zum Vorjahr abgebildet; im unteren Teil ist die Veränderung des Beratungsmarktvolumens dargestellt.

---

[62] Vgl. z. B. Bundesverband Deutscher Unternehmensberater BDU e.V.: 2019a, 2020.

[63] Eigene Darstellung mit Daten vom BDU; vgl. auch Deelmann: 2016 und dort zitierte Literatur für eine Vorläuferversion der Darstellung; ergänzende Kalkulationen durch die Verfasser.

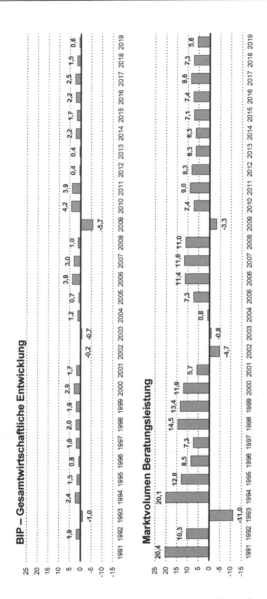

Abbildung 13: Veränderungen des BIP (preisbereinigt) und des Beratungsmarktes (jeweils ggü. Vorjahr, in %) von 1990 bzw. 1991 bis 2019[64]

---

[64] Eigene Darstellung mit Daten vom Statistischen Bundesamt und BDU, tlw. geschätzt durch die Verfasser.

Deutlich erkennbar ist, dass sich der Beratungsmarkt in allen Jahren recht synchron zur Gesamtwirtschaft entwickelt: Wächst das BIP, wächst auch der Beratungsmarkt, geht das BIP zurück, schrumpft auch der Beratungsmarkt. Dabei sind aber in fast allen Jahren die Veränderungswerte des Beratungsmarktes stärker, als die des BIP. Das „People Business" Beratung reagiert also überproportional auf eine anziehende oder sich abschwächende Konjunktur. Eine interessante Ausnahme stellt das Krisenjahr 2009 dar, in dem das Beratungsmarktvolumen weniger stark zurückgegangen ist, als die gesamtwirtschaftliche Entwicklung.

Auf Basis der Performance in den vergangenen Jahren kann langfristig eine weiterhin positive Entwicklung des Beratungsmarktes, die über die allgemeine wirtschaftliche Entwicklung hinausgeht, angenommen werden.

Kurzfristig ist jedoch eine Eintrübung durch die so genannte „Corona-Krise" zu erwarten. Insbesondere in der Zeit ab März 2020 kam es zu deutlichen Einbrüchen der gesamtwirtschaftlichen Entwicklung. Diese wirken sich auch auf die Beratungsbranche aus, da Kundenorganisationen in Krisenzeiten dazu tendieren, eine Vielzahl nicht geschäftskritischer Ausgaben zunächst zu stoppen. Beratungsleistungen gehören vielfach dazu. Die Prognosen bewegen innerhalb einer großen Spannweite, die von einem Rückgang im mittleren einstelligen Prozentbereich bis zu einem Rückgang um fast 30 Prozent reicht.[65] Allgemein kann für den Beratungssektor erwartet werden, dass dieser Rückgang nicht nachhaltig ist und es in den kommenden Jahren wieder zu Wachstumsraten im mittleren einstelligen Prozentbereich kommt.

3.2.3 Beratungsfelder

Der Markt für Beratungsleistungen lässt sich auf verschiedene Weisen aufteilen. Eine verbreitete Art stellt die nach den Beratungsfeldern dar, also den inhaltlichen bzw. fachlichen Schwerpunkten, die angeboten und nachgefragt werden. Regelmäßig unterschieden werden Strategieberatung, Organisations- und Prozessberatung, IT- sowie HR-Beratung:[66]

- *Strategieberatung:* Hierunter fallen z. B. Strategische Unternehmensplanung (z. B. Internationalisierung, Lean Management, Sanierungsstrategien, Balanced Scorecard und Unternehmensphilosophie), Unternehmensgestaltung (z. B. Beteiligungen, M&A, (De-) Investition), Unternehmensanalyse.

---

[65] Vgl. Deelmann: 2020a, 2020b.

[66] Vgl. für die Unterteilung Bundesverband Deutscher Unternehmensberater BDU e.V.: 2019a, S. 9, 22.

- *Organisations- und Prozessberatung:* Inhalte sind hier beispielsweise das Geschäftsprozessmanagement, Projektmanagement, Technik (z. B. Entwicklung und Produktion, Fertigungstechnik) sowie Controlling, Logistik, Einkauf und Qualitätsmanagement.
- *HR-Beratung:* Sie betrachtet z. B. Personalorganisation, Vergütungssysteme, Personalführung, Entwicklung von PE-Konzepten, Outplacement-Beratung und Eignungsdiagnostik.[67]
- *IT-Beratung:* Hier stehen Lösungen von der Entwicklung der Systemarchitektur bis zur Optimierung der IT-Prozesse sowie die Konzeption und Aufbau der Systeme und Netzwerke (Infrastrukturservices) im Vordergrund.[68]

Die einzelnen Beratungsfelder verändern sich im Zeitverlauf entsprechend der Entwicklung ihrer Protagonisten und Vertreter:[69]

- Aus den Disziplinen Financial Accounting und Auditing ist in den 1930er Jahren eine „General Management"-Beratung entstanden.
- In den 1960/70er Jahren konnte eine Differenzierung in Strategie- sowie Organisations- und Prozessberatung beobachtet werden.
- Das Feld der IT-Beratung kam seit ca. den 1970er Jahren hinzu.
- Als „jüngstes" explizit zu benennendes Feld kam schließlich auch HR-Beratung hinzu (seit ca. 1970/80er Jahre).

Während die absolute Nachfrage nach allen Beratungsfeldern in den letzten Jahren stetig gewachsen ist, blieb die relative Verteilung des Marktvolumens auf die vier Felder seit circa 2007 recht konstant: Strategieberatung deckt ungefähr ein Viertel des Marktes ab, Organisations- und Prozessberatung circa 45 %, die HR-Beratung circa 10 % und die IT-Beratung bewegt sich bei rund 20 %.[70]

Für das Jahr 2019, also vor der Corona-Krise, wertet der BDU aus, dass sich das Gesamtmarktvolumen i. H. v. 35,7 Mrd. EUR wie folgt verteilt:[71]

- Strategieberatung: 24,7 % oder circa 8,8 Mrd. EUR;
- Organisations- und Prozessberatung: 43,7 % oder circa 15,6 Mrd. EUR;
- HR-Beratung: 9,8 % oder circa 3,5 Mrd. EUR;
- IT-Beratung: 21,8 % oder circa 7,8 Mrd. EUR.

---

[67] Hinweis: Zur HR-Beratung wird regelmäßig nicht die sog. Personalberatung mit ihren Schwerpunkten auf Executive Search („Headhunting") und Personalvermittlung gezählt.

[68] Von der IT-Beratung sind IT-Services, Programmier- bzw. Wartungsleistungen etc. zu unterscheiden.

[69] Vgl. McKenna: 2010, S. 76-77, 212.

[70] Vgl. die Zusammenstellung der einzelnen vom BDU ermittelten Jahreswerte in Deelmann: 2018.

[71] Vgl. Bundesverband Deutscher Unternehmensberater BDU e.V.: 2020a, S. 9.

Teilweise wird die Position vertreten, dass neben diesen Beratungsfeldern auch noch die Domäne der Finanz- oder finanznahen Beratung explizit aus- zuweisen ist. Diese Sicht wird insbesondere vor dem Hintergrund der Bera- tungsaktivitäten der großen Wirtschaftsprüfungs- und Steuerberatungsgesell- schaften relevant.[72]

3.2.4 Anbietervielfalt

Die Kleinteiligkeit und Heterogenität des Marktes für Beratungsleistungen spiegelt sich auch in der Anbieterstruktur wider. Eine pragmatische und durchaus als hemdsärmelig zu bezeichnende Unterteilung des Anbieterspekt- rums kann hinsichtlich der Organisations- und Qualifizierungsstruktur in (i) „General Consultants", (ii) „Zünfte" oder „Gilden" und (iii) „Franchise" er- folgen:[73]

- Die Gruppe der *General Consultants* (sog. „Feld-, Wald- und Wiesen- berater") zeichnet sich primär durch ihre pragmatische Herangehens- weise an Kunden und Marktgeschehen aus. Den häufig eher kleineren Beratungshäusern (Boutiquen) und Einzelberatern ist bewusst, welche Stärken sie in ein Beratungsprojekt einbringen können, sie kennen aber zumeist auch ihre Schwächen. In Summe profitieren sie von den nied- rigen Markteintrittsbarrieren der Branche und den Möglichkeiten, die sich durch die Vielzahl von Beratungsfeldern ergeben.
- Die Gruppe der berufs- oder standesrechtlich regulierten Berater arbei- tet in einem Segment, dessen Zugang mehr oder minder stark abge- schlossen ist. Hierzu zählen etwa Wirtschaftsprüfer oder Steuerberater mit Beratungstätigkeiten, Rechtsberater, verkammerte oder staatlich be- liehene Anbieter (z. B. TÜV oder andere Prüf- und Zertifizierungsor- ganisationen). Diese Gruppe von Beratern ist im weitesten Sinne einer *Zunft oder Gilde* zugehörig. Hierbei muss es sich nicht zwingend um eine geschlossene, jedoch um eine abgrenzbare Gruppe von Personen oder Organisationen handeln. Das Zugehörigkeitsmerkmal kann relativ weich (z. B. der „Zertifizierte Software-IT-Berater") oder hart (z. B. das Gütesiegel eines Verbandes, das durch eine Ausbildung erlangte Examen) sein.
- Eine dritte Gruppe von Beratern agiert ähnlich wie ein *Franchise*. Zu nennen sind hier insbesondere international operierende Beratungen, sofern sie aus wirtschaftlich und rechtlich selbständigen lokalen Nie- derlassungen und Teams bestehen, die z. B. mit Hilfe von „Standard Operating Procedures" und weltweiten „Practice Groups" gesteuert werden. Die einzelnen Berater geben hierbei einen Teil ihrer unterneh-

---

[72] Vgl. beispielsweise bei Kraus: 2005, S. 66.

[73] Mit kleineren Anpassungen ist der Abschnitt entnommen bei Deelmann, Ockel: 2015, S. 3-4.

merischen Freiheit ab, um sich zwar in die Gesamtorganisation einzubringen, gleichzeitig aber auch von deren Reputation und einheitlichem Marktauftritt zu profitieren.

Diese Dreiteilung der Anbieter weist den Vorteil der Einfachheit in der Darstellung auf. Nachteilig und kritisch ist jedoch ihre Unterkomplexität zu sehen.

Eine alternative Perspektive auf die Anbieterstruktur bietet der Bundesverband Deutscher Unternehmensberater BDU e.V. Auf Basis der Ergebnisse von Erhebungen unter seinen Mitgliedern skizziert der BDU den deutschen Gesamtmarkt auch nach Größenklassen, die sich am Umsatz orientieren.[74]

Für das Jahr 2019, also auch hier wieder Prä-Corona, rechnet der BDU mit circa 20.400 Beratungsunternehmen, in denen 153.500 Mitarbeiter arbeiten. Davon sind circa 128.000 beratend aktiv (hiervon wiederum 28.400 als Juniorberater) und 25.500 im Backoffice. Der BDU unterteilt den Markt in insgesamt acht Größenklassen und beginnt die Skala mit einem Jahresumsatz, der unter 250.000 EUR liegt. Am oberen Ende wird ein Jahresumsatz von über 50 Mio. EUR betrachtet. Ohne auf die zwischenliegenden Klassen einzugehen, können doch einige Auffälligkeiten beobachtet werden:

- Die Klasse der größten Beratungsunternehmen ist die numerisch kleinste: Hier gibt es nur 200 Unternehmen, die ermittelt werden können. Die kleinsten Beratungen sind mit 11.200 zahlenmäßig am stärksten.
- Die größten Beratungsunternehmen haben mit 42 % den größten Marktanteil alle Klassen; dies entspricht 15,0 Mrd. EUR. Der Anteil von 6,3 % am Gesamtmarkt (oder 2,2 Mrd. EUR) verschlägt die kleinen Beratungen an das untere Ende der Marktanteilsskala.
- Der BDU weist den größten Beratungen circa 42.500 Berater zu und den kleinsten 11.800.
- Dies führt dann zu einem durchschnittlichen Umsatz pro Berater von 353.000 EUR bei den größten und 186.000 EUR bei den kleinsten Beratungen.

3.3 Bewerbungsprozess

3.3.1 Anforderungen

Unternehmensberatungen gehören seit Jahren zu den beliebtesten Arbeitgebern bei Studienabsolventen sowie so genannten Young Professionals – dies gilt für die klassischen „Qualifikationsstudiengänge" wie Betriebswirtschafts-

---

[74] Vgl. für die folgenden Angaben: Bundesverband Deutscher Unternehmensberater BDU e.V.: 2020a, S. 5; eigene Berechnungen.

lehre, aber auch für andere, zumeist fachlich angrenzende Studienrichtungen (vgl. auch die Übersicht weiter oben, Abschnitt 2.4.6).[75]

Vor diesem recht komfortablen Hintergrund artikulieren Beratungen Anforderungen an ihre Bewerber und späteren Mitarbeiter in den Bereichen Kompetenzen, Wissen sowie Qualifikationen.[76]

Bei den Kompetenzen werden genannt:

- Analytisches Denkvermögen
- Kommunikationsvermögen
- Problemorientiertes Denken
- Dienstleistungsdenken
- Belastbarkeit und Ausdauer
- Teamfähigkeit
- Sensibilität und Einfühlungsvermögen.

Im Wissenskontext sind Bewerber für Beratungen interessant, die in den folgenden Bereichen punkten können:

- Methodenwissen und Tools
- Erfahrungswissen aus Beratungsprojekten
- Wissen über Strategisches Management
- Expertenwissen in bestimmten Bereichen
- Präsentations- und Moderationstechniken
- Wissen um Zukunftstrends
- Wissen um gesellschaftliche Herausforderungen.

Während die Kompetenz- und Wissens-Wünsche der Beratungen im direkten Kontakt herausgefunden werden können, sind die Qualifikationen eher formaler Art und können auch durch Zeugnisse etc. belegt werden. Nachgefragt werden:

- Funktionsbezogene Praktika
- Berufserfahrung
- Praktika in der Beratung
- Berufsausbildung
- Auslandserfahrung
- Überdurchschnittlicher Notendurchschnitt
- Außeruniversitäres Engagement.

---

[75] Vgl. Lünendonk: 2015, S. 49.

[76] Für die Übersicht vgl. Mohe: 2005, S. 34. Die folgenden Aufzählungen reflektieren eine absteigende Relevanz bzw. Wichtigkeit.

3.3.2 Rekrutierungswege

Im Rahmen der Vorbereitung einer Bewerbung für eine Karriere in der Beratung erscheint es hilfreich, die wichtigsten Rekrutierungswege der potentiellen Arbeitgeber zu kennen. Lünendonk hat über mehrere Jahre hinweg Beratungen zu ihren präferierten Recruiting-Kanälen befragt. Jobbörsen zählen dabei seit längerem als wichtigster Kanal. Circa 20 % der befragten Berater präferieren diesen Weg. Persönliche Kontakte und Empfehlungen haben dabei aber in den letzten Jahren stark aufgeholt. Waren in 2012 noch 9 % aller Berater geneigt, diesen Kanal zu priorisieren, waren es zuletzt ebenfalls 20 %. Die Arbeit mit Headhuntern, die Durchführung von Recruiting-Veranstaltungen und die Nutzung von Online-Portalen hat im Zeitverlauf eine leicht schwankende, aber dennoch „mittlere" Zustimmung als primärer Rekrutierungsweg gefunden. Zuletzt konnten hier Nennungen im Bereich von 17 bis 13 % gemessen werden. Die Direktansprache hat im Zeitverlauf von 15 % auf 9 % deutlich an Attraktivität verloren – und die Nutzung von Social Media-Kanälen hat mit Nennungen im Bereich von 7 bis 4 % in den vergangenen Jahren kaum Relevanz als primärer Kanal gewonnen. Weitere Rekrutierungswege können mit einer Nennung von 1 bis 2 %vernachlässigt werden.[77]

3.3.3 Typischer Ablauf eines Bewerbungsverfahrens

Beratung als so genanntes „People Business" legt naturgemäß viel Wert darauf, die passenden Mitarbeiter zu finden. Im Vergleich zu anderen Branchen scheinen Beratungsmitarbeiter daher auch relativ häufig und mit einem überdurchschnittlichen Engagement in den Recruitingverfahren und an der Auswahl ihrer neuen Kollegen beteiligt zu sein. Im Rahmen eines Bewerbungsverfahrens prüfen Kandidat und Unternehmen, ob sie der Meinung sind, dass sie jeweils andere Seite zu ihnen passen würde bzw. ob sie zu ihr passen könnten. Es kommt daher regelmäßig zu einem wechselseitigen sich gegenseitigem „Abklopfen". Oft sind aus Kandidatensicht sechs Stufen oder Etappen in einem typischen Ablauf des Bewerbungsverfahrens zu identifizieren, bei denen meist eine Partei (manchmal aber auch beide gemeinsam) am „längeren Hebel" sitzt bzw. umworben wird:[78]

1. Auswahl der Firmen
   - Recruiting-Messen
   - Firmen-Websites
   - Online-Communities
   - Hochschulbesuche
   - Events
   - Persönliche Kontakte

---

[77] Vgl. Lünendonk: 2015, S. 56.

[78] Vgl. Menden et al.: 2015, S. 20 und eigene Ergänzungen

2. Bewerbung
   - Anschreiben
   - Lebenslauf
   - Bewerbungsmappe, Zeugnisse
3. Screening
   - Lebenslauf-Screening
   - Musskriterien (z. B. Noten, Praxiserfahrung, Sprachen)
   - Gesamtbild
   - Ggf. Telefoninterview
4. Erste Bewerbungsrunde
   - Cases
   - Brainteaser
   - Personal Fit
   - Ggf. Analytiktest
5. Zweite Bewerbungsrunde
   - Cases
   - Personal Fit
   - Partner-Gespräch
   - Ggf. Präsentation
   - Ggf. Gruppenaufgabe
6. Angebot bzw. finale Auswahl
   - Gehalt
   - Sonstige Leistungen
   - Zeitpunkt, Ort
   - Konkrete Position

3.3.4 Exemplarische Fragen und Diskussionsstellungen im Bewerbungsverfahren

Im Rahmen der Beschreibung eines idealtypischen Ablaufes eines Bewerbungsverfahrens wurde schon auf so genannte Personal Fit-Fragen, Brainteaser und Cases hingewiesen.[79]

- *Personal Fit:* Eine Frage aus dieser Kategorie kann kaum „falsch" oder „richtig" beantwortet werden. Ihr Ziel ist es herauszufinden, ob der Kandidat zur bestehenden Beratungsmannschafft „passt" – pointiert ausgedrückt: Ob man als bereits aktiver Berater mit dem Neuling einen Abend an einer Hotelbar aushalten könnte. Ein Beispiel für eine solche Personal-Fit-Frage ist:

---

[79] Die nachfolgenden Beispiele sind entnommen bei: Menden et al.: 2015, S. 25, 29, 110, 117, 159-160, 167-168, 176.

○ „Nennen Sie die sieben Eigenschaften die für einen Unternehmensberater Ihrer Meinung nach am wichtigsten sind. Anschließend bewerten Sie sich selbst anhand dieser Eigenschaften auf einer Skala von eins bis zehn und geben mir für Ihre Einschätzung Belege aus Ihrem Lebenslauf!"

- *Brainteaser:* Fragen dieser Kategorie betrachten tendenziell die Kreativität, das logische Denken sowie die Fähigkeit, Schätzungen zu tätigen. Beispiele sind:
  ○ „Warum sind Kanaldeckel rund?"
  ○ „Nennen Sie mir zehn Dinge, die Sie mit einer Büroklammer machen können, außer Papier zusammenhalten!"
  ○ „Sie haben eine Apothekerwaage und neun Kugeln. Sie wissen, dass eine der Kugeln etwas schwerer ist, als die anderen. Der Unterschied ist so gering, dass Sie nicht erkennen können, welche der Kugeln es ist. Mit der Waage können Sie es aber herausfinden. Mit wie vielen Wiegevorgängen identifizieren Sie die schwerere Kugel?"
  ○ „Wie viele Hunde gibt es in Deutschland?"
  ○ „Finden Sie die richtige Analogie heraus:
     Kilogramm : Masse wie Meter : ?
     a) Zentimeter; b) Einheit; c) Spannweite; d) Entfernung"

- *Cases:* Hier werden Fragestellungen simuliert, die in der Praxis des Berater-Alltags auftreten könnten. Regelmäßig wird bei diesen Fragen nicht nur auf die fachlich oder rechnerisch richtige Antwort geschaut, sondern vor allem auf den analytischen Lösungsweg und seine Stimmigkeit bzw. Nachvollziehbarkeit. Exemplarisch seien hier zwei Case-Fragen genannt:
  ○ „Ihnen wird das Angebot gemacht, die Autobahn Berlin-München samt Mautsystem vom Staat zu kaufen. Der Preis sei drei Milliarden EUR. Sollten Sie kaufen?"
  ○ „In einem europäischen Land fällt in zwei Jahren das Postmonopol. Der Post-Monopolist ist Ihr Kunde und möchte wissen, wie er sich hierauf vorbereiten soll. Ihr Vorschlag?"

Die oben genannten Bewerbungsrunden werden teilweise auch als Bewerbertage bezeichnet. Der Journalist Serrao hat einen solchen bei Roland Berger mitgemacht und seine Erlebnisse dokumentiert:

„10.30 Uhr. In lockerer Atmosphäre stellen mir Felix Dannegger und ein Kollege eine Dreiviertelstunde lang Fragen zu meinem Lebenslauf, Hobbys, beruflichen Zielen. Knifflig finde ich nur die Frage, mit was für Menschen ich nicht zusammenarbeiten kann. Um keine abgenutzten Teamplayer-Phrasen wiederzugeben, sage ich ehrlich: ‚Menschen mit übertriebenem Selbstbewußtsein'. Mit zusammengekniffenen Augen sieht mich Dannegger an. Nach endlosen Sekunden nickt er: ‚Das sehen wir auch so.' Roland Berger suche heute Mitarbeiter, die angemessen auftreten – ‚ohne Arroganz'. Heute? ‚Früher haben wir darauf vielleicht nicht ganz so sehr geachtet.'"

[Der Bericht schließt mit…]

18.10 Uhr. Nach einer halben Stunde Brüten kommen die Berater wieder in den Konferenzraum. Die Begrüßung verrät alles. ‚Philipp, du kommst bitte mit mir', sagt Milleg zu dem Betriebswirt, der den ganzen Tag dabei war. Dabei schüttelt er ihm kräftig die Hand. Mich begrüßt Berater Dannegger ebenfalls mit einem Lächeln, aber ohne Handschlag: ‚Wenn Sie mir bitte folgen würden.'"[80]

3.3.5 Das Mengengerüst (Oder: Wie groß ist die Konkurrenz?)

Der Bewerbungsprozess selber hat zwar einen typischen Kern und auch wiederkehrende Elemente. Er unterscheidet sich in seiner Ausprägung aber selbstredend von Beratung zu Beratung.

Ebenso verhält es sich mit dem Mengengerüst bzw. der Anzahl der eingegangenen Bewerbungen. Kaum möglich scheint es, eine konkrete Zahl zu nennen, welche die Anzahl der Bewerber auf eine Stelle ausdrückt. Dies erscheint wohl von Fall zu Fall unterschiedlich und kommt häufig sowohl auf die Größe der Beratung an, als auch auf die ausgeschriebenen Stellen. Illustrativ die Ergebnisse eine nicht-repräsentativen Umfrage bei fünf Beratungen zu ihren Erfahrungen mit der Suche nach Praktikanten: Eine ganz kleine Beratung, eine mit circa 200 Mitarbeitern, eine mit gut 1.000 Mitarbeitern und eine Beratungssparte aus den „Big Four". Die Rückmeldungen auf „Bewerbungen pro Stelle bzw. pro Ausschreibung" waren sehr unterschiedlich:

Beim ganz kleinen und dem sehr großen Haus war es schwer, eine Zahl zu ermitteln – beide suchen allerdings häufig nach sehr speziellen Profilen von Praktikanten und Werkstudenten. Hier gab es dann eine einstellige bzw. kleine zweistellige Zahl von Bewerbungen. Die aber waren allerdings wohl hochkarätig.

Bei der internen Beratung und den beiden „mittelgroßen" Häusern war die „gefühlte" Zahl von Bewerbungen dann deutlich grösser: Es gab Aussagen von „mehreren Dutzend" bis „ziemlich viele" (was dann auf Nachfrage als „100? Naja, nicht immer, aber kann schon mal sein" konkretisiert wurde).

Das ist kaum empirisch belastbar, kann aber zumindest als Einschätzung dienen.

Auf Basis von eigenen und Dritt-Erfahrungen kann die Situation der Bewerberzahl bei Absolventen und sog. „Experienced Hires" wie folgt geschätzt werden: Die Top-Beratungen erhalten mehrere tausend Bewerbungen pro

---

[80] Vgl. Serrao: 2005.

Jahr; mittelgroße bzw. renommierte interne Beratungen durchaus dreistellige Zahlen von Bewerbungen und kleine sowie sehr spezialisierte Häuser ein bis mehrere Dutzend im Jahr.

Auch bei den Annahmequoten muss man sich aktuell noch auf Abschätzungen verlassen. Die Eigen- und Dritt-Schätzungen laufen auf Annahmequoten von 5-10 % bei Top-Häusern hinaus, auf 20 % bei den mittelgroßen und 25 bis 50 % bei den kleineren Beratungen. Letzteres ist aber kein Manko bzw. Ausweis von „schlechteren" Bewerbern bzw. besseren Chancen: Es ist eher ein Ausdruck von einem deutlich selektiverem Bewerbungsvorgehen der Kandidaten sowie einem möglicherweise konkreteren Auswahlbeginn.

Neben dem Hinweis auf die noch unzureichende empirische Basis soll zusätzlich noch angemerkt werden, dass auch von Beratungen oder anderen Dritten teilweise Annahmequoten und Bewerberzahlen kommuniziert werden. Diese sind – wie üblich – typischerweise mit Vorsicht bzw. einer professionellen Distanz zu betrachten: Oft verbergen sich einschlägige Intentionen hinter den Aussagen (z. B. eine hohe Güte oder Qualität der Mitarbeiter bei einer geringen Annahmequote).

Bewerbungsprozess

Interview mit Stephan A. Butscher und Ilka Cremer

Welche Fähigkeiten müssen die Bewerber mitbringen, um eine Chance auf eine Einstellung zu haben? Inwieweit haben sich diese Anforderungen an Consultants bei Simon-Kucher in den letzten 20 Jahren geändert?

Wir haben für Simon-Kucher eine Skills Taxonomie entwickelt, die sowohl die Grundlage für das Recruiting bildet als auch für die Performance-Beurteilung und Karriereentwicklung genutzt wird. Dort ist definiert, welche Skills Berater benötigen, um bei uns erfolgreich zu sein. Auf diese legen wir im Auswahlprozess ein besonderes Augenmerk und eruieren, welche dieser Skills bereits vorhanden sind bzw. bei dem/der KandidatenIn perspektivisch entwickelt werden können. Dies sind insbesondere kognitive Fähigkeiten (z. B. analytisches und strukturiertes Denken, Verarbeiten von komplexen Informationen, Erkennen und Lösen von Problemen), Persönlichkeit (z. B. was motiviert/treibt jemanden, arbeitet der/die Kandidat/In gerne im Team bzw.

kooperiert gerne, Gewissenhaftigkeit), Motivation (z. B. die Lust zu kontinuierlichem Lernen oder der Wille auf das eigenen Wohlbefinden zu achten) und nicht zu guter Letzt, ob sich der/die BewerberIn mit unseren Core Values identifizieren kann (Integrity, Respect, Entrepreneurship, Meritocracy, Impact, Team).

Diese Anforderungen haben sich im Laufe der Jahre nicht grundlegend verändert. Die sog. Soft Skills sind wichtiger geworden, v. a. das Thema „culture fit". Hard Skills passen sich natürlich auch der Zeit an, so dass Programmierkenntnisse, Verständnis von Digitalisierung etc. heute so wichtig sind, wie zum Beispiel das Beherrschen von Microsoft Office vor 15 Jahren. Letzteres differenziert heute niemanden mehr und gilt als Standard Skill. Heutzutage sind neue technologiebasierte Skills Differenzierungsmerkmale.

Den Studienschwerpunkt selber bewerten wir auch wesentlich flexibler als in der Vergangenheit. Die Anzahl der Consultants ohne rein betriebswirtschaftliches Studium wird immer höher, z. B. Naturwissenschaftler, Psychologen, Ingenieure. Ziel ist es, die Diversität der MitarbeiterInnen zu erhöhen und so neue Perspektiven und Ansätze in die Projektarbeit einzubringen und kreativere Lösungsansätze und „out of the box-thinking" zu fördern.

In welchen Schritten läuft bei Simon-Kucher der Bewerbungsprozess ab? Wie hat sich der Bewerbungsprozess in den letzten zwei Jahrzehnten verändert?

Menschen bleiben die dominierenden Entscheider in unserem Bewerbungsprozess. Wir nehmen das „human" in human resources weiterhin sehr ernst, d. h. die Sichtung von Bewerbungen erfolgt durch geschulte HR-KollegInnen und nicht durch KI-getriebene Bots. Das mag nach „old school" klingen, es ist uns aber wichtig, dass BewerberInnen nicht das Gefühl haben, ein Roboter entscheidet über ihr „Schicksal". Die Skills wie gerade beschrieben sind sehr komplex und dazu kommt, dass nicht nur der status quo wichtig ist, sondern auch welche Entwicklung der/die BewerberIn genommen hat. Dieses Fingerspitzengefühl kann kein Algorithmus so gut leisten, wie ein/e RecruiterIn.

Bewertet das HR-Team eine Bewerbung positiv, wird der/die BewerberIn zu einem Online-Test eingeladen, ggfs. gekoppelt mit einem Telefoninterview. Wird auch dieser erfolgreich absolviert, folgt die Einladung zu einem Interview-Tag in einem unserer Büros. Dabei werden 2-4 Gespräche mit BeraterInnen und PartnerInnen geführt. Diese Interviews sind i. d. R. Case-basiert. Wir schulen unsere InterviewerInnen sehr intensiv, um sicherzustellen, dass sie sich ein objektives Bild ohne Bias machen. Das alles resultiert in einem sehr strikten Prozess, in dem am Ende ca. 2 % der BewerberInnen ein Angebot als Consultant erhalten.

Wie ist Ihr Verständnis der Funktion eines Talent Managers?

Bei Simon-Kucher wird die Entwicklung jedes Mitarbeiters bzw. jeder Mitarbeiterin immer mehr zum zentralen Thema. Ein breit angelegtes Trainings- und Lernangebot, individuelle Entwicklungspläne, intensives Mentoring und umfassende 360-basierte Entwicklungsgespräche sind erst der Anfang. Kontinuierliche „pulse surveys", ausgebautes Coaching und ein stärkerer Fokus auf Lerneffektivität von Trainings sind nur einige der Dinge, in die wir 2020 stark investieren.

Wir sind überzeugt davon, dass wir mit einem solchen umfassenden Talent Management Programm nicht nur als Arbeitgeber attraktiver werden, sondern noch bessere MitarbeiterInnen entwickeln, was sich in unserer Arbeit und in einer noch niedrigeren Churnrate (heute schon bei nur 12 %) widerspiegelt. Das sind viele Aufgaben, die gut kombiniert werden wollen. Dabei spielt ein Talent Manager eine wichtige Rolle, wobei das aber nicht eine Person sein muss. Wir sehen hier eher eine Kombination aus HR, den PartnerInnen und den ProjektleiterInnen als Talent Management Team.

Über diese Themen hinausgehend: Welche Trends sehen Sie persönlich im Beratungsmarkt?

Wir sehen in erster Linie drei Themen: Digitalisierung, Nachhaltigkeit und die dynamische Entwicklung von Skills.

Zwar wurden auch bereits in den zurückliegenden Jahren viele Digitalisierungsprojekte durchgeführt, dennoch sind viele Unternehmen aktuell noch damit beschäftigt, sich an die Anforderungen der digitalen Welt anzupassen. Dabei stehen häufig Themen der Commercial Excellence im Fokus. Nachhaltigkeit ist an sich kein neues Thema, bekommt aber einen viel größeren Stellenwert: dabei geht es um ökologisch nachhaltige Produkte, nachhaltige Geschäftsmodelle und nachhaltige Gewinnmöglichkeiten, darüber hinaus aber auch um eine nachhaltige Work-Life Balance und den Einklang von Beruf und Familie in der Beratungsbranche. Und zu guter Letzt führen diese Aspekte und die grundsätzlich zu-nehmende Dynamik in Wirtschaft und Technologie dazu, dass BeraterInnen immer schneller neue Skills lernen müssen, um ihre Kunden weiterhin „cutting edge" unterstützen zu können.

Zu den Personen:

Stephan A. Butscher ist seit 2011 Chief Talent Officer bei Simon-Kucher & Partners Strategy & Marketing Consultants. Davor war er dort 10 Jahre Managing Partner UK.

Ilka Cremer ist seit 2019 Head of HR Germany bei Simon-Kucher & Partners Strategy & Marketing Consultants. Sie hat 10 Jahre HR-Erfahrung u.a. bei Inverto, Strategy& (formerly Booz&Company) und Barilla.

3.4 Fragen, Diskussionsstellungen und Schlagworte

Wiederholungs- und Verständnisfragen, Diskussionsstellungen, Anregungen:

1. Bei Absolventen verschiedener Studienrichtungen sind Beratungen regelmäßig unter den beliebtesten Arbeitgebern zu finden. Welche Gründe fallen Ihnen hierzu ein?

2. Wie lässt sich die Anbieterseite strukturieren?

3. Wie verläuft ein typischer Bewerbungsprozess?

4. Manche Beratungen führen fünf oder mehr Bewerbungsgespräche. Warum dieser Aufwand?

5. Wären Sie ein guter Berater? Warum? Bitte suchen Sie auch Gegenargumente!

Stichworte:

Arbeitgeberattraktivität, Marktentwicklung, Marktvolumina, Beratungsfelder, Bewerbungs- und Recruiting-Prozess, Brainteaser, Cases

4 Einstieg

4.1 Übersicht (Level: Consultant) und Leitfragen

Grundidee des Kapitels: In vielen Beratungen ist der Einstieg auf Junior Consultant-Ebene (auch: Associate, Business Analyst, etc. genannt) die Regel. Im Folgenden sollen daher ein typischer Arbeitstag (Kapitel 4.2), die „ersten Schritte" und grundlegenden Mechanismen der Beratung (aus Beraterperspektive, Kapitel 4.3 bis 4.6) betrachtet werden.

Leitfragen hierbei sind:

1. Was ist beim Berufseinstieg wichtig?

2. Was macht eigentlich ein Berater den ganzen Tag?

3. Was bedeutet „Personalpyramide"; was ist „Up-or-Out" und wie hängt beides zusammen?

4. Welche Karrierepfade stehen offen?

5. Wie schaut's eigentlich mit dem Verdienst aus?

6. „Wissen ist Macht" heißt es – Was bedeutet das für Beratungen? Was hilft mir konkret?

4.2 Typischer Arbeitstag, typische Arbeitswoche

Einen typischen Arbeitstag eines Beraters skizziert Abbildung 14. Dabei wird unterschieden, welche Zeit der Berater alleine, mit den Kollegen und beim Kunden verbringt.

Das 24-Stunden-Rad zeigt den Arbeitstag eines Beraters bei einer renommierten Unternehmensberatung. Gut erkennbar ist, dass der größte Teil des Tages gemeinsam mit Kollegen bzw. Kunden verbracht wird. Dies kann bereits beim gemeinsamen Frühstück im Hotel beginnen und mit einem Abendessen im Team-Kreis enden. Nicht ungewöhnlich ist es auch, dass die Berater-Arbeitstage deutlich länger sind, als die des Kunden. Berater bereiten dabei beispielsweise Workshops mit ihren Kunden, die in deren Regelarbeitszeiten stattfinden, am frühen Morgen vor und nutzen die Zeit, wenn die Kunden in ihren Feierabend gegangen sind, um die Ergebnisse nachzubereiten.

Abbildung 15 stellt eine typische Arbeitswoche dar. Die Kalenderdarstellung weist verschiedene bemerkenswerte Punkte auf. Zum einen ist eine Zweiteilung der Arbeitsorte erkennbar: Von Montag bis Donnerstag ist eine Präsenz vor Ort beim Kunden durchaus üblich. Freitags haben viele Beratungen einen „Office Day" etabliert, an dem in den eigenen Büros der Beratung gearbeitet wird. Der Freitag eignet sich dann gut, um das interne Netzwerk zu pflegen, administrative Dinge zu erledigen – und ggf. auch einmal etwas früher mit der Arbeit zu enden.

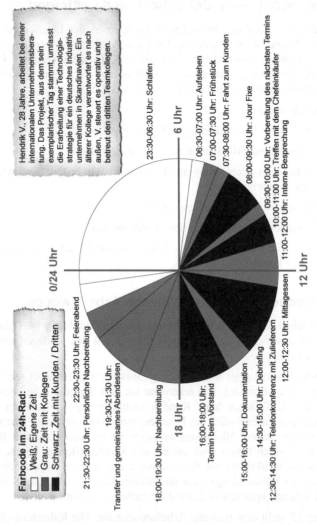

Abbildung 14: Typischer Arbeitstag eines Beraters[81]

[81] Eigene Darstellung auf Basis von Niederstadt: 2014.

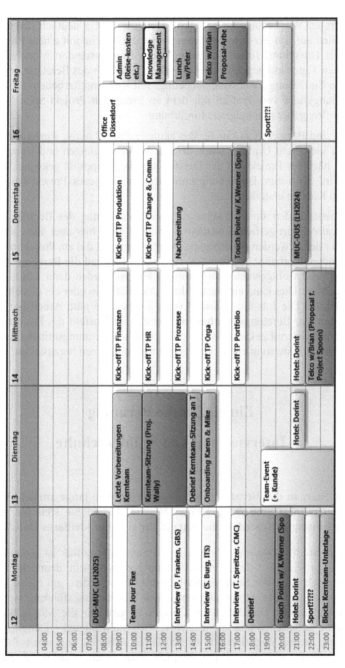

Abbildung 15: Typische Arbeitswoche eines Beraters

Die übrigen Wochentage weisen demgegenüber häufig deutlich längere Arbeitszeiten auf. Im gezeigten Beispiel startet die Woche mit einem Flug vom Wohnort Düsseldorf (oder Umgebung) zum Kundenstandort München. Die einzelnen Tage sind geprägt von Aktivitäten innerhalb des Beraterteams (mittelgraue Einfärbung), von Arbeitsmeetings mit Kundenmitarbeitern (hellgraue Einfärbung) und von Treffen mit dem so genannten Projekt-Sponsor bzw. dem Auftraggeber (dunkelgraue Einfärbung).

Häufig sind Berater nicht nur für das aktuelle Projekt aktiv, sondern arbeiten auch in kleinerem Umfang schon an den Vorüberlegungen und Vorarbeiten für ein nächstes Projekt (in der Darstellung als „Proposal" gekennzeichnet). Hier wird dann eine Bewerbungsunterlage für ein neues Projekt bei einem anderen Kunden erstellt.

Die Abendstunden sind teilweise zur freien Verfügung des Beraters – hier könnte also Sport getrieben werden. Manchmal wird hier aber auch noch gearbeitet oder es werden Anstrengungen unternommen, die am Projekt beteiligten Kundenmitarbeiter einzubinden, für das Projekt und die Beratung zu „gewinnen" und wohlgesonnen zu stimmen. Hierzu werden dann Team-Events durchgeführt. Dies kann eine tatsächliche Aktivität sein oder ein gemeinsames Abendessen. Die Intention dieser Events ist es, eine gute Arbeitsbeziehung (zwischen den Beratungsmitarbeitern, die sich im Vorfeld des Projekteinsatzes nicht zwingend gekannt haben, oder zwischen Beratungsmitarbeitern und Kundenmitarbeitern) in einem weniger formalen Rahmen herzustellen.

Einstieg in die Beratung

Interview mit Lea Mühlenschulte

Ihr Start in der Beratung liegt ja noch nicht so lange zurück. Daher zunächst eine Doppelfrage: Warum haben Sie sich für das Consulting entschieden und warum für ein eher kleineres Haus?

Mein Studiengang im Völkerrecht und Sicherheitspolitik ist eigentlich nicht prädestiniert dafür, in die Beratung zu wechseln, dennoch habe ich mich noch vor Studienabschluss dazu entschieden, um meine Fähigkeiten im Projektmanagement sowie Verhandlungsführung weiter zu verbessern. Die Arbeit im Consulting gibt mir die Möglichkeit, meine juristischen und linguistischen – ich bin trilingual – Fähigkeiten sowie meine Vorlieben für strukturiertes Arbeiten und wechselnde, spannende Aufgaben vollumfänglich einzusetzen. Die Wahl eines kleineren Beratungshauses hat sich dadurch bedingt, dass sich mir bessere individuelle Entfaltungs- und Entwicklungsmöglichkeiten bieten, denn ich kann aktiv mitbestimmen, wie ich meine Projekte weiter entwickeln möchte. Bei meinem Unternehmen ist man nicht „einer von vielen", sondern hat aktiv die Chance die Zukunft der Firma mitzugestalten und mitzubestimmen. Da ich viel Zeit im Skandinavien verbracht habe, war mir auch eine flache Hierarchie und eine solide Work-Life-Balance bei meiner Arbeitgeberwahl sehr wichtig.

Würden Sie uns beschreiben, wie Ihre ersten Tage oder Wochen aussahen? Wie gestaltet sich so ein Einstieg ganz konkret?

In den ersten Tagen habe ich mich viel in die unterschiedlichen Themenbereiche unseres Unternehmens eingelesen und auch konkrete 1:1-Schulungen durch meine Kollegen erhalten. Bereits nach vier Wochen war ich auf meinem ersten Projekteinsatz im öffentlichen Sektor, wo ich ein konkretes Projekt von Anfang bis Ende begleiten durfte. Am Anfang ist dieses direkte „Hands On" natürlich etwas angsteinflößend, aber durch die direkte Mitarbeit, die Möglichkeit sich etwas von den erfahrenen Kollegen „abzuschauen" und den Kontakt mit den Kunden konnte ich mein bis dahin theoretisches Wissen sehr schnell vertiefen und anwenden. Außerdem ist das direkte Feedback durch den Kunden auch eine tolle Chance, um sich weiterzuentwickeln. Allgemein versuchen wir bei Complion neue – junge – Mitarbeiter direkt ins Tagesgeschäft zu integrieren, da wir daran glauben, dass „Hands On" Erfahrung die beste ist.

Gab es Überraschungen, war also etwas im „richtigen Beraterleben" anders, als Sie es sich im Vorfeld vorgestellt haben?

Am Anfang hatte ich erwartet, dass ich von nun an mein Leben in Hotelzimmern verbringen würde und viele Stunden täglich für die Kunden arbeiten müsste. Mein Unternehmen achtet aber sehr auf die persönliche Work-Life-Balance des Mitarbeiters und wir haben sehr oft die Möglichkeit, aus dem Homeoffice zu arbeiten und uns unsere Arbeit selber einzuteilen. Natürlich sind auch lange Arbeitstage notwendig, wenn zum Beispiel das Projekt kurz vor dem Abschluss steht, aber es wird immer auf einen (späteren) Ausgleich geachtet. Darüber hinaus besteht ein ständiger Austausch zwischen den Mitarbeitern, sodass sichergestellt ist, dass auch bei längerem Projekteinsatz oder Arbeiten im Homeoffice man immer auf dem neusten Stand ist. Außerdem versuchen wir auch uns alle zwei Monate alle in einem unserer Büros zu treffen, um den persönlichen Austausch zu ermöglichen.

Gibt es etwas, das Sie anderen Beratungsinteressierten als Tipp mitgeben könnten?

Persönlich denke ich, dass es sinnvoll ist, für ein kleines Beratungshaus zu arbeiten, da dort der individuelle Mitarbeiter stärker gefördert werden kann und man die Möglichkeit zum direkten Kontakt mit vielen erfahrenen Kollegen erhält. Meiner Meinung nach entsteht der fundierte Wissenstransfer durch den persönlichen Austausch, bei einem engen Verhältnis zwischen den Kollegen. Außerdem kann es gegebenenfalls sinnvoll sein, sich eine Nische zu suchen und dort in die Beratung einzusteigen, denn nicht jeder muss am Ende Management Consulting machen.

Über diese Themen hinausgehend: Welche Trends sehen Sie persönlich im Beratungsmarkt?

In der Realität ist es im Moment noch häufig so, dass lange Arbeitstage von den Beratern gefordert werden; dies wird sich meiner Meinung nach in der Zukunft ändern, da für meine Generation eine ausgeglichene Arbeits- und Freizeitgestaltung sehr wichtig ist. Darüber hinaus sehe ich den Trend zu kleineren, individuelleren und spezialisierten Beratungshäusern – wie auch mein Unternehmen eines ist. Bei unseren Kunden treffe ich immer häufiger auf kleine Unternehmen [gemeint sind kleinere Beratungen, d.Verf.], welche die großen Consultingfirmen verdrängen.

Zur Person:

Lea Mühleschulte hat ihr Studium in Dänemark absolviert und ihre Masterarbeit über die legale Grundlage der Rohstoffförderung in der Arktis geschrieben. Direkt nach ihren Masterabschluss in International Security and Law hat sie angefangen, für die Complion zu arbeiten, und bringt dort ihr juristisches Fachwissen in den Bereichen Cyber Security und Vertragsmanagement sowie Datenschutz ein.

4.3 Personalpyramide & „Up-or-Out"-Prinzip

Um zu verstehen, wie Beratungsorganisationen arbeiten und funktionieren, erscheint eine Betrachtung von Organisation und Hierarchieebenen hilfreich. Zwar sprechen Beratungen häufig von ihren flachen Hierarchien, meist liegen aber sehr deutlich voneinander getrennte Ebenen vor. Diese Hierarchieebenen spiegeln auch die Arbeitsteilung im Beratungsunternehmen wider.

Die Personalpyramide stellt ein hierarchisches Modell der Personalstruktur einer Beratung dar. Hierbei stehen wenige Mitarbeiter an der Spitze der Pyramide und viele an ihrem Grund. Zwischen dem Grund und der Spitze lassen sich verschiedene Karrierestufen identifizieren, z. B. Junior Consultant, Senior Consultant, Project Manager, Junior Partner und Senior Partner (vgl. Abbildung 16).

Abbildung 16: Schematische Darstellung einer pyramidalen Personalstruktur

In der Praxis haben sich allerdings keine einheitlichen Bezeichnungen für die einzelnen Karrierestufen etabliert. So wird der Junior Consultant teilweise auch als Consultant, Analyst, Business Analyst oder Associate bezeichnet. In kleineren Beratungen wird häufig auf ein zweistufiges Modell mit Partnern und Consultants (klassisches Eigentümer-Mitarbeiter-Modell) oder ein dreistufiges Modell mit Partnern, Projektmanagern und Consultants, also dem traditionellen Meister-Geselle-Lehrling-Aufbau entsprechend, zurückgegriffen.[82] In größeren Beratungen werden die fünf Stufen insbesondere im Innenverhältnis teilweise weiter ausdifferenziert.[83] Den einzelnen Karrierestufen werden unterschiedliche Kompetenzen und Fähigkeiten unterstellt. Tabelle 2 stellt diese dar.

---

[82] Der Vollständigkeit halber könnte man auch noch ein einstufiges Modell anführen, welches sich bei Einzel- oder Kleinstberatern findet. Hier findet sich dann allerdings keine pyramidale Form wieder.

[83] Vgl. Maister: 2003, S. 21-39.

Tabelle 2: Kompetenzen und Fähigkeiten einzelner Karrierelevel in der pyramidalen Struktur[84]

Karrierestufe	Kompetenzen, Fähigkeiten
Senior Partner	▪ Zentraler Entscheider und Mitglied der Leitungsebene auf Seiten der Unternehmensberatung ▪ Einsatz i. d. R. nur punktuell in den Projekten bzw. projektbegleitend, Erfahrung in der Leitung von großen Beratungsaufträgen mit hoher Komplexität und strategischer Bedeutung ▪ Verfügt über themenübergreifendes sowie branchenspezifisches Spezialwissen, Verfügt über Spezialkenntnisse im organisatorischen und strategischen Umfeld des zu beratenen Kunden, Ansprechpartner bei grundsätzlichen Problemen in der Zusammenarbeit zw. Beratung und Kunde ▪ Mindestens 10 Jahre Berufserfahrung (postgradual)
Junior Partner	▪ Erfahrung in der Leitung von großen Beratungsaufträgen mit hoher Komplexität, Erfahrung in der Leitung bzw. Steuerung des Projektteams ▪ Verfügt über themenübergreifendes sowie branchenspezifisches Spezialwissen, Verfügt über projektrelevante Spezialkenntnisse im Umfeld des zu beratenden Unternehmens, Ansprechpartner bei Problemen im Projektteam ▪ Mindestens 7 Jahre Berufserfahrung (postgradual)
Project Manager	▪ Erfahrung in der Leitung von kleinen und mittleren Projekten ▪ Verfügt über projektrelevantes Spezialwissen, Ausgeprägte analytische Fähigkeiten, Entwickelt selbständig Lösungskonzepte, Hohe Sozialkompetenz ▪ Mindestens 5 Jahre Berufserfahrung, davon mindestens 1 Jahr in einer Führungsposition (postgradual)
Senior Consultant	▪ Bearbeitet eigenverantwortlich Projektmodule, Führt Arbeitsteam effektiv ▪ Ausgeprägte analytische Fähigkeiten, Hervorragende IT-Kenntnisse, Sicherer Umgang mit Beratungstools und -methodiken, Erstellt Präsentationen und präsentiert überzeugend, Moderiert Workshops professionell, Hohe Sozialkompetenz ▪ Mindestens 3 Jahre Berufserfahrung (postgradual)
Junior Consultant	▪ Eigenverantwortliche Erledigung übertragener Projektarbeiten, insbesondere in der Dokumentation ▪ Ausgeprägte analytische Fähigkeiten, Sozialkompetenz (Kommunikationsfähigkeit, Teamfähigkeit, Flexibilität), Hervorragende IT-Kenntnisse, Geübt im Umgang mit Beratungstools und -methodiken ▪ Abgeschlossenes Studium oder vergleichbarer Abschluss

---

[84] Vgl. Kraus: 2005, S. 72-73.

Viele der Eigenschaften lassen sich nur schwer objektiv bewerten – dies gilt für die Beratung ebenso wie für ihre Kundenunternehmen. In der Praxis wird daher für die konkrete Einstufung häufig intensiv auf die postgraduale Berufserfahrung fokussiert, da sie recht gut und einfach ermittelbar ist.

Die gerade gezeigte Personalpyramide erhält ihre Form in vielen Beratungen durch die Realisation des so genannten „Up-or-Out"-Prinzips. Es wird auch als Rauf-oder-Raus-Prinzip bezeichnet und steht für eine Situation, in der sich Berater in einem fortlaufenden Turniermechanismus[85] befinden.

Berater auf einer gegebenen Karrierestufe müssen sich für die nächsthöhere Ebene qualifizieren. Als Qualifikationskriterien werden zumeist beratungsweit für eine Stufe verbindliche Parameter festgelegt. Bei einer Nicht-Qualifikation erfolgt – etwas euphemistisch ausgedrückt – eine „Weiterentwicklung außerhalb der Beratung". Regelmäßig wird eine feste Quote pro Beförderungsrunde, z. B. das erste Dezentil[86] der „Underperformer", aussortiert. Auch auf der Ebene der Partner wird mit Blick auf die Vertriebsziele dieser Turniermechanismus beibehalten. Da Beförderungen oft nach z. B. „zwei bis drei" Jahren auf einer gegebenen Stufe, also im Rahmen einer Zeitspanne erfolgen können, hat eine Nichtberücksichtigung bei einer frühestmöglichen oder normalzeitigen Beförderungsrunde eine gewisse Signalwirkung für den jeweiligen konkreten Berater. Abbildung 17 visualisiert das Prinzip.

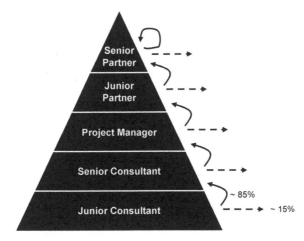

Abbildung 17: Up-or-Out-Prinzip

---

[85] Vgl. Kaiser, Bürger: 2005, S. 398-401.

[86] Das Marktforschungsunternehmen Lünendonk hat im Rahmen seiner Befragungen eine durchschnittliche jährliche Fluktuationsrate zwischen 10,4 und 13,4 % ermittelt; im Durchschnitt über alle Jahre in Höhe von 11,8 %. Vgl. Lünendonk: 2015, S. 52 und eigene Berechnungen.

Wichtig zu bemerken ist an dieser Stelle, dass ein Leistungsturnier, so wie es gerade im Rahmen des Up-or-Out-Prinzips vorgestellt wurde, für das Beratungsunternehmen einen Wachstumsdruck erzeugt. Der Turniermodus unterstellt dabei für alle Beteiligten als Karriereziel die Partnerschaft. Abbildung 18 stellt die Situation im Zeitverlauf illustrativ dar. Gegeben sei zum Zeitpunkt t_1 eine Beratung mit 32 Beratern, die in einer dreistufigen Pyramide organisiert sind. Hierbei wird auf Basis der spezifischen Projektkompetenzen ein Pyramidenverhältnis von 1:2:5 angestrebt, d.h. im Mengengerüst gibt es für einen Partner zwei Projektleiter und fünf Consultants. Wenn in jeder Periode ein Partner hinzukommen (Stichwort: Turniererfolg, s.o.) und es eine Fluktuation von circa 10 % geben soll, dann muss die Zahl der Berater in t_2 auf 40 Berater wachsen und in t_3 auf 48 Berater, also ein Plus von 25 bzw. 20 %. Das Wachstum wird in der Grafik durch die vergrößerten Pyramiden und die Aufwärts- (Up) bzw. Auswärts- (Out) Bewegungen durch die Pfeile angedeutet.

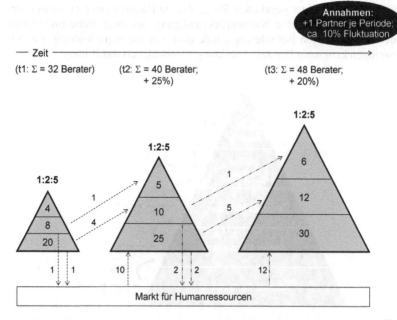

Abbildung 18: Wachstumsnotwendigkeit einer Beratung beim Up-or-Out-Prinzip[87]

[87]   Kaiser, Bürger: 2005, S. 401; mit eigenen Ergänzungen.

Aus der Perspektive des individuellen Beraters bietet es sich an, die Karriereplanung sowohl für weitere Schritte innerhalb der Beratung zu durchdenken, als auch einen Wechsel „nach draußen" zu erwägen (vgl. auch Kap. 7.2). Verschiedene Karriereoptionen erfreuen sich einer größeren Beliebtheit:[88]

- Wechsel in eine Linienposition beim Kunden
- In eine interne Beratung beim Kunden wechseln
- In eine Stabsposition beim Kunden wechseln
- Als Unternehmensinvestor selbständig arbeiten
- Mit anderen Consultants ein Spin-off gründen
- Ein Start-up gründen
- Freelancer werden und selbständig arbeiten.

Das Ausscheiden aus der Beratung ist zumeist nicht stigmatisierend. Die Fluktuation ist vielmehr Teil des Geschäftsmodells und gewollt. Zudem erleichtert sie die Netzwerkbildung mit den so genannten Alumni, da sie oft nach ihrer Beratungszeit auf die Kundenseite wechseln. Das Up-or-Out-Prinzip ist in partnerschaftlich organisierten Beratungen weit verbreitet – findet sich in abgeschwächter Form aber auch in anderen Organisationstypen.

Beim Wechsel aus der Beraterrolle in eine Kundenposition gibt es allerdings keinen Automatismus dahingehend, dass es sich bei der neuen Linienaufgabe um eine hierarchisch attraktive Stelle handelt. Zwar gibt es leuchtturmähnliche Beispiele, aber auch viele Herausforderungen, welche auf die (ehemaligen) Berater und ihre Arbeitgeber warten.[89] Die ausgestiegenen Mitarbeiter werden zu Alumni und damit – wenn dies gut gemanagt wird – zu einem signifikanten Informations- und Projektrekrutierungspool („turn alumni into anbassadors or clients"[90]). Die Vernetzung zwischen Beratungs- und Kundenunternehmen ist vermutlich bei keiner Beratungsgesellschaft so ausgeprägt wie bei McKinsey. Interessant als Kundenunternehmen sind in Deutschland insbesondere die DAX-Konzerne. So untersuchen Reihlen, Smets und Veit, wie hoch der Anteil aktueller Vorstände mit Beratungsvergangenheit ist, und kommen auf Werte von bis zu 50 % (Adidas, Post)[91]. Sie führen aus: „Of all former consultants on DAX-30 executive boards, 43 % are former members of McKinsey. More importantly, in exceptional cases such as the Deutsche Post and the Deutsche Postbank, former employees of McKinsey occupy 50 % and 44 %, respectively, of the top-management positions."[92]

---

[88] Vgl. Nerlich: 2018a als Basis.

[89] Vgl. Gavett: 2013; Tirard, Lyell: 2019.

[90] Baaij: 2013, S. 182.

[91] Vgl. Reihlen, Smets, Veit: 2010, S. 327.

[92] Reihlen, Smets, Veit: 2010, S. 327.

4.4 Karrierepfade und Personalentwicklung

Mit Blick auf z. B. das oben skizzierte Up-or-Out-Prinzip ist es notwendig, die Aufgaben, welche Berater auf ihrer jeweiligen Stufe typischerweise bearbeiten müssen, zu formulieren. Gleichzeitig mit den Aufgaben sind von der Beratung auch entsprechende Trainings oder Weiterbildungsmaßnahmen zu definieren und auszugestalten, damit auch die Voraussetzungen für die erfolgreiche Erfüllung dieser Aufgaben vorhanden sind.

Nachfolgend werden die Karrierepfade und die korrespondierenden Trainings von drei Beratungsorganisationen vorgestellt. Hierbei werden zur besseren Vergleichbarkeit alle Beratungslevel bzw. Karrierestufen im Folgenden einheitlich entsprechend der oben eingeführten Einteilung bezeichnet. Die Bezeichnung der Aufgaben- bzw. Trainings- und Personalentwicklungsschwerpunkte entspricht (mit kleineren, redaktionellen Anpassungen) den Originalformulierungen der Beratungen.

Die erste Beratung ist eine große und international agierende Beratung, die einen wesentlichen Arbeitsschwerpunkt in der Strategieentwicklung und -umsetzung sieht. Die zweite Beratung ist kleiner und eine auf Organisations- und Prozessberatung spezialisierte Beratung aus Deutschland. Bei der dritten Beratung handelt es sich um die interne Unternehmensberatung eines DAX-Konzerns und die kleinste der drei Organisation. Ihr Arbeitsschwerpunkt liegt im Organisations- und Prozessberatungsfeld, mit kleineren Abstechern in Richtung HR und IT.[93]

(1) Internationale Strategieberatung

- Junior Consultant
  - *Aufgabenschwerpunkte:* Verantwortlich für ein Teilprojekt; Übernahme von Experteninterviews mit Kundenmitarbeitern; Entwicklung von Lösungsoptionen
  - *Trainings- und Personalentwicklungsmaßnahmen:* Onboarding (beim Einstieg); Diversity and inclusion (beim Einstieg); Consulting skills basics; Written and oral communication basics; Presentation technique basics; Analytics; Research; Functional industry workshops

---

[93] Hinweis: Auf die Nennung der Beratungsnamen und identifizierenden Quellenangaben wird an dieser Stelle aus Vertraulichkeitsgründen verzichtet.

- Senior Consultant
  - *Aufgabenschwerpunkte:* Begleitung aller Phasen eines Beratungsprojektes; Coaching von Kundenteam-Mitgliedern; Verantwortung für einzelne Teilprojekte; Einbringung der Expertise aus Promotion etc.; Erweiterung der Expertise um Managementkompetenzen und Branchen-Know-how
  - *Trainings- und Personalentwicklungsmaßnahmen:* Onboarding (beim Einstieg); Diversity and inclusion (beim Einstieg); Consulting skills basics; Written and oral communication basics; Presentation technique basics; Analytics; Research; Functional industry workshops; Project management; Problem structuring; Leadership and developing people
- Project Manager
  - *Aufgabenschwerpunkte:* Führung von Projekten; Akquise- und „Firmbuilding"-Aktivitäten (z. B. Recruiting, Training, Entwicklung von „Intellectual Capital"); Feste Mitarbeit in Beratungsbereichen (Industrien oder Services)
  - *Trainings- und Personalentwicklungsmaßnahmen:* Onboarding (beim Einstieg); Diversity and inclusion (beim Einstieg); Advanced consulting skills; Advanced oral communication; Advanced presentation techniques; Research; Project management; Problem structuring; Leadership and developing people; Business development; Mentoring; Functional industry workshops
- Junior Partner
  - *Aufgabenschwerpunkte:* Betreuung mehrerer Kundenprojekte; Einbringung eines breiten Erfahrungsschatzes; Geschäftsentwicklung; Führende Rolle in Projektakquise; Mentor und Ratgeber für jüngere Berater
  - *Trainings- und Personalentwicklungsmaßnahmen:* Onboarding (beim Einstieg); Diversity and inclusion (beim Einstieg); Advanced consulting skills; Advanced oral communication; Advanced presentation techniques; Leadership and developing people; Business development; Mentoring; Functional industry workshops
- Senior Partner
  - *Aufgabenschwerpunkte:* Mitglied der Geschäftsleitung; Projektsteuerung; besondere Verantwortung für die Geschäftsentwicklung; Erschließung von neuen Themen und Beratungsfeldern; Pflege der Beziehungen zu den Vorständen der Kunden; Mentor für jüngere Berater
  - *Trainings- und Personalentwicklungsmaßnahmen:* Öffentlichkeitsarbeit; Gestalten und führen von Veränderungsprozessen; Mitarbeiter- und Zielvereinbarungsgespräche; Strategisches und ganzheitliches Management

(2) Organisationsberatung, nationaler Fokus

- Junior Consultant
  - *Aufgabenschwerpunkte:* Projektarbeit; Unterstützung, Akquisition
  - *Trainings- und Personalentwicklungsmaßnahme:* Integration; Grundlagen der Kommunikation und Verhalten beim Kunden; Moderationstechnik; Präsentieren und Visualisieren; Business Engineering
- Senior Consultant
  - *Aufgabenschwerpunkte:* Projektleitung; Mentor; Ausbildung
  - *Trainings- und Personalentwicklungsmaßnahmen:* Konfliktmanagement (Grundlagen); Zeitmanagement und Arbeitsorganisation; Workshop-Moderation; Projektarbeit im Team; Projektmanagement (Methoden)
- Project Manager
  - *Aufgabenschwerpunkte:* Gesamtprojektleitung; Qualitätsmanagement; Steuerung interner Prozesse; Rekrutierung
  - *Trainings- und Personalentwicklungsmaßnahmen:* Rhetorik und Dialektik; Kreativitätstraining und Interviewtechnik; Konfliktmanagement für Projektleiter; Projektmanagement (Praxisworkshop); Grundlagen der Führung
- Junior Partner
  - *Aufgabenschwerpunkte:* Akquisition; Fachliches Leadership; Forschung & Entwicklung; Personalführung
  - *Trainings- und Personalentwicklungsmaßnahmen:* Redetechnik und Vortragstechnik; Führungssituationen und -verhalten; Mitarbeiter- und Zielvereinbarungsgespräche; Juristische Grundlagen im Vertragsrecht; Verhandlungsführung
- Senior Partner
  - *Aufgabenschwerpunkte:* Betreuung Key Account; Projektverantwortung; Geschäftssteuerung; Strategieentwicklung
  - *Trainings- und Personalentwicklungsmaßnahmen:* Öffentlichkeitsarbeit; Gestalten und führen von Veränderungsprozessen; Mitarbeiter- und Zielvereinbarungsgespräche; Strategisches und ganzheitliches Management

(3) Interne Beratung

- Junior Consultant
  - *Aufgabenschwerpunkte:* Projektarbeit, Teilprojektleitung
  - *Trainings- und Personalentwicklungsmaßnahme:* Consulting Development (Starter Training; beim Einstieg); Arbeitsmethoden

- Senior Consultant
  - *Aufgabenschwerpunkte:* Projektarbeit, Teilprojektleitung; Projektleitung (kleine und mittelgroße Projekte)
  - *Trainings- und Personalentwicklungsmaßnahmen:* Consulting Development (Starter Training; beim Einstieg); Effective Presentation; Konflikt- & Veränderungsmanagement; Logik- und Interviewtraining, Diskussionsleitung, Moderation, Mediation; konzerninternes Förderprogramm
- Project Manager
  - *Aufgabenschwerpunkte:* Projektleitung (mittelgroße und große Projekte)
  - *Trainings- und Personalentwicklungsmaßnahmen:* Consulting Development (Starter Training; beim Einstieg); Effective Presentation; Consulting Leadership; Logik- und Interviewtraining, Diskussionsleitung, Moderation, Mediation; konzerninternes Förderprogramm; MBA-Sponsorship
- Junior Partner
  - *Aufgabenschwerpunkte:* Projektleitung (große konzernweite Projekte); Weiterentwicklung der Beratung (intern, extern); Akquisition von Anschluss- und Neuaufträgen; Personalverantwortung
  - *Trainings- und Personalentwicklungsmaßnahmen:* Consulting Development (Starter Training; beim Einstieg); Consulting Leadership; New Partner Development, Client Handling; konzerninternes Executive-Förderprogramm; MBA-Sponsorship
- Senior Partner
  - *Aufgabenschwerpunkte:* Projektleitung (große konzernweite Projekte; sensible, strategische, vertrauliche Projekte); Weiterentwicklung der Beratung (extern; Steuerung von Themen); Akquisition von Neuaufträgen; Personalverantwortung; Geschäftsführungsverantwortung
  - *Trainings- und Personalentwicklungsmaßnahmen:* Consulting Development (Starter Training; beim Einstieg); New Partner Development, Client Handling; New Partner Success; konzerninternes Top-Management-Förderprogramm; MBA-Sponsorship

Zusammenfassend lässt sich festhalten, dass alle drei Beratungen zwar unterschiedliche Arbeitsschwerpunkte haben, es aber dennoch Gemeinsamkeiten bei dem Aufbau von Kompetenzen und Fähigkeiten gibt: Auf den ersten Karrierestufen stehen eher methodische Aspekte und Grundlagentrainings im Vordergrund, auf den späteren dann verstärkt zwischenmenschliche Aspekte und Trainings zur Persönlichkeitsentwicklung sowie zum Vertrieb bzw. zur Geschäftsentwicklung. Einführungsveranstaltungen scheinen überall und auf allen Stufen obligatorisch zu sein.

Frauen in der Beratung

Interview mit Dr. Laura S. Dornheim

Sie haben zum Thema „Frauen in der Unternehmensberatung" geforscht und Ihre Promotion verfasst. Könnten Sie bitte Ihre Kernergebnisse kurz skizzieren?

Als ich 2011 mit der Forschung für meine Dissertation begann, war ich selbst als Strategieberaterin tätig und hatte mich schon mehrere Jahre intensiv mit der Branche beschäftigt. Das Prinzip der Meritokratie wurde gerade in den großen Managementberatungen hoch gehalten. Es galten vermeintlich für alle dieselben Regeln.

Gleichzeitig gab es kaum weibliche Partnerinnen, obwohl schon damals viele Beratungsunternehmen eigene Initiativen hatten, um gezielt weibliche Talente zu rekrutieren. Als ich diesen offensichtlichen Widersprüchen auf den Grund gehen wollte, war ich erstaunt darüber, dass es kaum belastbare Daten zum Geschlechterverhältnis in der Beratungsbranche gab. Das gerade bei einem Berufszweig, der sich für seine Analysestärke rühmt und dessen Hang zu Charts voll Zahlen und Graphen geradezu sprichwörtlich ist.

Es ging mir also darum, erst einmal eine verlässliche Datengrundlage zu schaffen, um eine Basis für eine fundierte Ursachenforschung zu haben. Außerdem wollte ich nicht nur wissen, warum es so wenige Frauen an der Spitze der Top-Beratungen gibt, sondern auch herausfinden, wie es diese Ausnahmeberaterinnen so weit geschafft haben. Dazu habe ich mit einer repräsentativen Auswahl an Partnerinnen der zehn größten Managementberatungen ausführliche Interviews geführt.

Das wenig erstaunliche Ergebnis: Unternehmensberatung, insbesondere das prestigeträchtige Feld der Strategieberatung, ist sehr stark männlich geprägt, es dominiert das stereotype Bild eines männlichen Beraters, auf den die Prozesse und Strukturen zugeschnitten sind und der von Kunden wie Kollegen als Maßstab gesehen wird. Frauen haben es qua Geschlecht schwerer, diesem Idealbild zu entsprechen und sind daher immer in einer latenten Rechtfertigungsposition. Sie müssen tendenziell besser und fleißiger als männliche Kollegen sein, um die gleiche Anerkennung zu bekommen.

Dazu kommt die ständige Konfrontation mit der eigenen „Andersartigkeit" und der daraus resultierende Balanceakt, den beruflichen Ansprüchen aber auch den Erwartungen an ihr „Frau-Sein" gerecht zu werden. Diese zusätzliche Belastung konnte ich als einen wesentlichen und bisher unbeachteten Grund identifizieren, weshalb Frauen eine Beratungskarriere deutlich früher beenden als ihre männlichen Kollegen. Der vermeintliche offensichtliche Ausstiegsgrund der Familiengründung wiegt hingegen viel weniger stark als angenommen.

Hat sich in der Zwischenzeit etwas verändert?

In den knapp zehn Jahren seit ich für meine Doktorarbeit Daten zu den Frauenanteilen in den großen Strategie- und Managementberatungen erfasst habe, ist die gesamtgesellschaftliche Debatte um Geschlechtergerechtigkeit auf jeden Fall nochmal größer geworden. Ein Beispiel hierfür ist die Business-Plattform LinkedIn, die in ihren deutschsprachigen Beiträgen seit einiger Zeit das „Gendersternchen" für geschlechtergerechte Schreibweise verwendet. Diese Entwicklungen haben natürlich auch einen Einfluss auf die Beratungsbranche. So verkündete McKinsey Anfang 2019 in einer Pressemitteilung, 50 % aller Neueinstellungen mit Frauen besetzen zu wollen. Eine solche Quotierung einzuführen und sie öffentlich zu verkünden wäre zehn Jahre vorher noch kaum vorstellbar gewesen. Die Boston Consulting Group titelt in einer eigenen Publikation zum Thema Frauen in Vorständen „Die Zeit der Ausreden ist vorbei". Das sehe ich durchaus als Fortschritt. Die zwei Erhebungen zu den Frauenanteilen in den zehn größten Managementberatungen, die ich 2011 und 2016 durchgeführt habe, zeigen ebenfalls einen Trend in die richtige Richtung, wenn auch auf sehr niedrigem Niveau, gerade an der Spitze dieser Beratungen. Es wäre natürlich hochinteressant zu sehen, ob sich die Veränderungen in den letzten Jahren jetzt endlich in den Zahlen zeigen.

Wo bzw. an welchen Stellen könnten Beratungen anpacken, um etwas zu verändern, das heißt, damit mehr Frauen in Führungspositionen gelangen?

Die Harvard-Professorin Iris Bohnet hat es in ihrem Buch „What Works" sehr gut auf den Punkt gebracht: Messbare Ziele sind das A und O um mehr Diversität zu erreichen. Ohne klar definierte Ziele, die wiederum an die Boni der verantwortlichen Manager*innen gekoppelt sind, bleiben die meisten Vorsätze eben nur gut gemeinte Vorsätze.

Um diese Ziele zu erreichen muss sich aber natürlich auch etwas ändern, dieser Schritt ist für viele Unternehmen immer noch schwierig, da es eine Selbstreflexion der eigenen Standards, Strukturen und Prozesse erfordert. Aber ohne wird es nicht funktionieren. Was genau sich ändern sollte, wissen meist die Beraterinnen selbst am besten. Bei BCG wurden aufgrund einer solchen Befragung die internen Mentoringprogramme intensiviert.

Schlagen sich andere Branchen besser? Warum?

Jein. Blickt man auf den DAX, sieht man, dass sich die deutsche Industrie auch sehr schwer damit tut, Top-Positionen mit Frauen zu besetzen. Einzig die Aufsichtsräte, für die seit 2015 eine verbindliche Geschlechterquote gilt, sind hier eine Ausnahme.

Allerdings ist es in Konzernen und Großunternehmen schon lange deutlich einfacher für Frauen ein- und aufzusteigen, zumindest bis zu einem gewissen Niveau. Das mag auch damit zu tun haben, dass Gleichstellungsbeauftragte in diesen Unternehmen schon lange verpflichtend sind.

Über diese Themen hinausgehend: Welche Trends sehen Sie persönlich im Beratungsmarkt?

Insgesamt öffnet sich die einst sehr elitäre Branche immer mehr. Auch Strategieberatungen wollen offensichtlich nicht mehr ganz so kühl und distanziert wirken, sondern stellen sich eher als Partner für ihre Kunden dar. Es gilt gemeinsam Probleme zu lösen, die Heilsversprecher in Nadelstreifen sind nicht mehr gefragt. Das ist eine spannende Transformation, vor allem da die Tagessätze natürlich bei dieser Anpassung zur Augenhöhe nicht mitmachen und aus Sicht der Beratungen hoch bleiben sollen. Gerade für Frauen und andere bisherige Minderheiten in der Beratungsbranche bietet dieser Trend aber eine Chance. Wenn das übermächtige Ideal des Beraters als Mann, der über jeden Zweifel erhaben ist, an Bedeutung verliert, können sie sich mit neuem Selbstverständnis als Top-Berater*innen positionieren.

Zur Person:

Dr. Laura Sophie Dornheim hat an der Universität Hamburg Wirtschaftsinformatik studiert und nach Abschluss ihres Diploms mehrere Jahre als Unternehmensberaterin für eine internationale Strategieberatung gearbeitet. Konfrontiert mit dem geringen Frauenanteil in der Branche begann sie ihre Forschung zu Frauen in der Unternehmensberatung in Deutschland und verfasste dazu ihre Promotion an der

Leuphana Universität Lüneburg. Als Beraterin für Digitalstrategie lebt und arbeitet sie in Berlin und engagiert sich weiterhin für mehr Geschlechtergerechtigkeit in Beruf und Gesellschaft.

4.5 Vergütung und Gehalt

4.5.1 Mythen und plakative Berichterstattung

Der Tätigkeit in der Beratungsbranche wird regelmäßig nachgesagt, dass sie relativ gut vergütet wird. Hierbei wird im Rahmen einer plakativen Berichterstattung durchaus von Tagessätzen in Höhe von 10.000 EUR berichtet.

Zur Einordnung sollte allerdings bedacht werden, dass ein solcher Betrag (i) wohl eher relativ sehr selten vom Kunden gezahlt wird, (ii) der Tagessatz eines Beraters typischerweise nicht mit dem individuellen Gehalt zu verwechseln ist und (iii) ein sehr großer Anteil von Beratern auch ein deutlich moderateres Honorar erwirtschaftet, welches sich dann auch in entsprechend geringeren Gehaltshöhen widerspiegelt.

Eine – natürlich ungeschriebene – Daumenregel für den Karrierepfad und die Gehaltsentwicklung in großen Beratungshäusern sagt, dass sich das Gehalt alle fünf Jahre verdoppelt.

4.5.2 Empirische Befunde

Etwas konkreter wird der Bundesverband Deutscher Unternehmensberater BDU e.V. im Rahmen einer durchgeführten Studie bei seinen Mitgliedsunternehmen. Für Beratungsunternehmen mit einem Umsatz von mehr als 25 Mio. EUR pro Jahr ermittelt er die durchschnittliche Gesamtvergütung und die prozentuale Aufteilung der Vergütung in die einzelnen Bestandteile Festgehalt, variable Bezüge (z. B. auf Grund von individuell vereinbarten Zielen) und Nebenleistungen (z. B. Gegenwert der privaten Nutzung von Mobiltelefonen oder Geschäftswagen):[94]

- Ein *Analyst* wird durchschnittlich mit 43.800 EUR jährlich entlohnt. 90 % hiervon werden als Festgehalt gezahlt, 7 % als variable Bezüge und 3 % als Nebenleistung.
- Der *Consultant* erhält seine 62.700 EUR zu 82 % als fixes und zu 9 % als variables Gehalt. 9 % sind Nebenleistungen.

---

[94] Vgl. Bundesverband Deutscher Unternehmensberater BDU e.V.: 2017.

- Beim *Senior Consultant* erhöht sich das durchschnittliche Jahresgehalt auf 81.400 EUR. Davon sind 80 % fix, 12 % variabel und 8 % werden durch Nebenleistungen erzielt.
- Der *Manager (bzw. Project Manager)* erhöht sein durchschnittliches Gehalt auf 106.700 EUR mit einem Fix-Anteil von 75 %, einem variablen Anteil von 17 % und Nebenleistungen, die 17 % ausmachen.
- Auf der Karrierestufe der *Senior Manager (bzw. Junior Partner)* teilt sich das durchschnittliche Jahresgehalt von 146.400 EUR zu 73 % auf einen fixen, zu 19 % auf einen variablen und zu 8 % auf einen Nebenleistungsanteil auf.
- Der *Partner (bzw. Senior Partner)* schließlich erhält eine jährliche Jahresvergütung von durchschnittlich 369.000 EUR. Der Anteil der Nebenleistungen beträgt jetzt nur noch 4 % und derjenige des fixen Gehalts 58 %. Die geschäftliche Verantwortung spiegelt sich auf dieser Stufe sehr stark in den variablen Bezügen, die 38 % der Vergütung ausmachen.

Ein deutlicher Anstieg der Gesamtvergütung ist gut sichtbar ebenso wie ein massiver Anstieg des Anteils variabler Bezüge. Letzteres lässt sich in der Praxis mit den erhöhten Vertriebsaktivitäten („Geschäftsentwicklung", siehe oben) begründen.

Das Portal consulting.de kommt zu ähnlichen Ergebnissen.[95] Auch hier werden große Streuungen in den Bezügen berichtet. So sollen je nach Verhandlungsgeschick und Ausrichtung des Unternehmens für Einsteiger etwa 45.000 bis 60.000 EUR pro Jahr gezahlt werden. Angeführt wird die Riege von den Naturwissenschaftlern, die mit 60.000 EUR deutlich vor den Juristen mit 53.000 EUR sowie den Betriebswirten, Informatikern oder Ingenieuren mit 48.000 EUR Gehalt in die Unternehmensberatung einsteigen. Es gibt allerdings auch Ausreißer nach oben: „Wer es in die Elite der Unternehmensberatungen, wie beispielsweise McKinsey, Boston Consulting, Roland Berger oder auch Accenture schafft, der kann es bereits beim Einstieg auf ein Unternehmensberatung-Gehalt von bis zu 70.000 EUR inklusive Bonus bringen – Dazu zählen natürlich auch zahlreiche Vergünstigungen, wie zum Beispiel ein Diensthandy oder auch eine betrieblichen Altersversorgung."[96]

Weiterhin sind die sind mögliche Karriere- und Gehaltssprünge zu beachten, allerdings in deutlich größeren Abständen und kleineren Sprüngen: Nach sechs Jahren Beratungstätigkeit kann das Gehalt auf 70.000 bis 85.000 EUR steigen. Höhere Gehälter sind dann möglich, wenn der Berater Geschick in der Akquise großer Aufträge zeigt.

---

[95] Vgl. consulting.de: 2018.

[96] https://www.consulting.de/job-karriere/gehalt-im-consulting/unternehmensberater-gehalt-beim-einstieg/.

Wesentliche Treiber für die Gehaltshöhe sind:

- *Studiengang und -abschluss:* Auch bei Beratungsgesellschaften gilt in der Regel, dass mit Höhe des Studienabschlusses auch das Gehalt zunimmt. Absolventen eines Masterstudiums verdienen durchschnittlich etwa 10 % mehr als diejenigen mit Bachelorabschluss.
- *Standort und Größe der Firma:* Analog zum Studienabschlussgilt: Je größer der zukünftige Arbeitgeber, desto höher ist der Verdienst.
- *Berufserfahrung:* Diese kann teilweise den Faktor Studienabschluss überkompensieren. Schließlich eignen sich die Berater über die Zeit nicht nur fachliche Kenntnisse an, sondern ebenso soziale Kompetenzen, die für die Qualität der Leistungserbringung wichtig sind. Schließlich handelt es sich um einen Beruf, der einem viele Arbeitsstunden, hohe Belastbarkeit und ständige Professionalität abverlangt.
- *Weiterbildung:* Besonderes Fachwissen kann für Unternehmensberater ebenfalls ein Argument für ein höheres Gehalt bei der Verhandlung mit den Arbeitgebern darstellen, z. B. Zertifikate, die relevante Fort- und Weiterbildungen bescheinigen.
- *Verhandlungsgeschick:* Selbst bei ansonsten objektiv vergleichbaren Rahmen ergeben sich je nach Güte und Geschick der Verhandlung unterschiedliche Gehaltsniveaus.

4.5.3 Ergänzende Überlegungen zur Einordnung der Gehaltsstruktur

Bei der reinen Ausrichtung auf das fixe und variable Gehalt finden zwei Aspekte möglichweise zu wenig Beachtung. Beim ersten Aspekt handelt es sich um die erwartete Leistung, die dem Gehalt entgegensteht. Beim zweiten Aspekt sind dynamische Effekte auf die Einkommenshöhe zu berücksichtigen:

- *Erwartete Leistung durch den Arbeitgeber:* Lange Tage und Arbeitszeiten mit durchschnittlich 55 Stunden pro Woche stellen in dem Consulting-Beruf keine Seltenheit dar. Bei besonders ambitionierten Beratern kann die Wochenarbeitszeit auch auf 70 Stunden steigen. Insofern bleibt festzuhalten, dass in aller Regel ein hohes Anfangsgehalt gleichbedeutend mit einer hohen Anzahl an geleisteten Stunden einhergeht. Wird dann die Relation zwischen Nettogehalt und eingesetzter Zeit betrachtet, erscheint die Tätigkeit aus rein monetärer Sicht häufig nicht lukrativer als Tätigkeiten in Industrieunternehmen.
  Seit den 2010er Jahren kommt ein weiterer Faktor hinzu: Im Vergleich zu früher werden Freunde und Familie als wichtiger bewertet, die 100%ige Konzentration auf Beruf und Karriere steht insgesamt weniger im Vordergrund. Umso mehr wird dann den Beratern bewusst, dass die Verdienstmöglichkeiten nicht im Verhältnis stehen zu den zu erbrin-

genden Arbeitsstunden. Vor diesem Hintergrund werden heute alternative Arbeitszeitmodelle diskutiert.

- *Dynamische Effekt auf die Einkommenshöhe:* Es ist anzunehmen, dass für die allermeisten Berufseinsteiger in der Beratung nicht der Verdienst pro Stunde Arbeitszeit im Vordergrund steht. Überdurchschnittliche Arbeitsstunden bedeuten auf der einen Seite klare Einschränkungen im privaten Umfeld, ermöglichen aber anderseits große Erfahrungseffekte in kürzester Zeit. Für Berater stellen gerade die Startphasen in neuen Projekten besondere Herausforderungen dar. Die Berater wurden dem Kundenunternehmen als Top-Experten verkauft, kennen sich bezüglich der konkreten Herausforderungen im Unternehmen aber nicht wirklich aus. Deshalb müssen sich Berater schnell und diskret Kenntnisse über das Geschäft des Kunden verschaffen und gleichzeitig einen Eindruck von Kompetenz und Selbstvertrauen vermitteln. Dies beschreiben Bourgoin und Harvey wie folgt: „The challenge with effective consulting is that it depends on in-depth situational knowledge that consultants simply can't have when they start an assignment. What's more, they may not yet be completely clear on what the client – who's paying top dollar and expects results immediately – really wants. So consultants must rapidly and discreetly gain knowledge of the client's business while simultaneously giving an impression of competence and self-confidence. We call this challenge learning-credibility tension."[97]

Bei der Perspektive der Gehaltsmöglichkeiten ergeben sich schließlich nicht nur die Verbesserung des Einkommensniveaus durch einen internen Aufstieg, sondern ebenso durch den Wechsel zu einem anderen Arbeitgeber (z. B. ehemalige Kundenunternehmen). In diesem Fall ergeben sich vielfach deutlich stärkere Gehaltsdynamiken als bei einer regulären Entwicklung in ein und demselben Unternehmen.

4.6 Wissensmanagement

4.6.1 Grundlagen

Mitarbeiter von Beratungen sehen sich häufig mit neuartigen Problemstellungen konfrontiert, die sie mit Hilfe von innovativen Problemlösungsmechanismen bearbeiten müssen. Nicht ungewöhnlich ist es aber, dass in der Vergangenheit bereits ähnlich gelagerte Aufgabenstellungen bearbeitet wurden. Selbstredend werden nicht alte Materialien 1:1 für neue Projekte übernommen. Aber es kann durchaus auf die historischen Erfahrungen zurückgegriffen und mit ihnen gearbeitet werden, um das sprichwörtliche Rad nicht mit jedem

---

[97] Bourgoin, Harvey: 2018; im Original mit Hervorhebungen.

neuen Beratungsprojekt neu zu erfinden. Ein Einzelberater ist vermutlich gut in der Lage, diesen Rückgriff auf seine eigenen Erfahrungen ohne weitere unterstützende Maßnahmen oder technische Hilfsmittel durchzuführen. Je größer allerdings eine Beratungsorganisation ist, desto schwieriger werden die Wissensbewahrung und insbesondere der Wissensaustausch. Auch sind vielleicht nicht alle Angehörigen einer Beratungsorganisation einer Meinung darüber, welches Wissen „aufbewahrenswert" ist. Fragestellungen dieser Art bearbeitet das Wissensmanagement.

Zunächst erscheint es notwendig zu beschreiben, was „Wissen" ist. Die Informationstheorie eröffnet einen stufenweisen Zugang:[98]

- Auf der untersten Stufe sind in der Welt *Zeichen* vorhanden. Zeichen können beispielsweise die Ziffern Null, Fünf und Neun sowie das Satzzeichen Komma sein.
- Werden diese Zeichen mit einer Syntax, also einer Form versehen, so entstehen *Daten*. Die gerade genannten Zeichen könnten also zum Datum „0,95" zusammengefügt werden.
- Ein solches Datum verwandelt sich, wenn es in einem Kontext gesehen wird, zu einer *Information*. So kann das Datum „0,95" in der passenden Umgebung als Dollar-zu-EUR-Wechselkurs gesehen werden.
- Und schließlich muss diese Information noch mit anderen vernetzt werden, um zu *Wissen* zu werden, z. B. über die Mechanismen des Devisenmarktes.

Wissen kann nun in verschiedenen Kategorien und in vielen Ausprägungen auftreten. Die nachfolgende Auflistung gibt eine Übersicht zu Kriterien für die Bildung von Wissenskategorien und den zugehörigen Unterscheidungen:[99]

- Verbreitung: Individuelles und kollektives Wissen
- Spezifität: Allgemein- und Branchen- und Berufs- und Firmen-Wissen
- Ursprung: Erfahrung und rationale Überlegung
- Ort: Externes und internes Wissen
- Wichtigkeit: Erfolgskritisches und peripheres Wissen
- Transferierbarkeit: Explizites und implizites Wissen.

Während die ersten fünf Kategorien und ihre Unterscheidungen eher die Rolle von Wissensklassifikationen übernehmen und Wissen entsprechen einsortiert und bewertet werden kann, ist die sechste Kategorie insbesondere für wissensintensive Dienstleistungsorganisationen wie z. B. Beratung von besonderer Bedeutung. Hier ist nämlich regelmäßig eine große Menge an Wissen implizit bei ihren Mitgliedern vorhanden (z. B. auf Basis der Erfahrungen aus einem vergangenen Projekt). Dieses Wissen soll aber auch anderen Mitglie-

---

[98] Vgl. Krcmar: 2019; Rehäuser, Krcmar: 1996, S. 6.

[99] Vgl. Nissen, Dauer: 2007, S. 3.

dern der Beratungsorganisation zugänglich gemacht werden, damit diese den oben beschriebenen Transfer auf neue Projektsituationen nutzen können.

Wenn also davon ausgegangen wird, dass Wissen grundsätzlich implizit oder explizit in einer Ausgangssituation vorhanden sein kann sowie implizit oder explizit in einer Zielsituation, dann sind vier verschiedene Typen von Wissensübergängen zu unterscheiden:[100]

- *Sozialisation:* Implizites Wissen wird zu implizitem Wissen. Beispiel: Berater 1 erzählt Berater 2 in einem abendlichen Gespräch an der Hotelbar Details zu einem Vorprojekt beim Kundenunternehmen.
- *Externalisierung:* Implizites Wissen wird zu explizitem Wissen. Beispiel: Berater 1 verschriftlicht seine Erfahrungen aus einem Vorprojekt in einem Dokument.
- *Internalisierung:* Explizites Wissen wird zu implizitem Wissen. Beispiel: Berater 2 liest alle Erfahrungsberichte zu einem Kunden und merkt sich die wesentlichen Aspekte.
- *Kombination:* Explizites Wissen wird zu explizitem Wissen. Beispiel: Berater 3 kombiniert alle bisherigen kodifizierten Erfahrungsberichte zu einem Kundenunternehmen und erstellt ein Gesamtdossier.

Abbildung 19 stellt die Übergänge noch einmal schematisch dar.

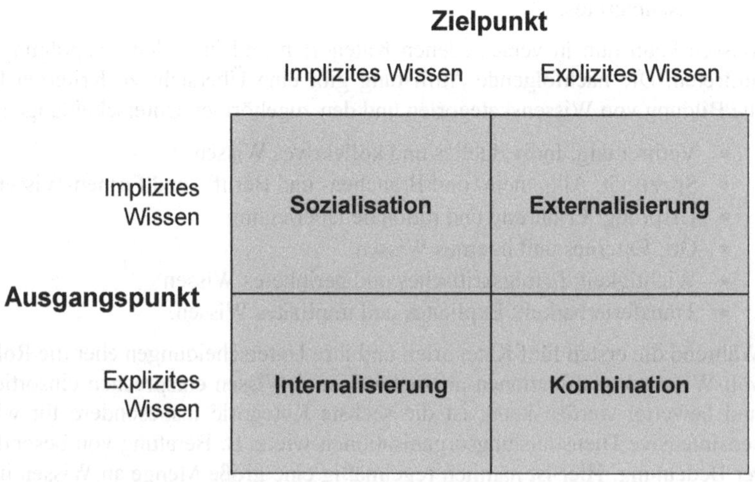

Abbildung 19: Implizites und explizites Wissen – Wissensübergänge[101]

---

[100] Vgl. Nonaka, Takeuchi: 1997.

[101] Vgl. Nonaka, Takeuchi 1997, S. 19.

Mit der Kenntnis über die unterschiedlichen Wissenskategorien und unter Zuhilfenahme des klassischen Managementzyklus (Planung, Organisation, Kontrolle) können im Folgenden schematische Bausteine des Wissensmanagement identifiziert und in Beziehung zueinander gesetzt werden: Nachdem die
Wissensziele identifiziert wurden, muss eine Identifikation, ein Erwerb, eine
Entwicklung und Verteilung sowie eine Bewahrung und Nutzung von Wissen
erfolgen. Diese Handlungen werden in einem nächsten Schritt bewertet und
das Ergebnis der Bewertung wird auf die ursprünglichen Ziele zurückgespie-
gelt (vgl. Abbildung 20). Die Identifikation der Wissensziele und die die Wis-
sensbewertung befinden sich auf der Ebene von eher strategischen Aktivitäten, die übrigen Bausteine auf einer eher operativen Ebene. Die einzelnen
Bausteine können nicht nur in eine sachlogische Reihenfolge gebracht werden
(in der Abbildung durch Pfeile gekennzeichnet), sondern es bestehen zwischen ihnen vielfältige Wechselwirkungen (in der Abbildung durch die gestri-
chelten Linien symbolisiert).[102]

Wie dargestellt wurde, stellt für viele Unternehmensberatungen die Fluktuation einen fundamentalen Baustein des Geschäftsmodells dar. Mit dem „Verlust" eines Mitarbeiters ist allerdings immer ein potenzieller und faktischer
Wissensverlust verbunden.

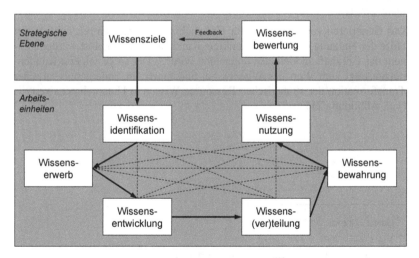

Abbildung 20: Bausteinmodell des Wissensmanagements[103]

---

[102] Vgl. Probst, Raub, Romhard: 1999, S. 58.

[103] Probst, Raub, Romhard: 1999, S. 58.

Vor diesem Hintergrund stellt Wissensmanagement „einen systematischen Ansatz dar, um das Wissen in einer Unternehmung durch zielgerichtete Handlungen für eine organisatorische Wissensbasis aufzubauen und auszunutzen."[104] Wissen kann durch die Zusammenarbeit mit Geschäftspartnern, Mitarbeitern, Wettbewerbern, Experten etc. oder durch den auf wissensbasierte Produkte und intellektuelles Kapital zurückgreifenden Produktionsprozess einer Organisation entstehen.[105] Während auch bspw. die Bereiche der Competitive Intelligence, Data Warehousing, Data Mining und Business Intelligence sowohl zum weiteren Arbeitsgebiet wie auch zu den gegenseitigen Einflussfaktoren der Domäne Wissensmanagement[106] gezählt werden können, ist für das vorliegende Werk der Kontakt mit Kunden und Fachspezialisten, bzw. die Problemlösung als Kernbestandteil des Geschäftsmodells für Beratungen von hauptsächlichem Interesse.

Obige Ausführungen sprechen von Wissen, zielen jedoch im Kern tatsächlich auf das Management von Informationen ab.[107] Dieser Widerspruch gibt einen Hinweis auf die als unglücklich zu bezeichnende Begriffswahl, da im Rahmen von Wissensmanagementaktivitäten in Organisationseinheiten meist lediglich Informationen be- und verarbeitet werden, Wissen sich jedoch erst beim Empfänger dieser Informationen bildet.[108] Im Folgenden wird dessen ungeachtet in Übereinstimmung mit der Literatur weiterhin der Begriff Wissensmanagement genutzt.

Das Generieren von Wissen ist für Unternehmensberatungen relevant, da mit Hilfe der Nutzung von Wissen konkrete Kundenprobleme gelöst werden können, das Geschäftsmodell also unterstützt wird.[109] Der so gesteigerte Kundennutzen trägt zum Wert des Wissens bei und führt „im Endergebnis zu einer Transformation der strategischen Ressource Wissen in Unternehmenswert"[110] (vgl. Abbildung 21).

---

[104] Gabriel, Dittmar: 2001, S. 19.

[105] Vgl. Coakes: 2004, S. 408.

[106] Vgl. Meier: 2004, S. 405-407; Kurz: 1999, S. 122; Gluchowski: 2001, S. 12.

[107] Vgl. zur Diskussion des Informationsbegriff auch: Rechenberg: 2003, S. 317-326.

[108] Vgl. Coakes: 2004, S. 408-409.

[109] Es sei allerdings angemerkt, dass dem Wissensmanagement zwar eine gewisse Wichtigkeit und Relevanz zugesprochen werden kann (vgl. Caspers, Kreis-Hoyer: 2004, S. 29-40), es jedoch nicht als umfassendes Lösungsmittel wie bei (Jänig: 2004) betrachtet werden sollte.

[110] Caspers: 2004, S. 73.

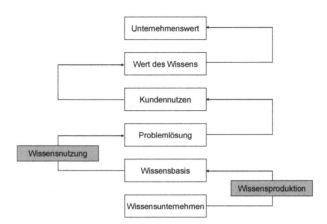

Abbildung 21: Wertschaffung durch Wissen[111]

Um Wissen und seine Nutzung nicht von einzelnen Beratern abhängig zu machen, sondern es in die ordentliche Geschäftstätigkeit der Beratung einfließen zu lassen, ist es zu explizieren. Dies ist vor allem aufgrund des hohen Anteils an Mitarbeitern, die die Beratungsgesellschaft verlassen, von Bedeutung. Die Gefahr eines „Brain Drains" ist also hoch. Explizites Wissen kann übertragen und weitergegeben werden.[112] Explizites Wissen (Explicit knowledge) ist übertragbar in einer formalen, systematischen Sprache. Implizites Wissen (Tacit knowledge) auf der anderen Seite ist personengebunden, kontextspezifisch und dadurch schwer weiterzugeben.[113] Verlässt die Person das Unternehmen, geht das Wissen mit ihr verloren.

Ziel des Wissensmanagements ist es demzufolge, vorhandenes Wissen zu explizieren und dieses Wissen im Produktionsprozess der Unternehmensberatung wieder zu nutzen. Im Folgenden wird gezeigt, wie eine solche Nutzung in der Berater-Kunden-Interaktion im Vorfeld eines konkreten Projektes ausgestaltet werden kann und welche Auswirkungen sie auf das Absatz- und Beschaffungsmarketing von Beratern bzw. Kunden hat.

Abschließend noch eine Bemerkung bzw. ein Gedankenexperiment: Wenn der aufmerksame Leser die Frage stellt, ob nicht durch eine Veränderung des Geschäftsmodells auch die Herausforderungen bezüglich des Wissensmanagements besser lösbar wären, dann möge man sich nur kurz vorstellen, welche Effekte einsetzen, wenn eine Unternehmensberatung explizit nicht nur auf einen festen Mitarbeiterstamm setzt, sondern eine Fluktuation unterbindet.

---

[111] Caspers: 2004, S. 73.

[112] Vgl. Nonaka, Takeuchi: 1995, S. 56.

[113] Vgl. Nonaka, Takeuchi: 1995, S. 59.

4.6.2 Direkte und Transaktionskosten

Tritt in einer Organisation Beratungsbedarf, d.h. Problemlösungsbedarf auf, so stellt sich die Frage, ob eine Lösung mit Hilfe von externen Experten angestrebt wird oder ob eigene Mitarbeiter in die Lage versetzt werden, den Beratungsbedarf selbständig zu decken. Zur Beantwortung dieser Frage bietet die Transaktionskostentheorie Hilfestellung an. Verschiedene Faktoren sind zu betrachten, u.a.:[114]

- Kosten für die externe Unterstützung
- Kosten für die interne Lösung der Fragestellung
- Kosten für die Organisation externer Unterstützung
- Kosten für die Organisation der internen Lösung der Fragestellung
- Häufigkeit der Fragestellung im Markt
- Häufigkeit der Fragestellung im Unternehmen.

Von diesen Faktoren sind insbesondere diejenigen für die verfolgte Fragestellung von Interesse, die eine Argumentation für und wider der Nutzung von vorhandenem Erfahrungswissen ermöglichen.[115]

4.6.3 Implikationen für Berater und Kunden

Berater verfolgen das Ziel, ihre Beratungsleistung an Kunden zu verkaufen. Hierbei ist es ihr Bestreben, verschiedene Hebelwirkungen zu maximieren, z. B. das Verhältnis von Partnern zu Beratern oder die wiederholte Nutzung von einmal gewonnenen Erfahrungen. Bei diesen Aktivitäten des Absatzmarketings können die oben identifizierten Faktoren der Transaktionskosten von Beratungsdienstleistungen eine wesentliche Hilfestellung bieten.

Im Gegensatz dazu verfolgen Kunden ein anderes Ziel. Sie wollen Berater möglichst selten, wenn dann aber mit hoher Effizienz einsetzen. Häufig ist im Unternehmen eine angespannte Kostensituation gegeben. Die Kunden versuchen dann, Beratungen die ihnen inhärenten Besonderheiten zu nehmen und sie einer möglichst starken Vergleichbarkeit zu unterwerfen.[116]

4.6.4 Ausgestaltung des Wissensmanagements in Beratungen

In der bisherigen Darstellung wurde gezeigt, dass der Umgang mit Projekterfahrungswissen für Unternehmensberatungen einen wesentlichen Baustein für die Akquisition von Beratungsprojekten darstellt. Aufbauend auf dieser Aussage soll im Folgenden die Frage beantwortet werden, welches die wesentlichen Erfolgsfaktoren für die Anwendung des Wissensmanagements in der

---

[114] Vgl. Canback: 1998, S. 3-11.

[115] Vgl. Petmecky, Deelmann: 2005a, S. 3-11.

[116] Vgl. Herrlein: 2004.

Praxis sind. Hierzu wird auf Ergebnisse einer durchgeführten Untersuchung von Fallbeispielen zurückgegriffen.

Abbildung 22 zeigt in den Spalten die Angaben von insgesamt sechs Beratungen hinsichtlich der Erfolgsfaktoren des Wissensmanagementeinsatzes. In den Zeilen sind gleichartige Faktoren gruppiert.

Beratung A	Beratung B	Beratung C	Beratung D	Beratung E	Beratung F
Persönlicher Austausch und Kontakt	Selbsterleben / Erfahrungsaustausch	Persönliches Gespräch	Kommunikation	Persönlicher Kontakt der Berater	Kollegiales Zusammenspiel
Push-and-Pull-Effekt				Konsequenz und Kontinuität	
Zielvereinbarung		Zielvereinbarung	Anreizsystem, „Zuckerbrot / Peitsche"		Mix zw. Anreiz und Freiwilligkeit
Netzwerke / Wissensnetzwerk	Netzwerk innerhalb der Kollegen				
Gute Infrastruktur	Räumliche Möglichkeiten				Gute Infrastruktur, Ressourcen
Willen der Beteiligten / Bereitschaft, Wissen zu teilen		Offene Kultur, Identifikation mit Wissensmanagement	Vertrauensvolle Arbeit, MA muss Vorteile erkennen	Leidenschaft zur Branche	
Fokus nicht nur auf Datenbank	Benutzerfreundliche technische Lösungen	Praktikable Datenbank, aber nicht nur IT			Einfache, benutzerfreundliche Datenbank
Wissensmanagement als Teilinstrument					
Verankerung beim Management	Unterstützung Management	Top-Management-Unterstützung	Top-Management-Unterstützung	Unterstützung des Managements	Top-Management-Unterstützung
		Engagement des anfänglichen Projektteams			Engagement des anfänglichen Projektteams
		Zufriedenheitsanalyse	Befragung		
			Wissensmanagement-Beauftragte		Verantwortliche schaffen

Abbildung 22: Erfolgsfaktoren Wissensmanagement in Beratungen[117]

---

[117] Vgl. Krauseneck: 2004, S. 159.

Die identifizierten Erfolgsfaktoren für den Einsatz des Wissensmanagements in Beratungen differieren über alle Beratungen hinweg, gleichwohl verschiedene Häufungen von Faktoren zu erkennen sind. So werden insbesondere die persönliche Kommunikation zwischen einzelnen Beratern (vgl. Zeile 1) und die Unterstützung des (Top-)Managements (vgl. Zeile 9) als wesentliche Faktoren für den Erfolg von Wissensmanagementaktivitäten genannt. Bei der Interpretation der Untersuchungsergebnisse kann weiterhin die Aussage extrahiert werden, dass die Unterstützung durch Informationssysteme grundsätzlich von hoher Relevanz ist (vgl. Zeile 7). Allerdings werden hierbei eher ‚weiche' Faktoren als wichtig erachtet. Soweit Informationssysteme zur Unterstützung eingesetzt werden, ist darauf zu achten, dass diese Systeme benutzerfreundlich, einfach und praktikabel sind.

Die Interpretation obiger Aufstellung zeigt, dass für einen erfolgreichen Einsatz von Wissensmanagement ein breites Spektrum betriebswirtschaftlicher Teildisziplinen ihren Beitrag liefern kann: Angefangen von betriebssoziologischen Faktoren über organisationstheoretischen Aufgabestellungen bis hin zur Wirtschaftsinformatik sind unterschiedliche Fachgebiete von Relevanz.

Die Berücksichtigung dieses Facettenreichtums wiederum bildet die Voraussetzung für den Erfolg von Wissensmanagementaktivitäten in Beratungen und damit auch für den Erfolg des Geschäftsmodells.

4.7 Fragen, Diskussionsstellungen und Schlagworte

Wiederholungs- und Verständnisfragen, Diskussionsstellungen, Anregungen:

1. Was verbirgt sich hinter dem „Up-or-Out"-Prinzip?

2. Wodurch ist der „Steilheitsgrad" der Personalpyramide bedingt?

3. Wovon hängt es ab, ob Sie in Ihrer Beratung zwei, drei, fünf oder sieben Hierarchiestufen haben?

4. Was ist implizites Wissen, was explizites?

5. Bitte nennen Sie fünf für eine Beratung nützliche / passende Möglichkeiten, um aus implizitem Wissen explizites zu machen!

6. Warum verfügen viele Beratungen über ein Trainingskonzept?

7. Welche (positiven oder negativen) Auswirkungen hätte es auf das Wissen einer Beratung, wenn diese nicht auf eine Fluktuation der Mitarbeiter setzen würde, sondern auf einen möglichst stabilen Personalkörper?

Stichworte:

Personalpyramide, Up-or-Out, rauf-oder-raus, Junior Consultant / Senior Consultant / Project Manager / Junior Partner / Senior Partner, Karrierepfad, Trainingskonzept, Wissensmanagement, implizites Wissen, explizites Wissen

5 Projektleitung

5.1 Übersicht (Level: Project Manager) und Leitfragen

Grundidee des Kapitels: Auf der mittleren Karriereebene liegt meist auch die Verantwortung für einzelne Projekte (Kapitel 5.2). Projektmanagement nimmt eine zentrale Rolle in Beratungen ein und steht daher im Folgenden in seiner klassischen (Kapitel 5.3) sowie agilen Ausprägung (Kapitel 5.4) im Fokus des Kapitels. Die Projektinhalte sollten (im Erfolgsfall) meist in die Linienorganisation überführt werden. Einen Ansatz hierzu zeigt Kapitel 5.5, bevor der Abschnitt mit einer Übersicht verschiedener Projekt- und Berater-rollen schließt (Kapitel 5.6).

Leitfragen hierbei sind:

1. Worum dreht sich die Beraterkarriere im Anschluss an die ersten Schritte?
2. Manchmal wird von Projekten gesprochen, manchmal von Programmen. Was bedeutet dieses, was jenes?
3. Wenn „Gut geplant ist halb gewonnen" gilt: Welche Aktivitäten führe ich in der (klassischen) Projekt-Planung durch?
4. Alles wird agil. Auch das Projektmanagement?
5. Ein Projekt durchzuführen ist das eine – aber was passiert danach?
6. Wer arbeitet eigentlich in einem Projekt mit? Was für Typen brauche ich da?

5.2 Projekt, Projektmanagement, Programmmanagement

5.2.1 Projekt

Die DIN 69901 definiert ein Projekt wie folgt: „Ein Projekt ist ein Vorhaben, das im Wesentlichen durch die Einmaligkeit der Bedingungen in ihrer Gesamtheit gekennzeichnet ist, wie z. B. Zielvorgabe, zeitliche, finanzielle, personelle und andere Begrenzungen, Abgrenzung gegenüber anderen Vorhaben, projektspezifische Organisation."

Ein einfaches Prüfschema für die Frage, ob eine organisatorische Aufgabe als Projekt bezeichnet werden kann, besteht aus zwei Teilaspekten. Zum einen muss die Einmaligkeit der Aufgabenerfüllung gegeben sein. Dies bedeutet, dass (i) keine Beschreibung für den Leistungsprozess vorliegt, (ii) klare Zielvorgaben vorhanden sind, (iii) Begrenzungen (z. B. zeitlicher, finanzieller, personeller und ggf. sonstiger Natur) vorliegen und (iv) eine abgegrenzte Aufgabenstellung besteht. Ist diese Einmaligkeit gegeben, so handelt es sich um ein Vorhaben, ansonsten um eine Regelaufgabe. Vorhaben wiederum können organisatorisch unterschiedlich umfangreich sein; hierauf zielt der zweite Aspekt. Ist für das Vorhaben nur eine letztverantwortliche Organisationseinheit zuständig, dann liegt ein Linienvorhaben vor. Sind mehrere letztverantwortliche Organisationseinheiten betroffen, dann handelt es sich um ein Projekt.[118]

Für Beratungen sind häufig die folgenden fünf Aspekte relevant:[119]

- *Neuartigkeit:* Es kann nur begrenzt auf Erfahrungen zurückgegriffen werden, daher ist die Beschaffung von Informationen wichtig und das Risiko des Vorhabens groß.
- *Zielorientierung:* Entsprechend der Aufgabenstellung sind Budgets und Zeithorizonte zu definieren.
- *Komplexität:* Eine sinnvolle Strukturierung der Aufgabenstellung in Teilaufgaben oder Arbeitspakete mit Verantwortlichkeiten und Ergebnissen ist zwingend geboten.
- *Interdisziplinarität:* An einem Projekt sind unterschiedliche Fachabteilungen eines Unternehmens beteiligt, eventuell sogar Mitarbeiter unterschiedlicher Organisationen.
- *Bedeutung:* Hat das Projekt Auswirkungen auf die Gesamtorganisation, wie bei Entwicklungsprojekten üblich, so ist die Akzeptanz des Projektes bei den beteiligten oder betroffenen Personen von herausragendem Stellenwert.

5.2.2 Projektmanagement

Die Domäne des Projektmanagements widmet sich dem Management, also der Zielsetzung, Planung, Entscheidung, Organisation, Durchführung und Kontrolle eines solchen Projektes. Projektmanagement stößt dabei regelmäßig an Grenzen, die sich als das „Magische Dreieck" bezeichnen lassen (vgl. Abbildung 23). Bei den drei typischerweise gleichzeitig in einem Projekt verfolgten Zielen (Zeit, Kosten, Qualität) lässt sich die Verbesserung des einen Zieles nur auf Kosten von anderen Zielen durchsetzen.[120]

Projekte können unterschiedliche Ausprägungen annehmen und damit unterschiedliche Projektmanagementkompetenzen notwendig machen. Sie können ein eher hohes oder ein eher geringes Methodenwissen verlangen und sie können ein eher hohes oder ein eher geringes Fachwissen notwendig machen. Projekte mit einem hohen Fachwissen, also einer hohen inhaltlichen Komplexität, und einem hohen notwendigen Methodenwissen, also einer hohen struk-

---

[118] Vgl. Deutsche Telekom: 2004, S. 9.

[119] Vgl. Pumpe, Hoffmann: 2015, S. 3.

[120] Vgl. Litke, Kunow: 2002, S. 9; Wischnewski: 2001, S. 26.

turellen Komplexität, werden von vielen Beratungen als Top-Projekte bezeichnet. Ein hohes Projektmanagement-Know-how und ein eher geringes Fachwissen sind für Koordinationsprojekte notwendig, während ein hohes Fachwissen und eine eher geringe Projektmanagementkompetenz für Fachprojekte benötigt werden. Bei eher einfachen Projekten sind die Anforderungen an das Projektmanagement- sowie das Fachwissen überschaubar. Abbildung 24 stellt die vier Projekttypen noch einmal grafisch gegenüber.

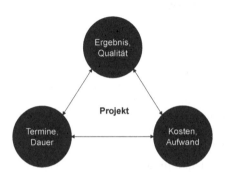

Abbildung 23: Magisches Dreieck des Projektmanagements

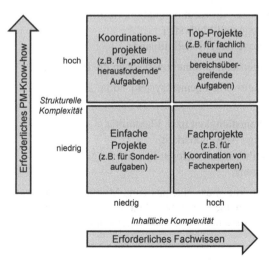

Abbildung 24: Projekttypen[121]

---

[121] Wegmann, Winkelbauer: 2006, S. 34.

Beratungen sehen sich nun mit der Herausforderung konfrontiert, den richtigen, d.h. für sie passenden, Projekttyp zu identifizieren.

Beim Management von Projekten lassen sich – vereinfachend gesagt – zwei Philosophien unterscheiden: Das klassische sowie das agile Vorgehen. Beide haben ihren Stärken und Schwächen. Sie werden mit ihren Grundprinzipien in den Kapiteln 5.3 und 5.4 kurz vorgestellt.

5.2.3 Programmmanagement

In der Praxis sind, gerade in größeren Organisationen, Situationen vorzufinden, in denen verschiedene Projekte ein übergeordnetes Ziel unterstützen. Um Synergien zwischen diesen Einzelprojekten zu identifizieren und zu fördern sowie Konflikten vorzubeugen und sie zu beheben, kann es sinnvoll sein, ein so genanntes Projekte-Programm (oder kurz: Programm) zu installieren. Diese Installation kann Bottom-up oder Top-down erfolgen. Top-down meint hierbei, dass zunächst das Programm gestartet wird und dann Projekte initialisiert werden, während das Bottom-up-Vorgehen bei einzelnen Projekten startet, die dann in einen Rahmen eingefügt werden.

Ein spezifisches System hilft dem Programmmanagement bei der Steuerung. Diese Funktion verantwortet z. B. die Gestaltung von

- Projektmanagementprozessen,
- Rollen und Verantwortlichkeiten,
- Regeln (z. B. für Kommunikation, Informations- und Berichtswesen),
- Werkzeuge und Methoden,
- einheitliche Begriffsdefinitionen

und dokumentiert und kommuniziert sie an die Beteiligten.[122]

Ein einschlägiges Managementsystem sollte daher folgende Eigenschaften aufweisen:[123]

- Anpassungsfähigkeit bzw. Flexibilität,
- Vielseitige Anwendbarkeit,
- Kompatibilität mit anderen Systemen sowie
- Transparenz.

Diese Meta-Struktur muss eine passende Mixtur aus Stabilität und Flexibilität aufweisen, um einerseits eine Stabilität aller Teilsysteme zu unterstützen und andererseits variierenden Projektmanagementanforderungen der Teilprojekte zu genügen.[124]

---

[122] Vgl. Pumpe, Hoffmann: 2015, S. 6.

[123] Vgl. Pumpe, Hoffmann: 2015, S. 6.

[124] Vgl. nochmal die Gedanken bei Pumpe, Hoffmann: 2015, S. 6, die an Stelle des Programmmanagements von einem Projektmanagementsystem sprechen.

5.3 Klassisches Projektmanagement

Die als klassisch zu bezeichnende Vorgehensweise im Projektmanagement zeichnet sich durch eine eher ausführliche und strikte Planung des gesamten Ablaufs bereits zu Projektbeginn aus. Die Protagonisten dieses Vorgehens postulieren Mantra-artig, dass ein Projekt ein Prozess sei. Damit greifen sie auf Überlegungen des Geschäftsprozessmanagements zurück, bei denen ein wohldefinierter Prozess, der immer und immer wieder gleich abläuft, effizient ist. Übertragen auf das Projektmanagement lässt sich sagen, dass sich ein solches Projekt, trotz aller Individualität, entlang vordefinierter Phasen und mithilfe erprobter Vorgehensweise durchführen und managen lässt. Folgerichtig wird beim klassischen Projektmanagement viel Aufwand in Vorbereitungs- und Planungsphasen investiert. Grund dafür ist die Überzeugung, dass ein gut geplantes Projekt während der Ablaufphasen kaum noch Überraschungen birgt.

Für diesen Ansatz haben sich verschiedene, meist phasenorientierte Vorgehensmodelle etabliert. Eines wird nachfolgend kurz vorgestellt. Es verfügt über die fünf Phasen Projektinitialisierung, Projektdefinition, Projektplanung, Projektdurchführung, Projektabschluss. Bereits die Aufzählung der Phasen unterstreicht die Planungs- und Vorbereitungsaffinität dieser Vorgehensweise.

- *Projektinitialisierung:* Ausgangspunkt für diese erste Phase ist eine Projektidee. Liegt eine solche vor, so werden zunächst relativ grob Zuständigkeiten eruiert und die erwarteten Projektziele skizziert. Diese Zwischenergebnisse – sie werden regelmäßig Projektskizze genannt – sind Grundlage für eine Entscheidung über die Freigabe zu einem nächsten Schritt oder die Beendigung des bisherigen Vorhabens. Mit einem positiven Freigabeentscheid wird ein Planungsauftrag erteilt.
- *Projektdefinition:* Nach dem erteilten Planungsauftrag ist ein Projektkernteam zu bilden. In diesem Kernteam werden die Projektziele weiter ausgearbeitet und definiert. Zudem wird das Projekt grob strukturiert und einzelne wichtige Teilergebnisse, so genannte Meilensteine, werden fixiert. Ausgehend von den gewünschten Arbeitsergebnissen muss der Arbeitsaufwand abgeschätzt werden. Zusätzlich zu diesen, sehr stark auf die eigentliche Projektarbeit fokussierten Tätigkeiten, wird auch die allgemeine Machbarkeit oder Umsetzbarkeit des Projektes bewertet und das Projektumfeld wird analysiert. Die gesammelten Ergebnisse bilden gemeinsam die so genannte Projektdefinition. Sie wird wieder einem Entscheidungsgremium vorgelegt. Erfolgt ein positives Votum, so gilt ein grober Projektauftrag als erteilt.
- *Projektplanung:* In der nächsten Phase wird das positive Zwischenvotum, der grobe Projektauftrag, genutzt, um das konkrete Vorgehen im Projekt detailliert vorauszuplanen und einen Auftrag für die Realisation

zu erhalten.[125] In dieser Planungsphase können insbesondere die folgenden Aspekte detailliert bzw. ausgeplant werden:

o Projektstrukturplan
o Ablaufplan (vgl. Abbildung 25 mit einem PERT-Netzwerk[126])
o Zeitplan
o Personalressourcen
o Fixierung der konkreten Projektorganisation (vgl. Abbildung 26 für ein Beispiel, in dem für einzelne Projektteile immer Paare aus Kunden- und Beratungsmitarbeitern gebildet werden)
o Kosten- und Finanzplan
o Überprüfung der Wirtschaftlichkeit
o Risikoanalyse (als Teil des Projektrisikomanagements; vgl. Abbildung 27 für einen Risikomanagementprozess)
o Qualitätssicherung.

Beispiel: Bau eines Bürogebäudes

Event	Description	Expected time (weeks)	Preceding Event
A	Approve design and get permits	10	None
B	Dig subterranean garage	6	A
C	Erect frame and siding	14	B
D	Construct floor	6	C
E	Install windows	3	C
F	Put on roof	3	C
G	Install internal wiring	5	D, E, F
H	Install elevator	5	G
I	Put in floor covering and paneling	4	D
J	Put in doors and interior decorative trim	3	I, H
K	Turn over to building management group	1	J

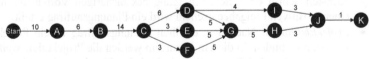

Abbildung 25: Illustratives PERT-Netzwerk[127]

In Summe entsprechen diese Planungselemente der Projektplanung. Je nach Situation kommen noch vergaberechtliche Bedingungen hinzu, die geklärt werden müssen. Die Projektplanung wird wieder dem Entscheidungsgremium vorgelegt. Ausgewählte Informationen aus dieser Phase werden in einem Projekthandbuch hinterlegt. Ist das Entschei-

---

[125] Umgangssprachlich wird hier von „abholen" gesprochen, im Sinne von „den Projektauftrag abholen".

[126] PERT: Program Evaluation and Review Technique.

[127] Vgl. Robbins, Coulter: 2012, S. 327-329.

dungsgremium mit den Vorarbeiten einverstanden, so erteilt es eine Projektfreigabe, der Auftrag zur Durchführung des Projektes ist damit vorhanden.

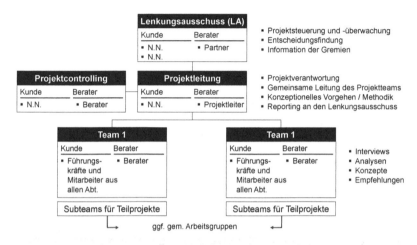

Abbildung 26: Typische Aufbauorganisation eines Beratungsprojektes[128]

- *Projektdurchführung:* Mit dem erteilten Projektauftrag startet die eigentliche Projektarbeit. Nach einem Projektstart bearbeiten alle beteiligten Parteien die im Vorfeld ermittelten und ihnen zugewiesenen Aufgaben. Begleitet wird diese Projektarbeit im engeren Sinne von einem Projektcontrolling. Es ermittelt regelmäßig den Fortschritt einzelner Arbeitspakete. Als Hilfsmittel kann z. B. ein so genannter Statusbericht herangezogen werden (vgl. Abbildung 28). Mit Hilfe dieser Controlling-Arbeit lässt sich die Projektarbeit (nach innen) steuern und sie stellt gleichzeitig die Basis für ein regelmäßiges Reporting, d.h. das Berichtswesen (nach außen) dar. Einzelne Ergebnisse aus der Bearbeitung der zugewiesenen Aufgaben, d.h. die Projekt(teil)ergebnisse (oder erreichte Meilensteine) werden dokumentiert. Die dokumentierten Teilergebnisse werden vom Entscheidungsgremium abgenommen.

---

[128] Reiter, Schneider: 2005, S. 89.

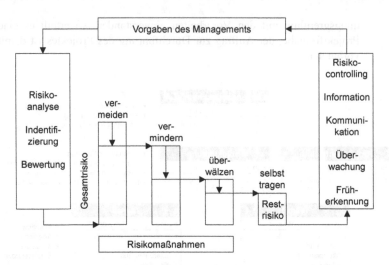

Abbildung 27: Projektrisikomanagement-Prozess[129]

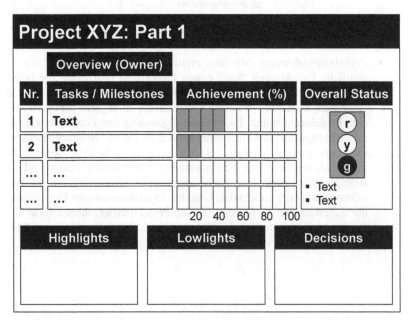

Abbildung 28: Beispiel für einen (Teil-) Projekt-Statusbericht[130]

[129] Vgl. Deutsche Telekom AG: 2004, S. 24.

- *Projektabschluss:* Wenn alle geplanten Teilergebnisse des Projektes vorliegen und auch abgenommen wurden, dann kann der Abschlussbericht des Projektes erstellt werden. Der Abschlussbericht dient der Erfolgskontrolle für die im Vorfeld definierte Projektaufgabe aber auch zur Dokumentation. Er wird dem Gremium vorgestellt, welches das Projekt beauftragt hat. Ein positives Votum dieses Gremiums, d.h. die Akzeptanz des Projektergebnisses im Vergleich zu der gestellten Aufgabe, führt dazu, dass die (meist personellen) Projektressourcen von ihren Projektaufgaben wieder entbunden werden und sich wieder ihren originären Aufgaben widmen können. Die Projektorganisation wird anschließend formal aufgelöst. Mit der Abnahme des Projektes ist dieses beendet.[131]

Erfolgreich im Projektmanagement

Interview mit Dr. Christopher Schulz

Regelmäßig ist zu lesen, dass viele Projekte scheitern. Können Sie sich dieses erklären? Woran liegt das Ihrer Erfahrung nach?

Im Berateralltag werde ich regelmäßig Zeuge, dass Projekte die vereinbarten Ergebnisse zu spät, erst nach zusätzlichen Investitionen oder nur mit abgespecktem Umfang liefern. Aus meiner Erfahrung liegt dies nicht an der einen entscheidenden Ursache. Vielmehr ist es die Summe von vielen kleinen Gründen, die zum Scheitern eines Projektes führen. Dazu eine unvollständige Aufzählung aus meiner Projektkarriere: Überambitionierte Ziele, schlechtes Anforderungsmanagement, unerfahrene Projektmanager, Ausrichtung an Machbarkeit statt Nutzen, Unternehmenspolitik, miserable Beratung, …

Und was könnte man machen, um hier gegen zu wirken?

Zu Beginn steht eine Problem-/Zielbeschreibung, die ich SZS-Formel nenne:
Wer sind die Stakeholder?
Worin bestehen die Ziele?
Was ist der Scope?

---

[130] T-Systems: 2015.

[131] Vgl. für die fünf Phasen: Bundesministerium des Innern: 2012.

Bevor diese drei Fragen nicht zwischen Auftraggeber und Projektleiter verhandelt und festgeklopft worden sind, können Terminpläne, Risikolisten und Teamorganigramme in der Schublade bleiben.

Meine zweite Empfehlung zielt auf das Mindset. Hier sollten verantwortliche Projektleiter folgende Frage stellen: Was kann mit dem, was vorhanden ist, einfach und schnell auf die Beine gestellt werden und bringt gleichzeitig meine Organisation einen kleinen Schritt Richtung Zielmarke? Konzepte wie die „15 Prozent Lösung", „Effectuation" oder „Agile Development" verfolgen diese Einstellung.

Welche Rollen nehmen Berater beim klassischen Projektmanagement ein? Was können sie, was der Kunde nicht kann?

Das Geschäftsmodell von Beratern fußt auf dem Wandel in Kundenunternehmen. Wertangebote, Organisationsstrukturen, Geschäftsprozesse, IT-Systeme – das alles ändert sich mit der Zeit. Vehikel von Änderungen sind die Projekte. Berater stoßen diese Vorhaben an, planen sie aus und setzen sie schließlich um. Ein ewiger Zyklus. In diesem Sinne ist ein guter Berater gleichzeitig ein guter Initiator, Ausführer und Nachbereiter von Projekten. Er begleitet seine Kunden bei ihrer Veränderung, operativ, strategisch und mental.

Im Laufe der Zeit wird aus dem Junior Berater oft ein Projektleiter. Welche Werkzeuge sollte ein neuer, ein schon etwas erfahrener und ein sehr erfahrener Projektleiter auf jeden Fall in seinem PM-Werkzeugkasten haben? Können Sie uns vielleicht zwei oder drei je Erfahrungsstufe nennen?

Beim Projektfrischling sind es die operativen Basics wie Besprechungsprotokoll, Aufgabenliste und Statusbericht, die nach einem Jahr im Projektgeschäft in Fleisch und Blut übergegangen sein sollten. Sein erfahrener Kollege in leitender Projektrolle hantiert hingegen mit taktischen Werkzeugen, beispielsweise der Organisation und der Durchführung von Workshops, der Terminplanung oder dem Management von Risiken. Schließlich dreht der Projektveteran am großen strategischen Rad. Tools wie Programm-Roadmapping, Multiprojekt-Controlling aber auch das Projektmarketing gehören zu seinem Werkzeugkasten.

Über diese Themen hinausgehend: Welche Trends sehen Sie persönlich im Beratungsmarkt?

Nach über 12 Jahren im Consulting kristallisieren sich für mich drei Trends heraus.

Erstens: Digitalisierung. Ob Akquise mittels Consulting-Plattform, Konferenzteilnahme per Smartphone-App oder Projektmanagement auf Basis von Cloud Software – Beratungsaufgaben werden digitalisiert bzw. es entstehen aufgrund der digitalen Transformation ganz neue Betätigungsfelder.

Zweitens: Wachstum. In einer Wissens- und Dienstleistungsgesellschaft, in denen die Probleme immer komplexer werden, wird externer Rat verstärkt gebraucht und beauftragt.

Drittens: Spezialisierung. Mit der Themenzunahme werden sich auch die Beratungen immer mehr ausdifferenzieren (müssen). Wer nicht mit der Zeit geht, geht mit der Zeit. Nach Hochschulen und wirtschaftsnahen Forschungseinrichtungen tun Consultancies gut daran, neue Modelle und Methoden in die Praxis zu transferieren.

Zur Person:

Dr. Christopher Schulz ist Vollblut-Consultant. Seit 2007 hilft er Unternehmen, das Business und die IT optimal miteinander abzustimmen. Die Erfahrungen aus Beratungsgeschäft & Projektmanagement gibt Christopher per Blog Consulting-Life.de, Ratgebern sowie dem digitalen Consulting Methodenkoffer an Kollegen, Partner und Nachwuchsberater weiter.

5.4 Agiles Projektmanagement

Das klassische Projektmanagement geht vereinfacht gesagt davon aus, dass alle notwendigen Anforderungen zum Beginn eines Projektes, bzw. sogar noch *vor* dem eigentlichen Projektstart, planbar sind oder vorliegen und dann die einzelnen notwendigen Projektschritte lediglich abgearbeitet werden müssen. Ist dies nicht der Fall, gerät das sequentielle Vorgehen an seine Grenzen. Agile Vorgehensweisen werden als Alternative gesehen. Weit verbreitet ist Scrum, ein aus der Software-Entwicklung stammendes Framework. Es soll im Folgenden kursorisch und exemplarisch für den agilen Ansatz dargestellt werden.[132]

Scrum bedient sich eines Rahmenwerkes, welches aus Rollen, Artefakten und Ereignissen besteht und hierfür eine eigene Nomenklatur entwickelt hat.

Rollen: Ein Scrum-Team hat immer einen Product Owner, der für das Projekt und die Arbeit des Entwicklungsteams verantwortlich ist. Das Entwicklungs-

---

[132] Dieser Absatz greift auf Preuss: 2019, insb. S. 2-5, zurück.

team organisiert sich selbst und entwickelt sein Produkt bzw. Projekt iterativ weiter. Das Ergebnis jeder Iteration ist ein (fertiges) Inkrement. Der Scrum Master ist erstens der Regelwächter für die Anwendung des Scrum-Rahmenwerkes und zweitens dafür verantwortlich, dass das Entwicklungsteam seine Arbeit verrichten kann und beseitigt dafür etwaige Hindernisse.

Artefakte: Als Artefakt werden fertige oder unfertige Aufgaben bzw. Sammlungen von Aufgaben verstanden. Das so genannte Product Backlog ist eine Sammlung von priorisierten Anforderungen an das Projekt. Verantwortlich hierfür ist der Product Owner. Er kann (re-) priorisieren, überarbeiten, detaillieren etc. In das Sprint Backlog werden diejenigen Anforderungen aus dem Product Backlog übertragen, die in der nächsten Iteration bearbeitet werden sollen. Verantwortlich für das Sprint Backlog ist das Entwicklungsteam. Es muss den Aufwand abschätzen und über die Bearbeitung entscheiden. Nach einer Iteration entsteht ein Produktinkrement, das dritte Artefakt. Es beinhaltet die umgesetzten Anforderungen der jeweiligen Iteration (inklusive aller vorangegangenen Iterationen, die ja die Basis bilden). Wichtig ist, dass jedes Inkrement funktionsfähig ist.

Ereignisse: Ein Schlüsselereignis bei Scrum ist der Sprint. Hierbei handelt es sich um eine der oben bereits angesprochenen Iterationsphasen. Sie dauert meist zwischen einer und vier Wochen. Ein Sprint beginnt mit einem Sprint Planning. Hier stellt der Product Owner das Ziel des Sprints vor und das Entwicklungsteam überführt aus dem Product Backlog so viele Anforderungen in das Sprint Backlog, wie es umzusetzen in der Lage ist. Innerhalb eines Sprints finden tägliche Daily Scrums statt. In diesen zeitlich sehr kurzen Meetings, die meist zu einer festen Zeit stattfinden, stellt jedes Mitglied aus dem Entwicklungsteam kurz vor, was er seit dem letzten Daily Scrum erreicht hat, was das Ziel bis zum nächsten Daily Scrum ist sowie etwaige Hindernisse, die gesichtet werden. Am Ende eines Sprints findet immer ein Review statt. Hier wird das Ergebnis bzw. Inkrement allen Beteiligten (auch von außerhalb des Scrum Teams) vorgestellt und Feedback eingeholt. Die Sprint Retrospektive wird genutzt, um den abgelaufenen Sprint zu reflektieren und zu bewerten und mögliche Verbesserungen für den nächsten Sprint zu identifizieren. Direkt nach einem abgeschlossenen Sprint kann sich ein neuer anschließen.

In Abbildung 29 ist das skizzierte Framework mit den Scrum-Rollen, -Artefakten und -Ereignissen grafisch dargestellt.

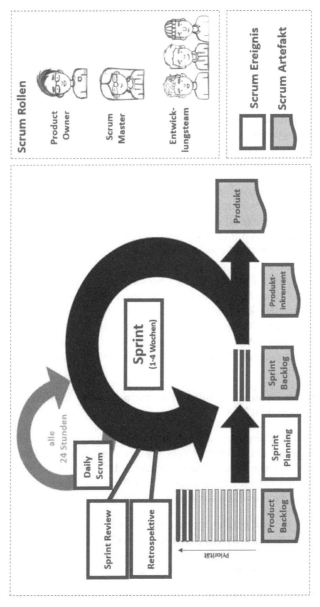

Abbildung 29: Methode für das agile Projektmanagement: Scrum Framework[133]

---

[133] Abbildung von Suzana Preuss in: Preuss: 2019, S. 4.

Agilität im Projektmanagement

Interview mit Prof. Dr. Peter Preuss

Neben dem klassischen Projektmanagement nimmt seit einiger Zeit das agile Projektmanagement Fahrt auf. Können Sie uns kurz die Grundidee dahinter erläutern?

Beim agilen Projektmanagement arbeitet das Beraterteam in einer iterativen Vorgehensweise an der Entwicklung des Projektprodukts. Die verschiedenen Projektphasen werden also nicht wie bei „klassischen Projekten" sequenziell durchlaufen, sondern immer wieder in Sprints gleicher Länge von maximal vier Wochen. Dadurch wird man „kleinteiliger" und „beweglicher" und hat am Ende eines jeden Durchlaufs eine erweiterte Version des Projektprodukts, die dann wiederum den Ausgangspunkt für den nächsten Sprint bildet. Was genau in einem Durchlauf gemacht wird und wie das jeweilige Sprint-Ziel am besten erreicht werden kann, entscheidet das selbstorganisierte Projektteam gemeinsam am Anfang eines jeden Durchlaufs. Es wird also immer nur eine Sprintlänge im Voraus geplant, eine umfangreiche Planung zum Projektbeginn ist daher nicht notwendig und auch gar nicht erwünscht.

Wo liegen denn die größten Unterschiede zum klassischen Projektmanagement?

Beim klassischen Projektmanagement sind Anforderungen, die sich erst während des Projektverlaufs ergeben, immer problematisch, da diese im Rahmen eines Change-Prozesses offiziell genehmigt werden müssen und der Projektmanager anschließend den Projektstrukturplan sowie den Zeit- und den Kostenplan überarbeiten muss.

Projekte, die agil geführt werden, sind hier klar im Vorteil, da sie auf solche Änderungswünsche flexibler reagieren können. Wichtige neue Anforderungen werden einfach ohne aufwendige Planungsänderungen in einem der nächsten Sprints berücksichtigt.

Gerade in IT-Projekten ist ein weiterer großer Vorteil, dass man aufgrund des iterativen Vorgehens in regelmäßigen Zeitabständen neue Versionen des Projektprodukts (sogenannte Produktinkremente) an den Kunden ausliefern kann und so wertvolle Feedbacks bekommt, die bei der weiteren Projektarbeit berücksichtigt werden können. In klassisch geführten Projekten erhält man diese Rückmeldungen der Anwender am Projektende, wenn das fertige Produkt erstmalig genutzt wird.

Welche Eigenschaften sollte ein Berater mitbringen, der agile Projekte managen möchten?

Scrum ist die mit Abstand am weitesten verbreitete agile Projektmanagementmethode. Bei diesem Framework kommt der Product Owner dem klassischen Projektmanager sicher am nächsten, da er für das im Projekt erstellte Produkt verantwortlich ist. Eine seiner zentralen Aufgaben ist die kontinuierliche Aufnahme, Verfeinerung und Priorisierung der Projektanforderungen. Um das machen zu können, muss er nicht nur über das notwendige Fachwissen verfügen, also „die gleiche Sprache sprechen" wie die Projektmitarbeiter und der Kunde. Er muss zudem kommunikativ, verhandlungssicher und entscheidungsfreudig sein, damit für den Kunden ein Projektprodukt mit möglichst hohem Wert geschaffen wird. Der Product Owner sollte auch nicht mehre Projekte gleichzeitig managen, „Bungee-Product-Owner", die nur zu einzelnen Meetings erscheinen und nicht über das notwendige Detailwissen verfügen, machen keinen Sinn.

Ist die agile Vorgehensweise ein Garant für erfolgreiche Projekte, oder gibt es Fälle, in denen man besser beim klassischen Projektmanagement bleiben sollte?

In agilen Projekten ist es wichtig, dass das Beraterteam selbstorganisiert vorgeht und gemeinsam die Verantwortung für das Projekt übernimmt. Dieses „hierarchielose Arbeiten" ist nicht für jedermann geeignet. Insbesondere Inhouse Consulting-Teams in Konzernen tun sich häufig hiermit schwer, da sie zu sehr im hierarchischen Denken großer Organisationen verhaftet sind. Projektmitarbeiter, die mit dem agilen Mindset nicht so vertraut sind, verzetteln sind dann häufig im Detail, wenn keine klaren Arbeitsanweisungen von außen vorgegeben sind. Problematisch ist auch, dass die Größe der agilen Teams sehr begrenzt ist. Möchte man Projekte mit vielen Beratern agil durchführen, kann man sich zwar an speziellen Skalierungsframeworks, wie beispielsweise SAFe, orientieren, das schlanke Setup der agilen Vorgehensweise geht dadurch aber ein Stück weit verloren.

Über diese Themen hinausgehend: Welche Trends sehen Sie persönlich im Beratungsmarkt?

Die großen Treiber der Unternehmensberatungsbranche sind meines Erachtens die digitale Transformation und die damit einhergehende Entwicklung neuer Geschäftsmodelle. In allen Industriebereichen und

sogar in der öffentlichen Verwaltung wird viel Geld in Beratungsprojekte investiert, bei denen neue Technologien wie Big Data, Artifical
Intelligence und Blockchain nutzenbringend eingesetzt werden sollen.

Das Ganze ist gut vergleichbar mit den Year-2000-Projekten vor
zwanzig Jahren. Sogar die großen Strategieberatungen wie McKinsey
und Boston Consulting Group (BCG) haben inzwischen erkannt, dass
sie sich auch bei der konkreten Umsetzung neuer digitaler IT-
Landschaften einbringen müssen. BCG hat eigens dafür das Tochterunternehmen BCG PLATINON gegründet. In den kommenden Jahren
werden sicherlich völlig neue Akteure auf dem Beratermarkt erscheinen, da die klassischen Unternehmensberatungen gar nicht alle Digitalisierungsprojekte bedienen können und ihnen häufig auch das notwendige Spezialwissen fehlt.

Zur Person:

Prof. Dr. Peter Preuss lehrt Wirtschaftsinformatik an der FOM Hochschule für Oekonomie & Management in Stuttgart. Er ist zertifizierter
Project Management Professional (PMP) nach PMI und Professional
Scrum Master. Parallel zu seiner Lehrtätigkeit ist Peter Preuss geschäftsführender Gesellschafter der Unternehmensberatung People
Consolidated GmbH, die sich auf die Einführung von SAP-Produkten
für das Konzernrechnungswesen und -controlling spezialisiert hat.

5.5 Überführung der Projektaktivitäten in die Linienorganisation

In vielen Organisationen ist zu beobachten, dass zwar Projektmanagementak-
tivitäten gut und flüssig funktionieren, dass aber die Überführung der Aktivitäten aus der Projektorganisation in die Linienorganisation Schwierigkeiten
bereitet. Verschiedene Beratungen und Projekt-Zertifizierungsorganisationen
haben für diese Herausforderung unterschiedliche Möglichkeiten gefunden,
entsprechenden Schwierigkeiten zu begegnen. Eine solche Übergabe kann
beispielsweise „auf einen Schlag" erfolgen oder sukzessive. Das eine Vorgehen wird umgangssprachlich auch als Big Bang-Vorgehen bezeichnet, das
andere als Salami-Taktik.

Die Unternehmensberatung Arthur D. Little hat für die Überführung von Projektaktivitäten in die Linienorganisation ein Vorgehen aus fünf Schritten ent-

wickelt, welches sich grob am Bild des Tandem-Fahrradfahrens orientiert. Es wird im Folgenden kurz vorgestellt:[134]

1. Losfahren: Hier sitzt der Berater vorne auf dem Tandem und lenkt. Er tritt in die Pedale. Der Kunde ist zurückhaltend und nimmt auf dem Rücksitz Platz ohne in die Pedale zu treten.

2. Fahrt aufnehmen: Der Berater sitzt weiterhin vorne, lenkt und tritt in die Pedale. Der Kunde hat sich zwischenzeitlich vom Projekt und dem Vorgehen überzeugen lassen und beginnt, mitzutreten.

3. Übernehmen: Der Kunde tritt weiterhin in die Pedale, übernimmt aber auch mehr und mehr die Verantwortung für das Projekt und lenkt das Tandem. Der Berater unterstützt weiterhin das Projekt (und „tritt in die Pedale").

4. Sicherer werden: Der Kunde wird in seinem Agieren sicherer. Er lenkt, tritt in die Pedale und übernimmt stetig mehr der Gesamtverantwortung. Der Berater lässt in dieser Phase mit seinem Treten nach, hält aber das Gleichgewicht und gibt weiterhin Hinweise.

5. Alleine Fahren: Der Kunde fährt komplett alleine. Der Berater zieht sich zwar zurück und lässt los, ist aber noch präsent. Er beobachtet (eher aus der Ferne), kommentiert den Fortschritt und gibt weitere Hinweise.

Abbildung 30 symbolisiert die wechselnden Rollen nochmal.

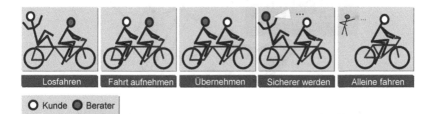

Abbildung 30: Tandem-Ansatz für die Überführung von Projekt- in Linienaufgaben[135]

---

[134] Vgl. Junker: 2005, S. 15.

[135] Mit leichten Modifikationen entnommen bei: Junker 2005; S. 15.

5.6 Rollen

Individuelle Berater nehmen in einem Projekt meist verschiedene Rollen ein. Ähnliches gilt auch für ganze Beratungsteams oder Beratungen im innerhalb von Kundenorganisationen. Neben den eher formalen Rollen, die weiter oben in den Abschnitten zum klassischen und agilen Projektmanagement genannt wurden (z. B. Projektleiter, Projektmitarbeiter, Product Owner, Scrum Master) gibt es auch eher informale Rollen.

Abbildung 31: Beraterrollen: Wie kann der Berater Mehrwert schaffen[136]

So kann eine Beratungsorganisation von einer Kundenorganisation offiziell beauftragt werden, um eine fachliche Experteneinschätzung abzugeben oder Rat zu geben. Inoffiziell (und auch undokumentiert) kann der Kunde vom Berater aber erwarten, eine Art Sündenbockrolle einzunehmen, z. B. für unpopuläre Entscheidungen. Abbildung 31 stellt die Notwendigkeit des Jonglierens mit unterschiedlichen Rollen durch den Berater illustrativ dar.

---

[136] Friedrich von den Eichen: 2005a.

Mit diesen Rollen kann der Berater für den Kunden einen Mehrwert schaffen. Folgende Fragen sind dabei zu beantworten:[137]

- Was wird von mir in dieser Rolle erwartet? (Rollendefinition)
- Welche Fähigkeiten muss ich schärfen, um die Rolle auszufüllen? (Rollenprofil)
- Wie glaubwürdig bin ich in dieser Rolle? (Rollenakzeptanz)
- Inwieweit vertragen sich die Rollen miteinander? (Rollenvielfalt)
- Wie gefragt sind die Rollen am Markt? (Rollenpotenzial)
- Wer kann diese Rolle noch ausfüllen? (Rollenkonkurrenz)

Teamrolle	Rollenbeitrag	Charakteristika	Zulässige Schwächen
Neuerer, Erfinder	Bringt neue Ideen ein	Unorthodoxes Denken	Oft gedankenverloren
Wegbereiter, Weichensteller	Entwickelt Kontakte	Kommunikativ, extrovertiert	Oft zu optimistisch
Koordinator, Integrator	Fördert Entscheidungsprozesse	Selbstsicher, vertrauensvoll	Kann als zu manipulierend empfunden werden
Macher	Hat Mut, Hindernisse zu überwinden	Dynamisch, arbeitet gut unter Druck	Ungeduldig, neigt zur Provokation
Beobachter	Untersucht Vorschläge auf Machbarkeit	Nüchtern, strategisch, kritisch	Mangelnde Fähigkeit zur Inspiration
Teamarbeiter, Mitspieler	Verbessert Kommunikation, baut Reibungsverluste ab	Kooperativ, diplomatisch	Unentschlossen in kritischen Situationen
Umsetzer	Setzt Pläne in die Tat um	Diszipliniert, verlässlich, effektiv	Unflexibel
Perfektionist	Vermeidet Fehler, stellt optimale Ergebnisse sicher	Gewissenhaft, pünktlich	Überängstlich, delegiert ungern
Spezialist	Liefert Fachwissen und Informationen	Selbstbezogen, engagiert, Fachwissen zählt	Verliert sich oft in technischen Details

Abbildung 32: Teamrollen nach Belbin[138]

Auch innerhalb eines Projektteams sind nicht alle Beteiligten homogen. Typischerweise gibt es Mitglieder, die eher kreativ oder eher umsetzungsorientiert sind. Belbin hat neun Archetypen identifiziert und ihnen einen typischen Beitrag zum Projekt, stereotype Charaktereigenschaften und notwendigerweise zulässige Schwächen zugeordnet (vgl. Abbildung 32).

---

[137] Vgl. Friedrich von den Eichen, Stahl: 2004; Friedrich von den Eichen: 2005b.

[138] Vgl. Belbin: 2019.

Ein Projektteam muss nicht zwingend über Vertreter aller neun Rollen verfügen. Außerdem ist eine Person nicht auf eine einzelne Rolle limitiert. Die Kenntnis dieser Typologie kann allerdings hilfreich sein, um das (Rollen-) Verhalten einzelner Mitglieder zu verstehen und einzuordnen. Auch kann bei der Gestaltung eines Projektes mit diesen Rollen gearbeitet werden, um ein möglichst ausgewogenes Projektteam zusammen zu stellen.

5.7 Fragen, Diskussionsstellungen und Schlagworte

Wiederholungs- und Verständnisfragen, Diskussionsstellungen, Anregungen:

1. Wodurch zeichnet sich ein Projekt (ggü. z. B. einer Linienaufgabe) aus?

2. Warum ist die Planungsphase im klassischen Projektmanagement so wichtig?

3. Warum ist eine sehr ausgedehnte Planungsphase bei agilem Vorgehen eher selten anzutreffen?

4. Sie wollen das Sommerfest Ihres Sportvereins organisieren. Bitte machen Sie dies unter Zuhilfenahme von mind. drei so genannter „Werkzeuge" des klassischen Projektmanagements!

5. Berater können Rollen einnehmen – Was ist hiermit gemeint? Bitte überlegen Sie, welcher außer den genannten Rollen zusätzlich existieren können!

6. Worin besteht der Unterschied zwischen Belbins Teamrollen und den Beraterrollen?

Stichworte:

Projekt, Projektmanagement, Planung, Durchführung, Kontrolle, Abschluss, PERT, Gantt, Risikomanagement, Aufbauorganisation eines Beratungsprojektes, Scrum, Sprint, Agilität, Überführung in die Linie, Belbins Teamrollen, Beraterrollen

6 Management und Führung

6.1 Übersicht (Level: Partner) und Leitfragen

Als Partner (oft auch gleichzeitig in der Rolle eines Gesellschafters) rücken die Führung und das Management einer Beratung stärker in den Mittelpunkt der Tätigkeiten. Gegenstand des Kapitels ist daher die Betrachtung von „Consulting as a Business" mit Überlegungen zur Strategie (Kapitel 6.2), zu den wesentlichen Managementhebeln (Kapitel 6.3), zur Profitabilität (Kapitel 6.4), zur Aufbauorganisation (Kapitel 6.5), zu Marketing, Vertrieb und Preisgestaltung (Kapitel 6.6) sowie zur Erfolgsmessung (Kapitel 6.7).

Leitfragen hierzu sind:

1. Ich bin verantwortlich für eine Beratungsorganisation – Worauf muss ich achten?
2. Welche grundlegenden Strategien und Geschäftsmodelle kann ich nutzen?
3. Welche Stellhebel sind für das Management von Beratungen zentral?
4. Und was gibt es für die erfolgreiche Arbeit?
5. Wie organisiere ich typischerweise meine Berater?
6. Beratungen sind doch „Gelddruckmaschinen", oder? Wieviel kostet dem Kunden eigentlich ein Projekt?
7. Wie kann ich herausfinden, ob ich ein guter Berater bzw. eine gute Beratung bin?

6.2 Strategien

Die Anbieterseite des Beratungsmarktes ist, wie oben bereits kurz skizziert wurde, sehr divers. Dies wird nicht nur Kunden spätestens zu dem Zeitpunkt bewusst, wenn sie einen Berater suchen. Auch Berater selber sehen sich mit einer Vielzahl von Typen unterschiedlicher Wettbewerber konfrontiert. Neben den großen, internationalen Anbietern tummeln sich kleinere Generalisten, profilierte Spezialisten, die Beratungsbereiche der großen und weniger großen Wirtschaftsprüfungsunternehmen, sog. Gesamtdienstleister, IT-Berater oder auch Interne Beratungen im Markt. Insbesondere die Beratungsbereiche der großen Wirtschaftsprüfungsunternehmen, IT-Berater und Interne Beratungen scheinen in der Branche „Aufwind" zu haben und vermehrt als starker bzw. erstarkender Wettbewerber gesehen zu werden.[139]

---

[139] Vgl. Lünendonk 2015, S. 58.

Vor allem in größeren Kundenorganisationen ist häufig nicht nur ein einzelner Berater bzw. eine einzelne Beratung aktiv, sondern eine Mehrzahl. Kunden können selbstredend eine sehr detaillierte und facettenreiche Betrachtung der bei ihnen eingesetzten Berater vornehmen. Sie können aber auch deutlich grobgranularer an Hand der (möglichen) jährlichen Umsatzvolumina ihrer Dienstleister sortieren. Abbildung 33 stellt das illustrative Ergebnis einer Analyse dar.

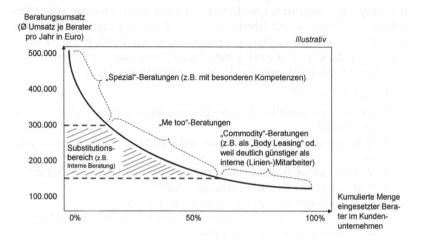

Abbildung 33: Verschiedene Geschäftsmodelle im Vergleich (Kundensicht)

Horizontal abgetragen ist die kumulierte Menge der eingesetzten Berater, vertikal der durchschnittliche Umsatz, den ein einzelner Berater jährlich erzielt. In der Abbildung sind nun drei verschiedene Beratertypen erkennbar:

- Berater mit einem sehr hohen durchschnittlichen Umsatz pro Jahr („Spezial"-Beratungen): Sie sind regelmäßig auf eine Funktion, Branche, Kompetenz etc. spezialisiert. Sie erhalten ein vergleichsweise hohes Honorar, werden aber relativ selten engagiert. Aufgrund der hohen Stunden- oder Tagessätze ist der Einsatz grundsätzlich nur für Themen sinnvoll, die eine sehr hohe Wertschöpfung haben bzw. bei denen Spezialwissen erforderlich ist.
- Berater mit einem eher niedrigen durchschnittlichen Umsatz pro Jahr („Commodity"-Beratungen). Sie schaffen es meist, zu jeder Aufgabenstellung des Kunden aus ihrem großen Mitarbeiterpool die passenden individuellen Berater zu selektieren und beim Kunden zu platzieren. Sie erhalten ein relativ geringes Honorar, werden dabei aber relativ häufig eingesetzt.

- Berater mit einem durchschnittlichen Umsatz pro Jahr, welche die Leistungen der ersten Gruppe nachahmen, sich mit ihrem Honorar aber in Richtung der zweiten Gruppe bewegen („Me too"-Beratungen").

Aus Kundensicht erscheint es regelmäßig nicht sinnvoll, die erste oder die zweite Gruppe durch eigene Kräfte zu ersetzen: Berater der ersten Gruppe verfügen z. B. über ein Fachwissen, welches nur unregelmäßig vom Kunden nachgefragt wird und bei dem ein stetiges Vorhalten unökonomisch wäre. Berater der zweiten Gruppe bieten dem Kunden Effizienzvorteile, die dieser selber z. B. auf Grund seiner eigenen, hausinternen Bürokratie, nicht realisieren könnte. Berater der dritten Gruppe hingegen (in der Abbildung in der Mitte der Kurve dargestellt) erscheinen relativ leicht austauschbar zu sein, z. B. durch Mitarbeiter einer eigenen internen Beratungseinheit (vgl. Kapitel 8.3).

Vor dem Hintergrund dieser Gedanken können Beratungen auf eine der beiden Wettbewerbsstrategien von Porter[140] zurückgreifen. Porter sieht zwei Grundtypen von Wettbewerbsvorteilen: Kostenführerschaft und Differenzierung.[141] Aus diesen Wettbewerbsvorteilen lassen sich einschlägige Normstrategien ableiten, vgl. Abbildung 34.

Grundtypen von
Wettbewerbsvorteilen:
- Kosten
- Differenzierung

Kostenführerschaft

Differenzierung

- Kostengünstigster Hersteller der Branche
- Arbeitet in weitem Feld und bedient viele Branchensegmente – unter Umständen sogar in verwandten Wirtschaftszweigen
- Nutzt absolute und relative Kostenvorteile; Beispiel Beratung:
  - Niedrige Gemeinkosten
  - Flache Pyramide
  - Hohe Fluktuation
  - Effiziente Ausbildung

- Einmaligkeit bei im Allgemeinen hoch bewerteten Dimensionen
- Einmalige Position der Bedürfnis-befriedigung
- → Belohnung durch höheren Preis

Abbildung 34: Idealtypische Wettbewerbsstrategien für Beratungen

---

[140] Vgl. Porter: 1980.

[141] Porter ergänzt später noch die Nischenstrategie, in der eine der beiden gerade genannten Strategien nicht für den gesamten Markt, sondern nur für ein kleines Marktsegment (Nische) angewendet wird.

In seinem später erschienenen Beitrag „What is Strategy" beschreibt Porter drei mögliche Ausrichtungen, um sich von den Wettbewerbern abzugrenzen und sich gleichzeitig gegenüber den Kunden optimal aufzustellen: [142]

- „Serving few needs of many customers": Dies wäre z. B. dann der Fall, wenn sich die Beratung stark spezialisiert, z. B. auf die Optimierung von Flugplänen für Airlines, dies dann aber weltweit ohne Einschränkungen anbietet.

- „Serving broad needs of few customers": Dies lässt sich bewerkstelligen, wenn sich die Beratungsgesellschaft breit bezüglich der Themen aufstellt, aber eine beschränkte Anzahl von Kunden berät, z. B. Beratung von Telekommunikationsunternehmen.

- „Serving broad needs of many customers in a narrow market": Dies wäre beispielsweise der Fall, wenn eine Unternehmensberatung nur kommunale Verkehrsbetriebe in Deutschland berät, sich dabei jedoch breit aufstellt (vom Thema Einkauf, über Personal bis zum Marketing).

Führung einer Beratung

Interview mit Edmund Cramer

Es gibt in Deutschland bald 150.000 Berater und über 20.000 Beratungsunternehmen. Die Bandbreite der Kompetenzen ist dabei riesig. Wie schafft man es, hier herauszustechen und sich zu positionieren?

Gerade weil die Bandbreite der Kompetenzen so riesig ist, schafft man es, herauszustechen! Man stelle sich vor, alle wären gleich: Es wäre dann viel schwieriger aufzufallen. Und das führt uns dann auch gleich zum größten Problem: Die wirtschaftlich weniger erfolgreichen Berater haben aus meiner Sicht kein hinreichend klares Kompetenzprofil, das sie von anderen unterscheidet. Damit gehen sie dann in der breiten Masse unter.

Bei der Positionierung von kleinen und mittleren Unternehmen – unternehmerisch betrachtet sind das aus meiner Sicht mehr als 95% aller Unternehmensberatungen – arbeite ich gerne mit der Engpasskonzentrierten Strategie (EKS), die Sie sicherlich kennen. Diese lassen

---

[142] Vgl. Porter: 1996.

sich auch gut auf uns Mittelstandsberater anwenden. Die vier relevanten Prinzipien der EKS sind:

Erstens, Konzentration statt Verzettelung: Lieber auf einem Markt Bestleistungen erbringen als in vielen Märkten nur Durchschnitt sein. Um dieses Prinzip umzusetzen muss ich als Berater also zunächst einmal wissen, in welchen Gebieten ich „besser" bin.

Zweitens, Minimumprinzip: Nicht wie Du zuschlägst, sondern wo Du zuschlägst ist entscheidend. Ergo brauche ich eine klare Vorstellung davon, welchen Pain-Point ich mit meinen „Bestleistungen" bedienen kann. Ich muss also dahin gehen, wo der Beratungskunde den größten Schmerz verspürt und hierfür Lösungen anbieten.

Drittens, Immateriell vor Materiell: Nicht das Kapital, sondern der Geist macht erfolgreich. Das ist schön für uns als Berater, denn davon sollten wir reichlich haben. Ideen produzieren, das sollten wir können.

Viertens, Nutzenmaximierung: Sind wir dann erstmal im Markt drin, geht es langfristig immer darum, den Nutzen der Kunden vor den eigenen Gewinn zu stellen. Geld ist immer Folge von etwas, niemals ein Selbstzweck.

Letztlich zahlen alle vier Prinzipien auf ein einziges Ziel ein: Die Identifikation und Bedienung meiner geeignetsten Zielgruppe.

Das führt uns zur Frage, worauf sich denn ein Berater spezialisieren kann, um so herauszustechen, wie ich es gerade formuliert habe? Auch das lässt sich meines Erachtens schnell beantworten. Es gibt im Wesentlichen drei Kerngebiete für die Fokussierung: Region, Thema und Branche. Lassen Sie mich das mit Beispielen erläutern:

Die erste Möglichkeit der Spezialisierung lautet „Alles rund um die Region". Hier können wir uns beispielsweise einen Finanzierungsberater vorstellen. Kennt er die lokalen Banken, Kammern, Ämter und Behörden, wird er hier eine besondere Expertise aufbauen können. Die bezieht sich dann auf Menschen, die er kennt und die seinen Kunden helfen können, auf lokale Besonderheiten oder regionale Finanzierungsprogramme, auf Sprache und Dialekt oder auf Usancen im Umgang untereinander und so weiter.

„Alles rund um ein spezielles (Fach-) Thema", so lautet die zweite Möglichkeit zur Spezialisierung. Hier nehme ich uns selber als Beispiel. Bei cm&p sind wir vertriebsorientierte Unternehmensentwickler. Dafür digitalisieren wir ganz häufig den Vertrieb unserer Kunden. Das können wir. Punkt. Wir kämen nie auf die Idee, die Produktionsprozesse eines Industrie-Unternehmens zu optimieren. Wir würden nach zehn Minuten als Low-Brainer auffallen und rausfliegen.

Auch für die dritte Möglichkeit der Spezialisierung, „Alles rund um eine Branche", greife ich ein Beispiel aus unserem Haus heraus. Hier geht es um die Caravaning-Branche. Mit unserer Tochter-Gesellschaft „CaraConsult" beraten wir nur Caravaning-Händler in Deutschland. Sie werden keine Berater finden, die ein tieferes Know-how für diese Branche haben. Wenn Sie einen der vier Kolleginnen und Kollegen nachts um 3 Uhr wecken, können die Ihnen aus dem Stand KPIs zur Branche, Best-Practices etc. nennen. Die atmen, leben, trinken Caravaning. Und das Beste: Jeder in der Branche kennt sie.

Das sind also die drei wesentlichen Spezialisierungsmöglichkeiten, die sie bedienen können. Ganz besonders stark können Sie sich positionieren, und damit aus der Masse herausstechen, wenn sich zum Beispiel Themen- und Branchen-Fokus übereinander legen lassen. Dann sind Sie so gut wie unschlagbar und man kommt nicht an Ihnen vorbei. Stellen Sie sich vor, Sie sind europaweit tätiger IT-Berater für die Einführung von Logistik-Lösungen für Tiefkühlkost mit Zusatzqualifikationen in Projektmanagement, Scrum und TQM: Gewonnen!

Beratung war ja lange Zeit ein reines „people business". Durch die omnipräsente Digitalisierung scheinen auch im Consulting-Umfeld vermehrt konkrete Produkte zu entstehen, die dann Lösungen oder Solutions genannt werden. Teilen Sie diese Beobachtung? Und wie beurteilen Sie diese Entwicklung?

Ja, die Beobachtung, dass es hier zu einer Veränderung kommt, die teile ich. Genau aus diesem Grund haben wir bereits vor einigen Jahren aus unserer Beratung zwei Gesellschaften gemacht:

Da ist die „cramer müller & partner Consulting PartG". Hier gibt es nur zwei Berater, das sind mein Kollege Jochen Müller und ich. Wer Müller will bucht Müller. Wer Cramer will bucht Cramer. Wer Müller hat, mag Cramer in der Regel nicht. Und umgekehrt. Hier liegt der Nasenfaktor bei nahezu 100%. Ich stimme mich mit niemandem ab. Berate meine Kunden so wie ich es für richtig halte. Bringe meine volle Persönlichkeit und Expertise ein. Weil der Kunde mich direkt bekommt, muss er auch meinen Preis zahlen. Cramer ist Senior. Will er Junior-Preise, muss er Junior buchen. Und zum anderen gibt es die „cramer & müller service GmbH & Co. KG". Hier gibt es Mitarbeiter (Projektmanager) die für deutlich kleinere Tages- und Stundensätze ganz konkrete Leistungen erbringen, die nur bedingt etwas mit Beratung im engeren Sinne zu tun haben. Es geht um ganz konkrete Services. Hier stehen wir eher im Wettbewerb zu klassischen Marketing-, Kommunikations- oder Werbe-Agenturen auf der einen Seite und IT-Firmen auf der anderen Seite.

Diese eher „produktorientierten" Kunden verhalten sich anders als die „beratungsorientierten" Kunden. Firmen, die die Digitalisierung ihres Vertriebs eher aus der technischen Ecke heraus betrachten, fragen ihren IT-Dienstleister nach einer Lösung. Und Unternehmen, die die Digitalisierung eher aus der Marketingecke heraus betrachten, fragen eher ihre Agentur nach einer Lösung. In beiden Fällen sind wir als Berater eher nicht oder zumindest nicht direkt gefragt. Wenn wir hier erfolgreich sein wollen, dann müssen wir als Dienstleister punkten mit den „besten Lösungen aus allen Welten". Spannend wird es sein zu beobachten, wie sich die große Zahl an Einzelkämpfern in der Beratung künftig positionieren will. Zwei Dinge beobachte und merke ich gerade in der Corona-Krise: Zum einen sind viele Einzelberater selber nur schwach digital aufgestellt – wie sollen sie da Produkt-Pakete entwickeln und vermarkten? Und zum anderen kannibalisieren viele Einzelberater ihren eigenen Beratungstagessatz, wenn sie günstige Service-Produkte anbieten.

Bezüglich der künftigen Entwicklung halte ich mit der Aussage eines bekannten Professors: „Beratung ist das, was ein Berater macht." Insofern werden wir Berater uns etwas einfallen lassen müssen, mit dem wir das Portemonnaie unseres Kunden und unser eigenes Portemonnaie befüllen. Ob das Beratung im engeren Sinne, konkrete Produkt-Bündel oder Coaching, Training etc. sind, ist letztlich nur ein Etikett. Die relevanten Fragen lauten (in der Reihenfolge): Hat unser Kunde etwas davon? Haben wir etwas davon? Das ist entscheidend. Noch ein abschließendes Beispiel dazu: Ich habe heute Morgen mit einem Beraterkollegen telefoniert, der mir sagte: „Wenn ich 10.000 Euro Umsatz jeden Monat mache, dann ist das für mich völlig OK. Ich habe kaum Kosten. Das schaffe ich außerdem mit einer 40-Stunden-Woche." Er ist Finanzierungsberater in einer mittelgroßen Stadt in NRW, kennt dort Gott und die Welt, wird weiterempfohlen. Auch wenn er noch 15 Berufsjahre vor sich hat, so beschäftigt sich dieser „Berater-Typus" nur sehr rudimentär mit der Weiterentwicklung beraterischer Geschäftsmodelle. Solange es Friseure, Bäcker, Autowerkstätten, Blumenläden etc. gibt, wird es immer auch Berater geben, die sich selbst als Person vermarkten. Da ist auch nichts Ehrenrühriges dran.

Sie beraten Ihre Kunden bei vertrieblichen Fragestellungen. Wenn Sie in den Spiegel blicken: Worauf ist denn beim Vertrieb von Beratungsleistungen zu achten?

Spontan sage ich: Da ist nichts Besonderes, das ist „business as usual".

Ich erkläre kurz, was ich damit meine. Sie erbringen eine Leistung – also Beratung, Training, Coaching oder ein konkretes Produktbündel – und diese Leistung stellen Sie ins Schaufenster. Wenn Sie nun keine abgrenzbare Leistung haben: Pech! Wenn Sie das Schaufenster nicht kennen: Pech! Wenn Sie nicht wissen, wer an Ihrem Schaufenster vorbei läuft oder vorbei laufen soll: Ebenfalls Pech!

Auch für den Vertrieb von Beratung gilt: 1 Prozent Inspiration und 99 Prozent Transpiration. Das Vorgehen dabei ist eigentlich ganz einfach: Zunächst braucht es eine Strategie. Dann wird die Zielgruppe identifiziert, es werden Vertriebswege definiert und der Sales Funnel aufgebaut. Und dann heißt es: Arbeiten, arbeiten, arbeiten …

Können Sie uns verraten, mit Hilfe welcher Kennzahlen Sie Ihr Unternehmen steuern?

Ja, gerne. Das ist kein Hexenwerk. Ich beziehe mich dabei zunächst auf unsere „cramer & müller service GmbH & Co. KG", also auf die Gesellschaft, die wir eher auf Lösungen ausgerichtet haben.

Zunächst setzen wir eine jährliche Break-Even-Planung auf und reporten diese monatlich; dort ist eine Kennzahl für uns die mit weitem Abstand Wichtigste, wir nennen sie ganz einfach „Monate": Wieviel Monate würde unsere Firma überleben, wenn wir ab morgen keinen einzigen zahlenden Kunden mehr hätten. Die KPI ist ganz schnell errechnet: Bankguthaben dividiert durch monatliche Fixkosten. Hier haben wir einen Wert von drei als Untergrenze definiert. Diese Kennzahl gibt uns maximale Ruhe: Erstens werden uns nie alle Kunden gleichzeitig abspringen. Zweitens könnten wir dann parallel einige Kosten mit maximalem Druck reduzieren. Und drittens hätten wir in drei Monaten garantiert den einen oder anderen neuen Kunden gefunden und könnten neu starten.

Zusätzlich erstellen wir für unsere neuen Kundenprojekte monatliche DB-Rechnungen um zu sehen, wann wir bei diesen neuen (Dauer-) Projekten ins Plus drehen. Und schließlich messen wir unsere Online-Wirksamkeit mit den klassischen Google Analytics-Kennzahlen.

Und wenn Sie sich jetzt fragen, welche Kennzahlen wir im Vertrieb nutzen, dann kann ich antworten, dass wir hier ganz old-fashioned unterwegs sind. Für unsere Bestandskunden haben wir auf einer großen Tafel an der Wand alle Projekte und ihre Ziel-Jahresumsätze notiert. Über den Fortschritt sprechen wir wöchentlich mit unseren Projektleitern. Und bei Neukunden: Naja, da sind wir mit 15 Mitarbeitern viel zu klein, als das wir hier Tage unseres Lebens mit Kennzahlen verbringen sollten. Wir machen es uns hier recht einfach und empfehlen diesen Weg auch allen anderen „kleinen Buden": Arbeitet Kampagnenorientiert! Also ganz pragmatisch: Sucht Euch eine Menge von maximal 100 Adressen heraus; bearbeitet die gemäß Eurer Vertriebsstrategie; am Ende wisst Ihr was dabei heraus gekommen ist. Viel mehr als 100 Adressen könnt ihr sowieso nicht intensiv bearbeiten, also „lieber Zielfernrohr als Schrotflinte".

Und im reinrassigen Beratungsgeschäft, also bei cramer müller & partner? Hier messen wir außer dem Monatsumsatz gar nichts. Das ist sozusagen unsere lukrative Sahne oben drauf. Wenn mich jemand 20x im Monat zu meinem Tagessatz von 2.080 Euro bucht – sensationell. Falls es nur 10x passiert – auch OK. Nur 5x – ich sterbe nicht. Gar keine Buchung? Kommt nicht vor!

Traditionell basiert das Honorarmodell vieler Beratungen auf einem Zeitansatz, also Tagessätzen und seltener Stundensätzen. Auch bei Festpreisprojekten liegen typischerweise Personentage der Kalkulation zu Grunde. Im Kontrast dazu werden immer mal wieder erfolgsabhängige oder wertbasierte Vergütungsmodelle propagiert. Verraten Sie uns, wie Sie persönlich diese „neuen" Ansätze sehen?

Ganz ehrlich? Wir bieten diese neuen Vergütungsmodelle hin und wieder mal an, aber sie werden nicht angenommen.

Es gibt dabei meines Erachtens ein paar kritische Punkte zu berücksichtigen: Da ist das fehlende Durchgriffsrecht, die unternehmerische Kompetenz und die Angst vor dem Bonus. Aber der Reihe nach. Ich starte mit dem Durchgriffsrecht, das ich ja beim Kunden nicht habe. Was nutzt es mir also, wenn ich einem Kunden das Konzept erstelle, mit dem er Millionen verdienen kann und ich drei Prozent davon im Erfolgsfall erhalte – wenn der Kunde sich dann aber entscheidet, es nicht umzusetzen? Ohne Durchgriffsrecht ist meine Erfolgsprovision Makulatur. Wenn ich aber durchgreifen kann, bin ich dann noch „unabhängiger" Berater? Und was passiert, wenn der Kunde es erst umsetzt, wenn unser Vertrag abgelaufen ist?

Dann muss ich ehrlich zu mir selber sein und feststellen, dass ich normalerweise nicht die unternehmerische Kompetenz des Kunden habe. Als Berater bin ich gut im beraten. Ich erbringe eine spezifische Dienstleistung die sich aus persönlichem, fachlichem und vor allem methodischem Know-how zusammensetzt. Wäre ich davon überzeugt, ein Unternehmer zu sein und wüsste, dass ich es besser als mein Kunde könnte – warum mache ich mich dann nicht gleich im Geschäftsfeld meines Kunden selbständig? Ich glaube, dass die meisten unserer Kunden das unterbewusst genauso wahrnehmen: Den Berater hole ich mir, weil er etwas weiß und kann, was ich nicht habe – aber meinen Job mache ich danach genauso, wie ich es will.

Und dann beobachte ich, dass Kunden die Idee eines Malus gut finden, den korrespondierenden Bonus aber nicht. Die meisten Kunden, mit denen wir über variable Vergütungsanteile reden, reagieren wie folgt: „Ach, das ist ja interessant. Dann nehme ich die günstige Lösung (also einen geringen fixen und einen hohen variablen Anteil), dann müsst Ihr Euch wenigstens anstrengen und ich kann nichts verlieren". Als ehrliche Berater weisen wir an der Stelle darauf hin, dass wir gut sind und davon ausgehen, die Variable auch wirklich zu verdienen. Dann schluckt der Kunde, wird sich bewusst, dass Erfolg seinen Preis hat, und zieht sich wieder auf das Festpreismodell zurück.

Wenn wir alternative Preismodelle zum Tages- oder Stundensatz anbieten, dann sind das typischerweise Festpreise, ein Hybridmodell oder eine ausschließlich variable Vergütung. Das Prinzip des Festpreises ist ja klar. Beim hybriden Modell haben wir einen niedrigen Grundpreis und eine variable Komponente. Der Gesamtbetrag liegt dabei leicht über dem Festpreismodell. Und bei dem voll variablen Modell verzichten wir auf einen Grundpreis und haben nur die variable Vergütung. Hierbei liegt dann der Gesamtbetrag im Erfolgsfall deutlich über dem Festpreis.

Eine Anschlussfrage dazu: Wie ist es denn mit einem „Retainer"- oder „Abo"-Modell, bei dem der Kunde einen Preis für einen „dauerhaften Zugang zum Berater" erhält? Kann ein solches Modell Erfolg haben?

Ja, ein solches Modell kann durchaus erfolgreich sein. Wir selber machen damit seit vielen Jahren gute Erfahrungen. Im „Low-Budget"-Segment haben wir hier unsere UP-Methode: Für 490 Euro erhält der Kunde pro Monat ein definiertes Leistungspaket inklusive einer Stunde Unternehmensberater-Telefonat. Analog zum Telefontarif nennen wir das Flatrate. Wenn ich weniger telefoniere, kriege ich kein Geld zurück. Und ab einem bestimmten Datenvolumen sinkt die Übertragungsgeschwindigkeit, ohne dass die Leistung komplett aufhört.

Auch bei größeren Projekten haben wir das häufiger. Faktisch sind das aber Festpreisprojekte, bei denen wir als Berater keine Zeiten aufschreiben und der Kunde auf der anderen Seite keine Angst haben muss, dass der Preis-Ticker läuft, wenn er anruft.

Über diese Themen hinausgehend: Welche Trends sehen Sie persönlich im Beratungsmarkt?

Das ist, wenn wir hier in Corona-Zeiten sprechen, schwer zu beantworten! Aber es wird ganz sicher digitaler – und zwar in jeder Hinsicht. Das können drei Beispiele oder Beobachtungen unterstreichen: Wir haben aktuell die Erst-Beratungstermine von zwei Neukunden komplett per Web-Konferenz durchgeführt – vor Corona wäre das undenkbar gewesen. Dann sitzen unsere Kunden aktuell tiefenentspannt im Homeoffice, tragen Pullover und Jeans und im Hintergrund ist Kindergeschrei zu hören. Diese Arbeitsweise wird wohl nicht mehr vollständig wieder abgeschafft. Und dann nehmen so Dinge wie Datenspeicherung in der Cloud, Erstellen und Nutzen von Video-Tutorials, Rückgriffe auf Chats, Screensharing, Votings etc. gerade rasant zu.

Ein weiterer Trend wird ganz sicher die Resilienz sein. Unsere Kunden werden nicht mehr ganz so stark auf Umsatzwachstum und Ertragssteigerung achten, sondern eher auf Flexibilität, Krisenfestigkeit etc. Auch Stress-Tests (sie werden aber anders heißen) und Risiko-Szenarien werden wieder etwas mehr in den Vordergrund rücken.

Und als dritten Trend sehe ich, dass es sehr viel agiler wird. Vieles von dem, was vorher durch drei Instanzen musste und in 27 Arbeitskreisen diskutiert wurde, wird jetzt einfach gemacht. Und auch wenn es um einen Tagesworkshop geht, macht man sich schon mal Gedanken à la: Brauchen wir das wirklich? Wenn ich weiß, dass ich das in 90 Minuten Web-Session mal antesten kann, na dann …

Diese Trends muss man dann aber zu Ende denken und im Geschäftsmodell reflektieren. Denn das alles kann in der Zukunft zu bröckelnden Tages-Umsätzen führen.

Dort, wo ich früher für einen fünf- bis sechsstündigen Workshop mit zwei mal drei Stunden An- und Abreise einen kompletten Tag fakturiert habe (und die An- und Rückreise im Zug für andere Kundenprojekte nutzen und fakturieren konnte), werden künftig 2x2 Stunden Websession abgerechnet. Das bedeutet nicht, dass ich pro Stunde weniger wert bin! Es bedeutet nur, dass die Menge an abrechenbaren Stunden sinkt. Diese Entwicklung könnte in Richtung der Umsatzmodelle von Coaches laufen, die ja auch eher in Kurzzeit-Intervallen vergütet werden.

Zur Person:

Edmund Cramer ist seit 2003 selbständiger Berater. Als geschäftsführender Gesellschafter von cramer müller & partner, einer auf die vertriebsorientierte Unternehmensentwicklung von B2B-Unternehmen spezialisierten Beratungs- und Servicegesellschaft, begleitet er Hersteller, Händler, Verbände und Verbundgruppen bei der strategischen Neuausrichtung im digitalen Zeitalter.

6.3 Ökonomische Stellgrößen

Beratungsorganisationen treten in mannigfaltiger Zahl auf. Hier sind Einzelberater, kleine Boutiquen, mittelgroße und große Häuser ebenso zu nennen, wie die Beratungssparten der „Big Four", studentische Beratungen oder Inhouse Consultancies. Beim Versuch, die Grundmechanismen für den betriebswirtschaftlichen Erfolg zu beschreiben, sind drei Stellgrößen besonders interessant: Die Tagessätze, die Hebelwirkung und die Auslastung:

- *Tagessätze:* Beim sog. „Tagessatz" wird die Arbeitsleistung des Beraters in Zeiteinheiten umgerechnet und dem Kunden in Rechnung gestellt. Der Tagessatz ist mittlerweile die übliche Honorarform, nur noch selten werden Stundensätze verrechnet. Andere Formen werden zwar immer wieder diskutiert und propagiert, scheinen sich aber nicht durchzusetzen. Der Tagessatz wird oft ergänzt um eine Nebenkostenpauschale (z. B. für Reisekosten, Backoffice-Mitarbeiter, Büromaterial).
- *Hebelwirkung:* Unter der „Hebelwirkung" wird das numerische Verhältnis von Partnern zu übrigen beratenden Mitarbeitern verstanden. Dies ist wichtig für den Wissens- und Kompetenztransfer innerhalb und außerhalb von Projekten sowie für die Steuerung bzw. das Management dieser und die „typischen durchgeführten Projekte" (z. B. Implementierungs- oder konzeptionelle Arbeit), vgl. auch Kap. 6.5.
- *Auslastung:* Der Grad bzw. die Höhe der „Auslastung" meint meist die Anzahl der fakturierten Tage im Verhältnis zu allen Arbeitstagen in einer Zeitperiode. Hierbei werden typischerweise Zeiten für Trainings, Erholungsurlaub, Themenentwicklung etc. berücksichtigt.

Diese drei Faktoren variieren naturgemäß zwischen unterschiedlichen Beratungen und Projekttypen. Für einzelne Beratungsfelder lassen sich aber Muster identifizieren (vgl. Tabelle 3).

Tabelle 3: Ökonomische Stellgrößen von Beratungen; typische relative Ausprägung für unterschiedliche Beratungsfelder[143]

Beratungsfeld	Tagessatz	Hebelwirkung	Auslastung
Strategieberatung	Hoch	Gering	Mittel
Organisations- und Prozessberatung	Mittel	Mittel	Mittel
IT-Beratung	Mittel	Hoch	Hoch
HR-Beratung	Gering	Gering bis mittel	Gering bis mittel

6.4 Profitabilität

Das Management der im vorangegangenen Kapitel besprochenen Steuerungsgrößen soll den wirtschaftlichen Erfolg einer Beratung sicherstellen. Das Beratungsgeschäft wird gemeinhin als relativ profitabel betrachtet. Gestützt werden diese Einschätzungen, wenn Beobachtungen über die Zahlung von teilweise sehr hohen Tagessätzen (vgl. auch Kap. 4.5.1) publik werden. Wenn einer Unternehmensberatung für den Einsatz eines Hochschulabsolventen beispielsweise 1.200 EUR pro Tag gezahlt werden, dieser Mitarbeiter ein Gehalt von umgerechnet 200 EUR pro Arbeitstag von der Beratung erhält (angenommenes Jahresgehalt von 44.000 EUR geteilt durch 220 Arbeitstage), dann erscheint der Faktor von 6 zwischen diesen beiden Werten sehr hoch und die Spanne deutet auf einen hohen Gewinn hin. Nicht berücksichtig dabei sind allerdings die Faktoren der Auslastung (s.o.), der Kosten für z. B. das Backoffice, die Querfinanzierung für andere, seniorere Berater etc.

Diese eher anekdotischen Erkenntnisse bringen daher nicht viel Transparenz in die Profitabilitätsüberlegungen. Beratungen sind zusätzlich zudem vielfach sehr zurückhaltend mit Blick auf die öffentliche Kommunikation ihrer Geschäftszahlen. Dies mag in ihrer Struktur als Partnerschaft und der häufig anzutreffenden Eigentümergesellschafterstruktur liegen. Umfangreiche und valide Benchmarks sind daher schwer zu beschaffen. Erlen hat dennoch für ausgewählte Beratungen Aussagen zur Profitabilität ermitteln können. Bei den von ihm untersuchten Beratungen Boston Consulting Group (Europa), Roland Berger, Simon-Kucher & Partners sowie Horváth & Partners weist Simon-Kucher mit 18,3 Prozent die höchste EBIT-Marge aus. BCG bildet mit 2,8 Prozent das Schlusslicht, während Roland Berger leicht unter und Horváth

---

[143] Vgl. Perchthold, Sutton: 2010, S. 45; Ergänzung von HR-Beratung durch die Verfasser.

leicht über 10 Prozent liegen. Allerdings schränkt Erlen selber ein, dass möglicherweise über so genannte Netzwerkumlagen der Gewinn vor Steuern abgeschöpft werden könnte und die Daten daher mit Vorsicht zu interpretieren sind.[144]

Der Bundesverband Deutscher Unternehmensberater BDU e.V. hat die Profitabilität für Beratungen unterschiedlicher Größenklassen ermittelt und kann für kleine Beratungen eine Umsatzrendite in Höhe von 17 Prozent kommunizieren, für mittlere sowie für große Beratungen eine Rendite von 18 Prozent. Die renditestärksten Beratungen weisen eine Rendite von 25 Prozent aus.[145]

In Summe darf vermutlich davon ausgegangen werden, dass Beratungsdienstleistungen mit einer vergleichsweise guten Profitabilität erbracht werden können; eine Garantie hierfür gibt es aber für keine Beratung.

6.5 Aufbauorganisation

Beratungen folgen in ihrem Aufbau häufig einer pyramidalen Organisationsform (vgl. diesbezüglich noch einmal Abbildung 16). Hierbei stehen relativ viele Mitarbeiter auf unteren Hierarchiestufen relativ wenigen Mitarbeitern auf höheren Stufen gegenüber. Diese idealtypische Pyramidenform kann je nach typischen durchgeführten Projekten abgewandelt werden. Abbildung 35 zeigt drei Variationen.

Beispielsweise kann es notwendig sein, eine sehr ähnliche Anzahl von junioren und senioren Mitarbeitern zu haben. Die Pyramidenform nähert sich dann derjenigen einer Säule an. Dies kann bei Spezialberatungen zutreffen, bei denen nur eine sehr geringe Hebelwirkung realisiert wird.

Im Fall von Transformationsprojekten benötigen Beratungen oftmals weniger eigene Mitarbeiter auf einer Hierarchiestufe, da ihre Tätigkeiten von Mitarbeitern der Kundenorganisation übernommen werden. Dieses Vorgehen wird gewählt, um die Kundenorganisation stärker in den Veränderungsprozess einzubauen. Wenn sie beispielsweise intensiv mit analytischen Aufgaben betraut werden – typischerweise eine Aufgabe für juniore Beratungsmitarbeiter – dann kann sich die Pyramidenform zu einem Diamanten entwickeln.

Bei manchen Beratungsprojekten ist die Möglichkeit, dass juniore Mitarbeiter von senioren angeleitet werden, besonders stark ausgeprägt. In diesem Fall steigt die Hebelwirkung. Dies kann z. B. bei Systemimplementierungen im IT-Bereich auftreten. Die Form der Pyramide bleibt in diesem Fall grundsätzlich erhalten, der Boden verbreitert sich jedoch.

---

[144] Vgl. Erlen: 2020.

[145] Vgl. Strehlau: 2017, S. 26. Die Rentabilitätsdaten in der Vorgängerstudie aus 2013 bewegen sich auf einem ähnlichen Niveau.

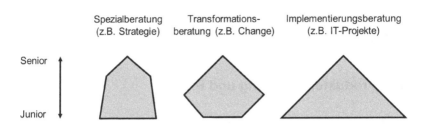

Abbildung 35: Abwandlung der klassischen Personalpyramide[146]

Größere Beratungsunternehmen sehen sich mit der Herausforderung konfrontiert, Berater mit unterschiedlichen Kompetenzen in einer Organisation zu bündeln. In der Praxis hat sich hierbei die sog. Matrix-Organisation etabliert (vgl. Abbildung 36).

Eine typische Gliederung erfolgt zum Beispiel nach:

- Kundenbranchen („Industries"),
- Funktionen („Service Lines") und
- Regionen („Offices").

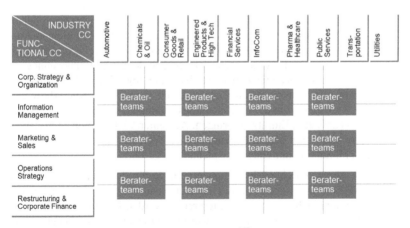

Abbildung 36: Matrixorganisation einer Beratung[147]

In dieser Struktur kann die Beratung flexibel auf Größen-, d.h. Personalveränderungen reagieren und eine beliebig feingranulare Ausgestaltung wählen.

---

[146] Vgl. für unterschiedliche Pyramiden auch Richter: 2005, S. 280.

[147] Vgl. Reiter, Richter: 2005, S. 91.

Ein seniorer Mitarbeiter (oft: Partner) hat die Verantwortung für ein Gliederungselement (z. B. Operations) oder einen Schnittpunkt (z. B. Operations / Health / Region Nord). Pyramidal werden die übrigen Mitarbeiter zugeordnet.

6.6 Produkte, Marketing und Pricing

6.6.1 Nutzenargumente und Ziele von Consulting

Das „Produkt Consulting" ist vielschichtig. Dies beginnt bereits bei der Fragestellung, warum Unternehmen einen Consultant oder eine Beratungsgesellschaft beauftragen. Die ökonomische Argumentation liegt auf der Hand, stellt aber nur eine von unterschiedlichen Gründen dar. Es scheint betriebswirtschaftlich sinnvoll und nachvollziehbar, dass Berater eingeschaltet werden, wenn das Ergebnis des Beratungsprojektes höher einzustufen ist als die damit verbundenen Aufwendungen: Das Projekt muss sich lohnen. Zahlreiche Beratungen argumentieren in diese Richtung. So zum Beispiel in Pricing-Projekten, die beworben werden mit der Aussage, dass 1-2 % Umsatzsteigerung immer möglich sein sollten oder „Der Preis ist der effektivste Gewinnhebel. Da lohnt es sich durchaus, etwas Zeit und Geld zu investieren"[148]. Ähnlich auch die Argumentation von Sanierungsberatungen, die eine gewisse Kostensenkung als Projektziel vorgeben und dies direkt in einen Return on Project umrechnen („Sie sparen 2 Mio. Kosten ein – die Projektkosten belaufen sich auf 150.000 EUR"). Gleichzeitig betrifft dies nur einen kleinen Ausschnitt des gesamten Beratungsportfolios. Außerdem sind weitere Motive für den Einsatz eines Beraters zu berücksichtigen. So kann die Einbeziehung eines externen Sachverständigen sicherstellen, eine objektivere Meinungs- und Entscheidungsfindung zu gewährleisten, gezielt spezifisches Know-how einzukaufen, Transparenz in der Entscheidungsfindung zu vergrößern oder State-of-the-Art-Tools zum Einsatz zu bringen. Aus einer Vielzahl von Motivlagen, die sich im messbaren oder wahrgenommenen Wert der Beratung ausdrücken, sind in Abbildung 37 nur einige beispielhaft aufgeführt.

Teilweise ergeben sich auch Argumentationen für den Beratereinsatz, die schlichtweg mit der Reputation des Beratungshauses zusammenhängen. Die Reputation kann dabei zum einen interpretiert werden im Sinne von Markenwert („Wenn wir Roland Berger mit dem Projekt beauftragen, können wir sicher sein, dass wir auch unseren Aufsichtsrat überzeugen"), zum anderen mit der eigenen Erfahrung als Berater („Ich war selbst als Berater bei McKinsey tätig – ich kenne meine Kollegen und weiß, dass sie einen guten Job machen").

---

[148] So Georg Tacke, CEO bei Simon-Kucher & Partners im Interview mit consulting.de (Tacke: 2018).

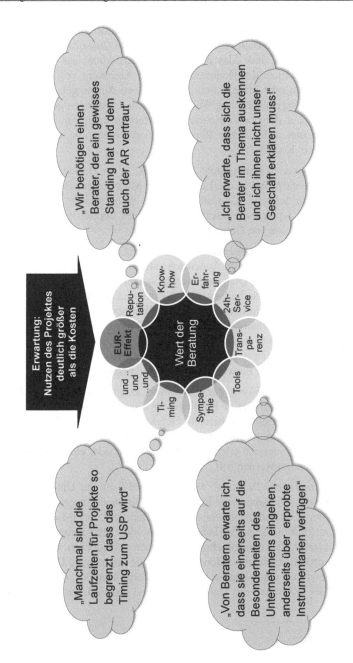

Abbildung 37: Wahrgenommener Wert der Beratungsleistung

Einige Autoren sehen hierin sogar einen zentralen Bestimmungsfaktor für die Vergabe eines Beratungsauftrags an eine bestimmte Consulting-Gesellschaft. So führt Nissen aus, dass „das entscheidende Kriterium, das zur Auftragsvergabe führt, oft nicht das Honorarniveau (mit Ausnahme von klar definierten IT-Leistungen oder öffentlichen Aufträgen, wo Auftraggeber in Deutschland an die Verdingungsordnung für freiberufliche Leistungen gebunden sind) [ist], sondern eher die oben beschriebenen Mechanismen von erfahrungsbasiertem Vertrauen, öffentlicher Reputation und Reputation innerhalb eines Netzwerks unter Kunden."[149]

In einem lesenswerten Beitrag geht Turner 1982 in der Harvard Business Review der Frage nach, worin die Leistung von Management Beratung besteht und kommt zum Schluss, „Consulting is more than Advise"[150]. Neben einer Betrachtung von typischen Prozess-Schritten eines Berater-Projektes stellt er eine zeitliche Abfolge von Consulting-Zielen auf:[151]

1) *Bereitstellung von Informationen für einen Kunden:* Ein besonders häufiger Grund, Hilfe durch Außenstehende zu suchen, ist die Beschaffung von Informationen. Dies kann vielfältig sein, wobei die Bandbreite von Einstellungsuntersuchungen über Kostenstudien, Machbarkeitsstudien, Marktstudien bis hin zu Analysen der Wettbewerbsstruktur einer Branche oder eines Unternehmens gehen. Ziel des Unternehmens ist es, das spezielle Fachwissen eines Beraters zu nutzen oder die eigene Organisation zu entlasten (wenn z. B. nicht ausreichend Zeit und die Ressourcen für die interne Entwicklung der Daten bereitstehen).

2) *Lösung der Probleme eines Kunden:* Berater können zum Einsatz kommen, um schwierige Probleme zu lösen, an deren Lösung sich die Organisation vielleicht bereits erfolglos versucht hat. Das kann zum Beispiel die Frage sein, ob eine Komponente hergestellt oder gekauft, ein Geschäftsbereich erworben oder veräußert oder eine Marketingstrategie geändert werden soll.

3) *Erstellung einer Diagnose:* Wertschöpfend kann der Unternehmensberater dann sein, wenn eine Expertise als Diagnostiker gefragt ist. Dieser Prozess kann möglicherweise für die Berater-Kunden-Beziehung sehr herausfordernd sein. Schließlich könnte das Management befürchten, schwierige oder unangenehme Situationen aufzudecken, für die sie verantwortlich gemacht werden könnten. Eine kompetente Diagnose erfordert mehr als eine Untersuchung des äußeren Umfelds, der Technologie und der Wirtschaft des Unternehmens und des Verhaltens der nicht lei-

---

[149] Nissen 2007, S. 222.

[150] Turner: 1982.

[151] Vgl. Turner: 1982.

tenden Mitglieder der Organisation. Die Fragen sind weitreichend und gehen soweit wie, warum Führungskräfte bestimmte Entscheidungen getroffen haben, die jetzt als Fehler erscheinen, oder bestimmte Faktoren ignoriert haben, die jetzt wichtig erscheinen.

4) *Auf der Grundlage der Diagnose Empfehlungen aussprechen:* Vielfach endet ein Beratungsauftrag mit einem schriftlichen Bericht oder einer mündlichen Präsentation, welche die Projektergebnisse zusammenfasst und dem Kunden eine detaillierte Empfehlung gibt, was er tun sollte. Die Berater bemühen sich sehr, ihre Berichte so zu gestalten, dass die Informationen und Analysen klar dargestellt werden und die Empfehlungen überzeugend mit der Diagnose, auf der sie beruhen, in Beziehung stehen. Dies ist auch deshalb erforderlich, weil die bereitgestellten Berichte später intern weitergegeben werden.

5) *Unterstützung bei der Umsetzung der empfohlenen Lösungen:* Bezüglich der richtigen Rolle des Beraters bei der Umsetzung bestehen vielfach divergierende Positionen: Eine Position fordert, dass derjenige, der bei der Umsetzung von Empfehlungen hilft, die Rolle des Managers übernimmt und damit die legitimen Grenzen der Beratung überschreitet. Eine andere Position argumentiert, dass Personen, welche die Umsetzung ausschließlich als Verantwortung des Kunden betrachten, eine professionelle Einstellung fehlt.

6) *Konsens-Aufbau und Engagements für Korrekturmaßnahmen:* Der Nutzen eines Beratereinsatzes für eine Organisation hängt davon ab, inwieweit sich die Mitglieder über die Art der Probleme und Möglichkeiten und über geeignete Korrekturmaßnahmen einigen können. Im ungünstigsten Fall wird die Diagnose nicht akzeptiert, die Empfehlungen werden nicht umgesetzt und gültige Daten können zurückgehalten werden. Um fundierte und überzeugende Empfehlungen zu geben, muss ein Berater überzeugend sein und über fein abgestimmte analytische Fähigkeiten verfügen. Wichtiger ist jedoch die Fähigkeit, einen Prozess zu entwerfen und durchzuführen, um erstens eine Einigung darüber zu erzielen, welche Schritte notwendig sind, und zweitens die Dynamik zu schaffen, um diese Schritte durchzusetzen. Vor diesem Hintergrund wird verständlich, warum im Englischen der Oberbegriff Consulting (Beraten) unterschieden zwischen Advising (Beraten durch Inhalte) und Counseling (Beraten durch Prozess).[152] In der Verknüpfung von Advising und Counseling lassen sich rollierend vorschlagsorientierte Ergebnisse des Beraters und vorschlagsorientierte Arbeiten des Kunden abwechselnd einbringen.

---

[152] Vgl auch die im deutschen Sprachraum gebräuchliche Unterscheidung in Experten- und Prozessberatung, wie sie in Kapitel 8.2 im Rahmen der Beratungsformen vorgestellt wird.

7) *Forcieren von Lernprozessen beim Klienten:* Nachhaltig ist ein Beratungsprojekt, wenn die beteiligten Mitarbeiter und die Organisation als Ganzes lernen, wie ähnliche Probleme in Zukunft zu lösen sind. Das Ziel der Beratung besteht dann nicht nur darin, die Fähigkeit ihrer Kunden zu verbessern, mit unmittelbaren Problemen umzugehen, sondern ihnen auch dabei helfen, Methoden zu erlernen, die für die Bewältigung künftiger Herausforderungen erforderlich sind. Auf den ersten Blick mag dies aus Sicht des Beratungsunternehmens kontraproduktiv sein (je besser der Kunde selbst aufgestellt ist, desto geringer ist der Beratungsbedarf). Auf den zweiten Blick wird aber auch klar: Zufriedene Kunden werden ihre Berater weiterempfehlen und sie beim nächsten Mal wieder um Abgabe eines Angebotes bitten, wenn ein weiteres Beratungsprojekt ansteht.

8) *Effektivitätssteigerungen in der Organisation:* Eine erfolgreiche Umsetzung erfordert teilweise nicht nur den Einsatz neuer Managementkonzepte und -techniken, sondern auch eine andere Einstellung zu den Managementfunktionen und -verantwortlichkeiten. Das kann sogar so weit gehen, dass Art und Weise der Organisation einer Überprüfung unterzogen werden. In diesem Kontext beschreibt der Begriff der organisatorischen Effektivität die Fähigkeit, zukünftige Strategien und Verhaltensweisen an Umweltveränderungen anzupassen und den Beitrag der Humanressourcen der Organisation zu optimieren.

Marketing und Vertrieb für Beratungsleistungen

Interview mit Giso Weyand

Herr Weyand, Sie beraten ja Berater und haben viele persönlich kennen gelernt. Daher die neugierige Frage vorab: Gibt es einen besonderen Personentyp, der gerne Berater wird und gut beraten kann?

Meiner Erfahrung nach sind Berater so vielfältig wie andere Berufsgruppen auch. Das merke ich immer dann, wenn ich bei der Markenentwicklung oder Strategieentwicklung Inhaber nach ihren Zielen frage und dabei erarbeite, wofür trete ich als Berater beziehungsweise wofür treten wir als Beratungshaus an. Da erlebe ich Berater, die Tüftler sind und sich inhaltlich beim Kunden festbeißen. Ich erlebe Berater, die sehr schnell, sehr vorwärtsgerichtet sind, die also eher den Kunden vorantreiben wollen. Ich erlebe Berater, die versuchen, Beziehungen

und Gemeinsamkeiten zu etablieren. Ich erlebe Berater, die vereinfachen und Querdenker sein wollen, ich erlebe Berater deren Schwerpunkt die Kreativität ist. Also: Sehr unterschiedliche Menschen treffen
sich in dieser Branche.

Das ist vor allem deshalb spannend, weil all diese genannten Gruppen
und diese Motivationen in jeder Form der Beratung auftreten. Man
würde ja vielleicht denken, die Tüftler sind eher IT-Berater und die
Vorwärtstreiber sind eher Organisationsberater. Aber das ist überhaupt
nicht der Fall. All diese Gruppen finden sich in allen Unterformen der
Beratungsbranche. Und das macht diese Branche so spannend. Und –
eine Randbemerkung – das ist eine große Chance für die Markenführung! Denn gerade wenn ich die Antwort auf die Frage „Wofür trete
ich an?" zum Kern der Marke mache, dann habe ich eine schöne Unterscheidung, die viel Kraft besitzt. Dies setzt natürlich bei Beratungsunternehmen mit Mitarbeitern voraus, dass diese auch miteinbezogen
sind.

**Wenn Berater Marketing betreiben und ihre Dienstleistung ver-
treiben, wie muss man sich das vorstellen? Wie war das früher,
wie ist das heute? Sind die Absprachen auf dem Golfplatz Realität
oder werden Kugelschreiber verteilt?**

Zunächst möchte ich betonen, dass ich für inhabergeführte Beratungshäuser arbeite. Gerade hier gibt es zwei große Blöcke. Der eine Block
– und das ist sicherlich der größere – ist derjenige, in dem Marketing
und PR nach Opportunität gemacht wird. Also: Ist der Kalender und
damit das Auftragsbuch voll, dann tauchen sie ab. Wird es kritisch und
lässt die Auftragslage nach, dann beginnt man mit Vertrieb, es werden
Excel-Listen für Vertriebsaufgaben erstellt, Vorträge gehalten, Artikel
geschrieben, Journalisten angerufen und so weiter.

Ich vergleiche diese Gruppe gerne mit einem dieser Jahrmarktspiele,
bei dem ein Maulwurf wechselnd aus einem von mehreren möglichen
Löchern auftaucht und er mit einem Gummihammer wieder zurück ins
Loch geschlagen werden muss. Die andere Gruppe der Beratungshäuser setzt auf systematisches Marketing, PR und Vertrieb. Sie nutzen
ihre jeweiligen Stärken. Manche versuchen über Kaltakquise oder ihr
Netzwerk etwas zu machen, manche setzen auf ihre Marke und manche kommen über Themen und PR. Da gibt es große Unterschiede.
Und man kann wirklich sagen, dass es keinen goldenen Weg zum Erfolg gibt. Jedes Beratungshaus muss seinen eigenen Weg finden. Dennoch: Es gibt ein paar Grundregeln zu beachten.

Das bringt uns dann direkt zur nächsten Frage: Wie sollte ich mich denn dem Kunden vertrieblich nähern, wenn ich ihn längerfristig an mich binden will?

Dazu empfehle ich immer zweierlei. Die beiden entscheidenden Punkte für eine längerfristige Beziehung sind Relevanz und Beziehung. Beziehung meint dabei die Rolle, die ich als Berater meinem Kunden gegenüber einnehme, meinen Stil und meine Haltung.

Aber zuerst die Relevanz. Sie bedeutet hier: Welchen Grund gebe ich meinem Gegenüber, sich überhaupt mit mir zu beschäftigen? Das ist sehr spannend, denn früher ist man davon ausgegangen: Berater haben einen Wissensvorsprung. Der „Experte für ...“ ist ja so ein Konstrukt aus den 1990er Jahren, mit dem man damals wahnsinnig erfolgreich war. Der Berater hat einen Wissensvorsprung, den teilt er über Bücher, Vorträge usw. und die Leute sprechen ihn dann an. Heute funktioniert das nicht mehr so einfach. Denn: Der Berater hat heute in der Regel keinen Wissensvorsprung mehr. Das Wissen verteilt sich zwischen Kunden, im Markt, im Wettbewerb gleichmäßig – warum sollte der Berater dann so tun, als wüsste er mehr? Wissen als Mittel, um Relevanz zu schaffen, wird immer unwichtiger.

Das bedeutet aber auch, dass ich zusätzlich zum Wissen etwas Weiteres benötige. Und das was ich hier immer wieder Kunden mitgebe, das sind die Themen Haltung und Stil. Was bedeutet Haltung? Das ich Position beziehe, innerhalb meines Themengebietes, also dass ich ganz klar sage: „Ich ordne die Dinge so ein, weil ...“ oder „Ich würde mich auf das und das konzentrieren, weil ...“ Diese Haltung kann auch durchaus provokativ vermittelt werden. Also Einordnung geben. Das ist etwas, was die wenigsten machen.

Stil ist letztlich die Materialisierung der Relevanz, der Haltung. Als Beratungshaus muss ich eine eigene Sprache finden, um Dinge zu formulieren, einen eigenen Weg, um Sachen zu präsentieren, eine eigene Inszenierung, vielleicht sogar eigene Formate. Es kommt auf die Wiedererkennbarkeit an. Ich habe damit ein Vehikel gefunden, um meine Haltung zu transportieren.

Beides zusammen macht aufmerksam. Und das ist zunächst völlig unabhängig von dem Kanal, den ich benutze. Ich kann das also in meinen vertrieblichen Gesprächen einsetzen oder auch im gedruckten Kundenmagazin oder im Social Media.

Beratung wird häufig als sehr nüchterne Dienstleistung betrachtet. Kann ich als Anbieter hier Emotionen einfließen lassen? Wie würde das funktionieren?

Wenn ich nicht einfach nur als Dienstleister und Experte arbeiten und damit ein „Commodity" sein will, sondern wenn ich ein Trusted Advisor, also ein vertrauensvoller Ratgeber sein will, brauche ich Emotionen. Denn: Alles andere kann der Entscheider im Unternehmen ja auch woanders einkaufen. Den wirklichen Unterschied macht die Emotion.

Wir haben eben über Haltung gesprochen und das ist ja auch eine Form der Emotion. Aber noch eine andere Form der Emotion ist entscheidend. Edgar Schein [Vordenker der Beratungsform Organisationsentwicklung, Anm. d.Verf.; vgl. auch Kap. 8.2.4] unterscheidet verschiedene Ebenen der persönlichen Beziehung. Ebene 1 ist tatsächlich eine Beziehung, in der der typische Dienstleister Expertenstatus hat. Er versteht herauszufinden, welches Problem sein Kunde hat und versucht es zu lösen. Auf diesem Level sind heute noch sehr viele Berater aktiv. Ebene 2 der Beziehung wäre, dass der Berater hinterfragt, warum der Kunde denn diese Anfrage stellt. Er versucht, die Hintergründe und Motive zu verstehen. Und genau hier kommt Emotionalität ins Spiel. Es macht eben einen Unterschied, ob ich nur die Aufgabe des Kunden erfülle oder ob ich ihn nach seinen Zielen befrage. Ein Beispiel kann das vielleicht verdeutlichen: Der Kunde möchte ein Leitbild. Die Begleitung bei der Erstellung des Leitbildes durch den Berater, das findet auf Ebene 1 statt. Auf Ebene 2 frage ich den Kunden, was denn anders wäre, wenn das Leitbild vorhanden wäre? Hierbei kann ich viel über das Warum des Kunden erfahren und dadurch vieles über die Hintergründe, den Leidensdruck, die wirklichen Motive des Kunden und so weiter. Ich kann also andocken bei dem, was den Kunden wirklich umtreibt. Dieser Wechsel von Ebene 1 zu Ebene 2 ist wichtig, wenn ich denn wirklich „Trusted Advisor" für den Kunden sein möchte. Und dann gibt es noch die Ebene 3-Beziehung. Dies ist die persönliche Beziehung. Ich verlasse dabei die Ebene der Professionalität und habe eine persönliche Beziehung zum Kunden. Das ist in einer Beratungsbeziehung oft nicht nötig und auch hinderlich. Das heißt, ich brauche keinen persönlichen Draht zu dem Kunden. Und damit ist auch die Frage beantwortet: „Kann ich emotional sein mit einem Kunden, obwohl ich ein eher sachlicher, rationaler, fast introvertierter Typ bin?" Ja! Denn ich erfasse mit dem Kunden, was ihn antreibt, was ihn beschäftigt. Ich muss aber nicht Smalltalk machen, nach den Kindern fragen, Golfen gehen. All das ist nicht nötig für eine vertrauensvolle, enge, emotionale, professionelle Beziehung.

Über diese Themen hinausgehend: Welche Trends sehen Sie persönlich im Beratungsmarkt?

Da ist auf jeden Fall das große Feld der Digitalisierung und was sie mit der Beratungsbranche macht. Ich beobachte da eine Schere – und damit auch eine Möglichkeit, sich strategisch zu verorten. Der eine Teil der Schere geht davon aus, dass sich Beratung immer mehr digitalisiert. Das heißt, ich beschäftige mich als Beratung damit, wie ich mittels digitaler Möglichkeiten besser, schneller, günstiger, anders beraten kann. Der große Nachteil hierbei ist, dass ich in einem Feld arbeite, welches schnell zur Commodity werden kann. Denn alles, was unter Zuhilfenahme technischer Mittel genutzt wird, ist natürlich von anderen relativ schnell kopierbar.

Beim anderen Teil der Schere steht die Überlegung im Raum, bewusst in den sehr hochpreisigen, aber auch sehr komplexen Markt der Trusted Advisor einzusteigen. Hier spielen Beziehungen und die Relevanz für den Kunden eine noch größere Rolle, als früher. Hier gehe ich als Trusted Advisor völlig anders mit dem Kunden um. Ich arbeite hier für wenige Kunden als Beratungshaus sehr eng, vertrauensvoll und umfassend an großen strategischen Themen. Da kann ich dann als Unterstützung immer noch Digitalisierungsmöglichkeiten nutzen. Diese kann ich dann aber auch zum Beispiel an andere Dienstleister auslagern. Ich habe dann die Möglichkeit, mich auf den Kern des Trusted Advisor-Daseins zu konzentrieren.

Diese Schere ist da. Ich sehe sie sehr deutlich und für Beratungen wird es wichtig, dies zu verstehen und einen Weg zu wählen und ihn zu gehen.

Zur Person:

Giso Weyand ist seit 1997 mit seinem Team Berater-Berater. Er begleitet inhabergeführte Beratungsunternehmen jeder Größe bei ihrem nächsten Sprung. 1.200 begleitete Beratungsunternehmen, 12.000 Teilnehmer von Workshops, 13 Bücher, die FAZ schreibt „Beratung ist sein Leben." Weitere Infos gibt es unter www.teamgisoweyand.de und auf www.trusted-advisor.download.

6.6.2 Consulting im informationsökonomischen Dreieck

Es mag auf den ersten Blick ungewöhnlich erscheinen, die Frage zu stellen, was das Wesen der Beratungsleistung ist und welche Motive für die Beauftragung eines Unternehmensberaters vorliegen können. Das informationsökonomische Dreieck kann hier eine Hilfestellung bieten. Für die Beurteilung der Beratungsleistung ist die Erkenntnis wichtig, dass die Möglichkeiten zur Beurteilung in hohem Maße von den Eigenschaften der betrachteten Leistung abhängig sind. Damit korrespondierend ergeben sich Effekte hinsichtlich des Ausmaßes an Unsicherheit und der Höhe der Informationskosten für den Kunden.

Grundsätzlich sind drei unterschiedliche Eckpunkte zu unterschieden:[153]

- Suchgüter
- Erfahrungsgüter
- Vertrauensgüter.

Bei Suchgütern lässt sich die Qualität der Leistung schon vor dem Kauf feststellen (beim Suchen). Tatsächlich lassen sich Szenarien entwickeln, bei denen dies auch auf Beratungsleistungen zutrifft. Dies könnte beispielsweise der Fall sein, bei dem ein Geschäftsführer in einem Vertriebsprojekt bereits bei seinem alten Arbeitgeber mit einem Berater zusammengearbeitet hat. Dies soll jetzt wieder so ablaufen, weil die Rahmenbedingungen für das neue Projekt sehr ähnlich sind. Der potenzielle Auftraggeber (hier der Geschäftsführer) weiß recht genau, welche Leistung er einkaufen möchte und hat eine klare Vorstellung, wie das Beratungsergebnis auszusehen hat. Die Erfahrungen im früheren Projekt werden quasi zu Messlatte und Benchmark für das neu aufzusetzende Beratungsprojekt.

Bei Erfahrungsgütern erfolgt die Qualitätsbewertung erst nach der Beauftragung, ist also erst während des Projektes möglich. Dies ist damit begründet, dass ein wesentlicher Teil der Qualitätswahrnehmung durch die Interaktion zwischen Berater und Kundenteam bestimmt ist. Insofern ist die Einstufung der Beraterqualität bedingt durch die Projekterfahrungen der Beteiligten.

Bei Vertrauensgütern ist eine Einstufung der Qualität nur sehr schwer oder gar nicht möglich. Relativ eindeutige Beispiele für Vertrauensgüter sind die ärztliche Beratung oder die außergerichtliche Beratung durch einen Rechtsanwalt. Auch große Teile der Unternehmensberatung werden üblicherweise in dieses Segment eingruppiert. Eine Besonderheit ist hierbei, dass häufig weder die Qualität und der potentielle Nutzen der Lösung noch das Leistungspotential des Anbieters zum Zeitpunkt der Kaufentscheidung aus Kundensicht eindeutig erkannt werden können. Für den Entscheider im Unternehmen ergibt

---

[153] Vgl. Weiber, Adler: 1995, S. 60.

sich eine eingeschränkte Beurteilungsmöglichkeit der von den Beratern dargestellten Angebotsvorteilen, die in letzter Konsequenz in eine erhöhte Unsicherheit mündet. Grundsätzlich bestehen zwar Möglichkeiten der Informationsbeschaffung zur Verringerung dieser Beurteilungsschwierigkeiten, z. B. durch ein Auswahlverfahren. In der Realität ergeben sich aber Grenzen.[154] Deshalb greifen die Nachfrager von Consulting-Lösungen auf so genannte „Qualitätssurrogate" zurück, wie beispielsweise das Verhalten und das Auftreten der Mitarbeiter in der Interaktionssituation. In einer weiteren Detaillierung wird auf verschiedene Unsicherheitsdimensionen verwiesen, die das interpersonelle Vertrauen als Mechanismus zur sozialen Koordination relevant erscheinen lassen:[155]

- Beim Beratungsprozess als investive Dienstleistung wird immaterielle Leistung erst nachgängig abgegeben. Der Berater verspricht, eine Leistung abzugeben und erhält dafür die Beauftragung.[156]
- Es bestehen keine formellen Zugangsvoraussetzungen für Berater (teilweise bestehen Verhaltensempfehlungen, jedoch liegt keine einheitliche Qualifizierung vor).
- Der Kunde ist den Risiken der „Hidden Intentions" und „Hidden Actions" der Berater im Beratungsprozess ausgesetzt. Es besteht demzufolge auch eine Principal-Agent-Problematik. Der Berater soll im Sinne des Auftraggebers arbeiten, verfolgt jedoch möglicherweise eigene Interessen, die dem Auftraggeber nicht bekannt sind.
- Der Beratungsprozess erfordert soziale Interaktionen zur Problemlösung, Verhandlung und Wissensvermittlung, um das Beratungsergebnisses zu „produzieren".

Der Prozess der Projektakquise, die Auftragsvergabe und die Projektarbeit sind demzufolge durch ein gewisses Ausmaß an Unsicherheit charakterisiert. Dabei bestehen Möglichkeiten, die aus Kundensicht empfundene Unsicherheit zu begrenzen. Glückler und Armbrüster betonen hierbei den Aspekt „Uncertainty Reduction through Trust and 'Networked Reputation'" und sehen in dem Kontext mehrere Teilaspekte.[157] Dazu zählen die Reputation in der Öffentlichkeit (Public Reputation), Networked Reputation und das erfahrungsbasierte Vertrauen (Experience-based Trust). Der Abbau der Unsicherheit nimmt mit der Nennung durch vertrauenswürdige Quellen zu. Folgende Zusammenhänge sind hierbei relevant:

---

[154] Vgl. Ahlert et al.: 2008, S. 11.

[155] Vgl. Maurerer: 2013, S. 3.

[156] Vgl. Bundesrechtsanwaltskammer: 2017.

[157] Vgl. Glückler, Armbrüster: 2003, S. 282.

- Versetzt man sich in die Lage des Kunden, verleiht die Empfehlung eines vertrauenswürdigen Partners einem Beratungsunternehmen Glaubwürdigkeit und verringert die Transaktionsunsicherheit zwischen dem Berater und dem potenziellen Kunden. Je näher sich Kunde und Informationsquelle sind, desto stärker ist die Wirkung. So auch im bereits genutzten Beispiel, in dem der Geschäftsführer eines Unternehmens bereits in seiner früheren Tätigkeit mit einer Unternehmensberatung zusammengearbeitet hat. Denkbar ist aber auch die Empfehlung durch eine befreundete Person. Teilweise werden in Ausschreibungen auf die Beratungsgesellschaften aufgefordert, für das ausgeschriebene Projekt Referenzprojekte (ähnliche Fragestellungen in anderen Unternehmen und Branchen) anzugeben und für die Referenzprojekte auch eine Ansprechperson auf Kundenseite (inkl. Kontaktdaten) zur Verfügung zu stellen.
- Vernetzte Reputation ist ein sozialer Ersatz für Servicequalität. Wenn die zukünftige Leistung eines Beraters nicht bewertet werden kann, werden anhand des Images bzw. Rufs Rückschlüsse auf die Bewertung früherer Leistungen gezogen. Einem Berater wird eine gewisse Kompetenz zugebilligt, wenn er in der Branche bekannt ist (z. T. als Mitglied in Fachverbänden oder als Vortragsreisender etc.). Vernetzte Reputation nimmt somit Beratungsqualität auf und wird zu einem wichtigen Wettbewerbsfaktor.
- Gleichzeitig erweitert die Verwendung vernetzter Reputation den Marktbereich (die „Palette potenzieller Beratungspartner" für einen Kunden). Neben dem persönlichen Vertrauensverhältnis zu einem Berater werden auch indirekte Kontakte über die Geschäftspartner eines Kunden berücksichtigt. Die Anzahl potenzieller Partner und Kunden steigt exponentiell mit der Anzahl der Netzwerkkontakte.

Dies alles spricht für die Einordnung von Consultingleistungen im Rahmen des informationsökonomischen Dreiecks als Vertrauensgut. Wie aber dargestellt wurde, ist eine entsprechende Einordnung genauso von den spezifischen Gegebenheiten des Projektes abhängig, wie auch von den Beratungserfahrungen der beteiligten Mitarbeiter im Unternehmen.

Da der Wert der Beratung im Vorhinein oft nicht klar bestimmbar ist, werden von den Kunden Ersatzindikatoren herangezogen. Dies können Reputation, Projekterfahrungen, Veröffentlichungen o.ä. darstellen.

6.6.3 Differenzierte Werttreiber

Bei der Vielzahl unterschiedlicher Qualitätsfaktoren erscheint eine Strukturierung hinsichtlich harter und weicher Faktoren, die in sog. Tech- („Wie wird die Leistung erbracht?") und Touch-Dimensionen („Welche Leistung wird erbracht und welche Charakteristika weist diese auf?") unterteilt werden können, sinnvoll (vgl. Tabelle 4). Zusätzlich bietet sich eine Differenzierung in Potenzialqualität (die vom Kunden erwartete Qualität), der Prozessqualität (der Kunde erlebt die reale Projektarbeit) und die Ergebnis- und Wirkungsqualität (der Kunde bewertet nach Projektende das Projektergebnis) an.[158]

Tabelle 4: Indikatoren der Beratungsqualität aus Kundensicht

Qualitäts-dimension / Teilqualitäten	Tech-Dimension (WAS)	Touch-Dimension (WIE)
Potenzialqualität (erwartete Qualität)	- Leistungsspektrum / Spezialisierung - Fachkompetenz (Ausbildung) - Technische Ausstattung - Qualität des Webauftrittes - Gütezeichen (Zertifizierung) - Tech-Servicestandards (hard factors) ...	- Bekanntheitsgrad / Erscheinungsbild - Beratungsatmosphäre - Persönlichkeit und Ansehen / Seniorität / Position - Referenzen - Aktivitäten in Netzwerken - Touch-Servicestandards (soft factors) - ...
Prozessqualität (erfahrene Qualität)	- Formaler Leistungsablauf - Ansprechbarkeit / Verfügbarkeit des Beraters - Dauer der Abwicklung des Beratungsprojektes - ...	- Erreichbarkeit des Beraters - Schnelligkeit bei und Qualität der Beantwortung von Kundenanfragen (z.B. eMails) - Einstellung und Verhalten des Beratungsteams - ...
Ergebnis- und Wirkungsqualität (erhaltene Qualität)	- Dauerhaftigkeit und Nachhaltigkeit - Folgen der Beratung - ...	- Erklärung der Leistung (Verständlichkeit) - Kommunikative Betreuung - Beschwerdeverhalten - ...

Typisch für Unternehmensberatungen ist die große Bedeutung der Potenzialqualität. Dies führt dazu, dass für das Marketing von Beratungsleistungen Empfehlungen und Referenzen eine große Rolle spielen. Diese setzt in der Regel stark auf Branding und Industrie-Know-how. Dawes, Dowling und Patterson resümieren: „Reputation of the consultants and their experience in the client's industry were the two most important choice criteria."[159] In den letzten Jahren sind Berater-Rankings (vgl. die kleine Übersicht weiter oben, Kap. 2.4), die teilweise stark unterschiedliche Resultate ausweisen, hinzugekom-

---

[158] Vgl. Krämer, Mauer, Becker: 2000, S. 9.

[159] Dawes, Dowling, Patterson: 1992, S. 187.

men. In diesem Fall wird die „Quelle des Vertrauens" neu institutionalisiert. Sie soll durch ein hohes Maß an Objektivität und gleichzeitig Transparenz bestimmt sein.

Besondere Kompetenzen werden besonders gerne über die Spezialisierung zum Ausdruck gebracht. Dies geht in eine ähnliche Richtung wie Rankings, wobei noch zu unterscheiden ist, ob der Berater sich selbst qualifiziert („Wir sind Spezialisten für Prozess-Optimierung in Organisationen") oder ob die Spezialisierung durch eine neutrale Instanz bestätigt wird. Beide Dimensionen, sowohl die weichen Faktoren als auch die Tech-Dimensionen spielen für die Vermarktung der Beratungsleistung eine wichtige Rolle. Häufig werden die Firmengründer oder Chefs der Beratungsgesellschaft quasi als „Aushängeschild" der Unternehmensberatung dargestellt (sie werden aktiv durch die Beratungsfirma in den Vordergrund gestellt, gleichzeitig trifft sie auch die größte Aufmerksamkeit in der Öffentlichkeit).

Ein besonders eindrucksvolles Beispiel für dieses Phänomen stellt in Deutschland Roland Berger dar. Häufig wird auch die Bekanntheit der Beratungsgesellschaften deshalb mit den Gründern in Verbindung gebracht, weil diese entsprechend firmieren. Neben dem Bekanntheitsgrad spielen Referenzen eine Rolle. In Ausschreibungsunteralgen, die zur Abgabe eines Angebotes aufrufen, werden i. d. R. Referenzen der Anbieter abgefragt. Die Kausalität liegt auf der Hand. Wenn es ein Berater geschafft hat, ein ähnliches Projekt (ähnliche Anforderungen, vergleichbare Komplexität, ggfls. ähnliche oder selbe Branchen, bekannte Unternehmen) bereits erfolgreich abgeschlossen hat, ist die Wahrscheinlichkeit erhöht, dass dies auch im neuen Projekt gelingen wird (siehe oben). Andere Touch-Faktoren während des Projektes sind nicht zu unterschätzen: Ist der Berater gut erreichbar, wenn er z. B. zu 100 % auf ein Projekt gebucht wurde, aber teilweise abwesend ist? Nimmt der Berater alle Informationen auf, die ihm z. B. während der Bestandsaufnahme zugekommen sind? Oder: Wie geht der Berater mit Kritik um bzw. wie verhält er sich in angespannten und stressigen Situationen?

Häufig sind es auch die (vermeintlichen) Kleinigkeiten, die in der Qualitätsbewertung („Macht der Berater eine gute Arbeit?") eine Rolle spielen, wie folgende Fragen eines Mitarbeiters im Projektteam verdeutlichen:

- Spricht der Berater meine Sprache?
- Ist der Berater menschlich zugänglich, oder distanziert?
- Wie kritisch sieht sich der Berater selbst?
- Wie gut harmonieren Berater und Mitarbeiter miteinander?
- Haben alle den Eindruck, dass sie „am selben Strang ziehen"?

Vor diesem Hintergrund wird verständlich, dass eine Beurteilung bezüglich der Qualität der Beratungsleistung bereits zeitlich weit vor den vorgestellten Projektergebnissen oder vor Abgabe des Ergebnisberichtes erfolgt.

6.6.4 Spezialisierung als Nutzenargument

Zu den wichtigsten harten Qualitätsdimensionen (Tech) zählt das Leistungsspektrum bzw. der Spezialisierungsgrad der Beratung (vgl. Tabelle 4, Potenzialqualität). Es hat sich herausgestellt, dass hochspezialisierte Beratungen mehrere Vorteile auf sich vereinigen, die insbesondere in Krisensituationen verstärkt zum Tragen kommen. Diese Vorteile können in den drei Dimensionen Wertschöpfung, Honorarhöhe und Flexibilität bei der Honorargestaltung zusammengefasst werden:

- Erstens: Die gleichzeitige Spezialisierung des Beraters auf Branche und Funktion beinhaltet die Chance einer besonders hohen Wertschöpfung für die Kunden. Diese können sicher sein, dass die Berater nicht nur überdurchschnittliche methodische Kompetenzen für Projekte mitbringen, sondern auch Branche und Kundenunternehmen genau kennen. Dies sind Erfolgsfaktoren insbesondere bei Projekten, die in kurzer Zeit zu umsetzbaren Ergebnissen führen sollen. Bezeichnet sich ein Berater als Spezialist, ist damit das klare Signal verbunden, dass er ein Projekt schneller bzw. qualifizierter bearbeitet, als dies ein nicht-spezialisierter Kollege tun könnte.[160] Spezialisierung wird geradezu zum zentralen Vertrauensaspekt und Leistungsversprechen. Die Analogien in anderen Beratungsprofessionen liegen auf der Hand. So ist die Anzahl der Fachanwälte unter den zugelassenen Rechtsanwälten in den letzten Jahren erheblich gestiegen.

- Eine höhere Wertschöpfung führt zweitens zu einer besseren Argumentation von Honoraren. Je klarer die Effizienzvorteile des eigenen Angebotes vermittelt werden können, desto geringer ist die Gefahr, in eine „Preisdiskussion" verwickelt zu werden. Dieser Punkt gewinnt aktuell stark an Bedeutung, weil nicht nur Großunternehmen, sondern auch mittlere und kleinere Unternehmen den Einkauf von Unternehmensberatern professionalisieren und auf transparente Einkaufsprozesse und -organisationen setzen. Wenn die spezialisierten Beratungen den Wert ihrer Leistungen vergleichsweise besser einschätzen können, erklärt dies auch, dass in dieser Gruppe – selbst bei schlechter Wirtschaftslage – weniger Bereitschaft zu Preissenkungen besteht. Weniger als 20 % der spezialisierten Berater zeigten in 2010 – also kurz nach der Weltfinanzkrise – Bereitschaft, bei einer geringen Auslastung eine deutliche Senkung des Tagessatzes anzubieten. Die überwiegende Mehrheit der spezialisierten Berater sah somit in einer Preissenkung keine adäquate Maßnahme zur Stimulation der Nachfrage. Bei nicht spezialisierten Beratungsgesellschaften war das anders. Hohe Fixkosten (hoher Personalbesatz) werden in Krisensituationen zur Belastung. Vor

---

[160] Vgl. Krämer: 2011, S. 9.

die Wahl gestellt, die Honorarsätze hoch zu halten mit dem Risiko einer Senkung des Auslastungsgrads oder die Tagessätze der Berater zu reduzieren (bzw. Festpreisangebote zu einem reduzierten Preis anzubieten), entschieden sich die meisten Geschäftsführer größerer Beratungen für den zweiten Weg. Damit sind dann allerdings auch weitere Effekte verbunden. Wenn der Tagessatz als Qualität für die Beratungsleistungen herangezogen wird, dann muss in dieser Logik auch der „Perceived Value" aus Kundensicht sinken. Demzufolge versuchen Unternehmensberatungen, Preiseingeständnisse als Ausnahme, die den speziellen Marktbedingungen geschuldet sind, zu deklarieren.

- In der Kombination beider Punkte ergibt sich ein dritter Effekt: Beratungsgesellschaften mit hohem Spezialisierungsgrad zeigen eine höhere Flexibilität in der Preisgestaltung. Dies bedeutet nicht etwa geringere Honorare, sondern auf unterschiedliche Bedürfnisse der Kunden flexibel reagieren zu können. Während in der Branche traditionell die Honorarbildung auf Basis von Tagessätzen erfolgt, setzen spezialisierte Berater auf alternative Honorarmodelle wie z. B. Festhonorare oder Erfolgshonorare. Weniger als 40 % des Honorarumsatzes entfällt so auf Zeithonorare, während es in der Branche allgemein etwa 70 % sind. Festhonorare sind jedoch für Beratungen nur dann leistbar und akzeptabel, wenn Projektaktivitäten und Ressourceneinsatz gut planbar sind. Hierbei führt die Spezialisierung zu Wettbewerbsvorteilen. Für die Zukunft erwarten die Unternehmensberater eine Zunahme von Festhonoraren zu Lasten der von Zeithonoraren. Auch diese Veränderung wird in der Gruppe der stark spezialisierten Berater besonders intensiv wahrgenommen.

Diese Krisenfestigkeit hat jedoch ihren Preis, bedeutet doch die Einschränkung durch die Fokussierung erstens auf Kernleistungen sowie zweitens auf eine abgegrenzte Anzahl von potenziellen Klienten in der Regel Verzicht auf starke Wachstumsstrategien. Hier ist aus Beratersicht eine klare Abwägung erforderlich: Die maximale Spezialisierung ist nicht zwingend die umsatzoptimale. Je stärker sich der Berater auf Themen, Branchen oder einzelne Unternehmen fokussiert, desto „kleiner" wird der relevante Markt. Dieser Prozess kann auch übertrieben werden. Auf der anderen Seite haben die in den letzten Jahren besonders stark wachsenden Beratungen in der Regel ihre Stärke aus der Fokussierung gezogen.

Wie stark sich Berater selbst als „spezialisiert" betrachten, wird aus Abbildung 38 deutlich. Dabei wurde die Spezialisierung zum einen in der Funktions-Perspektive, zum anderen in der Branchen-Perspektive erfasst. Etwa ein Fünftel der Consultants sehen sich sowohl funktional als auch branchenmäßig stark spezialisiert (nur 5 % ordnen sich als jeweils gering spezialisiert ein).

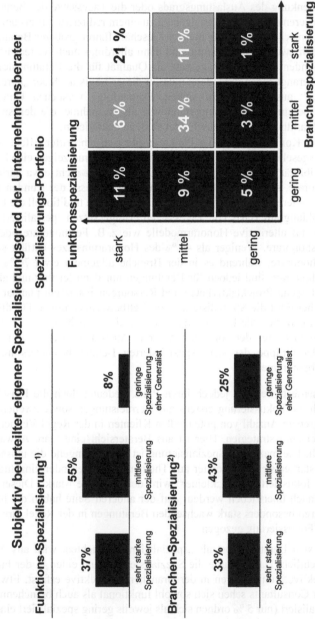

Abbildung 38: Spezialisierungsgrad in der Wahrnehmung der Unternehmensberater

6.6.5 Das Ziel der Marketingaktivitäten: Erhöhung des „Perceived Value"

Wie dargestellt wurde, ist es für das Marketing nicht primär wichtig, wie sich der Berater selbst sieht, sondern vielmehr, wie er vom Kunden gesehen und wahrgenommen wird. Letztendlich zielt das Marketing des Beraters darauf ab den wahrgenommenen Wert der angebotenen Leistung möglichst hoch erscheinen zu lassen. Für die Phase eines Angebotsprozesses wird illustrierend im Folgenden eine einfache Marksituation mit nur zwei Anbietern beschrieben[161] (im Folgenden „Beratung 1" bzw. „Anbieter 1" und der Wettbewerber „Beratung 2" bzw. „Anbieter 2" genannt; Abbildung 39).

Bei rationaler Entscheidung erhält Beratung 1 den Zuschlag vom Kunden, da der Nettonutzen aus wahrgenommenem Wert („Perceived Value") abzüglich des Preises größer ist als beim Wettbewerb (Abbildung 39, Fall A; Delta 1 > Delta 2). Beide Anbieter werden vom Unternehmen als gleich gut bewertet, allerdings bietet Berater 1 das Projekt zu geringeren Kosten an. Während für das Kundenunternehmen unmaßgeblich ist, wie sich die Kostensituation darstellt, ist dies aus Anbietersicht anders: Die Differenz zwischen dem erzielten Preis und den variablen Kosten (= Deckungsbeitrag) stellt schließlich den Anreiz dar, das Beratungsprodukt zu verkaufen.[162]

In einem veränderten Szenario (Abbildung 39, Fall B) bleiben alle Parameter für Berater 1 unverändert. Änderungen betreffen die Marketingaktivitäten von Berater 2. Dem Anbieter gelingt es, das Kundenunternehmen davon zu überzeugen, dass Berater 2 über einen höheren Kompetenzgrad als Berater 1 verfügt, z. B. durch

- den Nachweis, ähnliche Projekte bei anderen Unternehmen gut bearbeitet zu haben,
- die Bestätigung, einen bestimmten Berater, der ein hohes Ansehen hat, über die komplette Projektlaufzeit einzusetzen,
- eine Auszeichnung als bester Berater im Mittelstand (Qualitätssiegel).

Diese Aufzählung ließe sich beliebig erweitern. Entscheidend ist, dass sich infolgedessen die Entscheidungssituation zugunsten Berater 2 verändert (Delta 2 > Delta 1).

Neben dieser vereinfachten statischen Perspektive, die nur einen zeitlichen Abschnitt des Projektes, die Akquise-Phase, betrifft, ist ein Verständnis für die Dynamik des „Perceived Values" erforderlich. Die Wahrnehmung der Beratungsleistung wird sich möglicherweise über die Projektphasen verändern.

---

[161] Vgl. Dolan, Gourville: 2009.

[162] Bei der Darstellung handelt es sich um eine auf die Beratungsbranche angepasste Graphik von Krämer, Schmutz: 2020, S. 51.

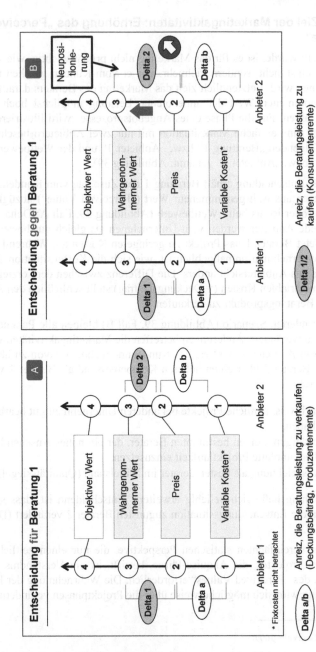

Abbildung 39: Entscheidung für den Berater aus Kundensicht

6.6.6 Preis- und Honorargestaltung

In den letzten Jahren hat nicht nur das Interesse von Kunden hinsichtlich der Preissetzung und -optimierung zugenommen, sondern auch bei Anbietern von Beratungsleistungen.[163] Die Gründe liegen auf der Hand:

- Bereits kleine Veränderungen beim Tagessatz des Beraters können erhebliche Auswirkungen auf die Rentabilität haben. Besonders beliebt, weil recht anschaulich, sind dabei die häufig zitierten Überschlagsrechnungen, wie „ein Anstieg des Preises um ein Prozent führt ceteris paribus zu einer Gewinnverbesserung von 10 % oder mehr."[164] In der Realität ergeben sich aber nicht zwangsläufig diese einfachen Wirkungszusammenhänge, weil dies durch den Term „c.p." simplifiziert wird. So ergeben sich in der Regel Abhängigkeiten zwischen dem wahrgenommenen Wert der eigenen Beratungsleistung, der Preishöhe sowie den korrespondierenden Perceived Value des Wettbewerbs.

- Die Umsetzung von Preismaßnahmen erfolgt schnell, die Effekte sind unmittelbar erkennbar und bedürfen keiner Investitionen. Dabei gilt es sich nur vorzustellen, wie viel Ressourceneinsatz es erfordert, wenn ein neues Beratungsprodukt entstehen soll oder, wenn an einer veränderten Positionierung der Beratungsgesellschaft gearbeitet wird. Beides erfordert Investitionen und Vorarbeiten, ohne dass der Return on Investment sofort erkennbar ist. Auch, wenn der Erfolg so wie geplant eintritt, gilt: Die Aufwendungen (früher) und der Ertrag (später) fallen zeitlich auseinander. Bei der Preisgestaltung ist dies anders. Deutlich wird das in sehr dynamischen Branchen mit mehrmaligen Preisveränderungen pro Tag – wie im E-Commerce. Zugegebenermaßen ist das Beratungsgeschäft weniger dynamisch.

- Zusätzlich ist zu berücksichtigen, dass bei Fragen der Honorargestaltung nicht nur die absolute Höhe der Tagessätze eine Rolle spielt, sondern auch wie die Honorare dargestellt werden.[165] Eine geschickte Form der Präsentation von Honoraren kann die Preiswahrnehmung teilweise stärker beeinflussen als der Preis selbst.

Die Honorarhöhe und deren Ausgestaltung ist vor diesem Hintergrund einer der zentralen Ertragsparameter für Dienstleister und insbesondere auch für Unternehmensberater. Dies lässt sich bereits daran erkennen, dass der mittlere Umsatz pro Berater in Deutschland von ca. 136.000 (1990) auf 238.000 EUR

---

[163] Vgl. Krämer et al.: 2005 und Nagle et al.: 1998.

[164] Einer Analyse von Gourville, Soman: 2002 zufolge führt ein Preisanstieg von 1 % ceteris paribus bei größeren US-amerikanischen Unternehmen zu einem Gewinnanstieg von 12 %. Ähnliche Ergebnisse weisen Dolan, Gourville: 2014, S. 3 aus.

[165] Vgl. Krämer; Kalka: 2020.

(2014) angewachsen ist (ca. 2,3 % p.a.). Die mittlere jährliche Steigerungsrate liegt nur leicht über der Inflationsrate (ca. 2 % p.a.). Sicherlich ist es verfrüht, aus diesen Zahlen abzuleiten, dass es der Beraterbranche nicht gelingt, einen hohen Wert auf über einen höheren Preis zu monetarisieren.

6.6.7 Grundsätzliche Möglichkeiten der Honorarbestimmung

Die Orientierungspunkte für die Bestimmung der „richtigen Preishöhe" sind im Beratungssektor nicht anders, als dies in anderen Branchen der Fall ist. Grundsätzlich bestehen sehr unterschiedliche Ansätze zur Bildung der Honorare, wobei die Folgenden nur Eckpunkte darstellen (vgl. Abbildung 40):

- Orientierung an den eigenen Kosten (Kostenaufschlagsrechnung)
- Wettbewerbsorientierte Honorarfestlegung
- Wertorientierte Honorarbestimmung.

Trotz vieler Fortschritte in der Preisforschung ist der Alltag der Preissetzung doch weiterhin vielfach klassisch kosten- oder wettbewerbsorientiert. Dies zeigen auch branchenübergreifende Studien zur Nutzung von Informationsquellen bei der Festlegung von Preisen. In der Regel liegen hier die Kosten- oder Deckungsbeitragsrechnung sowie die Beobachtung des Wettbewerbs deutlich vor allen anderen Instrumentarien, wie etwa einer Befragung von Kunden oder aber einer Abschätzung des Kundennutzens.

Die Ausführungen zur Honorarfestlegung basieren auf dem Modell des „posted price". Der Berater legt den Preis für seine Leistung fest. Der Kunde entscheidet, ob er das Angebot annimmt. Weitere Möglichkeiten, bei denen insbesondere die Bestimmung des Preises durch die Kunden erfolgt (persönliche Verhandlung, Auktionen oder Modelle wie „Pay as you wish") werden nicht weiter in die Betrachtung einbezogen.[166] Aufgrund der großen praktischen Relevanz der Kosten für die Preisbildung soll zunächst dieser Faktor beschrieben werden.

(1) Kostenbasierte Honorarbestimmung

Bei der kostenbasierten Honorarbestimmung soll die Frage beantwortet werden, welches Honorar für das Beratungsunternehmen kostendeckend ist. Dazu ist es erforderlich, die bestehenden Kostenblöcke (auch kalkulatorisch den Unternehmerlohn) durch die abrechenbaren Stunden oder Tage zu teilen.[167] Die Idee besteht also darin, den unteren Eckpunkt in der Preisbestimmung zu ermitteln: Den kostendeckenden Preis.

---

[166] Vgl. Bertini, Koenigsberg: 2014 sowie Hinterhuber, Liozu: 2013, S. 8; Krämer, Burgartz: 2016, S. 325-337.

[167] Vgl. Krämer, Mauer, Kilian: 2005, S. 40.

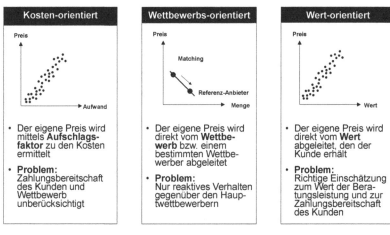

Abbildung 40: Orientierungspunkte für die Preisbildung

Unter der Annahme einer kleinen Unternehmensberatung mit Personal- und Sachkosten in Höhe von 55.000 EUR, einem anvisierten Gewinn von 75.000 EUR, 220 Arbeitstagen und 8 Stunden Arbeit täglich ergibt sich bei einem Zeitfaktor von 0,6 (60 % der Arbeitszeit können fakturiert werden) ein Stundensatz von 123 EUR (vgl. Abbildung 41).

Wenn der Unternehmerlohn als offene Position betrachtet wird (der Berater lebt mit dem Risiko, dass er nichts verdient), ergibt sich ein Stundensatz von ca. 52 EUR. Bei dieser Kalkulation lassen sich demzufolge wichtige Kennziffern für die Beratung ableiten. Erzielt die Beratung einen Stundensatz von mehr als 52 EUR, so gibt die wirtschaftliche Situation die Zahlung eines Unternehmerlohns her. Bei einem durchschnittlichen Stundensatz von 123 EUR kann der Berater einen Bruttolohn in Höhe des angestrebten Niveaus von 75.000 EUR p.a. erwarten, (Abbildung 41, Fall 1).[168]

Zusätzlich lässt sich ein Szenario für eine größere Unternehmensberatung kalkulieren, die eine deutlich höhere Entlohnung des angestellten Beraters sowie eine deutlich höhere Gewinnerwartung umfasst (Abbildung 41, Fall 2). Weiterhin sei hier angenommen, dass der Anteil der sog. „billable hours" mit 70 % in diesem Fall höher ist (es ist zum Beispiel anzunehmen, dass der Berater im größeren Unternehmen mehr Projektarbeit und wenige Akquise-Tätigkeiten leistet). Bei Zugrundelegung dieser Parameter erhöht sich der erforderliche Stundensatz auf 203 EUR (entsprechend einem Tagessatz von etwa 1.600 EUR).

---

[168] Ein differenzierter Ansatz, welche für das Management von größeren Beratungen in Frage kommt, stellt das Activity Based Costing (ABC) dar, das von Cugini und Pilonato (2013, S. 6) empfohlen wird.

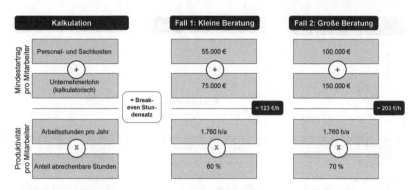

Abbildung 41: Kalkulation des minimalen (Break-even) Stundensatzes

Eine übliche kostenbasierte Methode der Preisermittlung liegt in der Nutzung eines Gewinnaufschlags auf die Personalkosten. Der durchschnittliche kalkulatorische Multiplikator (Aufschlag, z. B. Faktor 3,0) gibt an, wie die Beratertage im Verhältnis zu den Personalkosten verkauft werden. Hierbei werden nur die Angaben für fest angestellte Mitarbeiter berücksichtigt sowie eine Unterscheidung nach Hierarchiestufe vorgenommen. Rechenbeispiel: Personalkosten pro Tag 500 EUR x Multiplikator 3,0 = Tagessatz 1.500 EUR.[169]

Vor allem die Nichtberücksichtigung des Wertes der Beratungsleistung und damit der Zahlungsbereitschaft aus Kundensicht kann zu massiven Abweichungen vom optimalen Honorar führen:

- Verfügt die Beratung über eine schlanke Kostenstruktur und bestehen moderate Ansprüche an die Entlohnung der eingesetzten Arbeitszeit, besteht die Gefahr, dass Umsatzpotenziale verschenkt werden.
- Bei sehr hoher Kostenbelastung, z. B. durch unangemessene Unternehmerlöhne kann ein Teufelskreislauf entstehen. Wenn das Honorar nicht wettbewerbsfähig ist, können die 60 % „billable hours" (in unserem Beispiel von Fall 1) nicht realisiert werden. Dadurch steigt dann das erforderliche Zeithonorar mit wiederum entsprechend negativem Effekt auf die Nachfrage. Wenn zum Beispiel im Fall 1 nur 50 % der Stunden abgerechnet werden können, steigt der erforderliche Stundensatz von 123 auf 148 EUR (+20 %). Dies wiederum führt dazu, dass die Nachfrage sinkt und ebenso die Auslastung des Beraters: Der Teufelskreislauf entwickelt sich mit dem klaren Ausgang, dass die kostenbasierte Honorarfestsetzung komplett am Markt vorbeigeht.

---

[169] Die vom BDU ausgewiesenen Mittelwerte liegen im Bereich 2,6 bis 4,2. Je höher die Hierarchiestufe des Mitarbeiters ist, desto geringer fällt der Aufschlag aus, mit dem die Beratungen den jeweiligen Honorarsatz im Vergleich zu den Personalkosten kalkulieren; vgl. Bundesverband Deutscher Unternehmensberater BDU e.V.: 2013, S. 15.

(2) Wettbewerbsbasierte Honorarbestimmung

Eine wesentliche Schwäche der kostenbasierten Honorarfestlegung stellt die fehlende Orientierung am Wettbewerb dar. Zu konstatieren ist jedoch, dass durch die Intransparenz der Marktlage die Einbeziehung von Wettbewerbsdaten in die Überlegungen zur Honorarbildung nicht einfach ist. Grundsätzlich wichtig für die Betrachtung ist zunächst die Analyse, inwieweit die eigene Beratung über Wettbewerbsvorteile verfügt und mit welchen Beratungen sie in einer direkten Konkurrenzsituation (ggfs. unterschiedlich je nach Leistungsangebot und Branchenfokus) steht. Wichtige Schritte bei der Vorgehensweise sind:

- Identifizierung der wichtigsten und stärksten Wettbewerber
- Bewertung der relativen Stärken und Schwächen der eigenen Beratung
- Ableitung der preislichen Positionierung.

Erschwert wird die Anwendung dieser Honorarbildung insbesondere dann, wenn eine hohe Unsicherheit bezüglich des Wettbewerbsumfelds besteht und die Angebotsstrategien der Anbieter (insbesondere deren Preisniveaus) schlecht erkennbar sind. Dies dürfte beispielsweise in Fällen von Ausschreibungsprozessen von Beratungsleistungen der Fall sein.

(3) Wertbasierte Honorarbestimmung

Die wertorientierte Honorargestaltung stellt den Wert der vom Berater erbrachten Beratungsleistung in den Mittelpunkt der Betrachtung. Grundsätzlich besteht die Maßgabe darin, ein vergleichsweise hohes Honorar zu fordern, wenn der Wert der erbrachten Beratungsleistung durch den Kunden hoch eingeschätzt wird. D.h. die Höhe des eigenen Honorars ist positiv korreliert mit dem Wert der Beratungsleistung für den Kunden. Dieser Ansatz setzt voraus, dass der „Wert" dem Kunden transparent gemacht werden kann und er in der Folge auch die entsprechende Zahlungsbereitschaft mitbringt.

Leider ist die Wertermittlung der Beratungsleistung eine komplexe, in der Quantifizierung schwierige Aufgabe. Indikatoren für hohe Zahlungsbereitschaft auf der Kundenseite sind u.a. in folgenden Situationen gegeben:

- Hohe Dringlichkeit der Angelegenheit: Wenn Beratungsleistungen sehr schnell erbracht werden sollen, zum Beispiel „über Nacht", ist dies ein Indikator dafür, dass der Zeiteinsatz des Beraters eine aus Kundensicht hohe Wertschöpfung generiert.
- Erkennbar hoher Wert der Beratungsleistung: In der Regel wird die Zahlungsbereitschaft des Kunden mit dem Wert korrelieren, den die Beratungsleistung für ihn hat.

- Besonderer Anspruch der Kunden: Wenn der Kunde an einer gewissen Exklusivität interessiert ist, wird dieser in der Regel auch eine höhere Zahlungsbereitschaft aufweisen.

In der Darstellung der drei Eckpunkte für die Honorarsetzung wurden die Aspekte Kosten, Wettbewerb und Wert (häufig auch als die 3 C der Preissetzung bezeichnet: Cost=Kosten, Customer=Preisbereitschaft des Kunden und Competitor=Wettbewerber) zunächst als singuläre Instrumentarien dargestellt. Dies orientiert sich an den üblichen Darstellungen in der Literatur.

In der Praxis ist jedoch die Berücksichtigung aller drei Faktoren zur Sicherstellung eines professionellen Pricing erforderlich. Dies kommt auch im Konzept des „Strategischen Dreiecks" zum Ausdruck, bei dem die Honorarhöhe sich im Spannungsfeld zwischen eigenem Angebot (Kosten) – Konkurrenz – Kunde (Zahlungsbereitschaft) befindet.[170]

Der Preis stellt den Gegenpol zur wahrgenommenen Leistung des Beraters dar („Opfer des Kunden"). Auch diese Dimension setzt sich bei näherer Betrachtung aus mehreren Einzeldimensionen zusammen. Im einfachsten Fall kann dies ganz singulär die Gesamtprojektsumme sein. Vielfach spielen aber auch Teildimensionen eine Rolle, darunter die Honorarform (z. B. Zeithonorar vs. Abrechnung einer Beratungspauschale) oder auch Zahlungstermine etc.

Dies bedeutet, dass die richtige Bepreisung eines Beratungsprojektes ein gutes Verständnis darüber voraussetzt, in welchen Faktoren der Kunde wesentliche Werttreiber sieht und wie das eigene Angebot im Vergleich zum Wettbewerb bewertet wird.[171]

---

[170] Vgl. Krämer, Schmutz: 2020, S 46.

[171] Zu den einzelnen Schritten beim Value-Based Pricing siehe Baker: 2009.

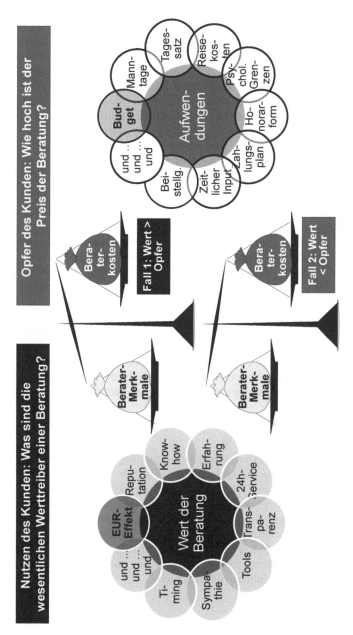

Abbildung 42: Abwägung zwischen Kundennutzen und -aufwand bei der Berater-auswahl

Die reine Orientierung der Preissetzung anhand des Werts oder Preisbereit-schaften des Kunden gerät damit an seine Grenzen. Was nützt es, wenn das Kundenunternehmen einen Nutzen von 1 Mio. EUR aus der Beratungsleis-tung zieht, und im Angebots-Pitch eine Beratung die Leistung für 300.000 EUR anbietet, während die Konkurrenz mit 100.000 EUR „ins Rennen geht". Werden die Leistungen der beiden Beratungen als ähnlich bewertet werden (d.h. ähnlicher Ansatz, ähnliche Beistellpflichten durch den Kunden, ähnliche Qualifikation und Reputation der Beratung und letztendlich ähnliche Erfolgs-wahrscheinlichkeiten) dann wird in einer rationalen Entscheidungsfindung eine Entscheidung zugunsten des günstigen Angebots fallen (100.000 EUR). Problematisch ist jedoch in diesem Fall, dass die Anbieter möglicherweise als „nicht ähnlich" bewertet werden.

Wie aus Abbildung 42 deutlich wird, ist sowohl die Leistungserstellung (Fa-cetten des Leistungsangebots) als auch die monetäre Komponente durch eine große Komplexität geprägt. Auf der Leistungsseite sind neben der reinen mo-netären Betrachtung („Was ist der Ergebniseffekt des Projektes und wie viel kostet es?") weitere Aspekte zu betrachten. So kann es beispielsweise auch darum gehen, eine Beratung zu beauftragen, die über ein bestimmtes Image oder eine Reputation verfügt. Treiber für die Auswahl kann aber auch die Su-che nach einer speziellen Expertise sein o.ä. Neben der Leistungsperspektive verstecken sich auch in der Kostenperspektive einige Unwägbarkeiten. Er-folgt die Abrechnung auf Basis eines festen Tagessatzes, bleibt offen, wie vie-le Manntage tatsächlich für die Durchführung des Projektes erforderlich sind. Weiter sind Aspekte wie Reise- und sonstige Nebenkosten, Zahlungsplan oder Beistellpflichten (und weitere interne Kosten) zu berücksichtigen.

6.6.8 Preisdifferenzierung als Konsequenz der Perspektive eines Value-Based Pricing

Die Gründe für eine differenzierte Preisgestaltung werden unter der Maxime der Gewinnsteigerung für Unternehmen deutlich, wenn die Situation einer uniformen Preissetzung (jeder Kunden zahlt denselben Preis) mit einem Sze-nario einer perfekten Preisdifferenzierung (die Preisbereitschaften der Kunden oder einzelner homogener Kundensegmente werden exakt getroffen) im Kon-trast stehen. Dieser Übergang ist in Abbildung 43 anhand eines Beispiels mit einem Produkt und 5 Kundensegmenten illustriert. Wenn der Anbieter mit einem uniformen Pricing arbeitet (jeder Kunde zahlt denselben Preis), wäre ein Preis von 4 Geldeinheiten umsatzoptimal.

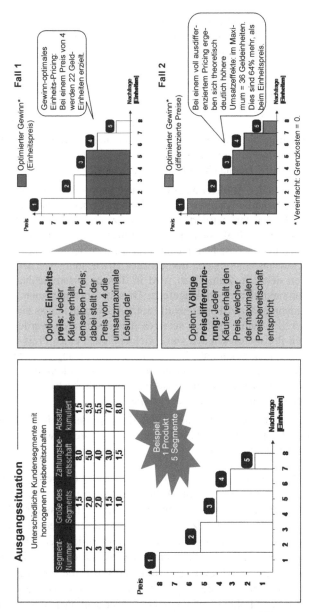

Abbildung 43: Wirkungsweise der Preisdifferenzierung (Beispiel)[172]

Hier führt der Schritt zur perfekten Preisdiskriminierung zu einer Umsatzsteigerung um 64 % gegenüber dem Einheitspreis. Neben dem Aspekt der Gewinnmaximierung können die Ziele einer Preisdifferenzierung aber auch in der Gewinnung von Neukunden bzw. zusätzlicher Kaufkraft, Kundenbindung, gleichmäßiger Auslastung, Ausnutzung von Wettbewerbsvorteilen, Lagerräumung oder aber auch in der Verbesserung des Betriebsklimas sowie der sozialen Gerechtigkeit begründet sein. In diesem Fall beträgt der Umsatz 22 Geldeinheiten (Preis von 4 * 5,5 Einheiten). Würde der Preis höher liegen, z. B. bei 5, würde die Absatzmenge auf 3,5 und der Umsatz auf 16,5 Geldeinheiten sinken. Im Falle eines geringeren Preises, zum Beispiel 3 würde die Absatzmenge auf 7 anstiegen, aber der Umsatz auf 21 Geldeinheiten sinken.

Schließlich kann der Anbieter auch versuchen, den Preis nach den maximalen Zahlungsbereitschaften des jeweiligen Kundensegments festzulegen. Damit müssten die Preise stark variiert werden (und zwar von 1,5 bis 8 Geldeinheiten) und der Umsatz ließe sich im Beispiel mehr als verdoppeln. Aus diesen Überlegungen heraus bestehen in einer Preisdifferenzierung erhebliche Potenziale für Gewinnsteigerungen. Bei genauer Betrachtung werden aber auch Limitationen deutlich. Zum einen wird in diesem Zusammenhang Umsatz- und Gewinnmaximierung gleichgesetzt. Dies ist aber nur solange zulässig, wie die Annahme „Grenzkosten=Null" zutrifft. Zweitens muss ein geeignetes Fencing der Segmente möglich sein (es muss verhindert werden, dass das Segment mit Preisbereitschaften von 8 Geldeinheiten einen Preis von 2 Geldeinheiten angeboten bekommt). In diesem Zusammenhang ist auch ein dritter Aspekt zu erwähnen: Die differenzierten Preise müssen kommunizierbar sein und auch kommuniziert werden. Ist das nicht der Fall, besteht das Risiko einer empfundenen Unfairness aus Kundenperspektive.

Wird in der Betriebswirtschaftslehre das Konzept der Preispolitik erläutert, wird häufig der Begriff der Preisdifferenzierung ersten, zweiten und dritten Grades (nach Pigou) benutzt:

- Die *Preisdifferenzierung 1. Grades* beschreibt die perfekte Preisdifferenzierung, bei der es dem Anbieter möglich ist, von jedem Kunden den maximalen Preis zu verlangen, den dieser für das Produkt zu zahlen bereit ist. Um dies zu erreichen, sind unterschiedliche Voraussetzungen zu erfüllen: So müssen sich hinsichtlich der Zahlungsbereitschaft die Kunden deutlich unterscheiden und diese bestimmbar sein. Zudem muss der Markt segmentierbar sowie die Arbitrage begrenzt sein. Die Forderung der Segmentierbarkeit beinhaltet, dass erstens die Kosten der Marktbearbeitung nicht größer sein dürfen als der zusätzliche Ertrag aus der Preisdifferenzierung und zweitens eine ausreichende Akzeptanz aus Verbrauchersicht gegeben ist. Übertragen auf den Beratungsmarkt bedeutet dies, dass die Tagessätze oder Projektkosten nach den Preisbereitschaften einzelner Kunden gestaffelt werden können. In der Praxis ergeben sich Grenzen für eine perfekte Preisdiskriminierung, z. B. wenn eine einzelne Beratung wiederholt für denselben Kunden arbeitet. Selbst, wenn die Zahlungsbereitschaft je nach Projekt unterschiedlich sein sollte, wird es für die Beratung schwierig, jeweils neu gestaffelte Tagessätze (im Rahmen einer zeitbasierten Abrechnung) durchzusetzen.

- Eine *Preisdifferenzierung 2. Grades* setzt auf die Selbstselektion des Kunden (die Kenntnis der individuellen Zahlungsbereitschaft ist nicht erforderlich). Vielmehr legen die Käufer durch ihre Produktwahl die eigenen Präferenzen offen. Kunden werden zu Segmenten zusammengefasst, für die jeweils unterschiedliche Preise festgelegt werden. Dies ist möglich, wenn z. B. Preise nur für bestimmte Mindestmengen oder nur zu gewissen Zeiten gelten. Beim Einkauf von Beratungsleistungen für größere Projekte werden beispielsweise häufiger Mengenrabatte verhandelt (dies führt dazu, dass bei höheren Abnahmemengen der Tagessatz reduziert wird).

- Bei der *Preisdifferenzierung 3. Grades* erfolgt die Segmentierung der Konsumenten in Gruppen unterschiedlicher Zahlungsbereitschaft z. B. aufgrund der Einkommensunterschiede, wobei die Segmentzugehörigkeit vom Kunden nicht frei wählbar ist (z. B. Geschlecht) oder nur unter hohen Kosten (z. B. vergünstigte Theaterkarten für Studenten). Beratungen senken für bestimmte Projekte ihre Tagessätze. Der Extremfall ist hier die Pro bono-Beratung, bei der die Leistung ohne Vergütung erfolgt.

Die heute üblichen Honorardifferenzierungen setzen im Wesentlichen an den Senioritätsgraden der Berater und der Größe sowie Ausrichtung der Beratergesellschaft an. Dies sind i.W. die Beratungsfelder (z. B. Strategie-, Organisations- & Prozess-, IT- und HR-Beratung). Der BDU kommt zu folgenden Ergebnissen:[173]

- Während in größeren Unternehmensberatungen für den Partnerlevel im Mittel ein Tagessatz von ca. 2.200 EUR angesetzt wird, nimmt dieser mit dem Beraterlevel ab und liegt beim Analysten bei ca. 1.075 EUR. Allerdings ist auch innerhalb des Partnerlevels von einer extremen Streuung auszugehen. So kommen die Beratungen mit den 10 % höchsten Werten auf ca. 3.750 EUR, die Consultings mit den 10 % geringsten Werten auf ca. 1.300 EUR pro Tag Partner-Einsatz.

---

[173] Die folgenden Daten sind entnommen bei: Bundesverband Deutscher Unternehmensberater BDU e.V.: 2013, S. 8 und stellen Netto-Tagessätze (d. h. ohne Nebenkosten und MwSt) für einen Beratertag mit einer Kalkulationsbasis von acht Stunden dar.

- Die fakturierten Tagessätze liegen in größeren Unternehmensberatungen (>25 Mio. EUR Umsatz) etwa 30-50 % über dem Niveau kleinerer Unternehmensberatungen (Umsatz zwischen 250.000 und 500.000 EUR; vgl. Abbildung 44), und zwar relativ stabil über alle Beraterlevel.

Für die eigene Honorarfindung in einer konkreten Projektanfrage sind die aus den verfügbaren Rankings und Erhebungen bekannten mittleren Tagessätze als erster Anhaltspunkt hilfreich. Zusätzlich zu beachten ist, dass (a) die von den Beratern nach außen bekundeten Tagessätze von den effektiven Tagessätzen abweichen können, (b) die Tagessätze einer Beratung je Projektsituation sehr unterschiedlich sein können oder (c) die Anwendung alternativer Honorarmodelle zum Zeithonorar die Sicht auf die mittleren Tagessätze verwässert.

Erkennbar ist demzufolge eine leistungsbezogene Preisdifferenzierung, wobei insbesondere das Kriterium Senioritätsgrad (Beraterlevel) aus Sicht der Nachfrage bestimmt ist. Kunden haben ein berechtigtes Interesse daran, vor Entscheidung für ein bestimmtes Angebot Transparenz hinsichtlich der Qualität des Beraterteams zu erhalten.[174]

Mittlere Tagessätze von Unternehmensberatungen nach Beraterlevel und Umsatzgröße

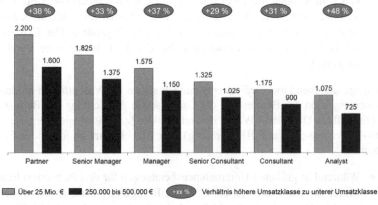

Abbildung 44: Mittlere Tagessätze nach Umsatzgröße der Beratung und Beraterlevel[175]

---

[174] Die Definition von Beraterlevels, wie in Tabelle 2 beispielhaft dargestellt, ist ein Versuch, die Qualität eines Angebotes / Beratereinsatzes vor Auftragsvergabe zu definieren und aus Sicht des Autors insbesondere bei größeren Unternehmen bzw. bei größeren Beratungsprojekten üblich.

[175] Bundesverband Deutscher Unternehmensberater BDU e.V.: 2013, S. 8.

In 2020 kommt der BDU auf eine Spanne der mittleren Tagessätze von 975 EUR (Analyst) bis 1.950 EUR (Partner). Die Studie gibt zusätzlich weitere Informationen zur Preisdifferenzierung. So wird berichtet, dass neun von zehn Unternehmensberatungen ihre Tagessätze über den Senioritätsgrad hinaus differenzieren. Die wichtigsten Bestimmungsfaktoren (in absteigender Reihenfolge; % „Immer" oder „Häufig") sind:[176]

- Größe des Auftrages: 54 %
- Bedeutung des Kunden: 40 %
- Größe des Kunden: 38 %
- Dauer der Kundenbeziehung: 37 %
- Wettbewerbssituation: 24 %
- Branche des Kunden: 23 %
- Ort der Tätigkeit: 21 %
- Standort des Kunden: 21 %

In dieser Struktur kommen die klassischen Eckpunkte für eine Honorarfestlegung zum Tragen, die Ausrichtung nach den eigenen Kosten, die Ausrichtung nach dem Wettbewerb und die Zahlungsbereitschaft des Kunden. Gleichzeitig zeigt sich aber auch ein eher strategischer Faktor, den in den Nennungen „Größe des Kunden" und insbesondere in „Dauer der Kundenbeziehung" zum Ausdruck kommt. Es handelt sich um die Zielsetzung des Aufbaus einer längerfristigen Partnerschaft mit dem Kundenunternehmen. Neben dem häufig zitierten Ansatz des Value-Based-Pricing, welches fordert, dass die Preisgestaltung sich primär nach den Zahlungsbereitschaften des Kunden richtet[177], hat der Ansatz des Relationship Pricing – oder besser gesagt Customer-Value-based-Pricing im Beratungsmarkt eine extrem wichtige Bedeutung. Während also beim Value-Based-Pricing der Aspekt des Value Capturing im Vordergrund steht (der Versuch der Anbieter, durch eine differenzierte Preispolitik die unterschiedlichen Preisbereitschaften zu treffen und die Konsumentenrente zu reduzieren) steht beim Relationship-Pricing die mittel- bis langfristige Rentabilität der Kundenbeziehung im Vordergrund.[178]

6.6.9 Honorarmodelle für die Beratungsleistung

Übersicht

Neben der Höhe des Gesamthonorars ist zu berücksichtigen, wie sich das Honorar zusammensetzt bzw. auf welcher Grundlage dieses gebildet wird. Die grundsätzlichen Eckpfeiler sind:

---

[176] Bundesverband Deutscher Unternehmensberater BDU e.V.: 2020b.

[177] Vgl. Hinterhuber: 2004, 2008.

[178] Ryals: 2005, S. 256 und Siems, Röhr: 2017.

- Honorarbildung auf Basis der eingesetzten Zeit (Zeithonorar)
- Vereinbarung einer festen Projektsumme (Festpreishonorar)
- Beteiligung des Beraters am Erfolg (Erfolgshonorar).

Neben diesen Reinformen der Honorarbildung bestehen vielfältige Mischformen, wie abgestufte Tagessätze, die Kombination von Zeit- und Erfolgshonoraren, die in Abbildung 45 schematisch dargestellt sind, im Weiteren allerdings nicht detaillierter vorgestellt werden sollen. Die Wirkungsweise in Hinblick auf den Stundensatz und den Umsatz sind jeweils unterschiedlich. Eine wesentliche Honorargrundlage fehlt den Unternehmensberatern in Abgrenzung zu manchen anderen freien Berufen, und zwar die gesetzlich festgelegte Gebührenordnung. Um ein grundlegendes Verständnis für die Wirkungsweise eines spezifischen Honorarsystems (Basis Stunde oder Tag) zu gewährleisten, werden die Vor- und Nachteile zum einen aus der Sicht des Beratungsunternehmens und zum anderen aus Perspektive des Kunden dargestellt.

(1) Zeithonorar

Beim Zeithonorar erfolgt die Abrechnung der Beratungsleistung nach dem zeitlichen Input des Beraters (Tag oder Stunde). Diese Honorarbestimmung ist immer dann einfach in der Argumentation, wenn der Umfang des Projektes für den Kunden und für den Berater bei Projektbeginn nicht transparent und planbar ist. Zumindest hinsichtlich des Tagessatzes ergibt sich eine klare Ankerung: Das Gesamthonorar für den Berater ergibt sich aus der Anzahl der geleisteten Tage, multipliziert mit dem vereinbarten Tagessatz (vgl. Abbildung 45, Nr. 1). Im Detail ergibt sich allerdings Abstimmungsbedarf mit dem Kunden (vgl. Tabelle 5).

Tabelle 5: Checkliste für die Ausgestaltung von Zeithonoraren

Kostenposition	Ausprägungen (beispielhaft)
Mehrwertsteuer	• Enthalten im Tagessatz • Nicht enthalten
Taktung	• Je angefangene Zeiteinheit • Je komplettierter Tag
Kosten für Back-up-Leistungen (Recherche etc.)	• Enthalten im Tagessatz • Zusätzlich abgerechnet zu xxx EUR/Std.
Reisekosten	• Enthalten im Tagessatz • Mit Einzelnachweis • Pauschal x % des Beratungshonorars

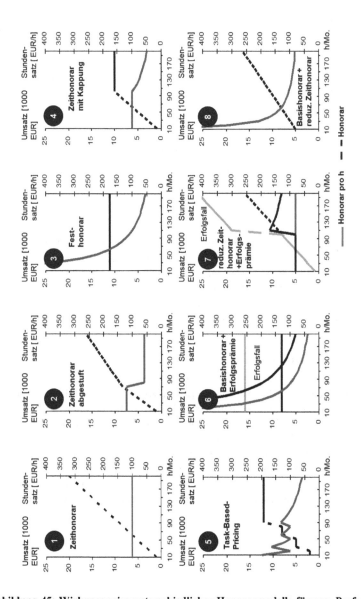

Abbildung 45: Wirkungsweise unterschiedlicher Honorarmodelle für sog. Professional Services Firms[179]

---

[179] Vgl. Krämer: 2011, S. 591.

Die im Laufe der Projekte anfallenden Nebenkosten werden fast in jedem zweiten Fall gegen Einzelnachweis abgerechnet. Etwa bei jedem vierten Projekt berücksichtigen die Beratungen anfallende Nebenkosten (z. B. Fahrt- bzw. Reisekosten, Hotelkosten) bereits in den Honoraren. In weiteren 15 % der Projekte wird mit dem Kunden eine Pauschale in % des Honorarvolumens vereinbart.[180]

An seine Grenzen stößt die Honorarbestimmung nach der Ressource Zeit dann, wenn beispielsweise

- der Kunde ein Projekt unter der Maßgabe einer scharfen Budgetrestriktion startet und die Gesamtausgaben bedingungslos begrenzen möchte
- der Wert der Beratungsleistung ungleich höher ist, als er über einen „normalen Tagessatz" abgedeckt werden könnte
- bestimmte Tagessatzhöhen aus Kundensicht inakzeptabel sind.

Ein grundsätzliches Problem beim Zeithonorar besteht in den fehlenden Anreizmechanismen zu Produktivitätssteigerung. Steht der Tagessatz fest, erwirtschaftet der Berater damit einen ausreichenden Deckungsbeitrag. Bleibt die Anzahl der eingesetzten Stunden oder Tage nicht definiert, besteht der klare „Fehlanreiz" zur Übererfüllung, und zwar unabhängig davon, ob der Berater mehr oder weniger effizient in der Bearbeitung des Projektes ist.[181]

(2) Festpreishonorar

Durch eine Kappung der einzubringenden Beratungstage (zum Beispiel mittels vergleichsweise hohen Tagessatzes bezogen auf ein Initialvolumen an Beratungstagen und einem reduzierten Tagessatz für darüber hinausgehende Zeiten) lassen sich die problematischen Anreizmechanismen des Tagessatzes zumindest teilweise neutralisieren. In der vollen Konsequenz wird eine maximale Anzahl abzurechnender Beratungstage gekappt – es ergibt sich eine Pauschale (vgl. Abbildung 46). Daraus wird ersichtlich, dass der Übergang zu einem festen Pauschalhonorar fließend ist.[182] Das Festhonorar beinhaltet die Zahlung eines festen Betrages für einen festgelegten Leistungsumfang.

---

[180] Vgl. Bundesverband Deutscher Unternehmensberater BDU e.V.: 2013, S. 27.

[181] Vgl. Reed: 1989, S. 14.

[182] Vgl. Bundesverband Deutscher Unternehmensberater BDU e.V., exeo Strategic Consulting AG: 2010, S. 26-27.

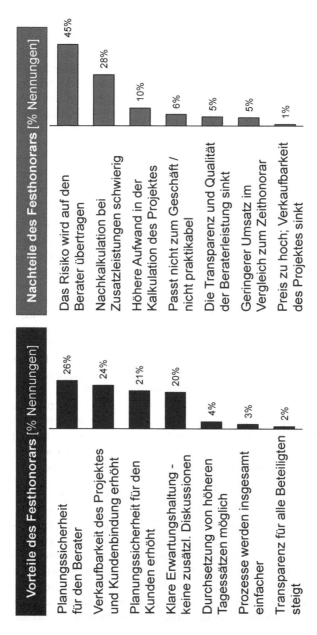

Abbildung 46: Bewertung von Festpreishonoraren aus Beraterperspektive

Aus Sicht des Kunden erfüllt das Festhonorar die Anforderung der Einhaltung eines festen Projektbudgets. Das entsprechende Risiko wird auf den Berater übertragen. Allerdings kann das Festhonorar für den Berater sowohl Chance als auch Risiko sein (vgl. Abbildung 46). Eine Chance besteht dann, wenn es gelingt, unterhalb des geplanten Ressourceneinsatzes zu bleiben (Anreiz zur Produktivitätssteigerung), da sich in diesem Fall sogar ein überproportionaler Tagessatz errechnet. Dem steht das Risiko entgegen, dass sich der Berater in der Kalkulation zu seinen Lasten verschätzt. Vor diesem Hintergrund handelt es sich bei der genauen Spezifikation der eigenen Leistung sowie der vom Kunden einzubringenden Leistungen und Beistellungen um einen elementaren Bestandteil der Honorarfestlegung. Außerdem sind die Möglichkeiten zur Erzielung von höheren, über der Festhonorargrenze liegenden Projekteinnahmen begrenzt. Nach Krämer sind mit der Vergütung eines Festhonorars folgende Wirkungen verbunden:[183]

- Das Pricing der Leistung erfordert nicht nur die exakte Bestimmung der Vollkosten je Stunde, sondern es sind auch Erfahrungs- und/oder Schätzwerte hinsichtlich des erwarteten zeitlichen Inputs notwendig. Erfolgt diese Kalkulation ungenau, kann die Beratungsdienstleistung leicht zum Verlustgeschäft werden, weil nachträgliche Honorarforderungen kaum zu realisieren sind. In der Praxis ist das häufiger der Fall, wenn nicht geplante Aktivitäten erforderlich werden, ohne dass eine klare Leistungsbeschreibung vorliegt bzw. kein klares Verständnis über die Abrechnung von Zusatzleistungen (außerhalb des Leistungspaktes) besteht. Sind Berater spezialisiert, wird die Projektkalkulation vereinfacht. Es kann leichter mit Erfahrungswerten gearbeitet werden, weil die Fragestellungen in Projekten häufiger ähnlich sind.

- Das System feste Gesamtpreise stiftet (im Gegensatz zum Zeithonorar) einen Anreiz, die Beratung möglichst effizient zu gestalten. Wenn der Umsatz eines Projektes bekannt ist, gilt es unter dem Gesichtspunkt der Gewinnmaximierung, die Kosten zu senken. Allerdings nicht, ohne die erwartete hohe Qualität zu gewährleisten (eine eindeutige Leistungsbeschreibung ist erforderlich, um ein „Underperforming" des Beraters zu verhindern). Diese Form der Honorargestaltung bietet sich insbesondere dann an, wenn die Beratungsleistungen überschaubar und zusätzlich leicht standardisierbar sind. Es liegt auf der Hand, dass Spezialisten und erfahrene Berater Preis(gestaltungs-)vorteile gegenüber anderen haben, die bisher keine Erfahrungen mit einem bestimmten Kundenunternehmen oder in einem speziellen Projektthema sammeln konnten.

- Um dem Kundenunternehmen die Chance zu geben, von einer eventuellen Budgetüberschreitung frühzeitig informiert zu werden und intern eine Transparenz über die Arbeitsproduktivität in der Beratung zu ha-

---

[183] Vgl. Krämer: 2014, S. 586.

ben, ist die Erfassung der eingebrachten Zeit erforderlich. Dabei wird deutlich: Die Nutzung von Pauschalhonoraren entbindet nicht von der Notwendigkeit, die „ungeliebte" Zeiterfassung durchzuführen bzw. die aufgewendete Zeit für das Projekt zu dokumentieren.

- Falls die absolute Höhe des Honorars für den Kunden ein entscheidendes Kriterium der Dienstleisterwahl darstellt, können hier Wettbewerbsvorteile gegenüber anderen Beratungen mit abweichenden Honorarsystemen generiert werden. Aus dem Rechtsberatungsmarkt stellt ein prominentes Beispiel die Vereinbarungen zwischen der US-Kanzlei Orrick Herrington & Sutcliffe und Levi Strauss dar. Die Kanzlei deckt nahezu den gesamten weltweiten Rechtsberatungsbedarf des Bekleidungsunternehmens ab – für einen festen Jahresbetrag.

(3) Erfolgshonorar

Das Erfolgshonorar basiert auf dem Grundsatz, dass der Berater am Erfolg des Projektes beteiligt wird. In der Praxis ergeben sich mehrere Ausgestaltungsformen. So ist beispielsweise danach zu differenzieren, ob der Berater im Misserfolgs-Fall keine Vergütung erhalten soll („no win, no fee") oder ob er in jedem Fall eine Vergütung erhalten soll, dies aber nach dem Erfolg seiner Bemühungen differenziert („no win, less fee"). Eine besondere Herausforderung besteht darin, mit dem Klienten gemeinsam beim Start des Projektes eine exakte und für alle Parteien nachvollziehbare und nachprüfbare Beschreibung des Erfolgsfalls zu definieren.[184]

Bei einem reinen Erfolgshonorar gehen Unternehmensberater ein besonders großes Risiko ein, weil nicht klar ist, ob für die erbrachte Leistung auch eine Zahlung erfolgt. Selbst wenn der Erfolgsfall eintritt, ist zu berücksichtigen, dass Erfolgshonorare die Liquidität der Beratung je nach Größenordnung des Projektes erheblich beeinflussen können (kein stetiger Zahlungseingang). Das Risiko der nur teilweisen oder völlig ausbleibenden Vergütung der Beraterleistung kann auf drei Ursachen (auf Kundenseite) zurückgeführt werden:

- Regelungslücken im Vertrag
- Umgehungsmöglichkeiten
- Solvenzrisiko.

Laut BDU wurden 2012 im Gesamtmarkt mit 70 % knapp mehr als zwei Drittel aller Projekte über ein Zeithonorar nach Aufwand (bspw. Stunden- oder Tagessätze) abgerechnet. In der Folgestudie aus dem Jahr 2016 beträgt der Anteil je nach Beratungsschwerpunkt zwischen 63 % und 77 %.[185] Das im Beratungsmarkt am zweithäufigsten angewandte Honorarmodell war ein ver-

---

[184] Vgl. Krämer, Mauer, Kilian: 2005, S. 100 ff.; Quiring: 2002, S. 76-80.

[185] Vgl. Bundesverband Deutscher Unternehmensberater BDU e.V.: 2016, S. 76-80.

einbarter Festpreis für das jeweilige Projekt. Ein Viertel aller Projekte im Jahr 2012 wurden auf diese Weise abgerechnet. Ein wert- bzw. erfolgsbasiertes Modell wurde hingegen nur bei 4 % der Beratungsprojekte vereinbart.[186] Vor diesem Hintergrund ist davon auszugehen, dass mittelfristig ein starker Wettbewerb zwischen den Honorarformen Zeit- und Festhonorar bestehen bleiben wird. Erfolgsbasierte Honorarformen werden auf absehbare Zeit eine Randerscheinung / Nische bleiben.

Einordnung und Entwicklung

Wie dargestellt wurde, führen die veränderten Rahmenbedingungen im Markt auch dazu, dass sich Anbieter im Markt mit unterschiedlichen Preismodellen auseinandersetzen müssen. Dabei kommt es nicht nur auf die absolute Höhe des Preises an, sondern auch, den Preis attraktiv und fair erscheinen zu lassen (Preisoptik, Preistransparenz etc.). Psychologische Aspekte werden in den letzten Jahren insgesamt stärker als relevante Faktoren im Preismanagement gesehen.[187]

Für die Veränderung in der Struktur der genutzten Honorarmodelle wird im bestehenden „Buyer Market" entscheidend sein, welche Erwartungen die Kunden haben und wie flexibel die Anbieter darauf reagieren können und wollen.

6.7 Erfolgsmessung und Bewertung

In der Beratung nimmt die Erfolgsmessung und Bewertung von sowohl Beratungsinterventionen, die meist in Projektform stattfinden, als auch von individuellen Beratern eine herausgehobene Rolle ein. Die Bewertung von Projekten wird z. B. für die so genannte erfolgsabhängige Vergütung benötigt. Die Bewertung von individuellen Beratern ist eine notwendige Voraussetzung, um das weiter oben vorgestellte „Up-or-Out"-System umsetzen zu können bzw. um eine transparente Argumentation für eine Karriereentwicklung zu erhalten. Beide Facetten werden im Folgenden beschrieben.

Beratungskunden und Berater sind sich typischerweise einig bei dem Wunsch, dass eine angedachte Beratungsintervention erfolgreich durchgeführt und abgeschlossen werden soll.

Die Frage, wann eine solche Intervention als erfolgreich bezeichnet werden kann, variiert hingegen. Aus Sicht des Kunden bedeutet Projekterfolg meistens, dass die prozess- und ergebnisbezogenen Ziele, also diejenigen, die dem Projekt vertraglich zugrunde lagen, erreicht wurden. Das kann zum Beispiel

---

[186] Vgl. Bundesverband Deutscher Unternehmensberater BDU e.V.: 2013, S. 22.

[187] Vgl. Krämer; Kalka: 2020, S. 38.; Krämer: 2020b, S. 27.

daran festgemacht werden, ob bestimmte zum Projektstart festgelegte Meilensteine erfolgreich eingehalten werden konnten. Zusätzlich ist wichtig, dass der Rahmen des finanziellen Budgets sowie der Zeitplan nicht überschritten wurden.

Der Berater hingegen betrachtet ein Projekt als Erfolg, wenn (1.) der Kunde das Projekt als Erfolg betrachtet. Zu den drei oben genannten Einflussfaktoren kommt noch hinzu, dass das Verhältnis von Kosten und Aufwand bzw. Preis und Leistung stimmt sowie dass die Erwartungen an die Beratung erfüllt oder sogar übererfüllt sind. Neben dieser eher singulären Erfolgsgröße ist für den Berater weiterhin wichtig, dass diese Projektreferenz (2.) neue Kunden bringt, (3.) der Kunde weitere Leistungen kauft, (4.) die beratungsinterne Marge zufriedenstellend ist und (5.) die einschlägigen Planvorgaben eingehalten wurden. Abbildung 47 stellt das gerade beschriebene Modell grafisch dar.

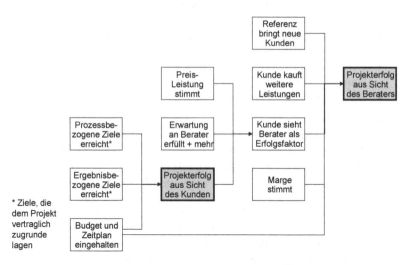

Abbildung 47: Modell zur Erfolgsbeurteilung von Projekten[188]

Dieses Modell zur Erfolgsbeurteilung greift auf eher harte und eher weiche Faktoren zurück. Aus Beratungssicht beispielsweise ist die Profitabilität (Marge) nicht nur relativ gut ermittelbar, sondern auch gut messbar. Der Aspekt der „erfüllten Erwartungen" hingegen lässt sich deutlich schwerer messen, da Erwartungen häufig nicht oder nur vage artikuliert werden. Eine Möglichkeit, die Zufriedenheit des Kunden explizit zu ermitteln, stellt eine Messung der Gesamtzufriedenheit des Kunden (Projektleiter, Projektmitarbeiter,

---

[188] Heuermann, Herrmann: 2003, S. 260.

Teilnehmer des Projektlenkungskreises etc.) dar. Dies kann zum Beispiel einige Wochen nach Projektabschluss der Fall sein. Auf diese Weise lässt sich der Grad der Kundenzufriedenheit auf der Oberebene messen, es können Anhaltspunkte für Verbesserungen aufgenommen werden. Über dieses Vorgehen hinaus betont der der sogenannte SERVQUAL-Ansatz[189] die Gesamtzufriedenheit, die sich aus unterschiedlichen Teilaspekten zusammensetzt.

Das Gap-Modell der Dienstleistungsqualität[190] (vgl. Abbildung 48) identifiziert fünf Lücken, die dazu beitragen können, dass eine Beratungsdienstleistung aus Kundensicht beispielsweise als „nicht gut" bewertet wird. Die Lücken bestehen zwischen:

- Der Erwartung auf Seiten des Kunden und der auf der Seite der Beratung wahrgenommenen Erwartung (Gap 1);
- Der auf der Seite der Beratung wahrgenommenen Kundenerwartung und der für die Leistungserbringung artikulierten Qualität (Leistungsspezifikation; Gap 2);
- Der Leistungsspezifikation und der tatsächlich erbrachten Beratungsleistung (Gap 3);
- Der erbrachten Leistung und derjenigen, über die mit dem Kunden kommuniziert wird (Gap 4) sowie
- Der wahrgenommenen Leistung und der erwarteten Leistung (Gap 5).

Neben der Messung des Projekterfolges haben viele Beratungen auch die Messung und Bewertung ihrer individuellen Berater professionalisiert. Unterschieden werden dabei formale Mechanismen und informelle Mechanismen.

Eine informelle Bewertung erfahren individuelle Berater immer dann, wenn es um die Besetzung (Staffing) eines neuen Projektes geht und mehrere Kandidaten für eine zu besetzende Position in Frage kommen. Die ausgewählten Kandidaten haben in solchen Prozessen eine bessere Bewertung erhalten, als diejenigen, die nicht gewählt wurden. Diesem Bewertungsmechanismus wohnt eine gewisse Subtilität inne, da er nicht offiziell als ein solcher gekennzeichnet ist. Gleichzeitig ist er aber besonders aufschlussreich.

---

[189] Vgl. Parasuraman, Berry, Zeithaml: 1993, S. 140 ff.

[190] Vgl. Leimeister: 2012. Qualität wird laut der Norm DIN EN ISO 9000:2015-11 als „Grad, in dem ein Satz inhärenter Merkmale eines Objekts Anforderungen erfüllt" definiert. Die Qualität gibt damit an, in welchem Maße ein Produkt (Ware oder Dienstleistung) den bestehenden Anforderungen entspricht. Die Benennung der Qualität kann zusammen mit Adjektiven wie schlecht, gut oder ausgezeichnet verwendet werden. Inhärent bedeutet im Gegensatz zu „zugeordnet" einer Einheit innewohnend, insbesondere als ständiges Merkmal. Damit sind objektiv messbare Merkmale wie z. B. Länge, Breite, Gewicht, Materialspezifikationen gemeint. Nicht inhärent sind zugeordnete Beschreibungen wie „schön" oder auch der Preis, weil diese eben nicht objektiv messbar sind. Der Preis oder ein persönliches Urteil sind also nicht Bestandteil der Qualität. Durch die Definition einer Zielgruppe und Meinungsumfragen kann das subjektive Empfinden dieser Zielgruppe ermittelt, ein inhärentes Merkmal definiert und damit „messbar" und Bestandteil der Qualität werden.

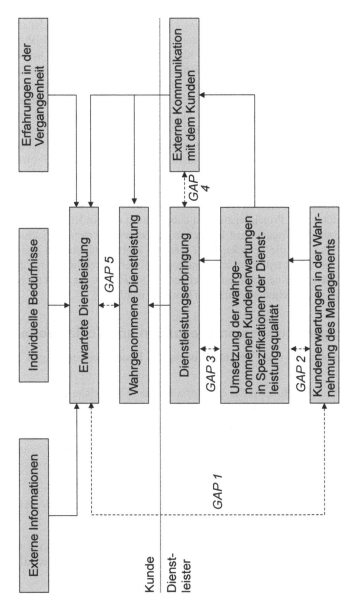

Abbildung 48: Gap-Modell der Dienstleistungsqualität[191]

---

[191] Leimeister: 2012, S. 296

Formale Mechanismen der Bewertung sind Beurteilungen nach oder während eines Projektes, die 360-Grad-Beurteilung, die Jahres- bzw. Halbjahresbeurteilung und die Zielvereinbarungs- bzw. -erreichungsgespräche. Im Rahmen der Projektbeurteilung wird die Leistung in einem Projekt bewertet. Hierbei können die weiter oben angesprochenen Kompetenzen als Maßstab dienen, aber auch die Kundenzufriedenheit wird oftmals als Kriterium herangezogen. Bei der 360-Grad-Beurteilung wird die zu beurteilende Person nicht nur von hierarchisch höherrangigen Personen bewertet, es nehmen auch gleichrangige (so genannte Peers) und – soweit vorhanden – nachgeordnete Personen teil. Während die Projektbeurteilung anlassbezogen (z. B. zu einem Projektende) durchgeführt wird, sind Jahres- oder Halbjahresbeurteilungen zeitpunktbezogen. Hierbei nimmt dann auch nicht der Projektleiter die Beurteilung vor, sondern diese Bewertung wird von einem disziplinarischen Vorgesetzten durchgeführt. Die Projektleistung ist dabei häufig nur ein Kriterium, die Auslastung und das Engagement bei der so genannten Themenentwicklung sind weitere Aspekte, die berücksichtigt werden. Zielvereinbarungen lassen sich gut mit Jahresbeurteilungen kombinieren. Bei den Vereinbarungsgesprächen werden Ziele für eine kommende Zeitperiode vereinbart, die dann nach Periodenablauf in Erreichungsgesprächen bewertet werden.[192]

6.8 Fragen, Diskussionsstellungen und Schlagworte

Wiederholungs- und Verständnisfragen, Diskussionsstellungen, Anregungen:

1. Bitte identifizieren Sie im Markt Beratungen, welche die Strategie der Kostenführerschaft sowie der Differenzierung verfolgen!

2. Welche Personalpyramiden werden sie haben?

3. Und welche Aufbauorganisation? Bitte recherchieren Sie! (… und hinterfragen die Informationen kritisch!)

4. Wie gestaltet sich das jeweilige Marketing?

5. Und schließlich: Welche Honorarformen werden vermutlich präferiert?

Stichworte:

Strategie, Geschäftsmodell, Aufbauorganisation, Beratungsprodukte und ihr Lebenszyklus, Honorarformen, Pricing, Erfolgsmessung, Kundenzufriedenheit

---

[192] Vgl. Erhardt, Gerds: 2004, S. 216.

7 Kunde und Gesellschaft

7.1 Übersicht und Leitfragen

Grundidee des Kapitels: Nicht wenige angestellte Berater beenden ihre Karriere schon vor dem Eintritt in den Ruhestand. Verschiedene Optionen bieten sich für den Ausstieg (Kapitel 7.2). Viele Berater werden später „auf der Kundenseite" arbeiten, was dort zu einer Professionalisierung im Umgang mit der Dienstleistung Beratung und den Beratungsunternehmen führt (Kapitel 7.3). Zudem werden Beratungen regelmäßig sehr kritisch, aber auch sehr positiv betrachtet, Beratung verfügt also über eine dichotome Rolle in der Gesellschaft (Kapitel 7.4). Die positiven Aspekte werden genutzt, um Aufträge und Mitarbeiter zu gewinnen – und für die eher negativen Aspekte gibt es Gegenstrategien (Kapitel 7.5).

Leitfragen hierbei sind:

1. Ich will kein Berater (mehr) sein, arbeite aber dennoch mit ihnen zusammen. Worauf ist zu achten?
2. Welche Tätigkeiten bzw. Karriereschritte sind für ehemalige Berater naheliegend?
3. Wie können Kunden vermeiden, dass ihnen von Beratern „Geld aus der Tasche gezogen" wird?
4. Warum werden Beratungen zugleich „geliebt & gehasst"?
5. Wie gehen Beratungen mit der negativen Wahrnehmung um? Was lässt sich dagegen ausrichten?

7.2 Karriere nach der Beratungsanstellung

Die Karriere als angestellter Berater in einem Beratungsunternehmen kann unterschiedlich lange dauern. Einige Beratungseinsteiger sagen zunächst, dass sie zwei oder drei Jahre bleiben und dann die Beratung verlassen wollen. Hinter dieser Überlegung stecken vermutlich mehrere Gründe. Zum einen wird gerade den Beratungskonzernen nachgesagt, dass sie sehr gute Einsteigertrainings anbieten. Sie werden gerne angenommen und als „berufliche Grundausbildung" betrachtet. Zudem geht mit dem Einstieg in die Beratung häufig die Erwartung einher, dass vielfältige Eindrücke in unterschiedlichen Unternehmen und Branchen gesammelt werden können, dass also erstmal Erfahrungen zur Orientierung gemacht werden. Und schließlich findet sich in verschiedenen Karriereratgebern der Hinweis, dass der erste Job nach dem Studium zwei bis drei Jahre beibehalten werden solle, um dadurch auf der einen Seite eine gewisse Portion an Durchhaltevermögen zu zeigen und auf der anderen Seite aber anschließend auch Karrieresprünge zu ermöglichen.

Manchmal zeigt sich, dass aus den geplanten zwei oder drei Jahren in der Beratung deutlich mehr werden. Vielleicht, weil die nächste Karrierestufe noch erklommen werden soll und sich hiermit bessere Wechselvoraussetzungen ergeben oder weil noch ein Bonus ansteht oder ein Projekt beendet werden muss oder auch weil der Beruf interessant ist und Freude und Erfüllung bereitet.

Für diejenigen, die nicht bis zum Ruhestand Berater bleiben, stellt sich die Frage, welche beruflichen Aufgaben im Anschluss an diese Tätigkeit warten. Nachfolgend werden verschiedene Möglichkeiten kurz dargestellt.[193]

- *Freelancer:* Der Wunsch, eigene unternehmerische Verantwortung zu übernehmen, das Leistungsportfolio selber zu gestalten oder auch einfach nicht mehr für das Portemonnaie von Dritten sondern für die eigene Brieftasche zu arbeiten, lassen nicht wenige Berater den Schritt in die Selbständigkeit tätigen. Die erhoffte Eigenverantwortung als Einzelberater zeigt sich dann zügig. Aber auch die Erkenntnis, dass das Unternehmertum mit sehr viel administrativem und organisatorischem Aufwand verbunden ist. Zudem sollte man sich darauf einstellen, dass das Branding, mit dem man gestern noch im Projektgeschäft aktiv war und die Marke, von der profitiert wurde, heute nicht mehr vorhanden sind und eine Reputation, die Türen öffnet, sich meist erst noch erarbeitet werden muss.

- *Interne Beratung:* Viele größere Unternehmen und Behörden haben in den letzten Jahren interne Beratungseinheiten aufgebaut.[194] Die Gründe dafür sind vielfältig. Oft sollen Kosten für externe Berater eingespart werden, die Leitungsebene braucht eine schlagkräftige und flexible Truppe für kritische Einsätze oder mit der internen Beratung wird eine Personalentwicklungsfunktion verbunden. Für Berater, die einen Ausstieg aus der externen Beratung suchen, sind die Aufgaben in einer internen Beratung eine gute Alternative. Oftmals sind die behandelten Fragestellungen mit denen der externen Beratung gut vergleichbar und der Arbeitsstil ähnelt sich. Durch die Einbindung in die Strukturen von Großorganisationen sind auch die Arbeitszeiten häufig weniger extrem und teilweise ist die Reisetätigkeit weniger intensiv. Allerdings sollte ebenfalls bei einem solchen Wechsel bedacht werden, dass Einbußen bei z. B. der Vergütung nicht unüblich sind.

- *Linienposition:* Die Veränderungen der Rahmenbedingungen, die gerade beim Wechsel von einer externen in eine interne Beratung aufgezeigt wurden, gelten typischerweise auch bei einem Wechsel in eine so

---

[193] Vgl. nochmals Nerlich: 2018b für eine Übersicht von Exit-Optionen. Details zu den vier nachfolgend dargestellten Optionen finden sich in der einschlägigen Ratgeberliteratur.

[194] Vgl. auch Kap. 8.3 für weitere Informationen.

genannte Linienposition. Zusätzlich lässt die Beratungsnähe weiter nach, aber dafür wächst die Verantwortung für die eigenen Arbeitsergebnisse. Konnte sich der Berater immer noch als Ratgeber für seinen Kunden fühlen und die gute oder schlechte Umsetzung diesem anlasten, so ist der ehemalige Berater, der jetzt eine Linienfunktion innehat, selber derjenige, der für die Umsetzung verantwortlich ist. Oft ergibt sich die Möglichkeit zu einem Wechsel in eine solche Rolle aus einem konkreten Projekteinsatz heraus, in dem ein verantwortlicher Kundenmitarbeiter die Arbeitsleistung des Beraters sieht, für gut befindet und dann einen Abwerbeversuch startet.

- *Start-up:* Selber Verantwortung übernehmen und beweisen, dass man mehr kann, als lediglich Empfehlungen auszusprechen, das sind Aufgaben, die auch beim Gründen eines Start-ups auftreten. Die Eigenverantwortung ist hier ähnlich hoch, wie beim Beratungs-Freelancer, der weiter oben beschrieben wurde. Für die weitere berufliche Entwicklung in einem Start-up wird dann aber nicht die Methodenkompetenz als Ankerpunkt herangezogen, sondern das gesammelte Fachwissen aus einer Branche oder die identifizierte Marktlücke, die z. B. ein Kundenunternehmen nicht nutzen konnte oder wollte. Aber auch für diejenigen, die „schon immer mal" eine gewisse eigene Idee umsetzen wollten, mag die Gründung eines Start-ups eine valide Option darstellen.

7.3 Kundenprofessionalisierung

7.3.1 Beratermanagement

In der Interaktion zwischen Beratern und Kunden lässt sich häufig eine Asymmetrie beobachten: Berater arbeiten mit sehr professionellen Vertriebs-, Projektmanagement- und After Sales-Prozessen, Kunden gehen Beratungsinterventionen hingegen oftmals eher amateurhaft an. Ein möglicher Erklärungsansatz für die unterschiedliche Professionalisierung kann in der Erfahrung liegen: Berater finden sich z. B. regelmäßig in Angebotsprozessen wieder, viele Kunden gestalten diese Prozesse nur selten.

Für Kunden erscheint es daher ratsam, die Interaktion mit Beratern zu verbessern und zu professionalisieren. Grundsätzlich kann der Kunde an verschiedenen Stellen ansetzen (vgl. auch Abbildung 49):[195]

- *Beraterauswahl:* Verschiedene Beratungsorganisationen eigenen sich unterschiedlich gut für verschiedene Aufgabenstellungen (siehe oben). Beratungen kommunizieren zu ihren eigenen Schwerpunkten, aber der Kunde ist nicht gezwungen, dieser Sicht zu folgen. Die Auswahl kann

---

[195] Vgl. Petmecky, Deelmann: 2005b.

für unterschiedliche Beratungsfelder, Hierarchieebenen, Laufzeiten etc. oder für eine dauerhafte oder einzelfallbezogene Zusammenarbeit erfolgen.

- *Beraterevaluation:* In Kapitel 6.7 ist dargestellt, wie Beratungsunternehmen ihre Beratungsleistung (Projektleistung) sowie ihre individuellen Berater bewerten. Auf Seiten der Kunden findet eine systematische Bewertung hingegen häufig nicht statt, obwohl dies zum einen empfehlenswert ist und zum anderen bei anderen sogenannten Warengruppen eine Selbstverständlichkeit ist.

- *Beraterentwicklung:* Professionelle Kunden, die nicht nur sporadisch auf die Leistung von Beratungen zurückgreifen, werden im Rahmen ihres Lieferantenmanagements dazu übergehen, bevorzugte Dienstleister zu entwickeln und zu fördern. Diejenigen Berater, mit denen die Zusammenarbeit z. B. gut, unkompliziert und erfolgreich ist, erhalten eventuell häufiger die Möglichkeit, sich für ein Beratungsprojekt zu bewerben, als diejenigen, bei denen die Zusammenarbeit weniger befriedigend ist.

- *Beratertrennung* (sog. „ausphasen"): Berater, die den Ansprüchen des Kunden nicht mehr gerecht werden oder durch ein Fehlverhalten auffällig geworden sind, werden aus dem Lieferantenpool entfernt.

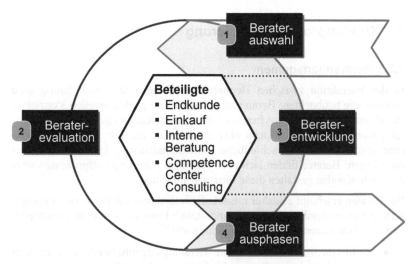

Abbildung 49: Kreislauf des Beratermanagements aus Kundensicht[196]

---

[196] Vgl. als Basis für die Abbildung: Roth: 2005, S. 81.

Professionalisierungsbemühungen von Kunden haben vermutlich mehr Chancen auf Erfolge, wenn sie von mehreren organisationsinternen Interessengruppen gemeinsam getragen werden. Mögliche Beteiligte sind hier neben der Einkaufs- bzw. Beschaffungsfunktion auch die interne Beratung, ein einschlägiges Kompetenzzentrum und selbstredend Vertreter der Beratungsendkunden (vgl. Abbildung 49, Mitte).

Für Berater wiederum ist es wichtig zu erfahren, wie sich ihre Kunden professionalisieren, um z. B. Anfragen und Anforderungen einschätzen und darauf adäquat reagieren zu können.

Mit Beratern zusammenarbeiten

Interview mit Wilfried Bauer

Herr Bauer, wozu brauchen Sie als großes Unternehmen mit vielen kompetenten Mitarbeitern noch externe Berater?

Es ist schon richtig, dass wir viele sehr gute Mitarbeiter in unseren Reihen haben und nicht wenige davon sind sogar als Consultants bei unseren Kunden unterwegs. Aber trotzdem greifen wir auf externe Berater zurück. Denn für mich ist es wichtig, von Zeit zu Zeit eine weitere qualifizierte Sicht von außen auf die eigenen Herausforderungen zu bekommen. Der externe Faktor wird also gebraucht. Aber nur die reine Außenperspektive ist wiederum auch nicht ausreichend. Der Berater muss auch die Branche oder den Prozessgegenstand kennen und muss quasi ein „Wissenspool" sein. Ich brauche Berater im eigentlichen Sinne – Meinungsmacher – die mir helfen, mehr Objektivität in Entscheidungen zu bringen.

Da sind wir dann ja beim nächsten Punkt. Wie finden Sie denn die passenden Berater und worauf achten Sie bei der Auswahl?

Das ist wirklich keine ganz leichte Aufgabe. Wie gerade beschrieben, muss der passende Berater Verständnis vom Fachgebiet haben. Dann muss er eine Problemlösungskompetenz mitbringen und das Beratungsunternehmen eine entsprechende Projekterfahrung vorweisen können. Darüber hinaus spielen die Kenntnisse der einzelnen Berater eine wichtige Rolle. Wobei eine reine Beratungskarriere nicht immer ideal ist. Oft ist sind eigene Berufserfahrungen in der Industrie hilfreich für die Interaktion mit dem Kunden. Und dabei ist es egal, wo sie gesammelt wurden – in kleinen oder großen, national oder global agierenden Unternehmen – sondern es zählt, dass diese Erfahrungen überhaupt vorhanden sind.

Ich persönlich schätze es sehr, wenn meine Ansprechpartner auch Führungserfahrung in der Industrie haben. Wenn sie schon einmal Ergebnisse liefern mussten und nicht nur auf PowerPoint- oder Word-Niveau gearbeitet haben; nicht nur eine Methodik vorgeschlagen haben, sondern auch die Umsetzung verantworten mussten. Wenn das nämlich der Fall war, dann verändert sich auch oft das Selbstverständnis des Beraters und dann kann man richtig gut gemeinsam arbeiten.

Lassen Sie mich noch einen Gedanken zu Beratungsunternehmen formulieren. Sowohl große, als auch kleine Häuser haben Vorteile. Große Beratungen sind meiner Erfahrung nach in der Lage, sehr schnell fast jedes Projekt zu staffen, da sie auf ein breites Kompetenzportfolio ihrer Mitarbeiter zurückgreifen können. Allerdings scheinen – ganz pauschal gesagt – solche Projektkonstellationen oft ein gewisses Eigenleben zu entwickeln, wenn hier auf Folge- und Anschlussaufträge geschielt wird und einzelne Berater rollierend ausgetauscht werden. Kleinere Häuser hingegen scheinen anders zu agieren: Ein Projekterfolg oder -misserfolg ist viel stärker mit einzelnen Personen verbunden. Die schauen also ganz genau hin und arbeiten meist sehr ernsthaft.

Worauf ist beim Einsatz von Beratern zu achten, um sie gut zu steuern?

Das ist eigentlich ganz einfach: Am Anfang ist ein klares Ziel zu formulieren und es müssen auch direkt Erfolgsparameter fixiert werden. Und damit ist dann die Notwendigkeit verbunden, sich auch daran zu halten. Also kein Aufweichen und kein Abweichen – denn das verwässert die ursprüngliche Kalkulation und führt zu Change Requests und Nachtragsangeboten durch den Berater.

Und hieran direkt anschließend: Wie bewerten Sie den Erfolg eines Beratereinsatzes?

Wie gerade gesagt: Ein Beratungsprojekt ist dann erfolgreich, wenn es das liefert, was zuvor formuliert wurde, wenn also das Ziel erreicht wurde.

Wichtig für die Erfolgsmessung am Ende ist daher die Zieldefinition am Anfang. Die Probleme in der Zusammenarbeit entstehen nämlich oft schon durch einen falschen Start: Eine abstrakte Zieldefinition bringt mich als Kunden meist nicht weiter. Besser ist es, wenn ich die Aufgaben klein genug schneide, um messbare Ziele zu erhalten. Viele kleine Aufgaben kann ich natürlich zu einer größeren Aufgabe zusammenfügen, die aber immer noch messbar bleibt. Und diese Messgröße kann ich am Ende des Projektes zur Bewertung heranziehen.

Wenn Unzufriedenheiten bei den Projektergebnissen entstehen, dann werden sie oft den Beratern angelastet. Die Ursachen für die Probleme oder für den fehlenden Projekterfolg liegen aber meiner Erfahrung nach meist schon ganz vorne in der Kette, bei der Zielbeschreibung durch den Kunden.

Über diese Themen hinausgehend: Welche Trends sehen Sie persönlich im Beratungsmarkt?

Drei Dinge möchte ich hier nennen. Sie haben alle etwas mit der Digitalisierung zu tun – aber in ganz unterschiedlichen Ausprägungen.

Zunächst eine Beobachtung als Ausgangslage: Bei uns arbeiten aktuell [in der Corona-Krise, d.Verf.] rund 80.000 Mitarbeiterinnen und Mitarbeiter im Homeoffice. Und es gibt keinen merklichen Einbruch beim Service; unsere Dienstleistungen und Produkte gelangen weiterhin gut zum Kunden. Dieser Homeoffice-Umfang ist natürlich kein Dauerzustand, aber er zeigt, dass ein Unternehmen auch anders als bisher geführt und organisiert werden kann. Es mag also in Zukunft für Berater schwerer werden, den richtigen Einsatzpunkt zu finden. Wen beraten die Berater denn konkret, wenn es keine „greifbaren" Mitarbeiter mehr gibt? Vielleicht sehen wir ja neue Beratungsofferings?

Viel kurzfristiger gedacht: Momentan ist es ja kaum möglich zu beraten, ohne das Buzzword „Digitalisierung" zu benutzen. Allerdings findet sich für fast jedes Beratungsprodukt ein Pendant im Netz beziehungsweise es wird durch Leistungen aus dem Netz unterstützt. Vor diesem Hintergrund reicht es also nicht mehr aus, virtuos mit MS Office zu arbeiten. Hier muss eine Digital-Kompetenz ergänzt werden. Diese Kompetenz kann ganz unterschiedlich aussehen. Große Beratungen haben hier vielleicht den Vorteil, dass sie ihre Beratungsteams aus weltweiten Ressourcen zusammenstellen können und damit wieder die breite Masse an Aufgaben abdecken. Kleine Beratungen müssen dann eine Nische finden.

Der zweite Gedanke schließt an die gerade angesprochene Digitalisierung, die landauf landab stattfindet, an. Bei unseren Kunden sehe ich ganz oft eine Aufteilung bei den Mitarbeitern. Hier sind ein Drittel total digital aktiv und zwei Drittel kaum. Ein „dazwischen" gibt es selten. Oft ist dies auch eine Generationenfrage. Ein Ausgleich zwischen diesen beiden Fraktionen erscheint mir notwendig. Und man muss genau wissen, an welchen Stellen brauche ich zwingend Digital-Kompetenz für mein Unternehmen und an welchen Stellen kann ich vielleicht drauf verzichten. Wie binde ich also alle Mitarbeiter ein?

Hier können Berater unterstützen. Allerdings geht dieses Identifizieren, Einbinden und Mitnehmen von Mitarbeitern schon stark in Richtung Coaching. Eine solche Schnittstelle zwischen Beratung und Coaching sieht man oft bei Einzel-Coaches: Es gibt ja viele, die coachen, aber auch Beratung anbieten. Und es gibt Berater, die nur beraten. Offen ist in meinen Augen aber, ob dies unter einen Hut zu bringen ist? Lassen sich die beiden Geschäftsmodelle Beratung und Coaching wirtschaftlich sinnvoll kombinieren?

Für die dritte Überlegung möchte ich erst etwas weiter in die Vergangenheit schauen, um dann den Blick nach vorne zu werfen. Ich beobachte das Beratungsgeschäft jetzt seit gut 20 Jahren. In dieser Zeit war es sehr stabil in seinen Grundzügen. Die Prozesse rund um die Beauftragung, die eigentliche Beratung und die Präsentation oder Lieferung haben sich nicht groß verändert. Erleichtert wurde dies sicherlich durch die omnipräsente Nutzung von MS Office: Es wurde durch diese Software eine einzigartige Schnittstelle geschaffen, die eine Integration von Externen bzw. von Beratern ins Kundenunternehmen sehr einfach gemacht hat. De facto konnte man beliebig Berater einbauen.

Heute gibt es andere und mehr Schnittstellen. Da sind diejenigen aus dem Bereich der künstlichen Intelligenz zu nennen, da gibt es automatisierte Updates meiner Datenbanken, da bekomme ich Zugriffe auf andere Datenbanken, da laufen Robots für mich durch die Netze und liefern mir neue Daten. Diese Liste lässt sich noch erweitern. Diese Daten können schon heute 1:1 in meine internen Kommunikationsprozesse eingebunden werden. Und viele von diesen Informationen sind kostenfrei verfügbar. Für die Lieferung dieser Daten und Informationen haben sich Beratungen in den vergangenen Jahren gut bezahlen lassen. Dieser klassische Austausch ist technisch einfach geworden und fällt zukünftig weg.

Hier müssen sich Berater neu erfinden und sich auf den Kern der Beratung, den Rat, zurückbesinnen. Das fleißige Heranschaffen von Datenpunkten taugt nicht mehr zur Differenzierung. Die Erfahrung und die Einschätzung von konkreten Situationen wird wieder mehr gefragt sein – weniger hingegen die Bereitstellung von reiner Manpower unter dem

Deckmantel von Beratung. Das sind dann vielleicht „Managed Services", aber keine Beratung im eigentlichen Sinne. Der Berater muss sich und seinen Kunden die Frage beantworten, warum er schlauer, cleverer, besser ist, als die trainierten Maschinen und Algorithmen. Das führt dann in letzter Konsequenz dazu, dass Berater nicht nur untereinander in Konkurrenz stehen und sich untereinander messen lassen müssen, sondern auch mit Maschinen und Robots.

Zur Person:

Wilfried Bauer leitet aktuell die Business Area „Public & Health" als Vice President Digital Solutions bei T-Systems. In dieser Rolle unterstützt er private und öffentliche Kunden bei ihrer Digitalen Transformation. In den letzten Jahren hat er u.a. die Transformation und strategische Veränderung der T-Systems verantwortet. Damals wie heute oft auch mit Unterstützung von externen und internen, großen und kleinen, generalistischen und spezialisierten Beratern.

7.3.2 Ansatzpunkte für die professionelle Projektgestaltung

Aus Kundensicht lässt sich das Management eines Beratungsprojektes in acht idealtypische Aufgabenblöcke unterteilen. Dabei werden die ersten sechs durchlaufen, bevor das eigentliche Projekt startet. Die nachfolgend exemplarisch aufgeführten Aufgaben je Block können von einzelnen oder mehreren der oben genannten Beteiligten der Kundenprofessionalisierung durchgeführt bzw. unterstützt werden:[197]

1. Problemdefinition
   - Moderation von Zielsetzungs- / Problemdefinitionsworkshops
2. Planung des Beratereinsatzes
   - Entwicklung von Organizational Rules
   - Optimierung des administrativen Prozesses
   - Unterstützung bei der Risikoanalyse
3. Beraterauswahl
   - Design von Auswahlverfahren
   - Moderation der Auswahl
   - Abwicklung des Matching-Prozesses

---

[197] Vgl. für die folgenden Ansatzpunkte der Kundenprofessionalisierung Mohe, Kolbeck: 2003, S. 36.

4. Vertragsgestaltung
   - Entwicklung von Rahmenverträgen
   - Optimierung von Beraterverträgen
   - Klärung von Haftungsfragen
   - Regelung für Vertragsauflösung
5. Projekt-Staffing, Projekt-Lead, Team-Entwicklung
   - Unterstützung bei der (internen und externen) Teamauswahl
   - Teamentwicklung
6. Projektplanung
   - Bereitstellung von Projektmanagement-Tools
   - Erstellung von Projektplänen
   - Initialisierung eines Beratungs-Controllings
7. Projektdurchführung
   - Projekt-Coaching
   - Konfliktmoderation
   - Projekt-Controlling
8. Projektevaluation und -abschluss
   - Entwicklung eines Bewertungsbogens
   - Evaluation der Beratungsprojekte
   - Moderation von Feedbackrunden und Abschlussgesprächen
   - Erhebung der Lessons Learned

Neben dem gerade skizzierten linearen Ablauf sind auch Wechselwirkungen zwischen den einzelnen Schritten anzustreben.

7.3.3 Beschaffung der Beratungsleistung als Treiber der Professionalisierung

Einen wesentlichen Trend im Markt für Beratungsdienstleistungen stellt die zunehmende Einbeziehung von Einkaufsorganisationen bei der Auswahl und Beauftragung von Unternehmensberatungen dar. Dies betrifft allerdings nicht nur den Bereich der klassischen Beratung, sondern den Einkauf von Dienstleistung allgemein, wie die Einschätzung eines Beratungs- und Marktforschungshauses illustriert:

„Eine relativ neue Herausforderung – die nicht nur uns, sondern die ganze Branche betrifft – ist die Tatsache, dass der Einkauf eine immer größere Rolle im Angebotsprozess spielt. Vor 10 Jahren war uns der Begriff Tactical Sourcing noch völlig unbekannt, heute bekommen wir als Reaktion auf ein seriös kalkuliertes Angebot oft erst einmal eine aus unserer Sicht deutlich weniger seriöse E-Mail, doch bitte schön die Preise pauschal um 10 % zu senken. Und das ganze ohne jede inhaltliche Begründung."[198]

---

[198] Egloff: 2020.

Ein solches Vorgehen ist selbstredend ziemlich plump. Letztendlich besteht das Ziel eines organisierten Beratereinkaufs – wie im Einkauf grundsätzlich – darin, mehr Transparenz bezüglich der Entscheidung zu schaffen, um dann auch Preisverhandlungsspielräume ausloten zu können. Die Forschung zum Einkaufsverhalten von Unternehmen charakterisiert Entscheidungsprozesse traditionell als analytische oder rationale Prozesse, die eine umfangreiche Informationssammlung und detaillierte Analysen beinhalten. So geht beispielsweise die umfassende Literatur zur Lieferantenauswahl, die sich in zwei Hauptkategorien – (1) Auswahlkriterien und (2) Entscheidungsmodelle – gruppieren lässt, typischerweise von rationalem Verhalten aus. Allerdings erschweren in der Praxis die zunehmende externe Volatilität und Komplexität einerseits und der interne Zeit- und Ressourcendruck andererseits die Sammlung, Strukturierung und umfassende Analyse von Daten vor einer Beschaffungsentscheidung.

Dabei bleibt festzuhalten, dass Einkaufsprozesse auch bei einer stärkeren Professionalisierung immer rationale und emotionale Komponenten umfassen. So unterstreichen Knod und Wieghardt speziell die emotionalen Aspekte bei B2B-Kaufprozessen:[199]

- Vertrauen (Glaubwürdigkeit und Authentizität des Lieferanten)
- Zuversicht (Fähigkeit des Lieferanten, die angebotene Leistung zu erbringen)
- Optimismus (Fähigkeit, den Kunden optimistisch zu stimmen)
- Stolz (des Kunden auf die Zusammenarbeit mit einem Lieferanten).

Wichtig ist zudem das Verständnis, dass die Professionalisierung von Einkaufsprozessen nicht bedeutet, Intuition und rationale Prozesse gegeneinander ausspielen zu müssen: Emotionalität und Rationalität stellen keine zwingenden Gegensätze dar, wie dies häufiger behauptet wird. Erfahrene Entscheidungsträger im Einkauf könnten zum Beispiel Muster erkennen oder bei der Interaktion mit potentiellen Lieferanten während Verhandlungen oder Besichtigungen vor Ort ein Bauchgefühl empfinden, das einen ersten Eindruck erzeugt, der dann durch analytische Verarbeitung vertieft ausgewertet wird, um zu prüfen, ob die intuitive Entscheidung akzeptabel ist und ausgeführt werden kann.[200]

Die Abwicklung des Beratereinkaufs erfolgt heute nicht mehr nur bei Großunternehmen, sondern auch bei Unternehmen mittlerer Größe durch Einkaufsabteilungen. So weist der BDU bereits in 2013 aus, dass im Bereich von Konzernkunden etwa 60 % der befragten Beratungen von einer (im Zeitablauf) stärkeren Einbeziehung der Einkaufsabteilungen in den Entscheidungs-

---

[199] Vgl. Knod, Wieghardt: 2019, S. 27.

[200] Vgl. Kaufmann, Wagner, Carter: 2017, S. 83.

prozess ausgehen (bei mittleren und kleineren Unternehmen waren dies 34 %).[201]

Eine eigene Erhebung in Zusammenarbeit mit dem BDU zeigt ähnliche Abhängigkeiten: Je größer das Kundenunternehmen, desto komplexer und langwieriger die Entscheidungsprozesse und desto größer der Einfluss des funktionalen Beratereinkaufs. Dies spiegelt sich auch in einer weiteren Abhängigkeit wider (vgl. Abbildung 50): Je größer die Beratungsprojekte sind, desto aufwendiger ist der Einkaufsprozess. Es kann demzufolge sinnvoll sein, sich als Berater für mehrere kleinere Projekte zu bewerben und sich nicht ausschließlich an wenigen großen Ausschreibungen zu beteiligen.[202]

Die Folge ist fast unausweichlich eine Erhöhung der Preissensitivität und des Preiswettbewerbs. Dies ist ein aus Sicht der Kundenunternehmen ein durchaus beabsichtigter Prozess. Schließlich steht der Einkauf von Beraterleistung häufig im Verdacht, dieser erfolge „zu teuer".

So ist ein professioneller Einkaufsprozess darauf ausgerichtet, den Entscheidungsprozess für das Unternehmen transparenter zu machen und durch die Erhöhung der Wettbewerbsintensität (d. h. Einbeziehung mehrerer qualifizierter Beratungen) Druck auf die finalen Angebotspreise auszuüben. Die Fokussierung auf den Faktor Preis kann von Nachfrageseite weiter forciert werden, z. B. dadurch, dass

- das Entscheidungsgewicht des Preises besonders hoch festgelegt wird („Bei der Entscheidung über die Vergabe werden die Projektkosten zu 80 % gewertet, die Leistung und Qualität zu 20 %").
- die Anbieter gebeten werden, die Nebenkosten möglichst genau aufzuschlüsseln, damit die Vergleichbarkeit der Angebote gewährleistet ist.

Bestimmungsgründe für einen veränderten Einkaufsprozess können sowohl externer (allgemeine Marktentwicklung, mehr Anbieter, stärkerer Wettbewerb etc.) als auch interner Art (Kostendruck ist dabei nur ein Grund) sein (zu den Abhängigkeiten siehe Abbildung 51).

[201] Vgl. Bundesverband Deutscher Unternehmensberater BDU e.V.: 2013.

[202] Vgl. Bundesverband Deutscher Unternehmensberater BDU e.V.: 2013.

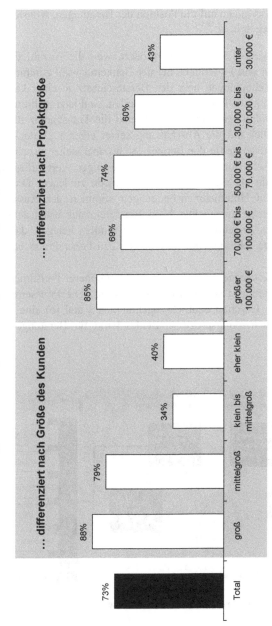

Statementbewertung: „**Wo früher eine schnelle Beauftragung möglich war, starten heute längere Einkaufsprozesse**" [Zustimmung % top-2][1]

... differenziert nach Größe des Kunden

... differenziert nach Projektgröße

Total	groß	mittelgroß	klein bis mittelgroß	eher klein	größer 100.000 €	70.000 € bis 100.000 €	50.000 € bis 70.000 €	30.000 € bis 70.000 €	unter 30.000 €
73%	88%	79%	34%	40%	85%	69%	74%	60%	43%

1) Frage: Wie haben sich die Einkaufsprozesse von Beratungsprojekten bei Ihnen in den letzten Jahren entwickelt? Bitte bewerten Sie hierzu die folgenden Aussagen anhand einer Skala von 1=stimme überhaupt nicht zu bis 5=stimme voll und ganz zu. Mit den Werten dazwischen können Sie entsprechende Abstufungen vornehmen.

Abbildung 50: Statementbewertung zum Thema Einkaufsprozesse aus Beratersicht

Dies hat Auswirkungen auf die Position der Beratungen, wie sich auch in der o.g. Studie belegen lässt:[203]

- Das Buying-Center wird vergrößert, weil die Anzahl der beteiligten Personen und Funktionen bei der Beraterauswahl zunimmt. Wenn früher Entscheidungen über den Beratereinsatz in einer kleinen Gruppe von Geschäftsführern getroffen wurden, sind jetzt mehrere unterschiedliche Funktionen beteiligt. Dies senkt die Transparenz für den Berater in Hinblick auf die Abschätzung seiner eigener „Value-Position". Es wird schwierige für den Berater, „sich seiner sicher zu sein".
- Einkaufsabteilungen tendieren dazu, weniger Wert auf qualitative Unterschiede als vielmehr Preisunterschiede zu legen. Drei Viertel der deutschen Unternehmensberatungen stimmen der Aussage zu „Die Einkaufsabteilung achtet beim Beratereinkauf hauptsächlich auf den Preis des Angebotes". Auch andere Studien belegen, dass abgelehnte Angebote sehr stark mit dem Faktor „zu hoher Preis" begründet werden.
- In der Konsequenz ergeben sich (a) ein höherer Preisdruck (etwa 70 % der Beratungen stimmen der Aussage zu „Die Preissensitivität hat in unserem Geschäft deutlich zugenommen") und (b) eine Verlängerung der Entscheidungsprozesse. Beides wirkt für Beratungen ertragsmindernd.

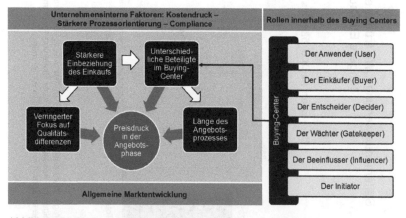

Abbildung 51: Veränderung der Einkaufsprozesse

---

[203] Vgl. nochmals Bundesverband Deutscher Unternehmensberater BDU e.V.: 2013.

Eine dominierende Rolle bei der skizzierten Entwicklung spielen die erwähnten Buying Center, soweit sie involviert sind. In diesen Fällen werden die Auswahlprozesse für Berater aus deren Sicht zunehmend komplexer, langwieriger und besser dokumentierter, auf jeden Fall für die beteiligten Berater intransparenter. Die verschiedenen, am Kaufprozess beteiligten Personen, machen die Verhandlungsführung für den Verkäufer zur Herausforderung.

Hintergrund dafür ist, dass die Entscheidungen über den Einkauf von Beraterleistung in professionellen Kundenunternehmen längst nicht mehr nur von einem Ansprechpartner getroffen werden. Das Buying Center setzt sich aus mehreren am Entscheidungsprozess beteiligten Personen zusammen. Das macht es dem Berater schwer, seine Argumentation auf die Persönlichkeit seines Gegenübers abzustimmen. Vielmehr hat es mit einer so genannten „Multi-Personalität" zu tun.[204] Je mehr Personen in dieser Gruppe vertreten sind und je unterschiedlicher die Vorstellungen darüber, was das Ziel des zu vergebenen Beratungsprojektes und konkreten Anforderungen an das Beraterteam sind, desto schwieriger gestaltet sich der Einkaufsprozess für Außenstehende (anbietende Berater). Um dieser Situation nicht gänzlich machtlos ausgeliefert zu sein, geht es für die Anbieter darum, Transparenz hinsichtlich der Rollen unterschiedlicher Beteiligter zu schaffen. Dies stellt eine Voraussetzung dafür dar, dass die Entscheidungsprozesse besser verstanden werden und sich im Endeffekt eine aktive Beeinflussbarkeit durch den anbietenden Berater ergibt.

In dem Modell, das Webster und Wind in den 1970er-Jahren entwickelt haben, werden sechs Rollen beschrieben, aus denen sich ein Buying Center zusammensetzt (vgl. Abbildung 51, rechts). Befinden sich Berater im Akquisitionsprozess, ist es sinnvoll, die Rollen bei allen am Prozess beteiligten Personen zu identifizieren und zu klassifizieren; Kunden sollten sich ebenfalls ihrer Rollen bewusst werden:[205]

- *Der Anwender („User"):* Er muss mit einer Lösung täglich leben und damit umgehen. Deshalb möchte er die eigenen Arbeitsabläufe verbessern oder vereinfachen. Wenn es um eine Prozessverbesserung in der Logistik geht oder aber das Innovationsmanagement im Unternehmen stellt der User den Manager dar, der das Projekt in die Linie überführen muss.
- *Der Einkäufer („Buyer"):* Eine besondere Bedeutung hat der Einkäufer, wobei seine Funktion vielfach missverstanden wird. Der „Angstgegner" der anbietenden Berater sorgt dafür, dass Preisvorstellungen und andere Konditionen des Unternehmens eingehalten werden.

---

[204] Vgl. Oberstebrink: 2014, S. 56-67.
[205] Vgl. Webster, Wind: 1972, S. 17.

- *Der Entscheider („Decider"):* Er ist für das Geschäftsergebnis verantwortlich und achtet vor allem auf den Return on Investment (RoI), den die angebotene Lösung bringt.
- *Der Wächter („Gatekeeper"):* Er kann sowohl Türöffner als auch Türschließer sein. Meist wird diese Rolle von Sekretärinnen oder Assistentinnen ausgefüllt, die eine Vorauswahl der Anbieter treffen und alle relevanten Informationen sammeln und aufbereiten.
- *Der Beeinflusser („Influencer"):* Er nimmt in der Vorbereitung der Entscheidung Einfluss. Er legt zum Beispiel Kaufkriterien fest oder trifft eine Vorauswahl von möglichen Beratungsgesellschaften.
- *Der Initiator:* Er hat ein bestimmtes Problem erkannt und löst den Einkaufsprozess aus, gehört aber nicht zum Projektteam.

Innerhalb des Buying Centers können alle identifizierten Personen aus Sicht der Beratung in zwei Gruppen eingeteilt werden: die Förderer und die Gegner. Anschließend gilt es, den Einfluss auf die Kaufentscheidung der jeweiligen Personen zu fixieren (Frage: „Wie viel Prozent der gesamten Entscheidungsmacht kommt einer Person zu?"). Schließlich sollte versucht werden, die Interessen der einzelnen Mitglieder des Buying Centers zu beleuchten und darüber hinaus die Entscheidungsmotive zu bestimmen. Diese Intentionen und Motivationen sollten sich selbstredend auch die Mitglieder der Kundenorganisationen bewusst machen uns sie ggf. bewusst einsetzen.

Gleichzeit sind Unternehmen bestrebt, die Möglichkeiten zum Verständnis des Einkaufsprozesses aus Beraterperspektive zu beeinträchtigen. Dies wird in der Praxis relativ bewusst gesteuert. Auf unterschiedlichen Ebenen wird versucht, den Aufbau einer persönlichen Ebene zwischen Berater und Ansprechpartner im Einkauf zu verhindern, z.B. durch das Verbot einer direkten Kontaktaufnahme oder durch ein systematisches Auswechseln der Personen auf zentralen Positionen innerhalb der Einkaufsorganisation.

Beratungsleistungen einkaufen

Interview mit Klaus Kemme

Wie ist Ihr Verständnis zur Funktion des Beratereinkaufs?

Der Einkauf Beraterleistungen agiert in einem nicht-traditionellen Einkaufsfeld mit hohem Spezialisierungsgrad. Bei der Deutschen Bahn (DB) haben wir uns zwar schon vor mittlerweile fast 20 Jahren dazu entschieden, Beraterleistungen über ein dediziertes Expertenteam professionell zu beschaffen, nichtsdestotrotz sind Beraterleistungen kein Produkt wie jedes andere. So zeichnet sich diese Warengruppe z. B. durch einen hohen Grad an Aufmerksamkeit von Seiten des Top-Managements und damit einhergehend durch restriktivere Vorgaben für die Durchführung von Vergabevorgängen aus. Auch die aktuelle Warengruppenstrategie der DB für die Managementberatung ist keineswegs typisch für die Beschaffung. Sie setzt gerade nicht auf eine singuläre projektunabhängige Volumenbündelung in großen Rahmenverträgen, sondern auf projektbezogene Vergaben über Ideen- und Konditionenwettbewerbe auf Basis eines breit aufgestellten und qualitätsgeprüften Pools an Lieferanten.

Welche Schritte ergeben sich im Einkaufsprojekt? Welche Bedeutung hat z. B. das Buying Center bei der Auswahl oder die Bewertung am Ende des Beraterprojektes?

Der Einkauf Beraterleistungen ist organisatorisch angesiedelt im Produktbereich „Allgemeine Bedarfe und Leistungen", ist also Teil der zentralen Beschaffung des Deutsche Bahn-Konzerns. Er agiert im Verbund mit Einkäufern verwandter Warengruppen innerhalb der Abteilung „Beschaffung Marketing, Beratung und Dienstleistungen Recht". Selbstverständlich folgt auch die Beschaffung von Beraterleistungen den allgemein geltenden Regeln für Beschaffungsvorgänge im DB-Konzern. Unterschieden wird vor allem nach Vergaben gemäß interner DB-Richtlinie versus Vergaben nach Vergaberecht. Letztere sind Beschaffungsvorgänge, die oberhalb des gültigen EU-Schwellenwertes liegen und die die Sektorentätigkeit des Auftraggebers Deutsche Bahn betreffen. Der Schwellenwert für Dienstleistungen liegt aktuell bei 428.000 Euro.

Der Konzerneinkauf, hier also der Einkauf Beraterleistungen, begleitet die Bedarfsträger als Business Partner durch alle Schritte des Vergabeprozesses. Zunächst geht es darum, den Bedarf des Fachbereichs nach Beraterleistungen über eine entsprechende Leistungsbeschreibung festzustellen und gleichzeitig die erforderliche Finanzierung über eine Bedarfsanforderung einzuholen. Im Zusammenhang mit der Leistungsbeschreibung erbringt der Einkauf Beraterleistungen bereits eine seiner wesentlichsten Dienstleistungen, nämlich die „Beratung vor der Beratung". So ist es unsere feste Überzeugung, dass die entscheidenden Hebel für einen wirtschaftlichen Einkauf im Wesentlichen zu Beginn des Beschaffungsprozesses anzusetzen sind. Nur eine gute Leistungsbeschreibung bringt im Ausschreibungsprozess hochwertige und vergleichbare Angebote hervor, um so den Ideen- und Konditionenwettbewerb voll zur Geltung zu bringen. Wir bieten dazu neben einer Muster-Leistungsbeschreibung umfangreiche Unterstützung an, die auf der Erfahrung vieler Ausschreibungen der vergangenen Jahre beruht. Wenn die Leistung klar beschrieben ist, stellen wir sicher, dass interne Möglichkeiten zur Erbringung der Beratung nicht zur Verfügung stehen (Insourcing), bevor wir an den externen Markt herantreten.

Für diese Insourcing-Prüfung verfügen wir über eingespielte kurze Wege zu unseren internen Beratungsbereichen, die in der Lage sind, auf entsprechende Anfragen zeitnah zu reagieren. Wenn dann aber doch extern beschafft werden muss, sind wir sehr gut vorbereitet. Unser bereits erwähntes (Prä-) Qualifizierungssystem gemäß § 48 Sekt-VO bietet Longlists potenzieller geeigneter und zuverlässiger Beratungspartner für jedes erdenkliche Beratungsfeld. Eine diskriminierungsfreie Auswahl unter den gelisteten Lieferanten erlaubt uns einen direkten Einstieg in die Aufforderung zur Angebotsabgabe, ohne noch einen erneuten Teilnahmewettbewerb vorschalten zu müssen. Bei kleineren Vergaben unterhalb des EU-Schwellenwerts oder bei Vergaben, die nicht die Sektorentätigkeit des Deutsche Bahn Konzerns betreffen, ist die Liste der (prä-) qualifizierten Berater natürlich ebenfalls äußerst nützlich, wenn auch nicht bindend.

Der zeitliche Ablauf der Vergabe – unter Berücksichtigung der sich ggf. aus dem Vergaberecht ergebenden Fristen – sowie die anzuwendenden Wertungskriterien samt ihrer Gewichtung werden vor Start der Ausschreibung mit dem Bedarfsträger abgestimmt und festgelegt. Schließlich muss sichergestellt sein, dass die fachliche Wertung auch genau auf die erfolgskritischen Parameter für das Projekt einzahlt. Sind erst einmal Angebote eingegangen, beginnt sowohl für uns im Einkauf als auch für unsere Bedarfsträger die systematische Auswertung und Bewertung auf Grundlage der zuvor mitgeteilten Kriterien. Zum vereinbarten Termin reicht der Bedarfsträger seine fachliche Wertung beim Einkauf ein; der Einkauf prüft auf Plausibilität und ergänzt dann die kaufmännische Wertung. Auf diese Weise ergibt sich ein erstes Ranking. Sofern die Ausschreibung ein mehrstufiges Verfahren vorsieht, ist dieses erste Ranking die Grundlage für die Verengung des Bieterkreises für Runde 2. In der Regel werden die ersten drei bis fünf Bieter in diese zweite Runde übernommen und erhalten somit eine Einladung zu Bietergesprächen, die typischerweise eine Angebotspräsentation durch die potenziellen Lieferanten, eine Fragen-und-Antworten-Runde sowie die Eröffnung der anstehenden kaufmännischen Verhandlungen beinhalten. Abgeschlossen werden die Verhandlungen in der Regel ein oder zwei Tage später.

Aus den fachlichen Erkenntnissen der Gespräche sowie dem Ergebnis der kaufmännischen Verhandlungen ergibt sich eine neue Bewertung der Angebote (auf Grundlage der zuvor mitgeteilten Kriterien). Wiederum sendet der Bedarfsträger seine überarbeitete, fachliche Wertung an den Einkauf, der seinerseits die kaufmännischen Daten neu einpflegt. Jetzt ergibt sich das finale Ranking, das den Sieger der Ausschreibung zeigt. Der Einkauf übernimmt den Bieter von Platz 1 in den internen Vergabeentscheid, der von Bedarfsträger und Einkauf gezeichnet wird. Bewegen wir uns mit einer Vergabe im Vergaberecht, müssen wir nach den Absagen an die unterlegenen Bieter allerdings noch mindestens 10 Tage warten, bis der Zuschlag an den Bieter mit dem wirtschaftlichsten Angebot erfolgen darf.

Wie segmentieren Sie die angefragten Beratungsleistungen?

Um unsere internen Bedarfsträger schnell bedienen zu können, ist es für uns in der Beschaffung wichtig, dass wir für möglichst jedes potenzielle Beratungsthema unmittelbar eine passende Bieterliste bereitstellen können; und das Spektrum an Beratungsaufträgen ist in einem Konzern wie der Deutschen Bahn naturgemäß sehr breit. Dafür bietet das oben angesprochene (Prä-) Qualifizierungssystem eine hervorragende Grundlage. Es basiert auf 9 Oberkategorien, die von der Unternehmensführung/Organisation bis zum Umweltmanagement reichen. Darunter befindet sich die Ebene der sogenannten Kompetenzkategorien; und auf dieser Ebene findet auch die eigentliche (Prä-) Qualifizierung statt. Erforderlich für die (Prä-) Qualifizierung eines Lieferanten sind vor allem passende Referenzen mit relevanter Größe, die die Eignung für eine bestimmte Kompetenzkategorie untermauern. Beispiele für Kompetenzkategorien im Bereich Unternehmensführung/Organisation sind „Strategische Unternehmensplanung" oder „Büroorganisation".

Teil des (Prä-) Qualifizierungsprozesses ist bei klassischen Beratungshäusern auch eine ausreichende Größe, die wir anhand der Zahl von beratend tätigen Beschäftigten feststellen. Apropos große versus kleine Beratungshäuser: Ideen- und Konditionenwettbewerbe sind aus unserer Sicht besonders erfolgversprechend, wenn Bieterlisten heterogen besetzt sind; wenn sich also neben den großen Beratungshäusern mit breitem Angebotsportfolio auch kleinere oder stärker spezialisierte Unternehmen beteiligen. Auf diese Weise ergibt sich nämlich eine spannende Bandbreite möglicher Lösungsansätze und natürlich auch eine aus kaufmännischer Sicht interessante preisliche Vielfalt.

Wie hat sich der Einkauf in den letzten Jahren verändert, was ist heute anders als vor zehn Jahren?

Der Einkauf von Beraterleistungen hat sich in den letzten zehn Jahren erheblich weiterentwickelt. Einige Megatrends sind dabei besonders augenfällig. So haben sich die Fähigkeiten von Großunternehmen wie der Deutschen Bahn, eigene Projekte mit internen Ressourcen erfolgreich zu managen, immer weiter und sehr stark verbessert. Dabei leisten gut etablierte interne Beratungseinheiten einen hervorragenden Beitrag, aber auch in den verschiedenen Geschäftsfeldern, wie auch in der Holding, hat ein entsprechender Kompetenzaufbau stattgefunden. So können viele Projekte vollständig mit internen Mitarbeitern bearbeitet werden; aber auch wenn extern zugekauft wird, profitiert die Steuerung der externen Berater sehr von diesem Kompetenzzuwachs. Auf jeden Fall hat sich die Nachfrage nach externer Beratung mit dem Aufbau interner Kompetenzen verschoben: Es werden weniger Beauftragungen großer Beraterteams samt externer Projektleiter nachgefragt, dafür mehr punktuelle Expertise auf seniorer Ebene. Diese punktuelle Unterstützung kann z. B. ein ganz bestimmtes Know-how in bestehende interne Teams einbringen. Das heißt natürlich nicht, dass das klassische externe Projektteam ausgedient hat: Gerade bei den Top-Strategiethemen eines Großkonzerns hat diese Form der Beratung nach wie vor ihren Platz und auch ihre Berechtigung, ist der externe Blick auf die Situation doch von besonderer Bedeutung, so wie auch das reibungslose Funktionieren des gesamten Teams, das in ständiger Interaktion mit den Top Managern unerlässlich ist.

Ein weiterer Megatrend ist der Anspruch des internen Bedarfsträgers, trotz konzeptionell anspruchsvoller Themensetzung sehr umsetzungsnahe Beratung zu erhalten, gerade auch mit Blick auf das Thema Digitalisierung. Das hat den Anspruch an den Einkauf an verschiedenen Stellen verändert. So entwickelt sich der Beschaffungsmarkt sehr dynamisch, um auf die veränderten Kundenanforderungen zu reagieren. Einige Beratungshäuser setzen auf Fall-zu-Fall-Kooperationen mit anderen Beratungshäusern, andere gründen Joint Ventures mit Technologieanbietern oder auch eigene Tochtergesellschaften mit entsprechender Fokussierung. Da ist es für den Einkäufer schon anspruchsvoll, einen Überblick zu behalten. Zudem bringt die stärkere Umsetzungsorientierung bei Beratungsbedarfen aus Einkaufssicht auch die Herausforderung mit sich, für jeden Bedarfsfall neu die richtige Herangehensweise mit dem internen Kunden zu identifizieren (Beratung vor der Beratung). So könnte man den konzeptionellen Teil des Beratungspakets herauslösen und separat ausschreiben, um den umsetzungsnahen Teil später zu platzieren. Auf diese Weise kann jeweils ein

passender Bieterkreis identifiziert werden. Die Separierung passt jedoch nicht immer: Wenn man sich aber für die Ausschreibung des Ge-
samtpakets entscheidet, kann es eine Herausforderung darstellen, dass
alle Unternehmen, die einen wesentlichen Beitrag leisten sollen, die
geforderten (Prä-) Qualifizierungen von Beginn an auch nachweisen
müssen. Die spontane Einbeziehung eines neuen Tech Start-ups durch
das etablierte Beratungshaus könnte schwierig werden, während bei
einer separaten Betrachtung des Umsetzungsteils ein anderer Kompe-
tenzschwerpunkt hätte gelten können oder auch noch Zeit gewesen wäre, entsprechende (Prä-) Qualifizierungen zu erwerben.

Die große Dynamik des Beschaffungsmarktes für Beraterleistungen ist
aus Einkäufersicht sicherlich ein Megatrend für sich. Dem Trend zur
Konsolidierung an der Spitze der Beratungsindustrie steht die stärkere
Rolle von Plattformen zur Vermittlung einzelner Ressourcen gegenüber. Wir haben beim Beratereinkauf der Deutschen Bahn reagiert,
indem wir unsere (Prä-) Qualifizierung auch für Vermittler geöffnet
haben. Neben klassischen Beratungshäusern können nun auch diese
Vermittler, die ohne eigene Mitarbeiter auskommen, aber in signifi-
kantem Ausmaß bestimmte Kompetenzkategorien mit Beratungsressourcen versorgen, einen entsprechenden Status als (prä-) qualifizierter
Lieferant erlangen, sofern sie die von uns gesetzten Vorgaben vollständig erfüllen. Neben dieser Verbreiterung unserer Lieferantenbasis,
ist die intensivierte Verfolgung der Berichterstattung über den Beratungsmarkt ebenfalls eine klare Folge der großen Dynamik. Natürlich
treffen auch die gefühlt immer zahlreicher werdenden Rankings der
Beratungsindustrie bei uns auf interessierte Leser, wenngleich der
Nutzen je nach Schwerpunkt und Methodik sicherlich unterschiedlich
zu bewerten ist.

Der professionelle Beratereinkauf ist zum selbstverständlichen Teil der
zentralen Beschaffungsorganisation geworden und damit vollständig
etabliert. Das liegt natürlich zum einen daran, dass die Managementberatung inzwischen ein gut bekanntes und etabliertes Produkt geworden
ist, eine echte Premiumdienstleistung, bei der es sich lohnt, einem äußerst gut aufgestellten Vertrieb auf Anbieterseite auch eine entsprechende Einkaufsorganisation gegenüber zu stellen. Neben diesen wirtschaftlichen Aspekten steht ein gut aufgestellter Einkauf auch für Ver-
sorgungssicherheit und Qualität. Vor allem aber trägt die professionelle Beschaffungsorganisation auch entscheidend zur Einhaltung von
Compliance-Anforderungen bei, die sich aus Recht und Gesetz sowie
aus den internen Richtlinien ergeben.

Über diese Themen hinausgehend: Welche Trends sehen Sie persönlich im Beratungsmarkt?

Der Blick in die Zukunft ist immer gewagt. Ich sehe keine wesentlichen Änderungen der beschriebenen Trends am Beschaffungsmarkt. Die Konsolidierung wird sich punktuell fortsetzen, aber eine übermäßige Konzentration von Marktanteilen bei einem, zwei oder drei Anbietern erwarte ich nicht. Ebenfalls wird die Bedeutung der vermittelnden Plattformen weiter zunehmen. Sie entspricht wohl auch dem Lebensgefühl vieler Freelancer, die die damit verbundene unternehmerische Freiheit schätzen.

Die weiter zunehmende Digitalisierung wird die Arbeitsweise im Einkauf technologisch immer weiter verbessern und durch immer leistungsfähigere Tools noch mehr Ressourcen für die strategische Arbeit freispielen. Allerdings ist die verbesserte Technik im Beschaffungsprozess meines Erachtens kein fundamentaler Game Changer für das Zusammenspiel zwischen Einkauf und Beschaffungsmarkt. Ob die Kommunikation über E-Mail oder über die Chat-Funktion eines elektronischen Beschaffungsportals läuft, kann ja schließlich nicht entscheidend sein.

Zur Person:

Klaus Kemme ist Leiter Einkauf Beraterleistungen im Konzern Deutsche Bahn. Mit seinem Team strategischer Einkäufer ist er verantwortlich für die wirtschaftliche, bedarfs-, termin- und qualitätsgerechte Beschaffung von hochwertiger Managementberatung für die Holding sowie die Geschäftsfelder im Konzern. Herr Kemme ist gelernter Bankkaufmann und Absolvent des Europäischen Studienprogramms für Betriebswirtschaft (E.S.B.) in Reutlingen, das er mit dem deutschen Diplom-Betriebswirt sowie dem britischen B.A. (Hons.) der Middlesex University Business School (London) abschloss. Er sammelte 2 Jahre intensive Berufserfahrung als Berater bei Roland Berger Strategy Consultants in München, bevor er sich entschloss, an der University of Michigan Business School in Ann Arbor seinen M.B.A. zu erwerben. Seit seiner Rückkehr nach Deutschland lebt Herr Kemme in Frankfurt am Main, wo er neben dem Beruf auch wieder seiner sportlichen Leidenschaft, dem Tennis, nachgehen kann.

7.4 Gesellschaftliche Wahrnehmung

Die Wahrnehmung von Beratung in der Gesellschaft kann als dichotom beschrieben werden. Auf der einen Seite wird sie mit einer großen Portion Skepsis bedacht, wenn zum Beispiel in der Presse die Höhe der Tagessätze ausgewählter Berater adressiert wird (vgl. Kap. 4.5.1). Berater werden zudem manchmal als arrogant, besserwisserisch und schnöselig dargestellt; ihnen wird unterstellt, von der Materie und der spezifischen Kundensituation keine Ahnung zu haben etc. Auch die so genannte Berateraffäre, die sich um die Beschaffung und den Einsatz von Beratern im Geschäftsbereich des Bundesministeriums der Verteidigung unter der ehemaligen Ministerin Dr. von der Leyen dreht und die insbesondere in den Jahren 2019 und 2020 in der Öffentlichkeit diskutiert wurde, führt zu eher negativen Einstellungen gegenüber der Profession.

Gleichzeit erfreut sich die Branche einer hohen Nachfrage: Der Beratungsmarkt wächst meist deutlich stärker, als die Gesamtwirtschaft, Beratungen liegen regelmäßig auf den vorderen Plätzen der „beliebtesten Arbeitgeber"-Rankings (vgl. Kap. 2.4.6) und ihren Aussagen (z. B. in Form von Studien und White Papers) wird oft in der Presse und in Organisationen Aufmerksamkeit geschenkt.

Aus einer gesamtgesellschaftlichen Perspektive kann konstatiert werden, dass das Berufsprestige der Unternehmensberater gelinde gesagt „verbessserungsbedürftig" ist. Leider war die empirische Grundlage für Aussagen zu Unternehmensberatern im direkten Vergleich zu anderen (auch wirtschaftlich ausgerichteten Professionen) bisher schwach, wobei der Grund denkbar einfach ist: So hat die relativ bekannte Untersuchung des Allensbacher Instituts für Demoskopie bisher die Profession der Consultants nicht berücksichtigt (gleiches trifft für andere publizierte Studien zu).

Vor diesem Hintergrund sind die Ergebnisse der repräsentativen Studie OpinionTRAIN interessant, die erstmals Unternehmensberater einbeziehen.[206] Wie Abbildung 52 verdeutlicht, erreicht die Profession der Unternehmensberater sowohl in der positiv gerichteten Abfrage (am meisten geschätzt), als auch in der Negativ-Richtung sehr schlechte Ergebnisse. Gerade einmal ein Prozent der deutschen Bevölkerung zählt Unternehmensberater zu den am meisten geschätzten Berufen. Im Negativ-Szenario werden die Consultants nur noch von den Politikern „übertroffen" (47 % vs. 43 % Nennungen).

---

[206] Vgl. exeo Strategic Consulting AG, Rogator AG: 2020. Die Studie OpinionTRAIN wurde im Mai 2020 durchgeführt. Es handelt sich um eine repräsentative Onlinestudie mit n=2.532 Befragten in Deutschland, Österreich, der Schweiz und Schweden. Die dargestellten Ergebnisse stellen die Werte nur für Deutschland dar. Grundsätzlich treffen die Ergebnisse auch für die anderen Länder zu.

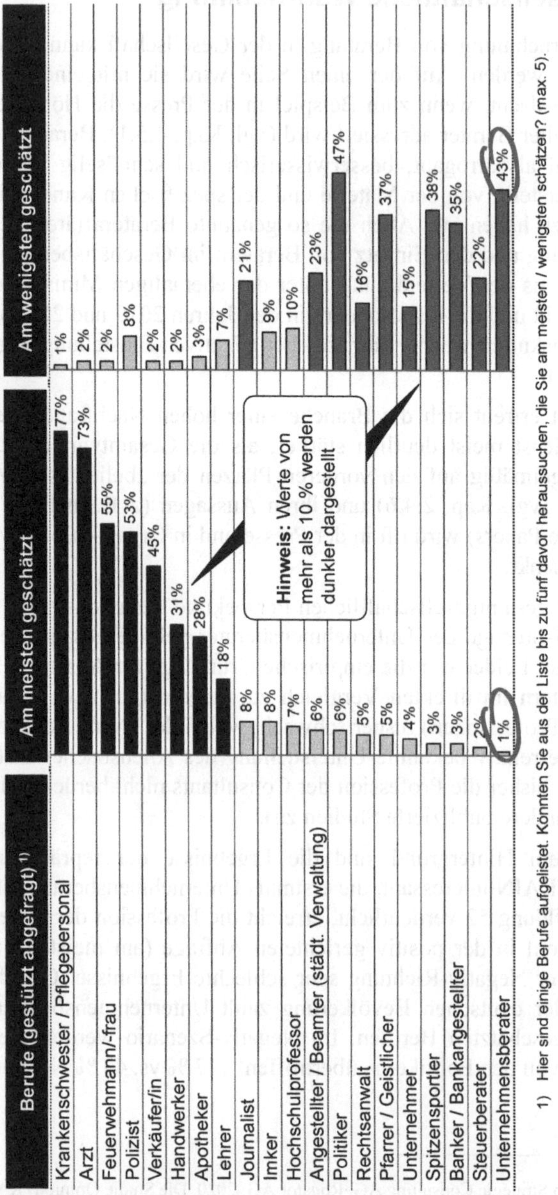

Ansehen von Berufen in Deutschland (% der Befragten)[1]

Berufe (gestützt abgefragt)[1]	Am meisten geschätzt	Am wenigsten geschätzt
Krankenschwester / Pflegepersonal	77%	1%
Arzt	73%	2%
Feuerwehrmann/-frau	55%	2%
Polizist	53%	8%
Verkäufer/in	45%	2%
Handwerker	31%	2%
Apotheker	28%	3%
Lehrer	18%	7%
Journalist	8%	21%
Imker	8%	9%
Hochschulprofessor	7%	10%
Angestellter / Beamter (städt. Verwaltung)	6%	23%
Politiker	6%	47%
Rechtsanwalt	5%	16%
Pfarrer / Geistlicher	5%	37%
Unternehmer	4%	15%
Spitzensportler	3%	38%
Banker / Bankangestellter	3%	35%
Steuerberater	2%	22%
Unternehmensberater	1%	43%

Hinweis: Werte von mehr als 10 % werden dunkler dargestellt

1) Hier sind einige Berufe aufgelistet. Könnten Sie aus der Liste bis zu fünf davon herausuchen, die Sie am meisten / wenigsten schätzen? (max. 5).

Abbildung 52: Ansehen von Berufen in Deutschland (Mai 2020); OpinionTRAIN 2020

Personen, die über eine Nähe zur Profession der Unternehmensberater verfügen (selber als Berater tätig, persönlich Bekanntschaft etc.), zeigen hier nicht – wie vielleicht zu erwarteten wäre – ein besseres, sondern sogar ein kritischeres Bild.

Die starke Polarisierung der Beratungsbranche erscheint umso bemerkenswerter, wenn man sie mit Zahlen beschreibt. So ist die Anzahl der Unternehmensberater in Deutschland kleiner als die Zahl der Imker und der Beratungsmarkt wächst zwar stark, aber er bildet nur circa ein Prozent des deutschen Bruttoinlandsprodukts ab. Die Wahrnehmung (egal, ob positiv oder negativ), die sich beispielsweise in der medialen Präsenz ausdrücken lässt, erscheint mit Blick auf diese Werte eher überproportional hoch. Dieser Zusammenhang lässt sich auch empirisch belegen. In der Kooperationsstudie OpinionTRAIN, die exeo Strategic Consulting AG und Rogator AG durchgeführt haben, wurde exemplarisch die Größenordnung der Berufsgruppen Imker und Unternehmensberater direkt miteinander verglichen (im Interview wurden die Studienteilnehmer um eine Einschätzung gebeten, welche der beiden präsentierten Berufsgruppen zahlenmäßig größer ist). In 2019 gab es circa 150.000 Imker und circa 130.000 Berater.[207] Das Antwortverhalten in der repräsentativen Studie zeigt Abbildung 53.

Fast drei Viertel der Befragten geben an, dass die Zahl der Unternehmensberater die Zahl der tätigen Imker in Deutschland übersteigt. 41 % der Studienteilnehmer sind sogar der Meinung, dass es in Deutschland viel weniger Imker als Unternehmensberater gibt. Die Verzerrung ist auch in der Gruppe der Personen erkennbar, die entweder Unternehmensberater persönlich kennen oder selbst als Berater tätigt sind. Zu erklären ist diese Wahrnehmungsverzerrung durch das „What-you-see-is-all-there-is"-Prinzip. Werden häufiger Informationen aufgenommen, die von Unternehmensberatern stammen oder die im Kontext genannt werden, prägt dies das Bewusstsein der Menschen.[208] Berufsgruppen, die medial weniger präsent sind, werden in der Wahrnehmung „herabgestuft".

---

[207] Vgl. nochmal Bundesverband Deutscher Unternehmensberater BDU e.V.: 2020a, S. 4 und Deutscher Imkerbund e.V.: 2020.

[208] Daniel Kahneman prägte das Akronym WYSIATI, das eine Abkürzung für „What you see is all there is" ist. Es ist eine der Wahrnehmungsverzerrungen, die er untersucht, wenn er beschreibt, wie menschliche Entscheidungen nicht vollständig auf rationalem Denken beruhen. Das Phänomen von Selektionsproblemen ist relativ verbreitet. So berichten die Nachrichtenmedien routinemäßig über bestimmte Ereignisse, aber nicht über die entsprechenden Nicht-Ereignisse: Schlagzeilen wie „Kein Terroranschlag im heutigen Afghanistan" liest man selten.

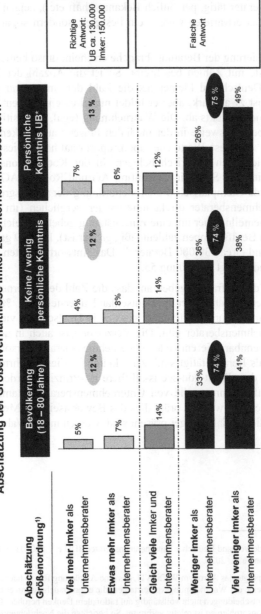

Abbildung 53: Wahrnehmung des Größenverhältnisses zwischen Imkern und Unternehmensberatern (UB) in Deutschland; OpinionTRAIN 2020

Blick von außen

Interview mit Thomas Steinmann

Herr Steinmann, Sie sind und waren weder Berater, noch Beratungskunde. Wie sind Sie denn zu „Beratung" gekommen, was ist Ihr Zugang zur Branche?

Beratung spielt eine zunehmend wichtige Rolle im öffentlichen Sektor. Dadurch rückt die Branche auch verstärkt in den Fokus der Medien. Zu den Aufgaben von uns Journalisten gehört es, das Handeln der öffentlichen Verwaltung und den Einsatz von Steuergeld kritisch zu begleiten – eben auch, wenn es um Aufträge an Beratungsunternehmen geht.

Was fällt Ihnen als Außenstehender als Besonderheit auf, wenn Sie auf die Branche schauen?

Für Außenstehende wirkt die Beraterbranche verschlossen, schwer zugänglich und geprägt von weitreichenden Netzwerken ihrer führenden Vertreter. Das führt auch zu einer gewissen Mythenbildung – etwa was den Einfluss von Beratungsunternehmen auf Wirtschaft und Politik angeht.

In Ihrer Rolle als Journalist, beispielsweise bei der Begleitung der so genannten Berateraffäre[209], haben Sie ja auch mit vielen Menschen gesprochen, die Beratung nicht als Hauptbeschäftigung haben. Wie nehmen Sie denn die Stimmung in der Gesellschaft in Bezug auf Beratung wahr?

In weiten Teilen der Öffentlichkeit dominiert ein klischeehaftes Bild von Beratern: junge, kühl agierende Absolventen von Eliteuniversitäten, die in Unternehmen oder Behörden auftauchen und meinen, alles besser zu wissen als jene, die dort schon seit Jahren arbeiten. Dieses Bild wurde durch das Verhalten führender Vertreter der Branche, wie es in der Berateraffäre öffentlich wurde, leider bestätigt.

---

[209] Der Verteidigungsausschuss des Deutschen Bundestages hat sich 2019 selbst als Untersuchungsausschuss eingesetzt. Dieser parlamentarische Untersuchungsausschuss will den Umgang des Bundesministeriums der Verteidigung bzw. der Geschäftsbereichs des BMVg mit externer Beratung aufklären. Im Vorfeld sind Berichte über mögliches Fehlverhalten auch der Leitungsebene bekannt geworden.

Wenn Sie auf Basis Ihrer Erfahrungen und Eindrücke Beratern einen Ratschlag für den Umgang mit Kunden geben sollten – welcher wäre das?

Berater sollten sich als Dienstleister für ihre Kunden verstehen – und dies auch in ihrem Auftreten bei den Kunden reflektieren. In den meisten Fällen profitieren Projekte davon, wenn das Wissen der Mitarbeiter auf Kundenseite genutzt wird.

Und umgekehrt, wenn Sie Kunden einen Ratschlag für den Umgang mit Beratern bzw. mit Beratung geben sollten – was würden Sie hier sagen?

Wichtig ist aus meiner Sicht, vor der Einschaltung von Beratern klar zu definieren, in welchen Bereichen diese einen realen Mehrwert liefern können und welches konkrete Ziel die Beauftragung erreichen soll. Grundsätzlich spricht auch nichts dagegen, diese Vorüberlegungen gemeinsam mit dem Auftragnehmer anzustellen. Aber es muss stets gewährleistet sein, dass der Kunde die Berater führt – und nicht umgekehrt. Das gilt im Übrigen nicht nur für Auftraggeber aus dem Public Sector.

Über diese Themen hinausgehend: Welche Trends sehen Sie persönlich im Beratungsmarkt?

In der Berateraffäre des Verteidigungsministeriums sind mehrere Fälle bekannt geworden, in denen Beratungsunternehmen neue Projekte designt haben und sie dann dem Auftraggeber schmackhaft gemacht haben. Bei allem Verständnis für Auftragsakquise: Ich kann nur hoffen, dass dies kein Trend ist.

Zur Person:

Thomas Steinmann ist seit 2013 Redakteur beim Wirtschaftsmagazin Capital in Berlin. Für das Magazin berichtete er auch über die sogenannte Berateraffäre im Verteidigungsministerium und die Arbeit des Untersuchungsausschusses des Deutschen Bundestages. Von 2010 bis 2012 war Steinmann Parlamentskorrespondent bei der Financial Times Deutschland.

Neben pauschalisierter Kritik, die sich oft gegen das Verhalten und Auftreten einzelner Personen richtet, lassen sich auch vier grundsätzliche Kritiktypen identifizieren, denen sich die Beratung ausgesetzt sieht:[210]

- *Fundamentalkritik:* Unternehmen und ihre Strategien müssen einzigartig sein. Die Anwendung allgemein verfügbarer Konzepte und Frameworks führt jedoch zu ähnlichen oder sogar identischen Unternehmenssituationen und sind daher abzulehnen. Schließlich suchen Strategen nach Möglichkeiten der Differenzierung, welchen eine höheren „Perceived Value" verspricht. Führt der Beratereinsatz zu Ähnlichkeiten (z. B. bei Produktfeatures, bei Service-Prozessen etc.) bei den führenden Unternehmen einer Branche wird allerdings das Gegenteil erreicht.

- *Modenkritik:* Hinter neuen Instrumenten verbergen sich lediglich neue Begrifflichkeiten und Problembeschreibungen, mit denen vornehmlich die Nachfrage nach Beratungsleistung geschaffen werden soll. Allerdings ist zu berücksichtigen, dass eine gewisse Produktentwicklung aus Sicht der Beratungen geradezu zwingend ist. Zum einen definieren sich die Beratungen über Produkte – sie werden gleichermaßen von den Kundenunternehmen auch verlangt – zum anderen ermöglichen Produkte oder standardisierte Beratungsansätze auch Skalierungen.

- *Inhaltliche Kritik:* Instrumente der Beratung sind häufig entweder nicht präzise genug beschrieben und lassen sich dadurch nicht falsifizieren oder es fehlt der eindeutige wissenschaftliche Nachweis ihrer Nützlichkeit und Vorteilhaftigkeit. Ein besonders prominentes Beispiel ist der von Fred Reichheld (Bain & Company) entwickelte Net Promotor Score (NPS), der einen großen Einfluss auf Marktforschung und Unternehmensteuerung hat.[211] Der NPS erreichte seit einer vielbeachteten Veröffentlichung in der Harvard Business Review (2003) eine enorme Popularität im Management, weil dieser verspricht, in einer einzigen Zahl einen Indikator für die Wachstumsperspektiven des Unternehmens zu liefern.[212] In einer empirischen Untersuchung stellen Bendle und Bagga fest, dass der NPS-Ansatz aus Sicht der Manager ein wissenschaftlich bewährtes Instrumentarium darstellt, während es gleichzeitig von den Forschern teilweise stark kritisiert wird.[213]

- *Kritik an der mangelnden Sorgfalt bei der Anwendung:* Instrumente werden häufig stark verkürzt und vereinfacht angewandt. Neben der Kritik gegenüber den Anwendern wird auch den Instrumenten vorgeworfen, dazu zu verleiten, die Komplexität der Probleme zu übersehen.

---

[210] Vgl. Scherr et al.: 2005, S. 146-147.

[211] Vgl. Reichheld: 2003, S. 2-10.

[212] Vgl. Artz: 2017, S. 32-38.

[213] Vgl. Bendle, Bagga: 2016, S. 73 ff.

7.5 Situation und Reaktion der Berater

Beratungsunternehmen sind gezwungen, sich mit der vorgetragenen Kritik und der Wahrnehmung in der Öffentlichkeit auseinanderzusetzen und nach Lösungsstrategien zu suchen.

Im Rahmen dieser Auseinandersetzung tauchen verschiedene Dilemmata oder Zielkonflikte auf:[214]

- *Budget versus Lösungsgüte*: Einerseits soll die Beratung das mit dem Kunden vereinbarte Budget einhalten, andererseits lassen sich eventuell nicht alle notwendigen, und gegebenenfalls später hinzugekommenen und als wesentlich erachteten Arbeitsschritte in der idealen Tiefe durchführen.

- *„Dienst nach Vorschrift" versus optimale Beratung:* Einerseits soll die Beratung den vertraglich fixierten Beratungsauftrag durchführen (und ihn dabei weder unter- noch überschreiten), andererseits sind vielleicht für das Projekt gewisse Arbeitsschritte wertvoll, die aber außerhalb des beauftragten Rahmens liegen.

- *Ehrlichkeit und Unabhängigkeit versus Umsatz:* Einerseits soll die Beratung ihre Position in der asymmetrischen Beziehung gegenüber dem Kunden nicht ausnutzen, andererseits haben viele Beratungen das Ziel des Umsatzwachstums, das sie zu eigentlich nicht notwendigen Projektaktivitäten verleiten könnte.

- *Kundenwohl versus Organisationswohl:* Einerseits sind Beratungen ihrem konkreten Auftraggeber auf Kundenseite verpflichtet, andererseits sollten sie das Wohl der gesamten Kundenorganisation berücksichtigen.

- *Vertraulichkeit versus Objektivität (oder: Nähe versus Distanz):* Einerseits benötigen Beratungen den vertraulichen Zugang zu kundeninternen Informationen, andererseits sollen sie aber auch objektiv handeln, was oftmals eingeschränkt wird, wenn eine vertrauliche Beziehung zu einzelnen Kundenmitarbeitern besteht.

- *Neue Ideen versus Erfahrung:* Einerseits sollen Berater neue Ideen in den Beratungsprozess und die Kundenorganisation einbringen, andererseits werden sie oftmals gerade auf Grund ihrer Erfahrung aus ähnlichen, in der Vergangenheit durchgeführten Projekten, beauftragt.

Neben diesen Polen der Dilemmata gibt es weitere ethisch-moralische Fragestellungen und Aspekte in der Beratung, die berücksichtigt werden müssen und zu denen Abbildung 54 einen Überblick gibt.

---

[214] Vgl. Fassbender: 2004, S. 231-234.

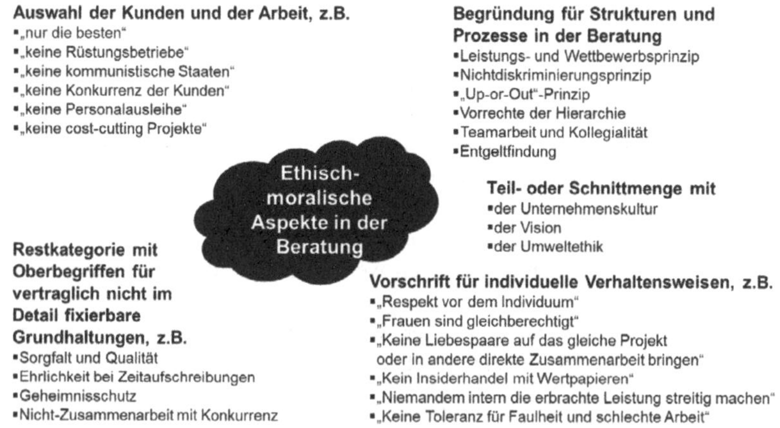

Auswahl der Kunden und der Arbeit, z.B.
- „nur die besten"
- „keine Rüstungsbetriebe"
- „keine kommunistische Staaten"
- „keine Konkurrenz der Kunden"
- „keine Personalausleihe"
- „keine cost-cutting Projekte"

Restkategorie mit Oberbegriffen für vertraglich nicht im Detail fixierbare Grundhaltungen, z.B.
- Sorgfalt und Qualität
- Ehrlichkeit bei Zeitaufschreibungen
- Geheimnisschutz
- Nicht-Zusammenarbeit mit Konkurrenz

Ethisch-moralische Aspekte in der Beratung

Begründung für Strukturen und Prozesse in der Beratung
- Leistungs- und Wettbewerbsprinzip
- Nichtdiskriminierungsprinzip
- „Up-or-Out"-Prinzip
- Vorrechte der Hierarchie
- Teamarbeit und Kollegialität
- Entgeltfindung

Teil- oder Schnittmenge mit
- der Unternehmenskultur
- der Vision
- der Umweltethik

Vorschrift für individuelle Verhaltensweisen, z.B.
- „Respekt vor dem Individuum"
- „Frauen sind gleichberechtigt"
- „Keine Liebespaare auf das gleiche Projekt oder in andere direkte Zusammenarbeit bringen"
- „Kein Insiderhandel mit Wertpapieren"
- „Niemandem intern die erbrachte Leistung streitig machen"
- „Keine Toleranz für Faulheit und schlechte Arbeit"

Abbildung 54: Aspekte der Unternehmensethik bei Beratungen[215]

Sowohl einzelne Beratungen, als auch ihre Branchenverbände erkennen diese Herausforderungen an und arbeiten sich an ihnen im Tagesgeschäft ab. Die Positionen der einzelnen Beratungen werden teilweise klar artikuliert sowie beratungsintern und teilweise auch -extern kommuniziert. Für die interne Kommunikation werden typischerweise so genannte „Welcome Days", schriftliche „Code of Conducts" oder ähnliche Formate genutzt. Die externe Kommunikation geht meist mit einer werblichen Komponente einher, bei der z. B. die Personalsuche auch unter LGBTQ-Gesichtspunkten[216] oder unter Work-Life-Balance-Aspekten[217] erfolgt. Auch werden Consulting-Wettbewerbe, -Awards und –Rankings bzw. deren Ergebnisse als Proxy für Aussagen über ein „gutes" Verhalten der Beratung genutzt.

Branchenverbände sehen sich mit der Aufgabe konfrontiert, vom individuellen Verhalten zu abstrahieren und für ihre Mitglieder zu sprechen. Da die Zahl der Mitglieder typischerweise hoch und ihre Struktur heterogen ist, sind auch die aufgestellten Verhaltensregeln, an die durch die Mitglieder eine Selbstbindung bzw. Selbstverpflichtung zu erfolgen hat, eher allgemein gehalten und in ihrer Aussage generalisierend und abstrakt. Dennoch sind sie hilfreich für die Arbeit innerhalb von Beratungen, den Wettbewerb zwischen Beratungen sowie die Zusammenarbeit mit den Kunden, wie die drei folgenden Aufzählungen exemplarisch zeigen.

---

[215] Vgl. Heuermann, Herrmann: 2003, S. 382.

[216] LGBTQ ist eine Abkürzung für Lesbian, Gay, Bisexual, Transgender and Queer (Lesbisch, Schwul, Bisexuell, Transgender und Queer. Die Boston Consulting Group will beispielsweise zum attraktivsten Arbeitgeber der LGBT-Gemeinschaft werden (vgl. BCG: 2019).

[217] Vgl. Nissen, Termer: 2011; Nissen, Franke, Meppen: 2013.

Die berufsethischen Grundsätze der ASCO (Association of Management Consultants Switzerland) sind wie folgt artikuliert:

- „Es werden nur solche Aufträge angenommen, für welche die nötigen Voraussetzungen zur gewissenhaften Durchführung vorhanden sind.
- Alle Gegebenheiten bei den Kunden werden mit Objektivität und Unvoreingenommenheit betrachtet.
- Durch die Beratungstätigkeit sollen dem Auftraggeber die Voraussetzungen für den dauernden Erfolg geschaffen werden.
- Alle Informationen des Kunden werden gemäss dem Treuhandprinzip behandelt.
- Gegenüber den Lieferanten der Auftraggeber wird jede Provision oder sonstige Vergünstigung abgelehnt."[218]

Zu den Berufsgrundsätzen des BDU zählen:

- „Der Berater übt seinen Beruf eigenverantwortlich, gewissenhaft und mit der erforderlichen Sorgfalt aus. Er übernimmt nur Aufträge, wenn er über die dafür erforderliche Kompetenz und die zur Bearbeitung erforderliche Zeit verfügen kann. Aufträge, die rechtswidrige oder unlautere Handlungen erfordern, werden abgelehnt oder nicht ausgeführt. [...]
- Der Berater ist zur Verschwiegenheit über betriebliche Interna des Auftraggebers verpflichtet. [...]
- Der Berater führt die Beratung unvoreingenommen und objektiv durch; dies schließt insbesondere Gefälligkeitsgutachten aus. Er nimmt von Dritten für sich oder andere keine finanziellen oder materiellen Zuwendungen - etwa Provisionen - an, die seine Unabhängigkeit gefährden und dem Auftraggeber nicht bekannt sind. Der Berater darf nicht tätig werden, wenn er einen oder mehrere andere Auftraggeber in derselben Sache im widerstreitenden Interesse berät. [...]
- Es werden keine Mitarbeiter des Auftraggebers abgeworben. [...]
- Werbung darf nicht unlauter und insbesondere nicht irreführend sein. Namentliche Hinweise auf Referenzen sind nur zulässig, soweit der Auftraggeber ausdrücklich eingewilligt hat. [...]
- Unternehmensberater berechnen Honorare, die im angemessenen Verhältnis zur Leistung oder zum Ergebnis stehen und die vor Beginn der Beratungstätigkeit mit dem Klienten abgestimmt worden sind. [...]
- Der Berater bildet sich in dem Maße fachlich fort, um die zu seiner Berufsausübung erforderlichen Kompetenzen zu erhalten und weiterzuentwickeln."[219]

---

[218] Association of Management Consultants Switzerland: 2019.

[219] Bundesverband Deutscher Unternehmensberater BDU e.V.: 2018.

Die Richtlinien der SGW (Schweizerische Gesellschaft praktizierender Wirtschaftsberater) lauten:

- „Wahrung eines hohen Standards in beruflicher und ethischer Beziehung
- Einhaltung der Standesordnung
- Berücksichtigung der Honorarrichtlinien
- Klare Regelung bei Auftragsannahme und -abwicklung
- Ganzheitlicher Ansatz bei der Beratung
- Wahrung der Unabhängigkeit in der Ausübung des Berufes als Wirtschaftsberater
- Wahrung der Kollegialität und Pflege der Zusammenarbeit unter den Mitgliedern
- Einnahme eines fachlich objektiven, ausgewogenen Standpunktes"[220]

Neben den formulierten Grundsätzen, an denen sich Verbandsmitglieder orientieren müssen, bieten auch Zertifizierungen eine Signalwirkung für Beratungskunden. So wird das Gütesiegel Certified Management Consultant (CMC) in Deutschland vom BDU verliehen.

Hilfreich für die ordnungsmäßige Durchführung von Beratungsprojekten kann auch die Orientierung an den einschlägigen Normen ISO 20700 und EN 16114 sein.[221]

Wandel und Veränderung durch und für Berater

Interview mit Prof. Dr. Thomas Wrona und Pauline Charlotte Reinecke

Sie betrachten im Rahmen Ihrer Arbeit am Lehrstuhl ja Beratung und Veränderungsmanagement gemeinsam. Viele Berater und viele Change-Leute bleiben hingegen ihren einzelnen Bereichen verhaftet. Was hat Sie dazu bewogen, beide Felder parallel zu betrachten?

TW: Ich unterscheide zunächst zwischen organisationalem Wandel und Change Management. Während ersteres zunächst einmal die Verände-

---

[220] Hauser, Egger: 2004, S. 38.

[221] Vgl. Ennsfellner: 2014, 2020.

rung inhaltlicher Gegenstände in Organisationen beschreibt (z. B. verändern sich Organisationsstrukturen oder die Unternehmenskultur), besitzt der Begriff des Change Management einen Gestaltungscharakter. Das heißt, die Organisation oder eben externe Akteure versucht intentional, den Wandel zu gestalten. Nicht immer wandeln sich Organisationen ja so, wie es aus einer Managementperspektive wünschenswert ist. Insofern versucht also das Change Management hier, korrigierend einzuwirken. Externe Beratung und Change Management sind nun mehr oder weniger „automatisch" miteinander verbunden.

Freilich können Unternehmen ein Change Management auch ohne Beratung betreiben. Wird jedoch eine externe Beratung hinzugezogen, so bedeutet dies immer auch, dass Veränderungen im System angestrebt werden. Dies hat auch nichts damit zu tun, ob es sich um eine Inhalts- oder eine Prozessberatung handelt. Auch wenn es um eine inhaltliche Ausarbeitung einer neuen Strategie durch eine externe Beratung geht, so wird diese von Beginn an mögliche Widerstände und Umsetzungsprobleme mit berücksichtigen, auch wenn sie mit der Umsetzung und dem Change Management nichts zu tun haben wird.

Die Neuere Systemtheorie betrachtet Organisationen – zumindest teilweise – als autopoietisch. Damit ist gemeint, dass Organisationen eine spezifische „Eigenlogik" besitzen und eine operationale Geschlossenheit besitzen. Ein autopoietisches (Teil-) System nimmt zwar Inputs wahr (beispielsweise einen durch die Beratung ausgearbeiteter Strategieplan), verarbeitet diesen Input aber nach einer ihm eigenen Logik. Es ist aus dieser Perspektive davon auszugehen, dass „von außen" diktierte Eingriffe ins System häufig eine andere Wirkung besitzen, als sie geplant war. Von daher ist es wichtig, auch schon bei der Erarbeitung von inhaltlichen Themen die Umsetzung in Organisationen mit zu bedenken. Geht man von der Inhalts- zu einer Prozessberatung über, so handelt es sich bei dieser Beratungsart mehr oder weniger bereits um ein komplexes Change Management-Projekt. Insofern sehe ich zwischen beiden Bereichen starke inhaltliche Verknüpfungen, die es sinnvoll erscheinen lassen, beide gemeinsam zu unterrichten.

PR: Eine Trennung von Beratung und Change Management impliziert, dass es so etwas wie „Inhalte" gibt, die die Beratung entwickelt und die man von den Prozessen ihres Entstehens oder Implementierens trennen kann. Analytisch mag dies richtig sein, wenn man in der Forschung zu komplexeren Erklärungen kommen möchte, greift das jedoch zu kurz. Wir sehen seit einigen Jahren in der Forschung eine Zunahme von Prozessstudien – nicht nur im Bereich der Strategieforschung, sondern auch z. B. im Bereich der Technologieforschung. Prozessstudien versuchen, die von Ihnen erwähnte Trennung aufzuheben und die inhaltliche Veränderung mit dem Prozess, der diese Veränderung herbeiwirkt, zu verbinden, um ein vollständigeres Untersuchungsbild zu erlangen. Solche Studien beantworten nicht nur die Frage nach dem Was (hat sich verändert)? sondern auch nach dem Wie? und Warum? Hierbei handelt es sich jedoch nicht selten um Langzeitstudien von bis zu zehn Jahren. Das sind Zeiträume, die Beratungen aus verschiedenen Gründen gar nicht anbieten können. Hier wird es vermutlich häufiger zu wiederkehrenden Aufträgen zu Strategieinhalten kommen.

Welchen Beitrag können Ihrer Meinung nach Hochschulen (insbesondere die Vorlesungen) für einen Einstieg als und die Ausbildung zum Berater leisten? Und was können sie nicht?

TW: Eigentlich sehe ich hier nicht viele Unterschiede zu anderen Berufsfeldern oder Branchen. Inhalte werden vermittelt, hierbei wird moderne Lehre der Entwicklung von (höherwertigen) Fähigkeiten wie Kritikfähigkeit, Teamfähigkeit, analytische Fähigkeiten über die Vermittlung und Anwendung von Theorien und Modellen eine besondere Bedeutung beimessen.

PR: Durch die Verknüpfung von theoretischem Wissen mit diversen Anschauungsbeispielen aus verschiedenen Branchen aber auch Kontexten (z. B. in Form von Case Study Teaching oder Problembasiertem Lernen) wird zudem ein Handlungsrepertoire aufgebaut. Hier kann die Hochschulausbildung meines Erachtens wichtige Beiträge für die Aus- und Weiterbildung von Beratern leisten.

Beratungstätigkeiten sind aber aus meiner Sicht auch dadurch gekennzeichnet, dass ihre Leistungsprozesse und insbesondere ihre Kundenkontakte sich durch eine hohe Professionalität auszeichnen. Dies kann man meines Erachtens eher „on the job" lernen, da an der Universität zunehmend weniger Professionalität von Studierenden eingefordert wird. Konsequenzen für unprofessionelles Handeln entstehen kaum.

Formal mäßige schriftliche Ausarbeitungen, schlechte Folien etc. werden zwar anteilig mit benotet, der Sinn und die Bedeutung formaler Präzision kann jedoch schlecht vermittelt werden. Darüber hinaus gehende Professionalitätsaspekte, die in der Beratungstätigkeit wichtig sind, wie z. B. die Bedeutung vollständiger Darlegung von Sachverhalten bei Anfragen, tauchen in der universitären Bildung nicht auf.

Einen großen Teil der internen Fort- und Weiterbildungen führen viele Beratungen hausintern durch. Warum gehen die Beratungen Ihrer Meinung nach so vor? Könnten die Hochschulen hier nicht unterstützen?

TW: Das weiß ich nicht, das müsste man die Beratungen fragen. Vermutlich aus den gleichen Gründen, wie das andere Unternehmen auch so handhaben. Universitäten werden vielleicht als eher praxisfern und die interne Aus- und Weiterbildung als besser an die Situation angepasst betrachtet. Ich bin aber nicht sicher, ob die Fragestellung die Situation vollständig beschreibt. Ich vermute, dass ein großer Teil der internen Weiterbildungen eher beratungsspezifisch ist.

PR: Aus meiner eigenen Erfahrung kann ich sagen, dass die methodische Weiterbildung, wie z. B. Präsentationstraining, Projektmanagement, Customer Management etc. sich entweder eher auf Tools bezieht, für die Universitäten kaum Angebote vorhalten oder sehr beratungsindividuell ist. Fachliche Weiterbildungen, wie z. B. neue Bilanzierungsstandards IFRS/HGB/US-GAAP im Bereich Financial Due Diligence-Beratung sind ebenfalls häufig so spezifisch, dass externe Angebote durch Universitäten kaum sinnvoll erscheinen. Insbesondere große Beratungshäuser können diese Themen besser skalieren und Synergien stiften. Hier können Universitäten wenig Wert stiften.

TW: Wenn es andererseits um eine umfassendere Weiterbildung geht, greifen Beratungen viel stärker als andere Unternehmen auf fest verankerte Prozeduren zur Unterstützung einer Promotion oder eines MBA zurück. Solche Arten von Weiterbildung dienen eher der Persönlichkeitsentwicklung, und man weiß, dass für diese Maßnahmen ein „Kontext-Switch" außerhalb des Unternehmens überaus wichtig ist.

Wenn Sie die Beratungsbranche mit anderen vergleichen, lässt sie sich eher leichter oder eher schwerer erforschen?

PR: Mein Eindruck ist, dass das von der Fragestellung abhängt. Im Feld der Strategieforschung, in dem ich tätig bin, ist es sowohl bei klassischen Unternehmen als auch bei Beratungen gleichsam schwer, an tiefergehende Daten zu kommen. Sieht man einmal von der nachvollziehbaren Vertraulichkeitsthematik ab, so erscheinen meines Erachtens Forschungsprojekte mit Bezug auf Beratungen häufig deshalb attraktiv, da sie in vielen Bereichen das Feld stark aktiv mit gestalten. So sind sie häufig Treiber neuer methodischer Entwicklungen oder beschleunigen die Diffusion technologischer Innovationen. Wenn man „erforschen" weiter definiert, so gibt es doch recht viele Beispiele, bei denen z. B. Berater über ihre Prozesse, Methoden und Erfahrungen z. B. in Form von Buchartikeln berichten. Teilweise finden sich solche Beiträge dann auch eingebettet in einen größeren inhaltlichen Rahmen, so dass ihr Beitrag entsprechend dann Teil der Beantwortung einer Forschungsfrage ist.

Über diese Themen hinausgehend: Welche Trends sehen Sie persönlich im Beratungsmarkt?

TW: Ich möchte dies im Folgenden aus der Perspektive der Beratungen als Organisationen beantworten. Ein Trend besteht sicherlich in der fortschreitenden Klientenprofessionalisierung. Hierunter wird eine Entwicklung beschrieben, nach der Klientenorganisationen Unternehmensberatungen sehr reflektiert und analytisch auswählen und begleiten, während es früher häufiger vergangene Erfahrungen oder die Reputation waren, die den Ausschlag gegeben haben. Auch in der Beteiligung einer so genannten Metaberatung kann sich eine Klientenprofessionalisierung ausdrücken. Die Metaberatung ist eine ebenfalls externe Beratungsorganisation, die Klienten bei der Beauftragung von Beratern und im Beratungsprozess unterstützt, z. B. bei der Vertragsgestaltung oder der Projektevaluation.

Ein zweiter Trend bildet meines Erachtens, dass sich die Bildung interner Beratungen weiter fortsetzt. Sehr viele große Unternehmen besitzen eigene Inhouse Consulting-Bereiche. Empirische Studien weisen darauf hin, dass dieses Wachstum weiter zunehmen dürfte, wobei nicht nur große DAX-Unternehmen sondern auch mittelständische und Non-Profit-Organisationen vermehrt interne Beratungseinheiten aufstellen könnten. Durch die „Nähe zum Kunden" und die Kenntnis bedeutsamer Interna liegen die besonderen Stärken von internen Beratungen insbesondere in der Implementierungsphase. Bei innovativen und kreativen Projekten der Produkt-Entwicklung, der Prozess-Verbesserung oder der strategischen Neuausrichtung ist eine Überlegenheit der internen Beratung indes anzuzweifeln. So gibt es breite Evidenz für die These, dass Unternehmen Innovationen zunehmend nicht mehr intern entwickeln, sondern extern realisieren.

Dies führt dann zu einem weiteren Trend, der sich derzeit jedoch eher andeutet als abzeichnet und den wir als Open Consulting bezeichnen. Hierunter versteht man die Erbringung von Consulting-Leistungen über Plattformen durch eine Community. Ähnlich, wie im Rahmen von Open Source-Softwareentwicklung oder wie im Rahmen von Innovationsplattformen Leistungen durch die „Crowd" erbracht werden, ist anzunehmen, dass sich die Externalisierung auch auf Aufgaben und Arbeitsfelder ausweiten dürfte, für die früher eine Beratung beauftragt wurde. Dies wird sicherlich die externe Beratung auf absehbare Zeit nur in Teilbereichen betreffen, allerdings lassen sich auch heute bereits Leistungen wie die Entwicklung einer Marketingkampagne oder Produktinnovationen durch Crowd-Plattformen erbringen. Die hohe Anzahl von Nutzern, die sich bereits heute schon auf den Plattformen versammeln, erhöht tendenziell die Wahrscheinlichkeit dafür, innovativer als Beratungsunternehmen agieren zu können. Je komplexer jedoch die Problemlage ist, desto weniger werden Crowd-Organisationsformen diese erfassen und lösen können. Unterstellt man, dass die verschiedenen Innovationsplattformen weiter bestehen oder sogar wachsen, so könnten Berater hier sogar ein neues Geschäftsfeld erschließen, in dem sie sich auf komplexe, strategische Beratungsfelder konzentrieren und in Bezug auf die besser strukturierten Problemfelder zudem als eine Art „Clearingstelle" zwischen Klienten und den Plattformen fungieren.

Schließlich sei darauf zu verweisen, dass auch Beratungen zunehmend durch die Nutzung von Big Data und Künstlicher Intelligenz bestimmte Standardprozesse automatisieren, umso mehr Zeit für die besonders wertschaffende Beratung der Klienten zu haben oder auch kundenspezifische Zusatzleistungen ausbauen zu können.

Zu den Personen:

Univ.-Prof. Dr. Thomas Wrona ist Leiter des Instituts für Strategisches und Internationales Management an der Technischen Universität Hamburg. Seine Forschungsinteressen liegen in den Bereichen der Strategieforschung (u.a. in den Feldern Big Data Analytics/Künstliche Intelligenz, strategisches Entscheidungsverhalten und Wettbewerbsvorteile), des strategischen Wandels, der strategischen Unternehmensberatung sowie in der Qualitativen Methodenforschung.

Pauline Charlotte Reinecke, M. Sc., ist Wissenschaftliche Mitarbeiterin und Doktorandin am Institut für Strategisches und Internationales Management der Technischen Universität Hamburg. Sie hat an der Universität Gießen und an der University of International Business and Economics (Beijing) studiert und als Consultant im Bereich M&A and Transaction Services bei KPMG gearbeitet. Ihre Forschungsinteressen liegen in der Strategieforschung in den Feldern Big Data Analytics/Künstliche Intelligenz, strategisches Entscheidungsverhalten und Wettbewerbsvorteile.

7.6 Fragen, Diskussionsstellungen und Schlagworte

Wiederholungs- und Verständnisfragen, Diskussionsstellungen, Anregungen:

1. Was verstehen Sie unter Kunden- oder Klientenprofessionalisierung?

2. Bitte nennen und beschreiben Sie drei Ansatzpunkte der Kundenprofessionalisierung!

3. Warum steht Beratung so oft in der Kritik? Warum ist Beratung dennoch so beliebt?

4. Bitte recherchieren Sie nach Fällen von Fehlverhalten von Beratern – und betrachten die Situation kritisch! Berichten Sie!

5. Sie haben 7 Dilemmata in der Beratung kennen gelernt. Bitte erläutern Sie 5! Finden Sie passende Beispiele bzw. können Sie welche konstruieren?

6. Was halten Sie von Gütesiegeln, Wettbewerben etc.? Bitte begründen Sie!

Stichworte:

Kundenprofessionalisierung, Beratermanagement, Rolle des Einkaufs, Bewertung, (Un-) Zufriedenheit, Dichotome Rolle, Kritiktypen, Dilemmata, Ethik, Gütesiegel, Zertifikat, CMC

8 Varianten der Beratung

8.1 Übersicht (Der „andere" Beratungsmarkt) und Leitfragen

Grundidee des Kapitels: Beratung ist nicht gleich Beratung. Die ca. 130.000 Berater in Deutschland sind erkennbar keine homogene Masse. Der so genannte Mainstream arbeitet zwar grundsätzlich sehr ähnlich, aber hinter Schlagworten wie „Beratungsformen" (Kapitel 8.2), „Inhouse Consulting" (Kapitel 8.3) und „Junior Consultancies" (Kapitel 8.4) verbergen sich Besonderheiten, Nischen oder Varianten von Beratung, die interessant sind und betrachtenswert erscheinen.

Leitfragen hierzu sind:

1. Gibt es neben dem „Mainstream"-Consulting noch andere Beratungstypen?
2. Mit welchen impliziten Menschen- und Organisationsbildern arbeiten Berater?
3. Regelmäßig wird berichtet, interne Beratungen würden „das Beste aus zwei Welten" verbinden – was verbirgt sich eigentlich dahinter?
4. In „normalen" Beratungen gibt es Junior und Senior Consultants. Was sind nun Junior- und Senior-Beratungen?

8.2 Beratungsformen

8.2.1 Aufteilung

Als Beratungsform[222] oder Interventionsform wird die durch den Interaktionsgrad geprägte Herangehensweise an eine Beratungsintervention (oft ein Projekt) verstanden. Die gewählte Beratungsform determiniert deutlich das Vorgehen und Zusammenwirken zwischen Berater und Kunden. Es lassen sich vier verschiedene idealtypische Beratungsformen unterscheiden, die gutachterliche Beratung, die Expertenberatung, die Organisationsentwicklung sowie die systemische Beratung. Gutachterliche und Expertenberatung sind stärker inhaltsbasiert, Organisationsentwicklung und systemische Beratung sind stärker prozessorientiert. Bei der Inhaltsberatung steht die Fachexpertise im Vordergrund, bei der Prozessberatung das Beratungsvorgehen. Der größte Teil des Marktvolumens konzentriert sich auf die Expertenberatung (und da-

---

[222] Dieser Abschnitt basiert auf Deelmann: 2015a, S. 15-16.

mit ist diese Beratungsform auch in weiten Teilen leitend für die Ausführungen im vorliegenden Buch), während Organisationsentwicklung und systemische Beratung die Fachliteratur zu dominieren scheinen.

Die nachfolgend gewählte Reihenfolge der Darstellung der vier Beratungsformen orientiert sich zum einen an einem zunehmenden Grad der Interaktion zwischen Berater und Beratenem sowie einer für den Berater abnehmenden Notwendigkeit, das Umfeld des Kunden, also z. B. Branchen- oder Organisationsdetails, zu kennen. In der Praxis sind sowohl diese vier idealtypischen Beratungsformen, als auch Mischformen hieraus anzutreffen.[223]

8.2.2 Gutachterliche Beratung

Die gutachterliche Beratung interpretiert eine Organisation als reines Mittel zu einer Zielrealisierung. „In diesem Kontext heißt Beratung, Informationen zu beschaffen und Alternativen zu bewerten [... sowie] Antwort auf gestellte Fragen zu geben, die der Vorbereitung einer Entscheidung dient."[224] Abbildung 55 illustriert die Interaktion zwischen Berater und Kunde mit einem Sinnbild und skizziert ein typisches Fallbeispiel.

Sinnbild: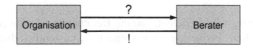

Fallbeispiel:
- Ein Gutachter (Einzelperson oder Gremium) für Unternehmensbewertung wird von einer Partei im Rahmen eines Gerichtsverfahrens beauftragt.

- Aufgabe: Die Bewertung eines Unternehmens auf Grund der Abfindung eines Aktionärs in Folge des Abschlusses eines Beherrschungsvertrages.

- Ziel: Die „beratende" Wertfindung auf Basis vorhandener Informationen.

- Das Gutachten des „Parteigutachters" wird vom Auftraggeber im Verhandlungsverlauf strategisch / taktisch zur Untermauerung und Absicherung der eigenen Position be-/genutzt:
    - Nicht geeignet bzw. naiv: Gutachtenergebnis als Ausgangsbasis für Verhandlungen. (Ggf. negative Auswirkungen!)

Abbildung 55: Illustration und Fallbeispiel für die Gutachterliche Beratung[225]

---

[223] Vgl. für die folgende Beschreibung der vier Beratungsformen Walger: 1995. Zusätzlich: Heinecke: 2002; Hübscher, Schneidewind: 2002, S. 272. Canbäck: 1998, S. 5 spricht bei Beratungsformen auch von Managementtechniken.

[224] Walger: 1995, S. 15.

[225] Eigene Darstellung, vgl. auch Fischer-Winkelmann: 1995, S. 20-30.

8.2.3 Expertenberatung

Bei der Expertenberatung wird die Organisation als ein sozio-technisches System interpretiert sowie als offene Organisation verstanden. Mitarbeiter von Berater- und Kundenorganisationen arbeiten gemeinsam auf die Lösung eines gegebenen Problems hin. Die Beratung bringt ihr Expertenwissen ein, welches dann für die spezifische Kundensituation adaptiert wird. Abbildung 56 stellt die Interaktion zwischen Berater und Kunde grafisch dar und skizziert ebenfalls ein Beispiel.

Fallbeispiel:
- Ein Unternehmen möchte das Trendthema „Digitalisierung" verstehen und für sich nutzen.
- Ein Strategieberatungsunternehmen wird beauftragt.
- Die Beratung stellt zunächst technische Grundlagen und allgemeine Implikationen vor (Halbtagesworkshop mit Experten der Beratung).
- Anschließend wird in 4-6 Wochen eine Unternehmens-„Digitalisierungs-Strategie" durch den CIO und sein Führungsteam entwickelt – gemeinsam mit der Beratung (3-6 Personen):
  - Basis: Best Practice-Wissen.
- Die Strategieimplementierung erfolgt durch CIO (Verantwortung!) aber mit Begleitung durch ein mehrköpfiges (5+) Beratungsteam (Arbeit!).

Abbildung 56: Illustration und Fallbeispiel für die Expertenberatung[226]

8.2.4 Organisationsentwicklung

Leitbild der Organisationsentwicklung ist die lernende Organisation. Der Berater reflektiert den Beratenen und bietet so Hilfe zur Selbsthilfe an. Interaktion und Fallbeispiel werden auch für die Organisationsentwicklung in Abbildung 57 skizziert. Die Beratung erfolgt hier unter der Prämisse, dass Lösungen für ein Problem schon in der Kundenorganisation vorhanden sind, sie jedoch noch gefunden bzw. herausgearbeitet werden müssen. Hierbei unterstützt der Organisationsentwicklungsberater.

---

[226] Eigene Darstellung.

Sinnbild:

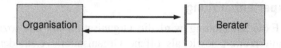

Fallbeispiel:
- Eine „Vordiagnose" durch Einzelberater und Kunden-Geschäftsführer ergibt den Bedarf nach Prozessanalyse und zeigt Bedarf an der Optimierung von Führungs- und Kommunikationsprozessen mit schneller Wirkung.
- Ablauf: 3-Tages Kick-off Workshop mit Beteiligten; Moderation durch Berater.
- Identifizierte Schmerzstellen werden durch Organisation behandelt.
- Zwischentreffen des Beraters mit Prozesssteuergruppe zur Reflektion und Bewertung des bisherigen Prozesses.
- Weitere Begleitung und ggf. „nachsteuern", bis „Ziel" / „Zielzustand" erreicht ist.

Abbildung 57: Illustration und Fallbeispiel für die Organisationsentwicklung[227]

8.2.5 Systemische Beratung

Die Systemische Beratung definiert eine Organisation über die Grenzen zur jeweiligen Umwelt sowie über die jeweiligen internen Zusammenhänge von Funktionen.

Sinnbild:

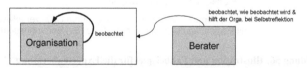

Fallbeispiel:
- Der Geschäftsführer (technischer Background) ruft einen (Einzel-) Berater mit Problembeschreibung: Bereich XYZ mit rückläufigen Umsätzen, weil Vertrieb sich zu wenig engagiert („… bietet Problem an …").
- Die Problembeschreibung enthält implizit eine Lösungsrichtung, die den GF möglichst schnell entlasten soll:
  - *Man löst die Probleme, die man lösen kann; nicht die, die man soll.*
- Der Berater versucht nun, eine Änderung in der Art und Weise herbeizuführen, wie GF die problemerzeugenden Erfahrungen deutet:
  - *Irritation!* … & „absichtsvolle Absichtslosigkeit."
- Gezielte Nachfragen (z.B. durch „zirkuläre Fragen" [systemische Familientherapie]) verwickelt Klienten-System intern in Nachdenkprozess.

Abbildung 58: Illustration und Fallbeispiel für die Systemische Beratung[228]

---

[227] Eigene Darstellung, vgl. auch Rieckmann, Neumann: 1995, S. 202-217.

Berater reflektieren hierbei nicht mehr den Beratenen, wie dies noch bei der Organisationsentwicklung der Fall war, sondern versuchen, der zu beratenen Organisation eine Selbstreflektion zu ermöglichen. Wesentlich ist hierbei die sog. Irritation des Kundensystems durch den Berater. Die Hilfe zur Selbsthilfe erfolgt hier in der allerschwächsten Ausprägung, wenn der Berater davon ausgeht, dass der Kunde nicht in eine bestimmte Richtung beeinflusst und gelenkt werden kann, sondern die Entwicklung selber erarbeiten muss. Eine Skizze zur Illustration und ein Fallszenario werden in Abbildung 58 dargestellt.

Besonderheiten Systemischer Beratung

Interview mit Dr. Oliver Mack

Da Sie persönlich sowohl Erfahrungen mit klassischer Managementberatung (gemeint ist hier die Form der Expertenberatung), als auch mit systemischer Beratung haben: Worin bestehen aus Ihrer Sicht die wichtigsten Unterschiede?

Ich möchte vorausschicken, dass es aus meiner Sicht nicht die klassische Managementberatung oder systemische Beratung als Polarität gibt. Vielmehr wenden heute beide Disziplinen auch Aspekte der anderen Seite an. Ich würde daher im Folgenden eher von „systemischerer" Beratung sprechen. Was ich damit meine, folgt dann später. Auch finde ich den Begriff „klassisch" nicht völlig treffend, da sich die fachliche Managementberatung und die systemische Beratung parallel entwickelt haben. Auch die systemische Beratung gibt es seit den 60er Jahren. Doch bleiben wir bei den genannten Begriffen:

Eine rein „klassische Managementberatung" arbeitet sehr normativ. Sie legt aus ihrer Sicht ein klares Bild über richtig und falsch oder gut und schlecht fest und kann so dem Klienten eine vermeintliche Sicherheit geben, sein Problem zu lösen, wenn er die vorgeschlagenen Rezepte anwendet. Ihre Ursprünge kommen aus der betriebswirtschaftlichen Tradition. Dies mag bei einer Steuerberatung, Finanzberatung oder anderen Bereichen, in denen reines Expertenwissen gefragt ist, gut funktionieren. In Feldern der Strategie- und Organisationsberatung wird dies schon schwieriger. Die systemische Beratung hat ihre Wur-

---

[228] Eigene Darstellung, vgl. auch Wimmer: 1995, S. 275-279 oder Klein: 2018.

zeln in der Psychologie und Soziologie, ist aber sehr vielfältig. Die gemeinsame Basis ist erstens die Systemtheorie, die die Welt als miteinander in Verbindung stehende Elemente beschreibt und zweitens ein konstruktivistisches Weltbild. Es gibt hierbei kein richtig und falsch, kein gut und schlecht, sondern nur ein nützlich oder weniger nützlich, das sich nicht absolut festlegen lässt, sondern immer nur aus der Sicht der jeweiligen Betroffenen in ihrem Kontext. Während die klassische Managementberatung von einem Informations-, Ressourcen- oder Wissensdefizit des Klienten ausgeht, macht dies eine systemische Beratung nicht. Klassische Beratung versucht, mit eigenen Modellen, Konzepten, Markt- und Best-Practice-Informationen für ein Unternehmen oder einen Bereich ein Problem zu lösen oder eine Verbesserung herzustellen. Sie „weiß" quasi mehr, als der Klient und nutzt dieses Wissen bzw. diese Kompetenz, um ein bestimmtes Ergebnis zu erreichen. Ganz anders die systemische Beratung: Sie fixiert sich weniger auf ein bestimmtes Ergebnis, das sich aus den Modellen und Konzepten der Berater ergibt. Vielmehr hat sie Prozess-Know-how, um den Klienten auf eine gute Art und Weise zu einem von ihm als nützlichem und machbar angesehenem Ergebnis zu führen.

Wie laufen Projekte mit systemischer Beratung typischerweise ab? Welchen Umfang können entsprechende Projekte haben?

Systemische Beratung ist meiner Erfahrung nach in der Regel ressourcenschonender auf der Beraterseite, dafür aber ressourcenintensiver auf der Klientenseite, da die Verantwortung für Entscheidungen und Handlungen immer beim Klienten verbleibt. Der Umfang ist abhängig von der Aufgabenstellung und kann auch bei der systemischen Beratung hoch sein, wobei systemische Beratung aufgrund der anderen unterschiedlichen Herangehensweise häufig mit einem oder wenigen Beratern stattfindet. Der Unterschied liegt vor allem in der Herangehensweise: Im ersten Schritt der systemischen Beratung geht es immer um eine intensive Auftragsklärung, mit Fragen, wie „Was ist genau das Problem?", „Wie wird es von verschiedenen Stakeholdern gesehen?", „Was soll erreicht werden?", „Woran würde ich erkennen, dass das Problem gelöst ist?", „Woran würden sie erkennen, dass der Berater nützlich war?", etc. Ziel hierbei ist nicht wie in der klassischen Beratung, das Problem zu verstehen, sondern dem Klienten bereits hier zu helfen, das Problem besser zu durchdringen und erste Lösungsideen zu entwickeln. Im weiteren Projektverlauf geht man dann iterativ vor – aktuell würde man sagen „agil". Im Rahmen eines gemeinsam festgelegten „Prozessdesigns" konzipiert und moderiert der Berater unterschiedlichste Interventionen, wie Workshops, Interviews, Team- und Einzelgespräche, etc. und hilft so der Organisation, in ihren Themen schnell und wirksam voranzukommen. Das iterative Vorgehen ermöglicht eine Schritt-für-Schritt-Bearbeitung und ein Lernen der Organisation und ihrer Mitglieder – und zwar sowohl von Führungskräften, wie als auch von Mitarbeitern. Der Prozessfokus heißt nicht zwingend, völlig inhaltsleer zu arbeiten, auch wenn dies möglich wäre. Vielmehr empfinden es meine Kunden als äußerst hilfreich, an der einen oder anderen Stelle meine Fachexpertise zu bekommen, um schneller zu Ergebnissen zu gelangen. Dies erfolgt aber weit geringer, als dies bei der klassischen Beratung der Fall ist und nur auf expliziten Wunsch. „Systemischer" zu arbeiten bedeutet, möglichst von Eigenschaftszuschreibungen involvierter Personen oder Teams Abstand zu nehmen und sich stärker auf die Beziehungen der Elemente zueinander zu konzentrieren, seien es die Beziehungen im Team oder persönlichen Netzwerk oder aber auch die Beziehungen zwischen Personen, Objekten, Zielen, etc.

Könnten Sie erläutern, für welche Fragestellungen sich systemische Beratung aus Ihrer Sicht eignet? Und im Gegensatz: Für welche Fragestellungen ist sie eher ungeeignet?

Ungeeignet ist die systemische Beratung aufgrund ihrer Herangehensweise vor allem für Fragestellungen, die reines Fachwissen benötigen. Bei Bilanzierungsfragen, Rechtsfragen, Steuerfragen oder Fragen zur Markt- und Konsumentenforschung kann sie wenig beitragen. Bei allen anderen klassischen Unternehmensfragen, wie Strategieentwicklung, Organisationsentwicklung, Innovationsmanagement, Prozessgestaltung, etc. ist sie wie die klassische Beratung perfekt geeignet. Aber – wie gesagt – sie arbeitet in einer anderen Art und Weise. Sie erfordert vom Klienten nicht nur die Entscheidung zu bereits konkret ausgearbeiteten Vorschlägen, die vom Berater alleine oder unter Beteiligung des Klienten ins Management eingebracht werden. Vielmehr erwartet die systemische Beratung die eigenverantwortliche Arbeit des Klienten am fachlichen Inhalt, unterstützt punktuell, gestaltet aber den gesamten Prozess in einer wirksamen und effizienten Art und Weise dergestalt, dass die passenden Entscheidungen schnell und gut von allen Beteiligten getroffen werden können. Sie liefert quasi ein „Change Management" im Konzept- und Entwicklungsprozess bereits mit und sieht es nicht als „Implementierungsaufgabe im Feld".

Welche Kompetenzen sind erforderlich, um systemische Beratung erfolgreich anbieten zu können?

Wichtig finde ich, und das war für mich zu Beginn damals vor 15 Jahren beim Übergang von der klassischen in die systemische Beratung schwierig, ist eine andere Haltung des Beraters. Anstelle des „Besser-Wissers" muss man eher eine Haltung der Unwissenheit und Allpartei-lichkeit gegenüber dem Klienten einnehmen. Alle Beteiligten am Pro-zess, vom Management, über die Mitarbeiter bis zum Betriebsrat ha-ben alle ihre für sie „richtige" Sicht auf das Problem und die Realität. Die Lösung vieler Probleme erfolgt weniger über das richtige Tool als über die gemeinsame Kommunikation und die Schaffung gemeinsamer Bilder aller Beteiligten. Neben der Haltung sind als Handwerkszeug sicherlich Grundlagen der Psychologie und Organisationssoziologie hilfreich, um Ideen und Schemata für die Arbeit mit dem Klienten zu haben. Mir persönlich kommt zusätzlich ganz besonders meine tiefe Fachexpertise aus der klassischen Beratung und meiner Führungs- und Forschungspraxis zu Gute; auch das Hintergrundwissen zu Technolo-gien, IT und Märkten. Diese hilft mir, in der Sprache des Klienten zu sprechen und auch an wichtigen Stellen mit fachlichem Rat zur Seite stehen zu können. Dies fällt vielen anderen systemischen Beratern mit reinem Psychologie- oder Soziologie-Hintergrund eher schwerer.

Über diese Themen hinausgehend: Welche Trends sehen Sie per-sönlich im Beratungsmarkt?

Ich sehe vor allem folgende Trends:

Um bei der klassischen und systemischen Beratung zu bleiben: Die Grenzen werden in Zukunft immer mehr verschwimmen. Viele klassi-sche Berater haben verstanden, dass sie ein Implementierungsdefizit ihrer sehr guten Konzepte nur dann beseitigen können, wenn sie auch systemische Aspekte in ihre Arbeit einbringen. Und umgekehrt fordern Klienten von systemischen Beratern immer mehr inhaltlich kompeten-ten Input, um in hochdynamischen Zeiten Abkürzungen in ihren Lern- und Entwicklungsprozessen zu nehmen.

Der Wettbewerb aber auch die Vielfalt und Intransparenz nimmt in der Beraterbranche nicht zuletzt aufgrund von Entlassungen und Frühver-rentungen von Führungskräften immer mehr zu. Eine Vielzahl von Einzelunternehmern ist auf dem Markt und es fällt Unternehmen im-mer schwerer, den richtigen Berater für ihr Problem zu finden. Daher denke ich, dass sich der Trend zu Online-Plattformen wie xing, klaiton, etc. in Zukunft noch verstärkt, gerade für Standardprodukte in der Beratung.

Durch die zunehmende Akzeptanz neuer Methoden aus anderen Berei-chen, wie Marketing, Design oder Online-Geschäft verschwimmen die Grenzen der Beratungsbranche zunehmend und es kommen neue

Wettbewerber aus anderen Branchen in den Markt. Werbeagenturen, die strategische Positionierungskonzepte entwickeln, Design-Agenturen, die neben der Umsetzung von Produkt- und Servicedesigns bereits in der strategischen Positionierung ihre Wertschöpfungslette nach oben erweitern oder aber im Rahmen von Reorganisationen Design-Prinzipien nutzen und auf unternehmensinterne Prozesse übertragen.

Zur Person:

Dr. Oliver Mack ist Managementberater mit den Schwerpunkten Transformation, Entwicklung und Lernen. Er arbeitet mit Führungskräften und Geschäftsführern und ihren Teams und unterrichtet an verschiedenen Hochschulen im In- und Ausland. Er ist ebenso Autor und Gründer des xm:institute für Anwendungsentwicklung neuer Ideen zu Leadership in der Nächsten Gesellschaft, Salzburg.

8.3 Interne Beratung

Für den Einsatz externer Berater spricht häufig, dass aufgrund personeller Engpässe in den operativen Funktionsbereichen eine über das eigentliche Tagesgeschäft hinausgehende Projektarbeit oftmals nur mit Unterstützung bzw. Steuerung von außen erfolgen kann. Ein anderer Grund mag sein, dass für Projekte mit strategischem Fokus oft externe Beratungsleistungen eingekauft werden, um die Gefahr der Betriebsblindheit zu reduzieren und kreative Lösungsansätze zu generieren. Mit der „Outside-In-Perspektive" externer Berater geht allerdings auch die Gefahr einher, dass Wachstums- oder Innovationsstrategien entwickelt werden, die das spezifische Umfeld und die Unternehmenskultur des Auftraggebers nur unzureichend berücksichtigen (z. B. werden die Ressourcen des Unternehmens zu wenig einbezogen und die Machbarkeit von Veränderungen falsch eingeschätzt).

Im Ergebnis zeigen sich spätestens bei der Implementierungsvorbereitung der Strategien und der Maßnahmendefinition erhebliche Defizite. Dabei fehlt es dann offensichtlich an einem gezielten Input von innen. Auch dieser Aspekt führt dazu, dass sich Unternehmen die Frage stellen, wie eine optimale Zusammenarbeit im Projektteam erfolgen kann: Wie viel Beraterkapazität ist erforderlich und welche Ressourcen sollten mindestens aus eigenen Quellen bereitgestellt werden.

Im Zuge des gestiegenen Kostendrucks und der Reduzierung variabler Kosten unterziehen Unternehmungen zunehmend auch Beratungsleistungen einer einzelwirtschaftlichen Kosten-Nutzen-Analyse. Sie sind nur dann zum Einkauf von Beratern bereit, wenn den durch die Beratungsleistung verursachten Kosten auch nachhaltige Zusatzerträge bzw. Einsparungen entgegenstehen. Allerdings sind Beratungsleistungen Vertrauensgüter, deren direkte Erträge nur unzureichend oder erst mittelfristig bestimmt werden können. Zudem sind Zusatzerträge nur dann gewährleistet, wenn geringe Anlaufkosten verursacht werden und sich das Beraterteam schnell in das unternehmensspezifische Thema einarbeiten kann. Hier können interne Beratungsteams ansetzen.

Vor diesem Hintergrund ist eine Veränderung in der Beratungsindustrie zu beobachten. Im Prinzip als „Gegenbewegung" zur Beauftragung von externen Consultants wurde in den vergangenen Jahrzehnten insbesondere in international agierenden Konzernen der Aufbau interner Beratungen, also eines eigenen Beratungsteams, forciert. Diese Entwicklungen gehen über die Verfügbarkeit an internen Beraterstäben, die den Vorstand oder einzelne Fachbereiche bei ihrer Entscheidungsfindung unterstützen, deutlich hinaus. Vielmehr handelt es sich um die Institutionalisierung interner Unternehmensberatungen als sog. Shared Services oder eigenständige Profit-Center.

Mehr als zwei Drittel der DAX-30-Unternehmen verfügen über eine eigene Inhouse Consulting-Einheit[229] und auch in großen Behörden finden sich zunehmend einschlägige Bereiche.

Drei wesentliche Erklärungsansätze sehen Büchsenschütz und Baumgart in diesem Zusammenhang, die für die Herausbildung interner Beratungsstrukturen herangezogen werden können:[230]

1. *Gestiegene Nachfrage* nach umsetzungsorientierten und realisierungsfähigen Beratungskonzepten. Insbesondere die Implementierung der Ergebnisse eines Beraterprojektes erfordert die Kenntnis der Spezifika der Unternehmensprozesse und die persönliche Nähe zu den Verantwortlichen. In diesem Punkt ergeben sich klare Vorteile für eigene Mitarbeiter gegenüber externen Kräften. Wenn die internen Berater bereits in unterschiedlichen Projekten innerhalb des Unternehmens gearbeitet haben, verfügen sie über Einsichten hinsichtlich der kritischen Erfolgsfaktoren sowie Zugang zu strategischen Informationsquellen.

2. *Knappheit personeller Ressourcen* in den operativen Funktionsbereichen von Unternehmungen durch die Verschlankung der Unternehmensstruktur. Wenn einerseits interne Prozess-Optimierungen zu einem Abbau von Personalressourcen führen und gleichzeitig punktuelle Schwerpunktthemen in die Implementierungsphase eintreten, ergeben

---

[229] Vgl. Moscho, Richter: 2010.

[230] Vgl. Büchsenschütz, Baumgart: 2005.

sich klassische „Versorgungslücken" im Mitarbeiterstamm. Dies sind Situationen, die einen zeitlich befristeten Einkauf von Beratungsressourcen erforderlich machen. Mit der Größe von Unternehmen nimmt die Planbarkeit (und auch Dauerhaftigkeit bzw. Häufigkeit) entsprechender Situationen zu. Dies bedeutet, dass in diesen Situationen Unterstützung durch das interne Beraterteam möglich ist. Kommt man dann zum Ergebnis, dass die internen Ressourcen nicht ausreichen, lässt sich als „letztes Mittel" immer noch auf externe Berater zurückgreifen.

3. *Reduzierung der Ausgaben für Beratungsdienstleistungen* im Zuge eines stärkeren Kostenbewusstseins. Deutsche Großkonzerne geben zum Teil mehr als 100 Mio. EUR pro Jahr für den Einkauf von Beraterleistung aus.[231] Dieser Aspekt betrifft jedoch nicht nur privatrechtlich organisierte Unternehmen, sondern auch staatliche Institutionen. Eine Internalisierung dieser Ausgaben kann wirtschaftlich sinnvoll sein.

Neben diesen Faktoren lassen sich weiterhin Bestimmungsgründe nennen, die zum Teil auch bei der Entwicklung der Meta-Beratung zum Tragen kommen (vgl. auch Kap. 2.4.11). Ein Faktor ist dabei die unternehmensseitige Intransparenz, bei der der Überblick, welche Beratungen an welchen Projekten in welchen Unternehmensteilen arbeiten oder gearbeitet haben, mancherorts verloren geht. So nehmen fast 80 % der Manager die interne Beratungslandschaft als weitgehend intransparent wahr. Aus Sicht der befragten Manager stellt sich die Beratungssituation als „äußerst heterogen", wie „Kraut und Rüben" oder schlicht „chaotisch" dar.[232]

Ein zweiter Faktor stellt die in der Praxis bemängelte (zu) geringe Erfolgsquote bei Beratungsprojekten dar. Einschätzungen und Quantifizierungen dazu sind so vielfältig wie divergierend. Klar ist jedoch, dass in diesem Punkt aus Unternehmenssicht Handlungsbedarf besteht. Dies wird noch einmal verstärkt, wenn sich die Erkenntnis durchsetzt, dass nicht nur die Berater im Projekt versagt haben, sondern der Auftraggeber eine Mitschuld bei sich selbst erkennt. Dies bringt Czerniawska wie folgt auf den Punkt: „Maximizing the benefits that consultants can bring is never going to be a one-sided process: It's absolutely true that there are many areas where consultants can be criticized, but it's equally true that the way clients sometimes behave makes the situation worse."[233]

---

[231] Zum Beispiel wurde im Dezember 2018 (Bild) berichtet, dass die Deutsche Bahn in der Zeit von 2015 bis 2018 circa 500 Mio. Euro für Beratungsleistungen ausgegeben hat.

[232] Vgl. Mohe, Höner: 2006.

[233] Czerniawska: 2005, S. 4.

Interne Beratungsteams führen zunächst einmal zu einer höheren Fixkosten-
belastung, die sich dann wirtschaftlich leicht rechtfertigen lässt, wenn dies
den teureren Einkauf externer Berater ersetzt oder zumindest reduziert.
Gleichzeitig sind hiermit weitere Vorteile verbunden:

- *Effiziente Koordination* von Projektteams und unternehmensinternen
  Schnittstellen-Funktionen. Die internen Berater kennen die entscheidenden Know-how-Träger, die für das Projekt wichtig sind, nicht nur
  besser, sondern sie haben auch einen leichteren Zugang zu diesem (als
  Kollegen).
- *Bereitstellung von Know-how* und damit schnelleres Einarbeiten von
  „fachfremden Beratern von außen". Internen Beratern fällt es in der
  Regel leichter, z. B. kritische oder schwer zugängliche Informationen
  zügig zur Verfügung zu stellen. Außerdem sollte es für sie leichter sein,
  die bereitgestellten Informationen hinsichtlich Belastbarkeit und Güte
  zu qualifizieren.
- *Erhöhung der Qualität* der bereitgestellten Leistung. Quasi als Gegen-
  perspektive zur „Outside-In-Perspektive" beleuchten die internen Berater die Machbarkeit von vorgeschlagenen Konzepten vor dem Hintergrund der unternehmensspezifischen Rahmenbedingungen. Ihnen ist
  bekannt, woran bisherige Projekte bei der Implementierung gescheitert
  sind und sie kennen die Erfolgsfaktoren positiv beendeter Projekte.
  Schließlich stellt die Projektarbeit für sie eine Wiederholungstätigkeit
  im selben Unternehmen dar (dies ist ein wichtiger Unterschied zum externen Berater).
- *Persönliche Anreize:* Letztendlich sieht der interne Berater auch seine
  eigenen Karrieremöglichkeiten mit dem Erfolg einzelner Projekte verknüpft. So ist es naheliegend, dass einem internen Projektleiter auch
  Möglichkeiten zum Wechsel in die Linienorganisation ermöglicht werden, wenn Projekte erfolgreich implementiert wurden und Stellen für
  Führungspositionen zu vergeben sind.
- *Personalentwicklungsfunktion:* Als oftmals latente Funktion wird der
  internen Beratung auch die der Personalentwicklung zugeschrieben. So
  kann die Tätigkeit hier für Mitarbeiter als karrierefördernd betrachtet
  werden und ein Sprungbrett für „High Potentials" sein.[234]

Das Ausnutzen dieser Vorteile, die idealtypisch dargestellt wurden, setzt die
Existenz eines effizienten und leistungsfähigen internen Beraterteams voraus.

---

[234] Vgl. auch das Interview mit Daniel Eckmann weiter unten.

Inhouse Consulting

Interview mit Daniel Eckmann

Herr Eckmann, können Sie uns die Frage beantworten, warum Unternehmen eigentlich interne Beratungen benötigen?

Interne Beratungen sind nicht zwingend notwendig in dem Sinne, dass sie gesetzlich vorgeschrieben sind. Allerdings sind sie sehr sinnvolle und hilfreiche Einrichtungen für größere Unternehmen. Sie können nämlich interne Projekte durchführen und Veränderungen anstoßen beziehungsweise begleiten. Sie können dabei ihre „große Ortskenntnis" ausspielen. Damit meine ich, dass sie ihre guten Kenntnisse der Unternehmensstrukturen, der IT, der Historie und so weiter in die Veränderung einbringen können.

Ein weiterer Vorteil ist das, was wir „Cost leverage" nennen. Also die relativ hohen Kosten, die für externe Beratung entstehen würden, intern abzufedern. Auch ist die Funktion des „Talent Pools" für viele interne Beratungen wichtig. Hier geht es darum, junge Talente anzuziehen und auszubilden. Und auch das Thema Know-how ist interessant. Das Wissen bleibt bei Projekten mit internen Beratern im Unternehmen selber und die Vertraulichkeit ist immer gesichert. Schließlich möchte ich noch die Rolle als Treiber und Multiplikator für kulturelle Veränderungen nennen. Ein gewisser Leistungswille, der Wunsch nach Agilität, neuem Denken und New Work, all das sind Dinge die wir als interne Beratung schon leben – und anderen Konzerneinheiten vorleben können. Dabei ist unser Vorteil, dass wir keine Bereichsegoismen haben und nicht nur im Silo denken. Auch können wir uns frei über verschiedene Hierarchieebenen hinweg bewegen. Beides fördert den Kulturwandel natürlich.

Viele Studierende starten ihre Berufslaufbahn in der Beratung, um zunächst verschiedene Kundenunternehmen und -branchen kennen zu lernen und anschließend gute Karrieremöglichkeiten in Kundenunternehmen zu haben. Lässt sich dieses Konzept auch auf Interne Beratungen übertragen?

Grundsätzlich ist das Konzept gut übertragbar. Allerdings ist natürlich in erster Linie das eigene Mutterunternehmen dann das Ziel. Aber in diesem Umfeld arbeite ich als interner Berater in vielen Bereichen und habe dann unternehmensintern hervorragende Karrieremöglichkeiten.

Genau das ist ja auch eine unserer Aufgaben: Personalentwicklung als
Executive Management Pool. Ich stelle auch weiter fest, dass unsere
Mitarbeiter gute Karrieremöglichkeiten in anderen Unternehmen haben
und dort verantwortungsvolle Führungspositionen annehmen. Das ist
zwar nicht unsere primäre Intention und es sind Einzelfälle, aber das
gibt es.

**Gibt es weitere herausstechende Gemeinsamkeiten und Unter-
schiede zwischen internen und externen Beratungen?**

Ja, da gibt es beides! Bei den Ähnlichkeiten möchte ich die Punkte
Methodik und Karrieremodell nennen und bei den Unterschieden das
„Follow the Sun"-Arbeitsmodell und die heterogenen Quellen für Er-
fahrungswissen.

Also, Methodik: Ich glaube, dass es keine signifikanten Unterschiede
bei der Herangehensweise an spezifische Aufgabenstellungen im Projekt gibt, die grundsätzliche Methodik ist sehr ähnlich. Damit meine
ich das Strukturieren und Führen von Projekten, das Moderieren von
Workshops etc. Auch beim Karrieremodell unterscheiden wir uns nicht
groß von den Top-Strategieberatungen: Wir suchen ebenfalls die Top
Shots von den guten Unis, also die sehr guten Master-Absolventen.
Auch eine Promotion ist gerne gesehen. Dann bleiben die Mitarbeiter
fünf bis acht Jahre bei uns und durchlaufen verschieden Senioritätsstu-
fen. Danach gehen sie raus in eine attraktive Konzernfunktion – so wie
gerade schon beschrieben. Dieser Dreisprung ist bei guten internen und
guten externen Beratungen sehr ähnlich.

Unterschiede gibt es natürlich beim beratungsinternen Netzwerk. Ich
nenne es das „Follow the sun"-Prinzip: Bei den großen internationalen
externen Beratungen gibt es weltweit Niederlassungen und Standorte.
Wenn hier in Deutschland der Feierabend eingeläutet wird, dann können Arbeitsaufträge in Amerika oder Asien weiterbearbeitet werden,
weil dann dort der Arbeitstag beginnt. Bei den allermeisten internen
Beratungen funktioniert dieses Modell nicht. Auch haben externe Beratungen die Möglichkeit, Projektwissen aus anderen Unternehmen
und Branchen zu transferieren, also zum Beispiel die Idee für ein Per-
sonalentwicklungskonzept vom Automobilhersteller A zur Bank B. Per
Definition ist das für eine interne Beratung nicht möglich. Aber: Wir
haben dieses Thema erkannt und einen Weg gefunden, damit umzugehen. Im Inhouse Consulting Network haben sich über 30 interne Beratungen aus zum Beispiel DAX-Unternehmen und großen Verwaltun-

gen zusammengeschlossen. Hier tauschen wir uns zu verschiedenen Themen aus und es gibt auch die Gelegenheit, auf dem kurzen Weg mal nachzufragen, wie die Kollegen in anderen Branchen mit einer Situation umgehen. Das gleicht das dann ganz gut aus.

Wie sieht denn ein typisches Projekt aus?

Oh, die Frage ist schwierig zu beantworten. Die Spannweite der Projekte ist relativ groß. Aber wenn ich versuchen soll, ein typisches Projekt zu beschreiben, dann sind das in Zahlen: 4 Berater, Vollzeit, 6 Monate. Inhaltlich ist es typischerweise so, dass unser Konzernvorstand eine strategische Idee hat, wir diese übernehmen und ein Konzept erstellen. Das Konzept wird dann in der Regel auch vom Vorstand angenommen und dann von der Linie oder Dritten umgesetzt. Zwischen diesen drei Phasen gibt es dabei durchaus kleinere Überlappungen. Ein Beispiel kann das vielleicht verdeutlichen? Auf Vorstandsebene gab es die Überlegung, das Thema „Security" zu bündeln. Auf Basis dieser ersten, noch sehr rudimentären Idee haben unsere Kolleginnen und Kollegen ein Konzept erstellt rund um Fragen wie: Wie ist das Geschäftsmodell? Welche Grundorganisation wird benötigt? Welcher Geschäftsangang sollte gewählt werden? Welche Bereiche sollen hier gebündelt werden? Den konkreten Plan bzw. das Konzept selber haben wir dann an die Einheit übergeben, die die Execution, also die Umsetzung durchführt.

Und wie sehen die Kunden die Internen Berater? Eher als Berater oder eher als interne Kollegen?

Die Kollegen sehen uns tatsächlich als „interne Berater". Sie nehmen uns auf der einen Seite schon anders wahr, als normale Linienmitarbeiter. Das äußert sich zum Beispiel beim Leistungsniveau, das von uns erwartet wird, oder beim Output oder der Methodenkompetenz. Da werden wir als Berater gesehen.

Auf der anderen Seite werden wir als normale Kollegen wahrgenommen. Das ist dann sehr vorteilhaft, wenn es um die streng vertrauliche Zusammenarbeit (Stichwort „NDA" oder Geheimhaltungsvereinbarung) geht.

Also: Wir sind ein interner Berater und werden auch genau so gesehen: Als intern und als Berater.

Über diese Themen hinausgehend: Welche Trends sehen Sie persönlich im Beratungsmarkt?

Zuvorderst sicherlich die Digitalisierung als Megatrend. Dabei ist dann Data Analytics ein wichtiger Aspekt. Damit meine ich die Frage, wie datengetriebene Verfahren mich schon früh im Beratungsprozess unterstützen können. Dann verfügt Digitalisierung natürlich auch noch über die Facette, dass die Arbeit durch entsprechende Tools produktiver wird.

Als zweiten großen Trendblock kann wohl die Agilität genannt werden. Projektmanagement ist ein Punkt, der vielen bekannt ist, in dem Agilität sichtbar wird. Hier wandelt sich das Vorgehen vom klassischen Wasserfall-Modell zu agilen Vorgehensweise. Hier sind wir als interne Berater so etwas wie ein Trendsetter oder Multiplikator im Konzern.

Und als dritten Punkt möchte ich die Veränderung der Aufgaben nennen. Was meine ich damit? Nun, die Antwort auf die Frage, wofür der Konzern Berater benötigt, die verändert sich. Bei relativ einfachen Themen braucht es keine Berater. Hier sind unsere Linienführungskräfte selber fit genug. Sie waren ja oft selber Berater und können viele Dinge mit ihrem eigenen Erfahrungswissen lösen. Erst, wenn der Anspruch steigt und die Materie komplexer wird, dann kommen wir wieder ins Spiel!

Zur Person:

Daniel Eckmann ist seit 2016 Leiter des Center for Strategic Projects (CSP), Inhouse Consulting der Deutsche Telekom AG in Bonn. Er ist Experte für Telekommunikation und IT-Services und verfügt über 16 Jahre Erfahrung in verschiedenen Führungsfunktionen.

8.4 Junior- und Senior-Beratungen

Abgrenzung

Neben den klassischen Beratungen und den auf Grund von betriebswirtschaftlichen Überlegungen in die eigene Organisation integrierten internen Beratungen (vgl. Kapitel 8.3), in denen die dort tätigen Berater diese Aufgabe in der Regel im Hauptberuf ausüben, gibt es weitere Typen von Beratungsorganisationen. Im Folgenden werden so genannte Junior- und Senior-Beratungen vorgestellt. Junior-Beratungen werden häufig auch als Studentische Unternehmensberatungen bezeichnet und Senior-Beratungen sind auch als Senior Expert Services bekannt. Gemeinsam ist ihnen, dass ihre Berater noch nicht oder nicht mehr vollständig im Berufsleben stehen. Bei den Studentischen Unternehmensberatungen handelt es sich um Organisationen, deren Mitglieder zumeist hauptsächlich studieren und nebenbei beraten, sie stehen also noch vor ihrem Eintritt in das „richtige" Berufsleben; bei den Senior Expert Services verhält es sich meist genau andersherum – ihre Berater haben oft die originäre berufliche Karriere abgeschlossen und geben ihr umfangreiches Erfahrungswissen weiter.

Junior-Beratungen, Studentische Unternehmensberatungen

Im deutschen Beratermarkt sind mehr als 100 Studentische Unternehmensberatungen aktiv.[235] Das Konzept, das erstmalig 1967 in Frankreich umgesetzt wurde und seit 1988 auch in Deutschland anzutreffen ist, kann mittlerweile als etabliert betrachtet werden.

Zur Beschreibung bzw. Definition des Organisationstyps der Studentischen Unternehmensberatung finden sich verschiedene Einlassungen. So wird sie beschrieben als „ein Zusammenschluss von Studierenden, die neben ihrem Studium Unternehmen in ihren Herausforderungen beraten und unterstützen. In einer studentischen Unternehmensberatung können Studierende aller Fachrichtungen, von Betriebswirtschaftslehre bis Psychologie, praxisnahe Erfahrungen im unternehmerischen Denken und Handeln sammeln. Wie etablierte Beratungen bewerben sich studentische Unternehmensberatungen auf Projektaufträge"[236]. Explizit wird hier von einem Dachverband Studentischer Beratungen also auf die Ähnlichkeit mit klassischen Beratungen hingewiesen, lediglich verfügen die individuellen Leistungsanbieter über das besondere Merkmal, Studierende zu sein.

An anderer Stelle heißt es, dass Studentische Unternehmensberatungen unter „dem Leitbild ‚Studenten beraten Unternehmen' […] professionelle Beratung"[237] anbieten. Auch dieser deutsche Dachverband Studentischer Beratungen stellt die Professionalität der studentischen Leistungserbringung heraus.

„A Junior Enterprise [gemeint sind Studentische Unternehmensberatungen, d.Verf.] is a non-profit civil social organization, formed and managed exclusively by undergraduate and postgraduate students of higher education (universities or business schools). Junior Enterprises provides services for companies, institutions and society, under the guidance of teachers and profes-

---

[235] Der folgende Abschnitt ist mit kleineren Änderungen entnommen bei: Sarach, Deelmann: 2016, S. 2-7.

[236] JCNetwork 2016.

[237] Bundesverband Deutscher Studentischer Unternehmensberatungen e.V.: 2016, S. 2.

sionals with the goal to consolidate and enhance the learning or their members. Also, the members of the Junior Enterprise experience unique learning opportunities by doing professional project work on one side, and managing small-to medium-sized enterprises on the other. By doing this they add practical experience to their theoretical skills and bridge the gap between academia and the business world. Junior Enterprises are similar to real companies, counting with the principles of corporate governance like management council and executive board, and own regulation."[238]

Diese Definition eines globalen Dachverbands von Studentischen Unternehmensberatungen beschreibt sehr detailliert, wie diese Organisationen gestaltet sind, wer ihre Mitglieder sind und welches Ziel sie verfolgen. Beim Vergleich gibt es keine größeren Auffälligkeiten oder gar Differenzen zu den beiden erstgenannten Beschreibungen aus Deutschland. Allerdings wird auf internationaler Ebene forciert, dass die Studentischen Beratungen von Dozenten oder anderen qualifizierten Berufstätigen angeleitet werden. Dieser Aspekt findet im deutschsprachigen Bereich kaum Entsprechung. Zudem zeigt diese Definition auf, dass nicht nur für Unternehmen, sondern auch für andere Arten von Organisationen und Systemen gearbeitet wird. Bei diesem Aspekt scheinen die beiden deutschsprachigen Definitionen das Kundenspektrum verkürzt abzubilden.

Festzuhalten bleibt, dass Studentische Unternehmensberatungen den klassischen organisationalen Beratungen entsprechen bzw. entsprechen wollen. Konstituierend ist jedoch, dass die Beratungsleistung von Studierenden erbracht wird. Die Ausgangsdefinition zur organisationalen Beratung (siehe oben, Kapitel 2.2) kann wie folgt adaptiert werden:

> Als Studentische organisationale Beratung wird ein professioneller, vertraglich beauftragter Dienstleistungs- und Transformationsprozess der intervenierenden Begleitung durch ein aus Studierenden bestehendes Beratersystem bei der Analyse, Beschreibung und Lösung eines Problems des Kundensystems – im Sinne einer Arbeit an Entscheidungsprämissen – mit dem Ziel der Transformation verstanden.

Studentische Unternehmensberatungen sind oftmals als Verein organisiert, in denen die einzelnen Berater Mitglied werden.[239] Die Durchführung einzelner Projekte kann dann aus dem Verein heraus oder in der Form von einer ad hoc gegründeten Gesellschaft des bürgerlichen Rechts (GbR) erfolgen. Aufbauorganisatorisch sind klassische Ein- und Mehrlinienorganisationen (z. B. Matrix) vorzufinden.

Das Umfeld der Leistungserbringung einer Studentischen Unternehmensberatung weist verschiedene Besonderheiten auf, da die studentischen Berater Studierende und Berater gleichzeitig sind. Das ermöglicht sowohl einen leich-

---

[238] Junior Enterprise: 2016, im Original mit Hervorhebungen.

[239] Vgl. Bundesverband Deutscher Studentischer Unternehmensberatungen: 2016, S. 6.

ten Zugang zu aktuellen (wissenschaftlichen) Informationen als auch den Transfer von wissenschaftlichen Erkenntnissen auf eine konkrete praktische Problemstellung.

Ein wissenschaftliches Netzwerk kann Einfluss auf die Leistungserbringung der Berater nehmen und sie unterstützen. Verschiedene ausgewählte Organisationsstrukturen von Studentischen Unternehmensberatungen werden im Folgenden kurz vorgestellt. Eine mögliche Art der Organisationsstruktur sieht eine Aufbauorganisation mit einem Mehrliniensystem vor.[240] Abbildung 59 zeigt eine mögliche Ausprägung dieses Aufbauorganisationstyps für eine Studentische Unternehmensberatung.[241] Alle Bereiche können zur Erfüllung ihrer Aufgaben auf einen Pool von Beratern zugreifen.

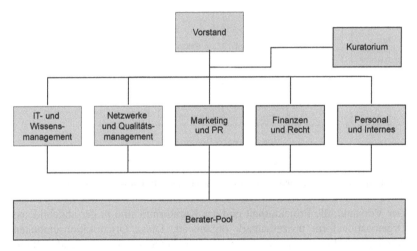

Abbildung 59: Poolorientierte Organisation einer Studentischen Beratung

Bei dieser Organisationsform lassen sich als wesentliche Vorteile die Delegationseffizienz sowie die Potential- und Interdependenzeffizienz identifizieren.[242] Das Kuratorium, welches die wissenschaftlichen Ressourcen, z. B. in Form von Dozenten, bündelt, ist in Form einer Stabsstelle eingebunden. Dies kann zur Konsequenz haben, dass vorhandene Potentiale getrennt werden und ggf. ihre effiziente Nutzung verhindert wird. Hingegen können Entkopp-

---

[240] Vgl. Fiedler: 2010, S. 33; Grundei, Werder: 2006, S. 32-33.

[241] In Anlehnung an: Organisationsstruktur der KoUnity (Koblenz; www.kounity.de/2.0/?page_id=11) oder auch des Heinrich-Heine-Consulting (Düsseldorf; www.hhc-duesseldorf.de/index.php?site=organisation).

[242] Siehe dazu weiterführend: Grundei, Werder: 2006, S. 33.

lungseffekte ausgenutzt werden, da die Abstimmungskosten gemeinsam genutzter Potentiale reduziert werden.[243]

Neben dem Mehrliniensystem kann auch eine hybride Organisationsstruktur identifiziert werden (vgl. Abbildung 60).[244] Wesentliches Charakteristikum ist die Vereinbarung von prozessorientierten und funktionsorientierten Elementen in der Organisationsstruktur.[245]

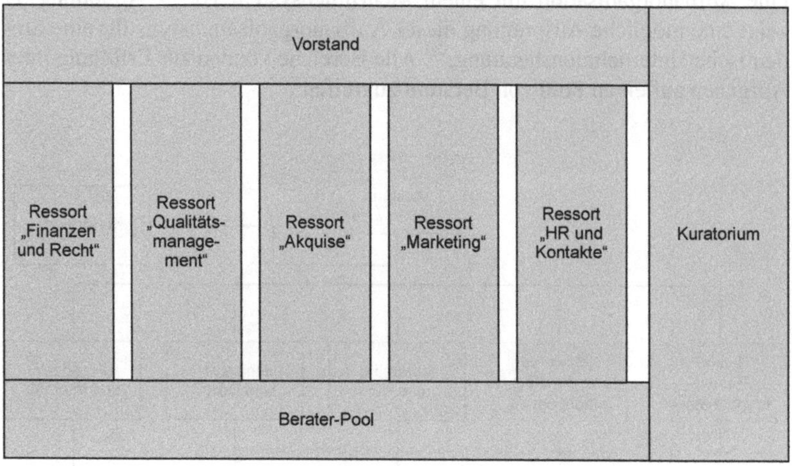

Abbildung 60: Ressortorientierte Organisation einer Studentischen Beratung

Der Vorstand, die Projektarbeit und das Kuratorium sind in der abgebildeten Organisationsform prozessautark organisiert. Diese Organisationseinheiten werden so gebildet, dass wichtige Geschäftsprozesse weitestgehend vollumfänglich innerhalb einzelner Organisationseinheiten abgewickelt werden können. Die in den funktionsorientierten Einheiten, hier die Ressorts, erbrachten Leistungen sind i. d. R. organisationsübergreifend und standardisiert, so dass diese zentral effizienter arbeiten.[246] Das wissenschaftliche Netzwerk wird über das Kuratorium strukturell eingebunden.

Weitere differenzierte Ausgestaltungen dieser Grundstrukturen lassen sich identifizieren. Eine mögliche Abwandlung ist beispielsweise die Anordnung des Kuratoriums nicht als Stabsstelle, sondern als Einheit, die nicht direkt in

---

[243] Vgl. Grundei, Werder: 2006, S. 33.

[244] In Anlehnung an: Organisationsstruktur der Stub e.V (Rostock; www.stub-rostock.de/index.php?id=7).

[245] Vgl. Allweyer: 2005, S. 14-16.

[246] Vgl. Allweyer: 2005, S. 14-15.

die Organisationsstruktur eingebunden ist. Formlose Verbindungen sind ein wichtiges Charakteristikum von Netzwerken. Ebenfalls sind an dieser Stelle die Alumni der studentischen Beratungen zu nennen, die häufig im Netzwerk der Beratungen organisiert sind (vgl. Abbildung 61).[247]

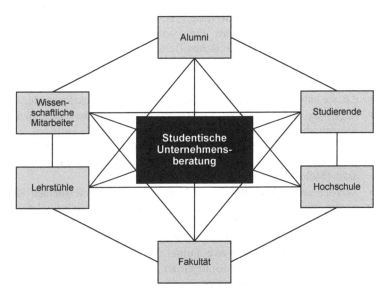

Abbildung 61: Typisches Netzwerk einer Studentischen Unternehmensberatung

Bei dieser Variante des additiven Einbezugs bestehen formlose Verbindungen zwischen den Akteuren, wenn auch in (teil-)organisierter Form. Auf eine fixe Bindung in der Organisationsstruktur wird hier regelmäßig verzichtet. Der Vorteil besteht darin, dass jeder dieses Netzwerk nutzen kann und die Anlaufstellen bzw. der Prozess nicht reguliert sind. Durch wiederholte punktuelle Kontakte können Vorteile aktiviert werden, die in einer einzelnen Einheit funktional nicht möglich gewesen wären. Ein möglicher Vorteil ist beispielsweise. die Vermittlung von Beratermandaten bzw. Vorteilen in der Akquisitionsphase. Der Nachteil ist, dass durch die fehlende Standardisierung der Verbindungen keine konstante Basis besteht. Die Planung wird so insgesamt schwieriger, aber auch die nachhaltige Wissensgenerierung in der einzelnen Beratung kann sich herausfordernder gestalten (z.B. durch eine einzurichtende Quality Assurance).

---

[247] In Anlehnung an: James Consulting (Oestrich-Winkel; www.james-consulting.de/profil/unser-netzwerk) oder Confluentes e.V. (Vallendar; www.confluentes.de/cms/index.php?id=23).

Eine weitere Möglichkeit der Abwandlung der Grundmodelle ist, dass Alumni und erfahrene Mitarbeiter anstelle von oder zusammen mit dem Kuratorium einen Beirat der Studentischen Beratung bilden.[248] Beiräte und Kuratorien sind typischerweise nicht direkt in die Beratungsprojekte involviert.

Ein (internationales) wissenschaftliches Netzwerk, z. B. über Partnerhochschulen, kann ebenfalls genutzt werden, z. B. um Aufträge zu akquirieren und das Beraternetzwerk zu erweitern. Eine Volluntersuchung der circa 100 in Deutschland vorhandenen studentischen Beratungen hat einige Eigenschaften und Charakteristika hervorgebracht, die vielen Beratungen gemein sind:[249]

- *Generalistischer Ansatz:* 87 % der Beratungen sind eher Generalisten, d.h. sie haben keine Spezialisierung auf Branchen, Funktionen etc.
- *Regionale Kunden:* 78 % der Beratungen haben fast ausschließlich Kunden, die sich im örtlichen Umfeld ihrer Hochschule befinden.
- *Eher kleinere Kunden:* 78 % der Beratungen haben kleine und mittelgroße Unternehmen als Kunden, 40 % sind auch bei Großunternehmen aktiv (Mehrfachnennungen möglich).
- *Vertriebsargumente:* Jeweils 50 % oder mehr der untersuchten Beratungen nutzen die Nähe zur Bildungsinstitution, die Vielseitigkeit, das aktuelle Wissen ihrer Mitglieder, die relativ geringen Honorare sowie die Motivation als Vertriebsargumente (Mehrfachnennungen möglich).
- *Weitere Leistungen:* Fast zwei Drittel der Beratungen bieten neben der Beratung auch weitere Leistungen an, z. B. Marktforschung, Webseitenerstellung oder Schulungen.

Unterschiedliche Faktoren können dazu führen, dass Studentische Unternehmensberatungen auch gegenüber etablierten Beratungsgesellschaften präferiert werden, wobei nachfolgend nur einige Beispiele genannt werden:

- Die Auftraggeber kennen und schätzen den wissenschaftlichen Beirat, z. B. weil die Dozenten der Hochschule einen außergewöhnlich guten Ruf besitzen.
- Das Kundenunternehmen möchte externe Berater einsetzen, ist aber gleichzeitig sehr preissensibel bzw. misstraut den bisher genutzten Beratungsgesellschaften.
- Beim Projektthema wird den Mitarbeitern einer studentischen Beratung eine besondere Kompetenz beigemessen, z. B. weil die tätigen Personen eine hohe Ähnlichkeit mit den Zielgruppen des Kundenunternehmens hat (z. B.: Mediennutzungsverhalten von Personen bis 24 Jahre).

---

[248] Beispielsweise VIA e.V. (Dortmund; http://www.via-ev.de/index.php?option=com_content&view=article& id=114&Itemid=161) oder Connosco (Köln; www.connosco.de).

[249] Vgl. Sarach, Deelmann: 2016, S. 9-12.

Studentische Unternehmensberatung

Interview mit Alexandra Krüger

Für all diejenigen, die noch nie Kontakt zu einer „Studentischen Unternehmensberatung" hatten: Können Sie vielleicht zu Beginn kurz beschreiben, was eine Studentische Beratung macht bzw. was sie ausmacht?

Die aus Frankreich stammende Idee der Studentischen Unternehmensberatung ist mittlerweile weltweit expandiert und erfreut sich steigender Bekanntheit in der Wirtschaft und Öffentlichkeit. Der Bundesverband Deutscher Studentischer Unternehmensberatungen e. V. (BDSU) vereint die 31 führenden Studentischen Unternehmensberatungen Deutschlands, in denen sich über 3.000 Studierende organisieren. Die Mitglieder des BDSU – die einzelnen Junior Enterprises (JE) – vermitteln Beratung auf hohem Niveau.

In den einzelnen lokalen Studentischen Beratungen beraten Studierende in interdisziplinären Projektteams Unternehmen. Die Bandbreite der Projekte reicht von Operations und IT-Solutions über Marketing bis hin zu strategischen Fragestellungen. Die Projektdauer ist hierbei ebenso divers wie die Projektmanagement-Methoden, die zur Erreichung des bestmöglichen Ergebnisses angewendet werden.

Während des gesamten Ablaufs – vom Erstgespräch bis zum Projektabschluss – stehen durchgängig die Bedürfnisse der Kunden im Vordergrund, durch kontinuierliche Rücksprachen werden die Kommunikationskanäle stets offengehalten.

Ist es nicht sehr ungewöhnlich, dass relativ junge Menschen – also Studierende – eher älteren Menschen, die über viel Berufserfahrung verfügen, Tipps und Hinweise geben, sie beraten?

Durch ihre Nähe zu aktuellen Entwicklungen aus Lehre und Forschung bringen die studentischen BeraterInnen oft neue Blickwinkel und innovative Methoden mit in die Projekte ein. Insbesondere diese Kreativität und Innovationskraft wird von vielen Projektkunden sehr geschätzt. Durch eine Spezialisierung im Studium und in ihren Projekten können sich Studierende schnell eine besondere Expertise in bestimmten Bereichen aufbauen, die sie im Projektablauf anwenden können. Zudem profitieren Studentische BeraterInnen in ihren lokalen Studentischen Beratungen sowie auf Dachverbandsebene von einem elaborierten Schulungssystem. Die kontinuierliche Weiterbildung durch interne Schulungen und professionelle Workshops ist eines der Standbeine des Erfolgs der Studentischen Unternehmensberatung. Um die Qualität der Projektarbeit stets auf dem höchstmöglichen Niveau zu halten werden unsere Mitglieder jährlich nach an die ISO 9001 angelehnten Qualitätsstandards geprüft und zertifiziert.

Es gibt ja immer Licht und Schatten, daher zwei Fragen zu den Stärken und Herausforderungen. Zunächst aus Kundensicht: Was kann ich von der Zusammenarbeit mit einer Studentischen Unternehmensberatung erwarten? Und was nicht?

Als Projektkunde kann man in der Zusammenarbeit eine qualitativ hochwertige Leistung, eine innovative Herangehensweise und volles Engagement für das Projekt erwarten. Durch die Kenntnis einer Bandbreite von Methoden und Tools sind studentische Beratungsteams in der Lage, sich flexibel auf die Projektumstände einzulassen. Was man als Kunde nicht vergessen sollte ist eine mögliche zeitliche Einschränkung durch Studium und Lehre, welche bei sich oft wechselnden Projektscopes und -timelines im Vorhinein abgesprochen werden sollten.

Und dann nochmal Stärken und Herausforderungen – diesmal aus Sicht einer möglichen Beraterin bzw. eines möglichen Beraters: Warum sollte ich zu Ihnen kommen bzw. was können Sie nicht „bieten"?

Die Mitgliedschaft in einer Studentischen Beratung bietet engagierten Studierenden die unvergleichbare Möglichkeit zur professionellen und persönlichen Weiterentwicklung. Neben wertvollen Erfahrungen in der Projektarbeit und Einblicken in die Praxis, haben Mitglieder die Gelegenheit, früh Verantwortung zu übernehmen, eigene Ideen und Konzepte zu entwickeln und diese umzusetzen. Diese Weiterbildung wird durch das zahlreiche Schulungsangebot ergänzt. Zuletzt ist auch das resultierende professionelle und persönliche Netzwerk ein bestechendes Argument. Eine Studentische Beratung kann trotz Projekt- und Führungserfahrungen kein mehrmonatiges Praktikum gänzlich ersetzen, um Einblicke in den Berufsalltag zu erhalten. Jeder Interessierte sollte sich auch bewusst sein, dass die Studentische Unternehmensberatung viele Chancen bieten kann, es jedoch an dem Einzelnen liegt diese zu ergreifen und für sich zu nutzen.

Wie schaut es denn für Ihre Berater und Beraterinnen aus mit Blick auf den Übergang in das nach-studentische Beraterleben? Ist die studentische Beratung ein Sprungbrett? Hilft sie der Karriere?

Die Studentische Unternehmensberatung bietet Einblicke in das mögliche spätere Berufsleben und eine Chance sich zu etablieren, wertvolle Kontakte zu knüpfen und Erfahrungen zu sammeln. Viele BeraterInnen nutzen ihr aufgebautes Netzwerk und steigen im Consulting ein. Auf unseren Dachverbandstreffen fördern wir den Kontakt von engagierten Studierenden zu namenhaften Unternehmen und Beratungen – hier entstehen oft langfristige Kontakte und Möglichkeiten zu Praktika, Werkstudierendenstellen oder zum Direkteinstieg. Ein gewisser Anteil an Consultants kommt mittlerweile aus der Studentischen Beratung.

Andere Studentische BeraterInnen merken aber auch während ihrer Zeit in der JE, dass sie an einem anderen Berufsweg interessiert sind und nutzen ihre erlernten Methoden und Tools zum Erfolg. So gehen aus der Studentischen Beratung beispielsweise einige erfolgreiche Unternehmensgründungen und Start-Ups hervor.

Über diese Themen hinausgehend: Welche Trends sehen Sie persönlich im Beratungsmarkt?

Schon seit einigen Jahren ist ein Trend zu agilen Methoden, innovativen Konzepten und bereichsübergreifendem Transfer zu beobachten. BeraterInnen müssen sich dementsprechend adaptieren und Flexibilität zulassen.

In der letzten Zeit beobachten wir auch einen Wandel zu und den Bedarf nach Geschäftsmodellen der Zukunft – Nachhaltigkeit, Digitalisierung, organisationale Agilität rücken immer mehr in den Fokus. Studentische Beratungsteams sind hier besonders prädestiniert, um Projektkunden bei diesen Herausforderungen zu begleiten und bei der nachhaltigen Weiterentwicklung unserer Gesellschaft zu unterstützen.

Zur Person:

Alexandra Krüger ist 1. Vorsitzende und Vorstand Öffentlichkeitsarbeit beim Bundesverband Deutscher Studentischer Unternehmensberatungen e.V. (BDSU). Sie studiert Psychologie (Diplom) an der Christian-Albrechts-Universität zu Kiel und ist seit 2016 Studentische Beraterin bei UNICONSULT Kiel e.V. Dabei leitet sie bzw. arbeitet mit in diversen internen und externen Beratungsprojekten, u.a. in den Bereichen Strategy, Project Management und Eventkonzeption.

Senior-Beratungen

Im Vergleich zu Studentischen Unternehmensberatungen scheinen sich Senior-Beratungen[250] deutlich seltener zu entwickeln und zu etablieren. Eine Gründung kann typischerweise durch zwei verschiedene Faktoren bestimmt sein: Einerseits bietet es älteren Mitarbeitern die Möglichkeit eines schrittweisen Ausstiegs aus dem Berufsleben und stellt daher eine durchaus attraktive Alternative zum Vorruhestand dar. Die Senior Experten bestimmen hierbei ihr Arbeitspensum weitestgehend selbst und können sich auf diese Weise langsam und gezielt aus der Erwerbstätigkeit zurückziehen. Außerdem bietet es den Unternehmen, aus denen die Senior Consulting-Firmen hervorgehen, die Möglichkeit das Fachwissen „ihrer" Senior Experten und deren langjährige Managementerfahrung weiterhin für sich zu nutzen und an Nachwuchskräfte weiterzugeben.

Der zweite Entstehungshintergrund resultiert aus dem soziodemografischen Wandel, der sich zurzeit in Westeuropa vollzieht. Die Personalentwicklung muss sich verstärkt mit der Integration älterer Beschäftigter auseinandersetzen, denn durch einen akuten Fachkräftemangel, der Generation der „Baby-Boomer" und einer steigenden Lebenserwartung nimmt der politische und gesellschaftliche Druck zur Erwerbstätigkeit im höheren Lebensalter zu.

Senior Consulting-Firmen dienen also nicht nur als Ersatz der klassischen Beratungsunternehmen, sondern sind zusätzlich auch als Beschäftigungsmöglichkeit im Rahmen von Age Management-Programmen anzusehen.

Daneben sind gemeinnützige Modelle, überwiegend als Reform- und Entwicklungshilfe in Schwellenländern gedacht, existent, die jedoch hier nicht weiter betrachtet werden.

Als eine Tochtergesellschaft der ABB Schweiz AG wurde die ABB Consulting AG (später *Consenec AG*) in 1993 als erste Senior-Beratungsfirma gegründet. Weitere Firmen, die ebenfalls aus ihren gleichnamigen Muttergesellschaften hervorgegangen sind, ist die *Deutsche Bank Management Support GmbH* und die *Bosch Management Support GmbH*, die beide 1999 gegründet wurden.

Den gemeinnützigen Modellen zugehörig, sollen an dieser Stelle der *Austrian Senior Experts Pool* (ASEP) und der *Senior Experten Service* (SES) erwähnt werden. Diese Organisationen bieten Menschen im Vor- und Ruhestand die Möglichkeit, ihre Kenntnisse und Erfahrungen unter dem Grundsatz der Freiwilligkeit und Ehrenamtlichkeit an andere im In- und Ausland weiterzugeben. Nach dem Prinzip der Hilfe zur Selbsthilfe arbeiten die Senior Experten zeitlich begrenzt im Auftrag und auf Verantwortung Dritter.

---

[250] Der Abschnitt zu Senior-Beratungen ist mit kleinen Anpassungen entnommen bei: Walter, Deelmann: 2005, S. 2-5.

Als Vorteil für die Gründung und den Einsatz von Senior Beratungen sind im Wesentlichen der Kompetenzerhalt und die Kostenersparnis zu sehen. Nachteilig sind eventuell eine demografisch nachlassende Arbeitsleistung sowie – bei externen Aufträgen – ein ungewollter Wissenstransfer und ein möglicher Imageschaden, falls schlechte Beratungsleistungen geliefert wurden.

Auf dem Beratungsmarkt gibt es eine Vielzahl renommierter Anbieter. Ein spezifisches Know-how und fundierte Kenntnisse des Kundenunternehmens und seiner Kultur bieten meist nur eigene Senior Consulting-Firmen. Vorteil hierbei ist, dass es sich bei den Senior Experten ausschließlich um kompetente ehemalige Führungskräfte handelt. Da sie durch ihr Vorwissen jedoch schnell und effektiv ein Projekt beginnen können, helfen sie aufwendige Mehr- oder Nacharbeiten zu vermeiden. Dies ist auch ein Schlüsselmerkmal bei der Abgrenzung zu den weiter oben vorgestellten Beraternetzwerken.

Die Vergütung scheint sich bei allen Senior Experten-Firmen sehr ähnlich zu gestalten. Zum einen erhält jeder Mitarbeiter eine Grundversorgung, also einen Basisanteil als eine Art Übergangsrente, der ca. 50-60 % des vorherigen Managementgehalts entspricht. Hinzu kommt dann noch eine einsatz- und erfolgsabhängige variable Komponente. Es ist für Senior Berater durch Projekte durchaus möglich die Vergütung bis auf 100 % des vorherigen Gehalts zu steigern.

Dem Kunden werden die Einsätze grundsätzlich auf Honorarbasis in Rechnung gestellt. Die durchschnittlichen Tagessätze eines Senior Experten bewegen sich laut älteren Angaben zwischen 770 und 1.020 EUR.

Um die erfolgreiche Etablierung einer Senior Consulting-Firma und die Akzeptanz ihrer Mitarbeiter im ganzen Unternehmen zu gewährleisten, sind verschiedene Voraussetzungen nötig. Zunächst wird die volle Unterstützung des Managements benötigt, denn nur so kann sichergestellt werden, dass die Position der Senior Experten nicht in Frage gestellt, sondern – im Gegenteil – akzeptiert und weiter gefördert wird. Zudem ist es notwendig innerhalb der Senior Consulting-Firmen Qualifikationsstandards für die Arbeit der Berater aufzustellen sowie Aus- und Weiterbildungsseminare zu ermöglichen, um den ehemaligen Managern Vorgehensweisen und Methoden von Beratern nahe zu bringen.

8.5 Fragen, Diskussionsstellungen und Schlagworte

Wiederholungs- und Verständnisfragen, Diskussionsstellungen, Anregungen:

1. Bitte grenzen Sie die vier Beratungsformen voneinander ab.

2. Bitte finden Sie Unternehmensbeispiele für jede Form! Wo fällt die Suche leichter, wo schwerer? Warum?

3. Bitte recherchieren Sie nach den theoretischen, methodischen, philosophischen, … Grundlagen jeder Beratungsform! Wo fällt Ihnen die Suche leichter, wo schwerer? Warum?

4. Warum sollten Kunden die Dienste von internen Beratungen, Junior Consultancies oder Seniorberatungen in Anspruch nehmen?

5. Was spricht für und gegen eine aktive Tätigkeit in diesen Organisationen?

Stichworte:

Beratungsformen, gutachterliche Beratung, Expertenberatung, Organisationsentwicklung, systemische Beratung, interne Beratung, Inhouse Consulting, studentische Beratung, Senior Beratung, der andere Beratungsmarkt

9 Rahmenbedingungen

9.1 Übersicht und Leitfragen

Grundidee des Kapitels: Beratung ist nicht nur einfach „da", sondern kann in einen Rahmen eingeordnet werden. Systemtheoretische Aspekte helfen hier ebenso weiter (Kapitel 9.2) wie ausgewählte rechtliche Einlassungen (Kapitel 9.3), die Betrachtung von Beratung als Feld der Forschung (Kapitel 9.4) sowie von Aus- und Weiterbildung (Kapitel 9.5).

Leitfragen hierbei sind:

1. In den bisherigen Kapiteln war Beratung einfach „da". In welchen Umfeldern bewegt sie sich denn und welche Rahmenbedingungen gibt es?
2. Welche Hilfestellung bietet die Systemtheorie, um Beratung zu verstehen?
3. Welche rechtlichen Rahmenbedingungen gibt es zu beachten?
4. Was ist Consulting Research?
5. Beratung in der Lehre sowie Aus- und Weiterbildung. Was passiert denn dort?

9.2 Beratung als System

9.2.1 Beratersystem

Organisationale Beratung wurde oben als eine *Intervention*, also eine irgendwie geartete Einflussnahme eines *Beratersystems* bei einem *Kundensystem*, beschrieben. Die Entitäten Beratersystem und Kundensystem können selbstredend auch kürzer als *Berater* und *Beratener*[251] bezeichnet und zu *Interventionsteilnehmer* generalisiert werden.[252] In den bisherigen Ausführungen sind verschiedene einschlägige Begriffe synonym genutzt worden. Für den vorliegenden Abschnitt wird jedoch eine präzise Bezeichnung notwendig.

In der Literatur wird in manchen Fällen von einem Beratungssystem im engeren Sinne (i.e.S.) und einem Beratungssystem im weiteren Sinne (i.w.S.) gesprochen. Das *Beratungssystem i.e.S.* stellt ein Subsystem dar, dem nur die jeweils an einer Intervention beteiligten Personen angehören und kann daher auch als *aktiv* bezeichnet werden. Das *Beratungssystem i.w.S.* bezeichnet hin-

---

[251] Vgl. Conrad, Trummer: 2007, S. 3.

[252] Dieser Abschnitt zum Berater-System sowie der folgenden zum Kundensystem sind mit Anpassungen entnommen bei Deelmann: 2015a, S. 11-15 und 25-26.

gegen ein Supersystem, welches das Beratersystem und das Kundensystem in Gänze umfasst und daher nicht nur aktive, sondern auch *passive* Elemente mit Bezug auf eine gegebene Intervention enthalten kann.[253]

Die etwas „sperrig daherkommenden" Bezeichnungen als Beratersystem und Kundensystem werden hier genutzt, um zu signalisieren, dass ein jeweiliges System aus nur einer Person bestehen kann, aber nicht muss. Es werden zunächst also eine oder mehrere Personen sowie ihre Interaktionsbeziehungen untereinander betrachtet. Die Beleuchtung einer möglichen Binnenstruktur erfolgt weiter unten. An Stelle des Begriffes Kunde werden oftmals auch Begriffe wie z. B. Klient genutzt. Dies erfolgt meist synonym und kann zusätzlich Ausdruck einer besonderen Beziehung zwischen Berater und Beratenem sein, wenn z. B. Anwalt-Klienten- oder Arzt-Patienten-Analogien bemüht werden.[254]

Für die Beschreibung der eigenständigen Entität Beratersystem (auch: Berater) und seiner Beziehungen, kann man zunächst auf die Nähe zum Kundensystem eingehen und die Unterscheidung zwischen einer *internen* und einer *externen Beratung* treffen.[255] Weiter oben wurde bereits festgehalten, dass sich das Berater- und das Kundensystem voneinander unterscheiden und eine Grenze zwischen beiden gezogen werden kann. Bei externen Beratungen ist die Grenzziehung durch rechtliche und wirtschaftliche Unterscheidungen leicht möglich. Bei internen Beratungen kann dieses Kriterium nicht zwingend angesetzt werden, hier dient als Proxy die fehlende direkte Betroffenheit des Beratersystems von dem Problem des Kundensystems. Nach Einschätzung der Verfasser sind die meisten Unternehmensberatungen entweder als extern oder als intern zu bezeichnen und lediglich eine kleinere Zahl von Beratungsunternehmen bieten ihre Leistungen erfolgreich sowohl extern als auch intern an.[256]

Ein Beratersystem kann weiterhin als *abhängig* oder *unabhängig* beschrieben werden. Die mögliche Abhängigkeit lässt sich dabei durch Frage feststellen, ob Lösungsvorschläge oder Empfehlungen des Beraters dem Beratenem gegenüber vollständig neutral sind oder eine Tendenz aufweisen, z. B. in Richtung einer technischen Lösung, eines Folgeauftrages für Dritte o.ä. Eine sol-

---

[253] Vgl. hierzu auch Mohe: 2003, S. 25-28.

[254] Im vorliegenden Beitrag wird dies unter den Stichworten des *nicht explizierten Bedarfs* des Kundensystems sowie der übernommenen *Rolle* durch das Beratersystem weiter unten diskutiert.

[255] Vgl. Kapitel 8.3 oder auch Deelmann et al.: 2006, S. insb. S. 6-7; Mohe: 2002; Wurps, Musone Crispino: 2002.

[256] Als Beispiel für diese Doppelfunktion lassen sich die Firmen Porsche Consulting und Detecon anführen. Porsche Consulting hat seine Wurzeln in der internen Beratung und bietet seine Leistungen auch Dritten an, bei Detecon ist es vice versa: Neben externen Kunden wird auch der Mutterkonzern Deutsche Telekom beraten.

che Abhängigkeit kann beispielsweise bei Beratern vorliegen, die in einem ersten Schritt ihre Beratungsleistungen im Informationstechnologieumfeld anbieten und z. B. helfen, Kundenbedürfnisse zu artikulieren und zu analysieren und anschließend in einem zweiten Schritt einen weiteren, oft verbundenen Geschäftsbereich aktivieren und Systemintegrations-, Softwareentwicklungs-, Infrastruktur- oder Outsourcing-Leistungen offerieren, welche die Kundenbedürfnisse sehr genau befriedigen, da die Bedürfnisartikulation ggf. schon auf die Leistungsfähigkeit des zweiten Geschäftsbereichs hin gestaltet oder „optimiert" wurde.[257] Eine rechtliche oder wirtschaftliche Unterscheidung ist hierbei nicht relevant, als Kriterium soll die Generierung von so genanntem Up- oder Downstream-Business herangezogen werden. Eine reine Finanzbeteiligung bzw. eine andere laterale Verbindung reichen nicht aus, um eine Abhängigkeit zu unterstellen.[258]

Das Beratersystem übernimmt bei der Intervention im Kundensystem eine *Rolle* (vgl. auch Kapitel 5.6). Sie soll im Folgenden als die aus Sicht des Beratersystems externalisierte Verhaltensweise im Interventionsprozess verstanden werden. Als Beispiele lassen sich die Rolle eines Sündenbocks, Gurus und Legitimators, aber auch Rollen als Arzt, Pilot oder Architekt nennen, wobei die meist bildliche Darstellung Analogieschlüsse zwischen dem Rollenvorbild und der übernommenen Rolle erlauben und den Beteiligten die Vorstellung über die Verhaltensweise des Beraters erleichtern soll.[259] Die Beschreibung und Abstimmung der Rolle kann explizit, z. B. vertraglich oder durch einfache Absprache, oder implizit, z. B. durch konkludentes Handeln, erfolgen. Ein nicht übereinstimmendes Verständnis zwischen der vom Berater angebotenen und übernommenen und der vom Beratenem nachgefragten und wahrgenommenen Rolle kann in der Praxis zu Missverständnissen und unterschiedlichen Auffassungen über den Erfolg der erbrachten Beratungsleistung führen.[260] Eine beliebige Überlagerung verschiedener Rollen ist möglich.

Neben diesen beschreibenden Attributen sind für Beratersysteme weitere Beziehungen wichtig. So ist zum einen die *Beratungsform* oder *Interventionsform* relevant, die ein Berater anwendet und die determinierend für die Art und Weise der Intervention ist. Zusätzlich bietet das Beratersystem Kunden-

---

[257] Auch der Beteiligung der Deutschen Bank an der Roland Berger & Partner GmbH International Management Consulting in den 1990er Jahren sowie den teilweise sehr engen Verbindungen verschiedener Wirtschaftsprüfer- und Steuerberatungsgesellschaften mit Beratersystemen werden Abhängigkeiten nachgesagt.

[258] Vgl. Gutberlet: 2012, insb. S. 22-23 oder Sandberg: 2003, der den Begriff „Corporate Consulting" für eine abhängige Beratungsleistung nutzt.

[259] Vgl. für umfangreiche Aufzählungen und Beschreibungen: Neuberger: 2002 und Friedrich von den Eichen: 2005b.

[260] Vgl. nochmals Friedrich von den Eichen: 2005b.

systemen *Kompetenzen* an, verfügt über eine *Struktur* sowie über *Organisationsdimensionen.*

9.2.2 Kundensystem

Das *Kundensystem* stellt das Gegenstück zum gerade besprochenen Beratersystem dar. Dementsprechend haben einige der im Folgenden aufgeführten Beziehungen und Entitäten große Ähnlichkeiten mit denen des Beratersystems. Offensichtlich wird dies bei den sog. *internen Rollen,* die im Kundensystem besetzt werden können und den *Eigenschaften,* über die der Kunde verfügt. Sie werden von den Senioritätsgraden des Beratersystems bzw. seinen Kompetenzen gespiegelt.

Das im Kundensystem vorhandene *Problem* drückt sich aus in einem artikulierten *Bedarf,* der sich aus verschiedenen Bedarfstypen zusammensetzen kann und wird durch eine Transformation gelöst, die gleichzeitig auch den Bedarf deckt. *Transformation* wurde weiter oben als Ziel der Beratung dahingehend beschrieben, dass „in dem [Kunden]system eine neue Form im Sinne einer Selbstveränderung des [Kunden]systems gefunden werden kann."[261] Damit ist die Transformation im Kundensystem zu allokieren und dient als direkter Anknüpfungspunkt für das Beratersystem im Sinne einer vorhandenen Beziehung zu den Entscheidungsprämissen.

9.2.3 Systemische Betrachtung

Mohe hat die beiden gerade vorgestellten Systeme auch in einem systemtheoretischen Kontext betrachtet. Dabei unterscheidet er ein Kundensystem im engeren Sinne von einem Kundensystem im weiteren Sinne sowie ein Beratersystem im engeren Sinne von einem Beratersystem im weiteren Sinne. Mit Hilfe von Systemgrenzen lassen sich die einzelnen Systeme voneinander unterscheiden und auch – bei einer Veränderung der Grenzziehungen – kombinieren (vgl. Abbildung 62 und Abbildung 63).

Ein Beratersystem im engeren Sinne (i.e.S.) besteht aus den Personen, die an einem konkreten Beratungsprojekt teilhaben. Dies können beispielsweise Juniorberater, Projektleiter und Partner sein. Zwischen ihnen bestehen Kommunikationsbeziehungen, die ihre Interaktion prägen. Dieses Beratersystem i.e.S. erhält mit dem Kundensystem i.e.S. ein Pendant. Auch hier gibt es Teilnehmer, die aus unterschiedlichen Hierarchieebenen stammen, z. B. Top-Management, Projektkoordinator und beteiligte Mitarbeiter. Diese stehen ebenfalls durch Kommunikation in Beziehungen zu einander. Gleichzeitig gibt es Beziehungen zwischen den Mitgliedern des Beratersystems i.e.S. und denen des Kundensystems i.e.S. In der Praxis zeigt sich, dass diese Beziehun-

---

[261] Vgl. Abschnitt 2.2 bzw. Deelmann et al.: 2006, S. 7.

gen durch Kommunikation zwischen meist hierarchisch gleichrangigen Gruppen etabliert werden.

Das Vorhandensein dieser Beziehungen führt dazu, dass zusätzlich zum Berater- sowie Kundensystem i.e.S. ein Beratungssystem i.e.S. gebildet wird. Es umfasst konkret diejenigen Systemelemente, die in ein jeweiliges Beratungsprojekt involviert sind.

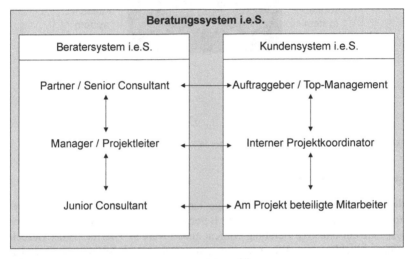

Abbildung 62: Beratungssystem im engeren Sinne[262]

Beratungs- und Kundenorganisation verfügen jedoch regelmäßig über mehr Mitglieder, als die gerade angesprochenen. Auf Kundenseite ist das Kundensystem i.e.S. Teil eines größeren Kundensystems. Auch auf der Beraterseite ist das Beratungssystem i.e.S. Teil eines umfangreicheren Beratersystems.

Diese beiden Systeme, die durch ein Beratungssystem i.e.S. verbunden sind, bilden gemeinsam ein Beratungssystem im weiteren Sinne (i.w.S.), welches wiederum von anderen Systemelementen, die für das Beratungssystem i.w.S. die Umwelt darstellen, abgegrenzt werden kann.

---

[262] Vgl. Mohe: 2004, S. 27, mit kleineren Anpassungen.

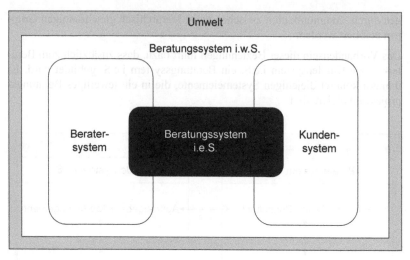

Abbildung 63: Beratungssystem im weiteren Sinne[263]

9.3 Rechtliches

Im Rahmen des vorliegenden Beitrags kann und soll keine umfassende Würdigung des für die organisationale Beratung geltenden Rechtsrahmens oder
gar eine einschlägige Beratung vorgenommen werden. Hierfür sei der Besuch
eines einschlägig qualifizierten Juristen empfohlen, in einem sondierenden
Schritt auch die Lektüre von Fachpublikationen.[264] Nachfolgend sollen lediglich kursorisch einige Schlaglichter auf Besonderheiten und typische Fragestellungen geworfen werden.

Für das Recht der Unternehmensberatung hat der Bundesverband Deutscher
Unternehmensberater BDU e.V. einige Besonderheiten notiert:[265]

- *Berufsausübung:* Zunächst ist festzuhalten, dass sie Berufsausübung in
  Deutschland nicht geregelt ist. Dies bedeutet, es gibt keine verbindli-
  chen Verfahrens- oder Verhaltensvorschriften, Standards, Qualitätsni-
  veaus etc.

- *Berufsbezeichnung:* Die Bezeichnung als Berater oder „Unternehmensberater" ist in Deutschland nicht geschützt, jeder kann sich so nennen.

---

[263] Mohe: 2003, S. 26, mit kleineren Anpassungen.

[264] Beispielsweise bietet das Rechtshandbuch für Unternehmensberater (Quiring: 2005) einen Einstieg, der mit Quiring: 2015, 2016, 2017a, b Aktualisierungen und Ergänzungen gefunden hat.
Für einschlägige Fragen zur Arbeitnehmerüberlassung sei auf Haake: 2018 verwiesen.

[265] Vgl. Bundesverband Deutscher Unternehmensberater BDU e.V.: o.J.

- *Inhalte:* Die Beratungsinhalte sind frei wählbar. Es existiert kein abschließender Aufgabenkatalog oder eine Übersicht möglicher Gewerke. Die Wahl der Beratungsinhalte orientiert sich in der Praxis zwar an verschiedenen etablierten Schwerpunkten, aber auch exotische Beratungsinhalte können ihre Kunden finden. Eine Ausnahme bilden allerdings z. B. die Rechts- oder Steuerberatung oder andere Felder in denen eine Zugangsberechtigung zur Ausübung besteht.
- *Freiberuflertum:* (Einzelne) Unternehmensberater sind oftmals freiberuflich tätig. Große und bekannte Unternehmen sind im Markt zwar prominent vertreten, aber ihre Anzahl ist im Vergleich zu den Freiberuflern gering. Dies hat für den einzelnen Berater verschiedene Auswirkungen, z. B. eine mögliche Umsatzsteuerbefreiung.
- *Ausbildung:* Auch wenn viele Berater über eine Hochschulausbildung, oft in einem wirtschaftswissenschaftlichen Bereich, verfügen, so besteht keine einschlägige Markteintrittsbarriere.

Ein regelmäßiger Diskussionspunkt zwischen Beratern und Kunden betrifft die Frage, ob ein Vertrag, der ein Beratungsprojekt zum Gegenstand hat, den Charakter eines Werkvertrages oder eines Dienstvertrages aufweist, da bei dem einen ein konkretes Ergebnis und bei dem anderen eine Arbeitsleistung im Zentrum steht. Insbesondere Aspekte rund um die Haftung werden in Verhandlungen in der Praxis regelmäßig herangezogen, um eine solche Unterscheidung herbeizuführen.[266]

Aus juristischer Perspektive kann auch das Gesellschaftsrecht für die Gestaltung einer Beratungsorganisation wertvolle Hilfestellungen geben. So ist die Wahl der Rechtsform eine der zentralen Fragestellungen. Bei ihrer Beantwortung müssen vielfältige Faktoren berücksichtigt werden. Neben dem bereits angesprochenen Punkt der Haftung orientieren sich viele Berater bei der Wahl der Rechtsform für ihren Betrieb beispielsweise am notwendigen Aufwand, am Prestige, an Marketingmöglichkeiten, an steuerlichen Gesichtspunkten bzw. einer Mischung hieraus.

Quiring hat die Vor- und Nachteile unterschiedlicher Rechtsformen ausgebreitet[267] und bietet ein mehrstufiges Entscheidungsschema an. In einer ersten Stufe ist zwischen Aufwand, Marketing, Haftung und Steuern als primäres Entscheidungskriterium zu filtern (vgl. Abbildung 64).

---

[266] Vgl. als knappe Übersicht Winnen: 2012.

[267] Vgl. Quiring: 2016.

Im Kontext ...	liegt der Fokus insbesondere auf ...
Aufwand	Minimierung des mit einer Rechtsform infolge gesetzlicher Bestimmungen zwangsläufig verbundenen Aufwands für die Gründung und/oder die Führung und laufende Verwaltung des Unternehmens sowie für die Übertragung von Anteilen auf neue Partner
Haftung	Schutz des Privatvermögens vor finanziellen (Haftungs-)Risiken aus und in Zusammenhang mit der Berufs- und Geschäftstätigkeit sowie umgekehrt Schutz des Betriebsvermögens vor etwaigen Privatschulden
Marketing	Nutzung des Renommees, das mit manchen Rechtsformen assoziiert wird
Steuern	Nutzung der steuerlichen Vorteile etwa möglicher Freiberuflichkeit

Abbildung 64: Ausgewählte Zielstellungen bei der Rechtsformwahl[268]

In einem zweiten Schritt kann dann geschaut werden, welche Rechtsformen bei einer gewählten primären Zielstellung und einer variablen Zweitpriorität sinnvollerweise zur Verfügung stehen. Abbildung 65 zeigt exemplarisch auf, welche Rechtsformen geeignet erscheinen, wenn die Haftungsvorsorge im ersten Schritt die höchste Priorität hatte und die zweite Priorität beim Aufwand, im Marketing oder einem angemessenen Mix aus beidem liegt.

Zweite Priorität	bestgeeignete Rechtsform
Minimierung des rechtsformbedingten Aufwands für die Gründung und laufende Verwaltung des Unternehmens	UG haftungsbeschränkt
Nutzung des Renommees, das mit manchen Rechtsformen assoziiert wird	AG
Gleichrangiger Wunsch nach vernünftigem Renommee ohne übermäßigem Aufwand infolge der Rechtsform	GmbH

Abbildung 65: Geeignete Rechtsform bei Priorisierung nach Haftungsvorsorge und variabler Zweitpriorität[269]

---

[268] Quiring: 2016, S. 2.

[269] Quiring: 2016, S. 33.

Die rechtliche Seite

Interview mit RA Prof. Dr. Andreas Quiring

Wenn Sie die Mandantengruppe „Berater" mit anderen vergleichen, wo gibt es Besonderheiten bzw. die bemerkenswertesten Besonderheiten?

Während es für Handels- und Industrieunternehmen weithin als selbstverständlich gilt, ihren Geschäftsbeziehungen zu Kunden von Anfang an professionell gestaltete Verträge zugrunde zu legen, scheint ein erstaunlich großer Teil der Berater sich damit eher schwer zu tun.

Nach meinem Eindruck können Menschen, die sich als professionelle Ratgeber für andere verstehen und die in ihrem Fachgebiet mit hoher Kompetenz für Kunden engagiert sind, tendenziell nur schwer akzeptieren, dass sie zur Absicherung gegen rechtliche Risiken, die mit ihrer Berufstätigkeit einhergehen, selber professionelle Hilfe in Anspruch nehmen sollten. Mehrheitlich freunden Berater sich mit dem Gedanken, ihre Kundenverträge kompetent gestalten bzw. überarbeiten zu lassen, erst an, nachdem sie mindestens einmal einen herben Honorarausfall hinnehmen mussten oder gar vor Gericht krachend Schiffbruch erlitten haben.

Im Markt gibt es viele Einzelberater, oft sind sie Neueinsteiger: Welche zwei, drei rechtlichen Punkte sollten sie dringend berücksichtigen?

Die Rechtsform für das eigene Einzelunternehmen sollte bewusst gewählt werden mit Blick darauf, ob infolge der geplanten Tätigkeitsgebiete nach fundierter juristischer Einschätzung Haftungsrisiken (a) in erheblichem Umfang zu bedenken oder (b) praktisch vernachlässigbar sind und steuerliche Freiberuflichkeit in Betracht kommt. Im Fall (a) liegt es nahe, rechtzeitig vor Übernahme des ersten Kundenauftrags eine GmbH oder „UG (haftungsbeschränkt)" zu gründen. Nur für Fall (b) ist insoweit nichts veranlasst.

Wer seine Chance wahren möchte, steuerlich als Freiberufler anerkannt zu werden, sollte sich übrigens, entgegen der nur scheinbar uneigennützigen Empfehlung mancher Existenzgründungsberater, keinesfalls als Kaufmann in das Handelsregister eintragen lassen.

Zum zweiten verdienen Struktur und Inhalte der Verträge mit Kunden einige Sorgfalt. Ohne rechtswirksamen Vertrag haben Unternehmensberater trotz geleisteter Arbeit keinen sicheren Anspruch auf Honorar. Spezifische Regeln für einen „Unternehmensberatungsvertrag" sucht man in den deutschen Gesetzen vergebens. Die daher in Betracht zu ziehenden Vertragstypen Dienst-, Werk- und Maklervertrag bieten infolge ihrer abstrakten gesetzlichen Ausgestaltung nicht ohne Weiteres eine solide Basis für das Engagement als Berater. Folglich bedarf es gut überlegter, unter anderem auf die Kompetenzen und Kapazitäten des Beraters abgestimmter Vertragsregelungen. Sie müssen festlegen, was welcher Beteiligte unter welchen Voraussetzungen von der anderen Seite erwarten darf. Nur ein angemessener Vertrag mit den Kunden bietet Unternehmensberatern ein hinreichendes Maß an Sicherheit, für gute Arbeit auch gutes Geld beanspruchen und erforderlichenfalls durchsetzen zu können. Außerdem ist die wohlerwogene Definition der Aufgaben des Beraters einerseits und der Mitwirkungsobliegenheiten des Kunden andererseits ein zentraler Pfeiler für effiziente Vorsorge gegen Haftungsgefahren.

Berater geben doch regelmäßig „nur" Empfehlungen ab. Die Entscheidung und Umsetzung obliegt dann dem Kunden. Warum sollte ich mich als Berater dennoch um das Thema Haftung kümmern?

Eine Befassung mit Haftungsrisiken und den Optionen zu ihrer Minimierung ist sinnvoll, weil es noch niemandem geholfen hat, seine Augen vor der Realität zu verschließen.

Zu dieser Realität zählt erstens: Professionelle Ratgeber können ihren Kunden, unter Umständen aber auch deren Banken und Gesellschaftern, regresspflichtig werden. Dafür genügt es im Ausgangspunkt schon, dass ein Schaden durch eines der nachfolgend beispielhaft genannten Ereignisse mitverursacht worden ist: Der Berater hat ein berechtigter Weise in ihn gesetztes Vertrauen vorwerfbar enttäuscht; der Berater hat es vor seinen Empfehlungen versäumt, die Ausgangslage und Rahmenbedingungen hinreichend zu klären; der Berater hat es unterlassen, seinem Kunden einen Hinweis zu geben, den der Kunde nach Treu und Glauben erwarten durfte; oder der Berater hat nicht bemerkt, dass sich bei der Eingabe von Daten ein Versehen eingeschlichen hat, das bei nachfolgenden Berechnungen zu einem fehlerhaften Ergebnis und daraus abgeleitet zu einer nicht ganz korrekten Beratung geführt hat. Diese Liste möglicher Ursachen einer Beraterhaftung ist nicht abschließend.

Zur Realität zählt zweitens: Entgegen einem beliebten und wohl infolge Wunschdenkens unausrottbaren Gerücht ist es nicht möglich, sich allen Haftungsrisiken durch pauschale Vertragsfloskeln zu entziehen. Beispielsweise alle Versuche, jegliche Haftung (außer für Vorsatz oder Arglist) auszuschließen oder zumindest der Höhe nach zu begrenzen auf das vereinbarte Honorar, sind infolge der seit Jahrzehnten gefestigten Rechtsprechung nicht einmal das Papier wert, auf dem sie geschrieben stehen.

Wer als Berater nicht Gefahr laufen will, wegen einer kleinen Gedankenlosigkeit oder Unachtsamkeit jeden dadurch mitverursachten Schaden, gleich wie hoch dieser ausfällt, ersetzen zu müssen, sollte sich daher proaktiv mit dem Thema Haftung auseinandersetzen.

Ein häufiger Diskussionspunkt in der Praxis scheint die Frage zu sein, ob es sich um einen Dienst- oder Werkvertrag handelt. Woher kommt diese Relevanz?

Die Frage, ob ein Vertrag über Unternehmensberatung rechtlich als Dienst- oder als Werkvertrag einzuordnen ist, hat in der Tat erhebliche praktische Bedeutung: Im Rahmen eines Dienstvertrags schuldet der Berater kein bestimmtes Ergebnis, sondern „nur" sorgfältige Erbringung der zugesagten Tätigkeit; schon diese ist zu bezahlen. Allerdings kann der Kunde mangels abweichender Vereinbarung einen Dienstvertrag über Unternehmensberatung in der Regel jederzeit grundlos und fristlos kündigen, um den Anfall weiterer Tätigkeitshonorare zu stoppen. Das gilt selbst dann, wenn der Berater für den Kunden viel Arbeitskapazität vorhält. Im Rahmen eines Werkvertrags hat der Berater dagegen das vereinbarte Werk zu erstellen und dem Kunden zu verschaffen, um Honorar beanspruchen zu können. Außerdem hat der Berater für etwaige Mängel seines Werks Gewähr zu leisten. Der Vorteil eines Werkvertrags für Unternehmensberater liegt darin, auch im Fall einer Kündigung seitens des Kunden Honorar beanspruchen zu können, ohne aber das Werk fertigstellen und liefern zu müssen.

Zur Person:

Prof. Dr. jur. Andreas Quiring arbeitet seit 1985 als Rechtsanwalt in München. Zu seinen Mandanten zählen viele Beratungsunternehmen, Beraternetzwerke und Einzelberater. Er ist daneben Dozent, ferner Autor und Koautor mehrerer Fachbücher und vieler Zeitschriftenbeiträge zu Rechtsfragen der Unternehmens- und Personalberatung.

9.4 Beratungsforschung

Wie auch viele andere Praxisdomänen hat die Beratung die Aufmerksamkeit einer Reihe von Wissenschaftlern auf sich gezogen. Es lässt sich beobachten, dass sie und insbesondere ihr Teilbereich der Beratungsforschung (engl. Consulting Research) in verschiedenen Formen auftritt, zum Beispiel:

- Formal streng und eher altruistisch, so dass Ruhm und Ehre sowie die Lust am Erkenntnisgewinn im Vordergrund der Forschung stehen.
- Populär („-wissenschaftlich") sowie finanz- und prestigeorientiert, so dass Bekanntheit und Popularität von Forschern dominierend sind.
- Praxisorientiert als „Zweitverwertung" beruflicher Erkenntnisse, so dass die wissenschaftliche Arbeit eher ein Nebeneffekt, denn eine Hauptbeschäftigung darstellt.

Hilfreich erscheint es aber, zunächst kurz zu überlegen, wie Beratung und Forschung zusammenwirken können.

Wissenschaft, Forschung und Lehre sind drei Begriffe, die in einem engen Zusammenhang stehen:[270]

- *Wissenschaft* wird im Duden als eine forschende Tätigkeit umschrieben, die in einem bestimmten Bereich ein begründetes, geordnetes oder für gesichert erachtetes Wissen hervorbringt.
- *Forschung* wiederum beschreibt die Tätigkeit des Forschens, d. h. das Arbeiten an wissenschaftlichen Erkenntnissen bzw. die Untersuchung eines wissenschaftlichen Problems.
- Unter *Lehre* findet man im Duden die Erklärung, dass sie in einem System von wissenschaftlichen Lehrsätzen zusammenhängend Gelehrtes sei.

Wissenschaft kann somit im Sinne des humboldtschen Bildungsideals[271] als Klammer für Forschung und Lehre betrachtet werden. Die Forschung will Probleme bearbeiten und zu Lösungen verhelfen, während im Rahmen der Lehre zum einen der Kenntnisstand der Forschung und zum anderen die Methoden des wissenschaftlichen Forschens an Studierende weitergegeben wird.[272]

---

[270] Ausführungen entnommen bei Deelmann: 2015b, S. 7-8.

[271] Hierunter wird allgemein die Einheit von Forschung und Lehre verstanden.

[272] Diese Rolle der Lehre kann allerdings auch kritischer betrachtet werden, wie es z. B. Ronald Coase, US-amerikanischer Träger des so genannten Wirtschafts-Nobelpreises, formuliert: „Die Weisheiten, die in den Lehrbüchern und Hörsälen wirtschaftswissenschaftlicher Fakultäten gepredigt werden, haben nur noch wenig mit der Managementpraxis und noch viel weniger mit dem klassischen Unternehmertum gemein. Das Maß, in dem sich die Wirtschaftswissenschaften vom Alltag in Unternehmen distanziert haben, ist immens und bedauerlich." Coase: 2013, S. 96.

Wissenschaftsdisziplinen befinden sich im Zeitverlauf in unterschiedlichen Reifegradstufen. Für diesen Prozess einer Institutionalisierung schlagen Tolbert und Zucker drei Stufen vor:[273]

- Erste Stufe: *Habitualisierung*
  - Neue strukturelle Konfigurationen entstehen.
  - Es erfolgt eine Reaktion auf veränderte Marktkräfte, Gesetze oder Technologien.
  - Eine unabhängige Formalisierung neuer Strukturen in Organisationen oder organisationalen Feldern kann beobachtet werden.
  - Theoriebildung findet nicht oder kaum statt.
- Zweite Stufe: *Objektivierung*
  - Neue Praktiken werden mit Theorien hinterlegt.
  - Die neuen Strukturen und Praktiken diffundieren.
  - Strukturen und Handlungen in anderen Organisationen werden beobachtet.
  - Es bilden sich Forschungsinseln, d. h. Interessengruppen schließen sich zusammen.
  - Im Ergebnis erfolgt eine Förderung der neuen Praktiken.
- Dritte Stufe: *Sedimentation*
  - Institutionalisierte Elemente haben einen hohen Akzeptanzgrad.
  - Gremien, Organe und Riten haben sich etabliert.
  - Netzwerke sind gebildet und gefestigt.
  - Die Existenz der Disziplin wird nicht mehr hinterfragt.

Mohe et al. versuchen, den Stand der Beratungsforschung in den Institutionalisierungsprozess einzuordnen:

> Es ist kein leichtes Unterfangen, Consulting Research (CR) genau einer dieser Phasen zuzuordnen. Einigkeit dürfte allerdings darüber bestehen, dass CR die Phase der *Habitualisierung* längst durchlaufen hat. Zwar fällt es schwer, so etwas wie einen „Urknall" der Beratungsforschung zu lokalisieren; dennoch besteht weitestgehender Konsens darüber, dass bereits die Werke von Adam Smith und insbesondere Frederic Winslow Taylor das Beratungswesen maßgeblich beeinflusst haben. Allerdings ging es in diesen frühen Werken noch nicht um die Erforschung des Beratungswesens an sich. Tatsächlich hat eine solche Fokussierung erst wesentlich später stattgefunden. So wurde beispielsweise mit der Herausbildung der Organisationsentwicklung in den 1940er Jahren auch die Rolle des (zumeist externen) Change Agents diskutiert. In den späten 1960er Jahren haben insbesondere die

---

[273] Vgl. Tolbert, Zucker: 1996. Diese Aufstellung und exemplarische Einordnung der Forschungsdomäne ist entnommen bei Mohe, Nissen, Deelmann: 2008.

Arbeiten von Edgar Schein dazu beigetragen, das Verständnis unterschiedlicher Beratungsansätze zu schärfen. Auch die Phase der *Objektivierung* scheint CR bereits erreicht zu haben. Dafür spricht, dass es mit Beginn der 1970er Jahre zu einer Aktivierung der Publikationen gekommen ist. Mit Blick auf die deutschsprachige Beratungsforschung hat erstmals Steyrer einen „Statusbericht" über den Stand der empirischen Beratungsforschung von 1974 bis 1990 vorgelegt. Recht ernüchternd fällt jedoch sein Fazit aus: Für seinen Betrachtungszeitraum konstatiert Steyrer zwar eine starke, aber wieder abebbende Konjunktur der empirischen Beratungsforschung: So wurden 16 der 22 von ihm identifizierten empirischen Untersuchungen seit Beginn der 80er Jahre durchgeführt, den 90er Jahren attestiert er eine „Theorie- und Empirieflaute".

Demgegenüber zeigt eine jüngere Meta-Analyse, dass seitdem die Anzahl der empirischen Studien jedoch wieder gestiegen ist. Den 22 empirischen Arbeiten, die Steyrer identifiziert, stehen 37 Untersuchungen für die Zeit von 1991 bis 2003 gegenüber. Berücksichtigt man die Betrachtungszeiträume, lässt sich feststellen, dass zwischen 1991 und 2003 mehr empirische Studien in einem wesentlich kürzeren Zeitraum erstellt wurden. Darüber hinaus lässt sich auch auf theoretischer Ebene eine gewisse Fundierung beobachten. Beispiele hierfür sind theoretische Analysen etwa aus Sicht der Neuen Institutionenökonomie, der neueren Systemtheorie oder der Dienstleistungstheorie. Trotz dieser durchaus als positiv zu beurteilenden theoretischen Verankerung, muss darauf hingewiesen werden, dass allein die bloße Anleihe bei bestehenden theoretischen Ansätzen noch keine Eigenständigkeit von Consulting Research begründet.

Zudem ist eine weitgehende Isolation der einzelnen Forschergruppen festzustellen, an der sich die mangelnde institutionelle Verankerung des Forschungsfeldes ablesen lässt. So sind relativ unverbundene „Forschungsinseln" entstanden, die trotz der vermehrten Herausgabe von Special Issues unverbunden bleiben (z. B. die Schwerpunktausgaben der Wirtschaftsinformatik 5/2001, der Zeitschrift für Führung + Organisation 05/2002 und der Zeitschrift für Wirtschafts- und Unternehmensethik 3/2002). Zu den einzigen, explizit an Beratung interessierten Zeitschriften zählen die OrganisationsEntwicklung (ZOE) und die Zeitschrift für Unternehmensberatung (ZUb). Beide Zeitschriften bilden allerdings nur Ausschnitte der Beratung ab. Die ZOE fokussiert auf die Beratungsansätze der Organisationsentwicklung und der systemischen Beratung, und die ZUb präsentiert sich als praxisorientierte Zeitschrift mit Beiträgen von Beratern für Berater. Vor diesem Hintergrund liegt es nahe, dass Consulting Research die letzte Phase der *Sedimentation* noch nicht erreicht hat. Davon zeugen auch die weni-

gen Arbeiten, die sich mit der Beratungsforschung als Gegenstand beschäftigen. So argumentiert Wolf, dass das Ausmaß des öffentlichen
Interesses an Unternehmensberatung noch zu gering für die Etablierung einer eigenen Forschungsdisziplin sei. Auch bei einigen wissenschaftlichen Zeitschriften ruft das Thema der Unternehmensberatung
eine gewisse Skepsis hervor. Shugan begründet dies mit der Ansicht,
dass das Veröffentlichen zum Thema Unternehmensberatung bei aka-
demischen Fachzeitschriften weniger Interesse und Bedeutung findet
als bei Praxiszeitschriften oder Büchern. Selbst einige ihrer wesentlichen Protagonisten machen Einwände gegen eine Institutionalisierung
der Beratungsforschung geltend. So schreibt etwa Clark: *"Research
on consultancy has to be able to contribute to broader debates about
management if it is to grow and prosper. If it remains a self-contained
scientific discipline it will atrophy"*.

Darüber hinaus mangelt es an entsprechenden Institutionen, über die
sich eine Disziplin unter anderem definiert wie z. B. Lehrstühle für
Unternehmensberatung oder entsprechende Forschungs- oder Promo-
tionsprogramme. Durch die mangelnde institutionelle Verankerung
des Forschungsfeldes sind Fortschritte auf Einzelkämpfer und Gele-
genheitsforscher angewiesen, die neben ihrem eigentlichen For-
schungsschwerpunkt Beratungsforschung im Nebenjob betreiben.
Damit erinnert die „*scientific community*" der Beratungsforschung an
das Bild unverbundener „Forschungsinseln". Eine vollständige Institutionalisierung der Beratungsforschung, die in der Phase der Sedimentation einen hohen Akzeptanzgrad genießt, nicht mehr hinterfragt und
als „*taken for granted*" wahrgenommen wird, sähe in der Tat anders
aus.[274]

Auch mehr als zehn Jahre nach dieser Positionsbestimmung kann sie weiterhin als gültig angesehen werden. Zwar zollen einzelne Studiengänge,
-vertiefungen oder einschlägige Vorlesungen der hohen Nachfrage Tribut,
aber Lehrstühle, Zeitschriften oder längerfristige Forschungsprogramme sind
weiterhin nicht zu finden.

In der Zwischenzeit gibt es zwar in Deutschland mit der Gesellschaft für Consulting Research e.V. (2009 bis 2016) und dem Arbeitskreis Informationsver-
arbeitungsbezogene Unternehmensberatung (IT-Beratung) in der Gesellschaft
für Informatik e.V. (seit 2009[275]) zwei Versuche, der Beratungsforschung

---

[274] Mohe, Nissen, Deelmann: 2008, S. 77-78; die in der ursprünglichen Textpassage enthaltenen
Quellenverweise sind für den vorliegenden Beitrag der besseren Lesbarkeit halber entfernt worden. Vgl. auch Nissen, Mohe, Deelmann: 2009, insb. S. 149-153.

[275] D.h. 2020.

auch einen institutionellen Rahmen zu geben, ihre Nachhaltigkeit erscheint
aber zumindest teilweise eingeschränkt.[276]

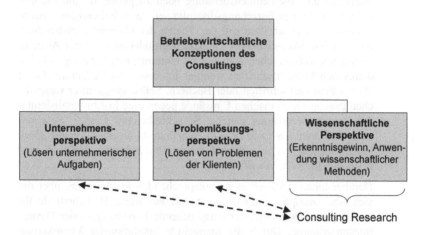

Abbildung 66: Betriebswirtschaftliche Facetten der organisationalen Beratung[277]

Auch wenn die Institutionalisierung in den letzten Jahren keine großen Fortschritte gemacht hat, so gibt es dennoch Forschungsaktivitäten auf einem
stabilen Niveau. Im engeren Sinne liefert die Beratungsforschung die wissenschaftliche Perspektive auf die organisationale Beratung. Hierbei steht der
Erkenntnisgewinn unter Anwendung von wissenschaftlichen Methoden im
Vordergrund. Eng verwandt mit der wissenschaftlichen Perspektive sind dabei die unternehmerische Perspektive sowie die Problemlösungsperspektive.
Letztere beschäftigt sich mit der Frage, wie die Problemlösung und Bearbeitung von Herausforderungen der Kunden durch Berater unterstützt werden
kann. Für die unternehmerische Perspektive ist interessant, wie die Organisation Beratung geführt werden kann. Wechselwirkungen bestehen zwischen
den drei Bereichen, die in Summe die betriebswirtschaftliche Konzeption der
organisationalen Beratung ausmachen. Abbildung 66 visualisiert dieses.

---

[276] Vgl. Deelmann, Nissen: 2018 für eine ausführliche Berichterstattung und Dokumentation der
beiden Ansätze und Nissen: 2018, S. 23.

[277] Nissen: 2007, S. 14. Vgl. auch Nissen: 2018, S. 11.

Consulting Research

Interview mit Prof. Dr. Volker Nissen

Eine grundsätzliche Frage zu Beginn: Wozu braucht es eigentlich Beratungsforschung?

Zur Beantwortung dieser Frage kann man einmal auf der Seite der Beratungspraxis ansetzen und einmal auf der Seite der Wissenschaft. Beginnen wir auf der praktischen Seite.

Unternehmensberatung ist aus Klientensicht ein langfristig wirkendes, vergleichsweise teures Investitionsgut. Gleichzeitig kann im Grunde jeder ohne formalen Nachweis einer spezifischen Qualifikation für sich die Bezeichnung „Unternehmensberater/In" in Anspruch nehmen. Dies trägt zu Qualitätsunterschieden zwischen einzelnen Anbietern, einem unübersichtlichen Beratungsmarkt und einem vergleichsweise schlechten Image von Unternehmensberatern bei. In dieser Situation haben viele Beratungskunden in den vergangenen Jahren ihren Beratereinkauf professionalisiert, nicht zuletzt durch die Integration ehemaliger Berater oder den Aufbau von Inhouse-Beratungen. Kunden analysieren heute genauer, wo wirklich externe Unterstützung benötigt wird und verlangen von Beratern nachweislichen Erfolg. In dieser Situation müssen sich auch die Beratungsfirmen selbst weiter professionalisieren. Hier kann Beratungsforschung – ich verwende eher den Begriff Consulting Research – einen Beitrag leisten. Dazu aber gleich vielleicht mehr. Alternativ kann man die Perspektive der Wissenschaft einnehmen. In den letzten Jahrzehnten hat die Unternehmensberatung ein kontinuierliches dynamisches Wachstum verzeichnet. Trotz ihrer großen wirtschaftlichen Relevanz und der Tatsache, dass viele junge Hochschulabsolventen von der Beratung als Karrieremöglichkeit angezogen werden, ist die wissenschaftliche Gemeinschaft, die die Beratung aus akademischer Perspektive betrachtet, noch vergleichsweise klein. Zudem gibt es nur wenige spezialisierte Kanäle für die Veröffentlichung von Forschungsergebnissen zum Thema Consulting. Hier besteht also eine Diskrepanz zwischen der praktischen Bedeutung der Unternehmensberatung einerseits und dem Grad ihrer wissenschaftlichen Erforschung andererseits. In der Wahrnehmung von Öffentlichkeit und Beratungspraxis dominiert die auflagenstärkere Leitfaden- und „Enthüllungsliteratur" zur Unternehmensberatung.

Das Forschungsfeld Consulting Research, wie ich es verstehe, umfasst die wissenschaftliche Beschäftigung mit der Dienstleistung Unternehmensberatung, den Beratungsunternehmen als Organisationen und dem Beratungsmarkt mit seinen verschiedenen Teilnehmern auf Anbieter- und Nachfragerseite. Consulting Research hat zwei zentrale Anliegen. Erstens, die wissenschaftliche Durchdringung des Themas Unternehmensberatung, wobei der von einzelnen Beratungsprojekten abstrahierende wissenschaftliche Erkenntnisgewinn im Mittelpunkt steht. Zweitens, die Übertragung wissenschaftlicher Theorien, Erkenntnisse und Methoden auf die unternehmerische Praxis mit dem Ziel, Aufgabenstellungen und Probleme im Umfeld von Beratungsprozessen und Beratungsunternehmen besser als bisher zu lösen. Hier besteht neben der theoretischen Erklärungsfunktion ganz wesentlich auch ein praktischer Anspruch, indem die Wissenschaft konkrete Gestaltungshilfen für die Praxis entwickelt.

In jüngster Zeit wird das klassische Modell der Beratung durch neue, technologieorientierte Ansätze in Frage gestellt. Ein digitaler Transformationsprozess der Beratungsbranche ist im Gange. In dieser Situation stellen sich viele interessante Forschungsfragen, die von unmittelbarer praktischer Relevanz sind.

Lassen sich Berater denn erforschen? Beratungsunternehmen kommunizieren doch oft viel über ihre Ideen (Stichwort: Thought Leadership), Details und Unternehmensinterna sind aber nur selten dabei.

Der wechselseitige Austausch zwischen Beratungspraxis und Wissenschaft ist gegenwärtig mindestens im deutschen Sprachraum noch unterentwickelt. Auch hier besteht also Handlungsbedarf, dessen Basis eine praxisorientierte und gleichzeitig wissenschaftlich fundierte Beratungsforschung sein muss. Dazu wäre auf Seiten der Berater jedoch etwas mehr Bereitschaft notwendig, die eigenen Methoden und Vorgehensweisen im Lichte wissenschaftlicher Erkenntnisse kritisch zu reflektieren und gegebenenfalls anzupassen.

Eine stärkere theoretische Fundierung der Beratung kann nicht zuletzt auch dazu beitragen, das Bild des Unternehmensberaters in der Öffentlichkeit wieder zu verbessern. Es bedarf noch einiger Überzeugungsarbeit und letztlich eines nachweisbaren Mehrwerts von Consulting Research für die Beratungspraxis. Genauso ist manchmal noch an „Berührungsängsten" und Vorurteilen der Wissenschaft gegenüber der Beratungspraxis zu arbeiten. Der kontinuierliche Dialog und die enge Integration mit der Beratungspraxis und ihren Klienten muss eine wesent-

liche Grundlage im Consulting Research sein. Von einer solchen Zusammenarbeit können alle Beteiligten profitieren.

Beispielsweise hat unsere Forschung in den vergangenen Jahren durch
mehrere große empirische Studien mit dem Bundesverband Deutscher
Unternehmensberater BDU e.V. dazu beigetragen, mehr Transparenz
beim Thema digitale Disruption und Transformation der Unternehmensberatung herzustellen. Diese Studien sowie eine Reihe von Schulungen für das Beratungsmanagement, die wir zum Thema konzipierten,
haben meiner Meinung nach einen konkreten Mehrwert für die Beratungspraxis geschaffen und wurden entsprechend positiv aufgenommen.

**Können Sie uns verraten, welche Forschungsmethoden Ihrer Ein-
schätzung nach derzeit genutzt werden? Ist das Vorgehen eher empirisch oder eher konzeptionell? Gab es Veränderungen hierbei?**

Es gibt im Consulting Research generell und auch in unserer eigenen
Forschung einen Pluralismus der Paradigmen und Methoden. Wie insbesondere in der deutschen Wirtschaftsinformatik üblich, werden einerseits im konstruktionsorientierten Forschungsparadigma Design Science
von der Wissenschaft Artefakte entwickelt, die helfen sollen, Probleme
der Beratungspraxis besser als bisher zu lösen. Dazu zählen in unserer
Forschung zur digitalen Transformation der Unternehmensberatung beispielsweise Vorgehensmodelle, Methoden zur Bestimmung des Virtua-
lisierungspotenzials von Beratungsleistungen oder IT-basierte Lösungen, wie etwa ein Online Assessment zur Beurteilung von Problemen
im Projektmanagement.

Andererseits sind auch quantitative und qualitative empirische Untersuchungen im Zuge des Forschungsparadigmas Behavioural Science
wichtig. Sie schaffen u.a. Transparenz zum Status quo wichtiger Entwicklungen und Themen in der Beratungspraxis und geben damit Orientierung in einem unübersichtlichen und dynamischen Marktgeschehen.
Letztlich gilt es, verschiedene Forschungsansätze sinnvoll miteinander
zu kombinieren, um die Ziele von Consulting Research bestmöglich zu
erreichen.

**Über diese Themen hinausgehend: Welche Trends sehen Sie per-
sönlich im Beratungsmarkt?**

Von den vielen Trends, die derzeit zu beobachten sind, möchte ich mich
hier auf einen beschränken, der aus meiner Sicht die Beratungsbranche
nachhaltig verändern wird: die Virtualisierung von Beratungsleistungen.
Der Grundgedanke bei der Virtualisierung von Beratungsleistungen besteht darin, den persönlichen Vor-Ort-Kontakt von Berater und Klient

durch gezielten Technologie-Einsatz auf ein sinnvolles Minimum zu reduzieren. Eine wesentliche Motivation ist der Wunsch, im traditionell schlecht skalierenden Geschäftsmodell der Unternehmensberatung (mehr Projekte brauchen entsprechend mehr Berater) durch Technologieeinsatz eine höhere Skalierbarkeit zu erreichen. Hierfür sind ganz unterschiedliche Ansätze entwickelt worden, deren Extremfall das vollautomatisierte (also rein technologiebasierte) Consulting ist.

Daneben erwarten Beratungsanbieter von der Virtualisierung ihrer Beratungsprozesse insbesondere eine Verkürzung der Projektdauer sowie geringere Kosten und qualitativ bessere Ergebnisse in der Projektarbeit. Auch sieht man positive Effekte im Hinblick auf das eigene Image am Markt. Ebenfalls von Bedeutung sind Aspekte einer größeren raumzeitlichen Flexibilität, höheren Verfügbarkeit für die Klienten und eine bessere Work-Life-Balance für die eigenen Mitarbeiterinnen und Mitarbeiter. Was die Risiken betrifft, so sieht man durch die Virtualisierung von Beratungsleistungen vor allem Gefahren für die vertrauensvolle Berater-Klienten-Beziehung. Auch eine eventuell zu geringe Individualisierbarkeit der Leistung, steigende Koordinationsaufwände sowie IT-Sicherheits- und Datenschutzprobleme werden befürchtet.

Die Beratungsbranche steht hier vor großen Veränderungen, die teils komplementäre Ansätze, teils vollständig andere Formen des Consultings hervorbringen werden. Erste Beispiele sind bereits heute verfügbar. Zunehmend drängen Wettbewerber mit innovativen, technologiebasierten Beratungsangeboten und neuen Geschäftsmodellen auf den Markt. Crowdsourcing, Künstliche Intelligenz, Data und Process Mining sind nur einige der Ansätze und Technologien, die hierbei eine Rolle spielen.

Digitalisierung und Vernetzung sind Megatrends, die alle Branchen erfassen. Es liegt auf der Hand, dass die Unternehmensberatung hier keine Ausnahme bilden kann. Während viele Beratungshäuser eigene Units für das Thema Digitalisierung auf der Kundenseite gebildet haben, fehlt es den meisten Consultinganbietern jedoch an Strategien und konkreten Konzepten für die Virtualisierung ihrer eigenen Leistungen und internen Prozesse. Wer jedoch seine Kunden erfolgreich in der Digitalisierung beraten will, sollte bei diesem Thema auch vor der eigenen Türe kehren. Sonst entsteht hier für Berater, neben der Gefahr im Wettbewerb zurückzufallen, auch ein Glaubwürdigkeitsproblem. Alle Beratungsanbieter sind daher aufgerufen, sich bei diesem strategischen Thema auf den aktuellen Stand zu bringen und fundierte Entscheidungen für ihr eigenes weiteres Vorgehen zu treffen.

Notwendig ist eine tiefgreifende Auseinandersetzung mit digitalen Geschäftsmodellen im Consulting, mit verfügbaren Anbietern und Werkzeugen virtueller Beratungsformen, mit Methoden, um Virtualisierungspotenziale zu bestimmen, sowie mit den Chancen und Risiken der Virtualisierung im Hinblick auf das eigene Leistungsportfolio, um nur einige Aspekte zu nennen.

Dies ist eine strategische Aufgabe des Top Managements, bei der es einer ganzheitlichen Perspektive bedarf. Beispielsweise zieht ein verstärkter Einsatz virtueller Beratungsangebote auch nach sich, dass Vertriebs- und Pricing-Konzepte angepasst werden müssen. Wenn man sehr technologieintensiv berät, passen tagessatzbasierte Abrechnungsmodelle oft nicht mehr. Ebenso müssen Marketing und Vertrieb ganz anders organisiert werden, wenn ein Unternehmen Beratungsleistungen über eine Internet-Plattform anbietet, wie dies heute bereits bei einigen digitalen Newcomern geschieht.

Moderne Technologien und digitale Werkzeuge werden herkömmliche Beratungsprozesse beschleunigen und verändern. Neue Geschäftsmodelle des Consultings entstehen. Insgesamt werden virtuelle Beratungsleistungen jedoch traditionelle Vor-Ort-Beratung nicht generell ersetzen, sondern sie teils komplementär ergänzen.

Zur Person:

Prof. Dr. Volker Nissen ist seit 2005 Professor für Wirtschaftsinformatik und Fachgebietsleiter Wirtschaftsinformatik für Dienstleistungen an der TU Ilmenau. Er ist außerdem Leiter der Arbeitsgruppe „IV-Beratung" der Deutschen Gesellschaft für Informatik GI e.V. Zuvor war er in der IT- und Prozessberatung tätig und kann hier auf mehr als 12 Jahre Beratungserfahrung zurückgreifen. In seiner Forschung beschäftigt sich Prof. Nissen seit langem mit der digitalen Transformation im Consulting. Andere seiner Forschungsthemen betreffen u.a. die Steigerung des IT-Wertbeitrags und die Förderung der Akzeptanz von Geschäftsprozessen.

9.5 Beratung in Ausbildung, Studium und Fortbildung

Die zunehmende Nachfrage nach der Dienstleistung Beratung führt zu einer zunehmenden Nachfrage nach qualifizierten Beratern. Für diese qualifizierten Berater werden einschlägige Aus- und Weiterbildungsangebote benötigt.

Eine solche Aus- und Weiterbildung kann grundsätzlich entweder als so genanntes Learning-by-Doing oder im Rahmen von spezifischen Programmen erfolgen. Learning-by-Doing unterliegt oftmals keiner besonderen didaktischen und inhaltlichen Struktur; dieser Ansatz wird daher im Folgenden ausgeblendet.

Ein spezifisches Programm wiederum kann beratungsintern oder durch einen Fremdanbieter angeboten werden. Die beratungsinterne Variante wurde bereits oben (vgl. Kap. 4.4) vorgestellt: Hier erfahren Berater jeglicher Senioritätsstufe Trainings, soweit die Beratung dies für notwendig hält bzw. in einem allgemeinen Curriculum festgeschrieben hat.

Bei den Fremdanbietern können z. B. Branchenverbände und Kammern, kommerzielle Schulungsanbieter oder Hochschulen einschlägige Angebote präsentieren, bei denen Beratung bzw. die Tätigkeit des Beraters eine eigenständige Ausbildung darstellt, Beratung einen Teil eines Ausbildungsprogramms ausmacht oder Consulting als Fortbildungsveranstaltung angeboten wird.

Als Beispiel für einen eigenständigen Studiengang kann der Masterstudiengang Management Consulting M.A., der von der Hochschule Emden-Leer und der Carl von Ossietzky Universität Oldenburg angeboten wird, genannt werden.[278]

Eine Vorlesung zum Thema Consulting integriert die University of Applied Sciences Europe (früher BiTS Hochschule) beispielsweise in ihren Masterstudiengang Corporate Management. Hier ist die Vorlesung Teil eines Moduls, welches sich mit den Veränderungen von Organisationen auseinandersetzt (vgl. Abbildung 67).

Ein Training mit einem Zertifikatsabschluss bietet beispielsweise die FSGU-Akademie als Fernlehrgang an (vgl. Abbildung 68, links oben). Die Weiterbildung zum Business Consultant ist IHK zertifiziert.[279] Auch verschiedene Industrie- und Handelskammern selber bieten einschlägige Kurse an, z. B. die IHK Nordwestfalen mit einer Fortbildungsprüfung zum Certified IT Business Consultant (vgl. Abbildung 68, rechts oben).[280]

---

[278] Vgl. Carl von Ossietzky Universität Oldenburg: 2019.

[279] Vgl. FSGU Akademie: 2019.

[280] Vgl. Industrie- und Handelskammer Nordwestfalen: 2019.

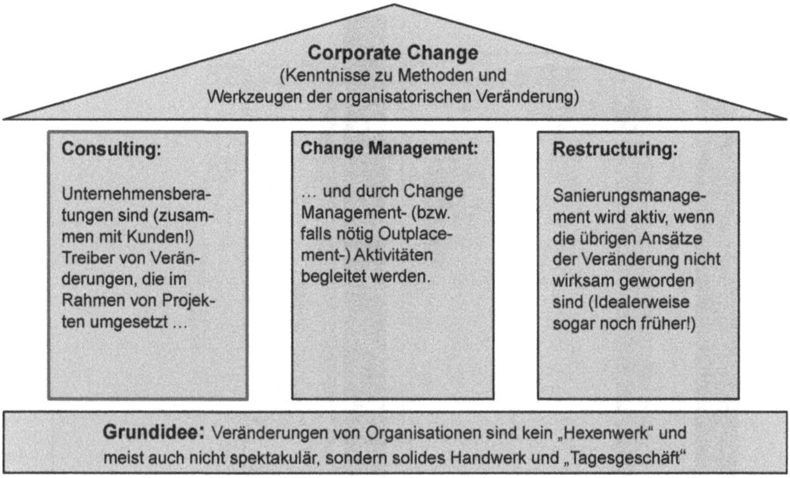

Abbildung 67: Einordnung der Vorlesung „Consulting" im Modul Corporate Change des Studiengangs Corporate Management an der BiTS Hochschule[281]

Der Bundesverband Deutscher Unternehmensberater BDU e.V. hat mit dem Institut der Unternehmensberater (IdU) eine Weiterbildungseinrichtung etabliert, welche sich vornehmlich um die weiter oben schon vorgestellten CMC-Zertifikate (vgl. Abbildung 68, links unten)kümmert.[282] Der BDU bietet seinen Mitgliedsunternehmen und weiteren Interessenten aber auch zielgerichtete Fachseminare an (vgl. Abbildung 68, rechts unten). Themen sind beispielsweise die Möglichkeiten der Virtualisierung von Beratungsleistungen, die Entwicklung einer eigenen Content-Marketing-Strategie, Vertrieb in der Personalberatung oder Schulungen zum persönlichen Auftritt und zur Selbstdarstellung.[283]

Einen großen Stellenwert in der Praxis haben zudem spezifische externe Schulungen, die den Beratern und sonstigen Mitarbeitern angeboten werden. Je nach Ausrichtung kann der Fokus dabei z.B. auf der Zertifikatserlangung im Bereich IT-Security, der Schulung im Projektmanagement oder aber zu strukturierten Kommunikation liegen. Zusätzlich zur Wirkung in der Weiterbildung ergeben sich möglicherweise auch Chancen, die erlangten „Fortbildungsabschlüsse" im Rahmen der Kunden- oder Projektakquise zu nutzen.

---

[281] Eigene Darstellung. Die BiTS wurde zwischenzeitlich in UE umbenannt.

[282] Vgl. Institut der Unternehmensberater: 2019.

[283] Vgl. Bundesverband Deutscher Unternehmensberater BDU e.V.: 2019b.

Abbildung 68: Ausgewählte Aus- und Weiterbildungsangebote (Screenshots)

Als Zwischenfazit kann festgehalten werden, dass die Notwendigkeit nach Aus- und Fortbildungen mit der steigenden Nachfrage nach Beratungsleistungen wächst und dass verschiedene Anbieter diese mit einschlägigen Angeboten befriedigen wollen. Einen vollständigen Überblick zu Aus- und Weiterbildungen kann und will der vorliegende Beitrag nicht bieten, zumal auf Grund der Dynamik der Branche stetig neue Angebote hinzukommen und alte entfallen bzw. überarbeitet werden.

Als Hilfestellung für einen Überblick zu beispielsweise Studienmöglichkeiten können aber Publikationen wie der Studienführer Consulting[284] oder einschlägige Internetpublikationen wie z. B. Consulting-Life[285] dienen. Der gedruckte Studienführer Consulting verfügt über eine umfassendere Betrachtung des Berufsbildes mit seinen Beratungsfeldern und eine stringente Darstellung der einzelnen Studienmöglichkeiten. Das Internetangebot von Consulting-Life hingegen ist persönlicher gestaltet und könnte – technologiebedingt – neue Entwicklungen zeitnäher aufnehmen.

9.6 Fragen, Diskussionsstellungen und Schlagworte

Wiederholungs- und Verständnisfragen, Diskussionsstellungen, Anregungen:

1. Was ist ein Beratungssystem? Bitte beschreiben Sie!

2. Welche rechtlichen Besonderheiten kennen Sie?

3. Würden Sie es präferieren, wenn die Berufsbezeichnung „Berater" geschützt wäre? Warum bzw. warum nicht?

4. Wie entwickeln sich Forschungs- bzw. Wissenschaftsdisziplinen typischerweise? Bitte zeichnen Sie stichwortartig die Entwicklung von der Disziplin Beratungsforschung nach!

5. Was halten Sie von „Beratung" als Gegenstand eines eigenständigen Hochschulstudiums (alternativ: Studiengang, Schwerpunkt, Modul, Vorlesung, Vorlesungskapitel)?

6. Was halten Sie von „Beratung" als Gegenstand einer Zusatzqualifikation?

Stichworte:

Beratungssystem, Beratersystem, Kunden-/Klientensystem, Consulting Research, Beratung in Forschung, Beratung in Lehre, Beratung in Aus- und Weiterbildung

---

[284] Vgl. Nissen, Klauk: 2012.

[285] Vgl. Schulz: 2020.

10 Abschluss

10.1 Übersicht: Konzeptionelles Gesamtmodell

Die Beratungsbranche hat sich in den letzten Jahrzehnten als dynamisch und adaptiv herausgestellt. Das Eigenbild der Beratungen ist überwiegend positiv. Man sieht sich als Beschleuniger von Innovationsprozessen, als strategischen Sparringspartner oder als effizienten Umsetzer von Umstrukturierungen. Wie sieht demgegenüber das Fremdbild aus? Welche Megatrends werden die Art und Weise, wie Beratungsleistungen in den kommenden Jahren nachgefragt und erbracht werden, im Wesentlichen bestimmen. Und: Wie wirkt ein VUCA-Umfeld[286] auf den Markt? Ausgehend von den Experteninterviews, unter Einbeziehung empirischer Ergebnisse sowie eigenen Einschätzungen der Verfasser sollen nachfolgend ausgewählte Aspekte hervorgehoben werden, die die weitere Entwicklung des Berater- und Beratungsmarktes bestimmen. Einen Überblick dazu bietet Abbildung 69. Eine Auswahl von zehn Themen, die in der Abbildung markiert sind, wird im Folgenden besprochen.

10.2 Themen für heute und die Zukunft

(1) Management des Fremdbildes – die Rolle des Beraters in der Gesellschaft

Die Wichtigkeit einer positiven Wahrnehmung des Berufsstands in der Bevölkerung mag nicht direkt ersichtlich sein. Spätestens aber bei der Rekrutierung von neuen Mitarbeitern wird klar, dass es Beratern und Beratungsgesellschaften nicht gleichgültig sein kann, wie sie in der Öffentlichkeit gesehen werden. Die für die Bevölkerung in Deutschland repräsentative Messung des Berufsprestige (vgl. Abbildung 52) hat ein eher ernüchterndes Bild aufgezeigt. Im Einzelnen mag das ungerechtfertigt erscheinen, wenn Berater offen auf ihre gemeinnützigen Aktivitäten verweisen. Außerdem macht es nicht zwingend Sinn, die Profession des Pflegepersonals direkt mit Wirtschaftsberatern zu vergleichen. Anders ist dies, wenn das Image von wirtschaftsnahen Beratern verglichen wird, welche teilweise auch direkt in Konkurrenz zueinanderstehen.

---

[286] VUCA: Akronym, das für Volatilität (Schwankung), Uncertainty (Ungewissheit), Complexity (Komplexität) und Ambiguity (Mehrdeutigkeit) steht.

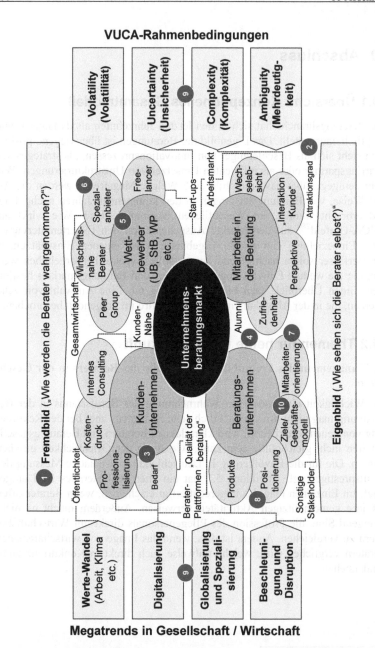

Abbildung 69: Konzeptionelles Gesamtmodell und beispielhafte Abhängigkeiten im Markt für Beratungsleistungen

Dargestellt sind jeweils Bewertungen unterschiedlicher Eigenschaften, die einerseits Unternehmensberatern, andererseits Rechtsanwälten und Steuerberatern zugeordnet wurden (gerankt nach der mittleren Bewertung der Unternehmensberater). Neben den Mittelwerten im Profilbild sind zusätzlich die Anteile für Zustimmung dargestellt (vgl. Abbildung 70).

Im Fazit wird erkennbar, dass Unternehmensberater insgesamt über ein tendenziell negatives Image verfügen. Unternehmensberater werden kaum als hilfsbereit (21 % Zustimmung) oder systemrelevant (24 % Zustimmung) und noch weniger als vertrauenswürdig (13 % Zustimmung) eingeschätzt, stärkste Zustimmungen betreffen Charaktereigenschaften wie Karriere- oder Erfolgsorientierung und die monetäre Motivation.

Bei aller Kritik sind allerdings auch zwei Aspekte positiv zu berücksichtigen: Erstens ist die kritische Bewertung der Unternehmensberater stark altersabhängig. Je älter die Befragten sind, desto kritischer sind diese gegenüber Consultants eingestellt. Etwa ein Drittel der deutschen Bevölkerung halten Unternehmensberater für nicht vertrauenswürdig – bei Personen in der Altersklasse < 30 Jahre sind dies nur 14 %. Zweitens zeigt sich im Vergleich mehrerer Länder sich eine relativ bessere Bewertung der Profession Unternehmensberater, beispielsweise in Schweden.[287]

Trotzdem bleibt festzuhalten, dass „unethischen Verhalten" ein Aspekt ist, der direkte Implikationen für das Image der Berater und Beratungsgesellschaften hat. Gleichzeitig gibt es eine breite Anerkennung dafür, dass „Unternehmen Gutes tun müssen", also neben dem Geldverdienen auch eine gesellschaftliche Aufgabe erfüllen sollten. Einige Unternehmen sind in diesem Punkt sehr aktiv.

Die Strategieberatung Bain & Company hat sich beispielsweise verpflichtet, bis 2025 ein globales Ziel von 1 Mrd. US-$ für Pro Bono-Beratungsleistungen für wohltätige Zwecke zu erreichen. McKinsey hat „McKinsey Generation" gegründet, um die Unterstützung der sozialen Auswirkungen zu unterstreichen. Es handelt sich um ein Jugendbeschäftigungsprogramm, das jungen Menschen hilft, Arbeit zu finden und Karriere zu machen.[288]

---

[287] So bewerten die Teilnehmer der Studie in Deutschland die Profession der Unternehmensberater zu 43 % als arrogant (Top-2 Zustimmung), während dies in Schweden nur 18 % sind. Entsprechend signifikante Unterschiede sind in fast allen bewerteten Merkmalen gegeben.

[288] Vgl. Deltek: 2019.

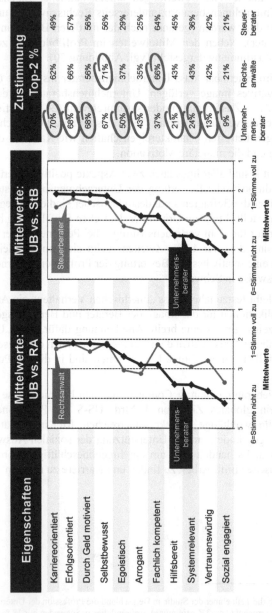

Abbildung 70: Imageprofile von Beratungsberufen (Deutschland, Mai 2020); OpinionTRAIN 2020

(2) Attraktionsgrad der Profession

Eine wesentliche Voraussetzung für ein nachhaltiges Wachstum in der Branche besteht z. B. darin, als Arbeitgeber für Jobsuchende attraktiv zu sein. Die oben aufgezeigte kritische Sicht der Gesellschaft ist nicht zwingend gleichzusetzen mit einer geringen Anziehungskraft der Profession, auch wenn ein positiveres Fremdbild wünschenswert wäre. Zumindest für Hochschulabsolventen zeigen die diversen Rankings attraktiver Arbeitgeber auch immer wieder signifikante Nennungen der größten deutschen Beratungen (vgl. Abbildung 6). Dabei sind auch folgenden Proportionen zu berücksichtigen: 45 Mio. Erwerbstätigen (April 2020) stehen ca. 130.000 als Unternehmensberater tätige Personen gegenüber (Anteil der Consultants an allen Beschäftigten: 0,3 %).

In der Studie OpinionTRAIN wurden die Befragten gebeten, über eine eigene Tätigkeit als Unternehmensberater nachzudenken und zu überlegen, ob diese für sie denkbar wäre. Insgesamt antworteten 16 % der Befragten mit „Ja". In der Altersgruppe der unter 30-Jährigen liegt der Anteil sogar bei fast 30 %. Starker Treiber ist zudem die Nähe zur Profession. Je größer die Nähe zur Beratung, desto positiver ist das Ergebnis (vgl. Abbildung 71).

(3) Verstehen und Managen der Erwartungshaltung der Kunden

Um nachhaltig funktionierende Geschäftsmodelle betreiben zu können, wird es zunehmend wichtig, die Erwartungshaltung der Kundenunternehmen nicht nur zu verstehen, sondern auch zu antizipieren. Dabei handelt es sich teilweise um sehr unterschiedliche Erwartungshaltungen innerhalb eines Unternehmens. So beschäftigen größere Konzerne nicht nur international tätige Strategieberatungen, sondern auch Einzelberater, oder sie setzten auf durch Beratungsplattformen virtuell zusammengestellte Beraterteams. Ändern sich Themen, die für die Kunden-Unternehmen eine hohe Relevanz haben, so trifft das auch die Anbieter. So stellte das Thema Digitalisierung in den letzten Jahren einen starken Wachstumstreiber für die Beraterbranche dar. Auch die Einschätzungen in den Experteninterviews legen nahe, dass der Digitalisierungs-Trend das Beratergeschäft der nächsten Jahre weiter bestimmen wird. Dabei bringt die zunehmende Digitalisierung nicht nur Chancen im Rahmen von neuen Beratungsprodukten mit sich, sondern sie wirkt auch disruptiv, wenn sie Berater-Geschäftsmodelle „an den Abgrund bringt", oder Beratung gänzlich substituiert. So stellt sich die Frage, ob Aktivitäten wie Datenanalyse mittelfristig zum typischen Berateralltag zählen werden. Schließlich sollen Big Data, Prozess-Automatisierung und Echtzeitanalysen schnelle Entscheidungen in Unternehmen ermöglichen. An dieser Stelle wird deutlich, dass die Berater mit einer gänzlich anderen Wettbewerbsstruktur und -intensität konfrontiert sind. Einerseits treten Prozess- und IT-Berater oder Spezialisten für Algorithmen und KI als Konkurrent auf, in der Ausbaustufe ersetzt dann die Software den Beratungspart.

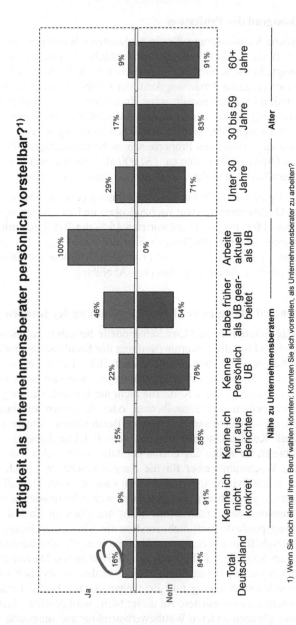

Abbildung 71: Unternehmensberater als Tätigkeit (Deutschland, Mai 2020);
OpinionTRAIN 2020

Dass diese Entwicklung nicht der reinen Phantasie entspringt, macht die Akquise des US-amerikanischen Marktforschungs-Unternehmens Qualtrics (Spezialist für Customer Experience Management) durch die deutsche Firma SAP, den weltweit führenden Anbieter von Unternehmenssoftwarelösungen, in 2018 deutlich. SAP zahlte für Qualtrics einen Kaufpreis von 8 Mrd. US-$ und erhielt damit Zugang zu einer Technologie zur Datenerhebung per Kundenfeedback, die sich perfekt mit weiteren Unternehmensinternen Daten verknüpfen lassen und so die Bereitstellung von KPI in Echtzeit gewährleisten.[289]

Stärker als in der Vergangenheit überwachen Kunden den Wert, den Berater zu bieten versprechen. Schließlich sind sie auch emanzipierter. In vielen Unternehmen wird mit dem Thema Managementberatung professioneller umgegangen. Dies beginnt bei den Einkaufsprozessen, setzt sich beim Projektmanagement fort (z. B. indem Teams aus internen Beratern und externen Consultants zusammenarbeiten) und endet bei der Projektbewertung. Strategische Wettbewerbsvorteile, die noch vor einigen Jahren wirksam bei der Projektakquise und Durchsetzung hoher Tagessätze waren, haben teilweise ihre Hebelkraft verloren. So verfügen Beratungsunternehmen kaum noch über ein Monopol auf spezialisiertes Wissen. Noch vor zwei Jahrzehnten verfügten Firmen wie McKinsey oder BCG über ein einzigartiges Wissen und Best-Practice-Ratschläge, die ihr Angebot attraktiv machten. Diese Entwicklung liegt zum Teil auch daran, dass Kundenunternehmen gerne Berater abwerben und so auch Zugriff auf dieses Know-how erhalten.

(4) Alumni-Netzwerke als zentrale Plattformen für Marketing-Maßnahmen

Da ein wesentlicher Teil des Geschäftsmodells (großer international aufgestellter) Beratungen darauf ausgerichtet ist, den eigenen Mitarbeitern entweder die Chance auf eine Position als Partner anzubieten oder ihnen (bei fehlender interner Perspektive) den Ausstieg aus der Beratung nahezulegen, ist heute der Anteil der Beschäftigen in Industrie und Verwaltung, die bereits als Unternehmensberater gearbeitet haben, viel größer als der aktuelle Personenkreis der Consultants. Aus der oben bereits zitierten Studie OpinionTRAIN

---

[289] Drei Kennziffern sind dabei zu berücksichtigen. Erstens: Die Bewertung des 2002 gegründeten Unternehmens lag nur drei Jahre zuvor bei lediglich 2 Mrd. US-$. Zweitens: Der Umsatz von Qualtrics betrug 2018 weniger als 400 Mio. US-$. Drittens: Bezogen auf den Kundenstamm liegt der Kaufpreis bei knapp 900.000 US-$ je Kunde. Für sich isoliert betrachtet deuten die Kennziffern auf einen hohen spekulativen Charakter; aus Sicht einer übergreifenden Geschäftsstrategie erscheint die Akquisition durchaus begründet: „Zusammen werden SAP und Qualtrics einen neuen Standard definieren, ähnlich wie sich Märkte durch personalisierte Betriebssysteme, mobile Endgeräte und soziale Netzwerke verändert haben", kommentierte dies der damalige SAP-Chef McDermott. Vgl. dazu Krämer, Burgartz: 2020.

lassen sich folgende Relationen ableiten: In Deutschland kommen auf jeden Befragten, der angibt, als Unternehmensberater tätig zu sein (0,8 %) etwa 2,3 Personen, die angeben, früher als Unternehmensberater gearbeitet zu haben. Alleine McKinsey verfügt weltweit über mehr als 30.000 Alumni in Führungspositionen im privaten, öffentlichen und sozialen Sektor, die in der Regel weiter Kontakt zur Beratungsgesellschaft pflegen.[290] Dabei sind diejenigen Alumni, die zum Unternehmenslenker aufsteigen, nur eine Teilgruppe aller Alumni. McDonald beschreibt McKinsey als „certainly the most efficient producer of CEOs the world has ever seen"[291] und bringt damit die vielfältigen Abhängigkeiten und Wirkungen des Alumni-Netzwerks zum Ausdruck. Für die Mitarbeiter der Beratung ergeben sich beim Wechsel in die Industrie gute Möglichkeiten zu einer raschen Karriereentwicklung. Dies ist weniger Zufall als System. Die ehemaligen Kollegen stehen auch nach ihrer Zeit bei McKinsey in engerem Kontakt miteinander, als dies bei anderen Beratungen der Fall ist.[292] Daraus entsteht dann unter anderem eine „Sog-Wirkung" für Beratungsaufträge: Ex-Mitarbeiter beauftragen ihre früheren Arbeitgeber.[293] Nicht zuletzt ergibt sich in dieser Win-Win-Win-Situation (Mitarbeiter – Ex-Mitarbeiter – Beratung) ein weiterer strategischer Effekt, und zwar die Sicherstellung von Informationsquellen und -flüssen.

(5) Fragmentierung und Segmentierung des Angebotes
Parallel zu den Veränderungen der Nachfragestruktur und -bedürfnisse hat sich die Anbieterstruktur verändert. An der Spitze des Marktes werden die größeren Akteure immer größer und manifestieren ihre Position.[294] Die zehn größten Beratungsunternehmen halten mittlerweile einen Anteil von fast 60 % am weltweiten Branchenumsatz, während auf die 200 größten rund 80 % ent-

---

[290] Vgl. Lorsch, Durante: 2013; in dieser Fallstudie wird die Relation zwischen der Zahl der Berater (9.000) und des Umfangs des Alumni-Netzwerks (26.000 Ehemalige) deutlich. Dazu der interessante Hinweis: „The Firm viewed its [...] alumni as a strategic asset and developed a large and sustained effort to maintain connections with its alumni."

[291] McDonald: 2013, S. 192. In 2011 waren mehr als 150 ehemalige McKinsey-Berater Leiter von Unternehmen mit Umsätzen von mehr als 1 Mrd. US-$.

[292] Das Beispiel McKinsey ist deshalb gewählt, weil diese Beratung als erste auf ein aktives Management des Alumni-Netzwerkes gesetzt hat. So führen McNamara und McLoughlin aus: „The pioneer of corporate alumni networks can be traced back to McKinsey, who formalised their corporate alumni programme in the late 1990's." McNamara, McLoughlin: 2007. Alle anderen größeren Beratungen folgen dem Beispiel. Breuer geht beispielsweise auf die Alumni-Aktivitäten von Roland Berger ein; vgl. Breuer: 2010.

[293] Vgl. Carnahan, Somaya: 2015.

[294] Gleichzeitig scheint die Marktkonzentration zurückzugehen. So hatten die zehn größten Managementberatungen in Deutschland in 2002 einen kumulierten Marktanteil von 34,2 %, der bis 2012 (das letzte Jahr, für das entsprechende Daten vorliegen; es gibt aber keine Anzeichen, dass sich der Trend umgekehrt hat) stetig bis auf 23,8 % zurück ging. Vgl. Deelmann: 2017, S. 84-85.

fallen. Den zweiten Pol (im Spannungsfeld der Anbieter) stellen die Enzelbe-
rater dar. Das Institut für Freie Berufe (IFB) der Uni Erlangen-Nürnberg be-
ziffert die Zahl der selbstständigen Unternehmensberater in 2019 auf 48.000
(ca. ein Drittel der Gesamtzahl an Unternehmensberatern).[295]

Der Schritt in die Selbstständigkeit ist mit einigen Unsicherheiten verbunden.
So verweist Biech darauf, dass Risiken für den Einzelberater zum Beispiel
aus der Notwendigkeit des Selbstmanagements, der finanziell unsicheren Situation bei unstetiger Auslastung oder aber auch in der Abhängigkeit von
wichtigen Kunden bestehen. Sie kommt aber dennoch zu dem positiven Fazit:
„Some aspects of consulting really do suck – and it's best to know up front
what you're getting into. But that is also true of any job. If you're passionate
about what you're doing, you'll have the energy to power through the de-
mands and you'll enjoy clients and your work."[296] Positiv sind auch die Ergebnisse, die in Studien zur Situation selbstständig tätiger Berater zum Ausdruck kommen. In diesen wird das Bild eines hochkompetenten und mit seiner Situation zufriedenen Freelancers gezeichnet.[297]

Einzelberater üben Druck auf die Preise aus, weil sie ohne die Gemeinkosten
der größeren Unternehmen arbeiten und weit unter den Kosten der etablierten
Beratungsunternehmen liegen. Die in den letzten Jahren stärker verbreiteten
Plattformen koordinieren Unternehmen, die Einzelberater oder einzelne Profi-
le suchen und Anbieter, die dem Bedarf möglichst genau entsprechen.

(6) Spezialisierung: Fluch oder Segen?

Auf den ersten Blick erscheint die Spezialisierung der Beratungsleistung
(meist im Kontext der funktionalen Spezialisierung) eine Win-Win-Wirkung
zu haben. Der Berater gewinnt durch eine Spezialisierung an Perceived Value,
der Anbieter verbindet mit Spezialisierung ein höheres Vertrauen in die Leistungsfähigkeit des Beraters, erwartet eine effizientere Abwicklung des Projektes und Skaleneffekte. Dabei bringt die Spezialisierung auch Nachteile mit
sich. Je stärker sich die Beratungsgesellschaft auf einzelne Themen fokussiert,
desto stärker ist der anzunehmende Wettbewerbsvorteil in einem Angebotsprozess. Gleichzeitig schrumpft aber auch der potenzielle Markt, weil sich der
Anbieter bewusst einschränkt. Im Einzelfall kann das zu einem Dilemma
werden.

---

[295] Vgl. Institut für Freie Berufe: 2020.

[296] Biech: 2019.

[297] McCallum, Ashford, Caza: 2019; Comatch: 2017; an dieser Stelle muss jedoch der Hinweis
erlaubt sein, dass die Autoren jeweils Consulting-Plattformen repräsentieren, deren Geschäftsmodell darauf basieren, als Einzelberater tätige Consultants zu vermitteln.

Zu berücksichtigen ist, dass Spezialisierung in der Praxis sehr vielschichtig sein kann. Der Berater kann funktional spezialisiert sein (z. B. Einkaufsprozesse) oder branchenmäßig (z. B. Lebensmitteleinzelhandel) oder beides (vgl. nochmals Abbildung 7), der Berater kann im Extremfall auch auf eines oder sehr wenige Unternehmen ausgerichtet sein und sich als „Trusted Advisor" positionieren, der dann aber mit den wichtigsten Fragestellungen und den laufenden Projekten des Kundenunternehmens gut vertraut ist.

Deutlich wird aber auch, dass die Spezialisierung Grenzen hat. Einerseits bedeutet eine starke Ausrichtung auf ein Beratungsfeld eine bewusste Eingrenzung des relevanten Marktes. Im Extremfall wird der relevante Markt so klein, dass ein Überleben des Beratungsunternehmens gefährdet ist. Anderseits ist mit einer Spezialisierung auch immer eine klare Positionierung verbunden, die im Negativfall auch fehlende Beweglichkeit bedeuten kann. Unsichere Rahmenbedingungen können dazu führen, dass bestimmte Beratungsfelder überflüssig werden.

(7) Die Sicht nach innen: Der Wert der Mitarbeiterzufriedenheit und -bindung

Gerade weil die Beratungsleistung durch ein hohes Maß an Interaktion zwischen Berater und Kunden (meist vor Ort) gekennzeichnet ist, hat die Zufriedenheit der Mitarbeiter eines Beratungsunternehmens eine signifikante Bedeutung für den wahrgenommenen Wert der Beratungsleistung. Schließlich stellt die Kontaktqualität vielfach einen Ersatzindikator für die Beratungskompetenz dar. Eine starke Fluktuation ist dabei ein zweischneidiges Schwert. Der Übergang vom Mitarbeiter zum Alumnus und im Idealfall Mitarbeiter (oder Auftraggeber) in einem Kundenunternehmen ist vielfach gewollt und auch gesteuert. Gleichzeitig bedeutet der Verlust des Mitarbeiters immer auch einen Know-how-Verlust. Um Mitarbeiter stärker zu binden, ist es zukünftig wichtiger, ihnen eine interessante Entwicklungsperspektive zu eröffnen. Damit sind nicht nur Einkommensanreize gemeint, sondern auch fachliche Weiterentwicklungen. Wenn der einzelne Berater versteht, dass er nicht als „Austauschware" verstanden und eine dynamische Entwicklung der Skills ermöglicht wird, dann ergibt sich im besten Fall ein positiver Abstrahleffekt in der Interaktion mit dem Kunden (höheres Involvement, stärkeres persönliches Interesse des Beraters etc.).

(8) Das Verschwimmen klassischer Grenzen

Während in den 80er und 90er Jahren des letzten Jahrhunderts noch klare Abgrenzungen im Beratungssektor erkennbar waren (z. B. Strategie, IT, HR etc.), werden die Grenzen zunehmend verwischt. Dies wird z. B. daran deutlich, dass ein vormals auf IT-Themen fokussiertes Unternehmen wie Accenture heute auch Kompetenzen in sehr speziellen Teilgebieten (z. B. „Sales Strategy and Transformation" und „Pricing and Commercial Strategie") in den Vordergrund stellt. Gleichzeitig weitet Accenture Kompetenzbereiche bei Big Data-Anwendungen aus. Beispielsweise übernimmt das Unternehmen 2020 den indischen Spezialisten Byte Prophecy.[298] Damit wird aber auch deutlich, dass man nicht vom „Ende der Generalisten" sprechen kann. Die großen Beratungshäuser verbinden die Vorteile des Generalisten (übergreifender Ansatz, breites Wissen etc.) mit denen der Spezialisten (enge Fokus, breite Erfahrungswerte in einem engen Spektrum etc.). Dies erfolgt unter dem Dach einer starken Marke.

Zweitens verschwimmen auch die Grenzen zwischen Unternehmensberatung und angrenzenden Feldern. Dies betrifft zum Beispiel die Schnittstellen Marktforscher – Berater, Kommunikationsdienstleister – Berater, Wirtschaftsprüfer – Berater etc. Entscheidend sind dabei erstens die Nähe zum Kunden und zweitens das Vertrauen der Kunden. Wirtschaftsnahe Dienstleister wie Steuerberater, Rechtsanwälte, Media-Agenturen oder Marktforschungs-Institute verfügen teilweise über eine größere Nähe zum Unternehmenskunden. Sie sind teilweise besser eingebunden in die Prozesse oder die Diskussionen im Kundenunternehmen und haben daher Wettbewerbsvorteile. Bei den Wirtschaftsprüfern ist das in besonderem Maße der Fall.[299] Wie oben gezeigt wurde, verfügen Unternehmensberater in puncto Vertrauen nicht unbedingt über einen kompetitiven Vorteil gegenüber Rechtsanwälten und Steuerberatern. Für Unternehmensberater, die später extern beauftragt werden, ergeben sich damit klare Risiken, dass andere beratende Professionen im Rahmen ihrer Möglichkeiten einen Teil der Beratungsleistung abdecken. Je lukrativer die Beratungsmandate sind, desto stärker dürfte dieser Aspekt sein.

(9) Anpassung an veränderte Rahmenbedingungen für die Kundenseite

Nicht nur – aber auch forciert – durch die Corona-Krise werden Unternehmensberater auf die veränderten Rahmenbedingen reagieren müssen. Dies betrifft zum Beispiel einen veränderten Bedarf an Beraterleistung. So hat der Corona-bedingte Lockdown ab März/April 2020 dazu geführt, dass viele Un-

---

[298] Siehe dazu den Website-Auftritt unter https://www.accenture.com/us-en/advanced-customer-strategy-index und die Berichterstattung unter https://www.cioinsiderindia.com/news/accenture-takes-over-ahmedabadbased-big-data-analytics-company-byte-prophecy-nwid-1667.html

[299] Um nicht einseitig zu wirken, muss an dieser Stelle aber auch berücksichtigt werden, dass nach diversen Skandalen (z.B. Enron) die Rahmen für eine gleichzeitige Beratung und Prüfung durch eine Gesellschaft deutlich verschärft wurden. So bestehen heute Compliance-Vorschriften für die Übernahme von Beratungsmandaten bei Kunden, welche z.B. durch die WP-Muttergesellschaft der Beratung bereits geprüft werden, vgl. U.S. Securities and Exchange Commission: 2018.

ternehmen ihre Managementaufgaben in ein digitales System überführt haben. Wenn Video-Konferenzen vorher als eher exotisch und Ausnahmen angesehen waren, wurden sie „über Nacht" zum Standard. Nach der Krise wird es wieder zu einer Rückkehr zur alten Norm kommen, allerdings mit Abstrichen. Das veränderte Miteinander hat aber drastische Auswirkungen für das Arbeiten der Consultants, die daran gewöhnt sind, beim Kunden und innerhalb von Projektteams des Kunden vor Ort zu arbeiten. Weitere Auswirkungen (um nur einige zu nennen) sind Themen wie Internationalisierung, Outsourcing, Sicherung von Lieferketten etc.

Durch die Corona-Krise hat der Aspekt, dass sich Unternehmen in einer VUCA-Umgebung befinden und mit Themen wie Komplexität und Unsicherheit anders umgehen müssen, einen neuen Schub erhalten. Dieser wird nachhaltig sein. Gefordert ist in stärkerem Maße das Erkennen von vernetzten Zusammenhängen. Dabei müssen Intuitionen, Erfahrungen, Fähigkeiten und Kompetenzen aller am Prozess Beteiligten einbezogen werden. Konsequenterweise bedeutet das für die Zusammenarbeit einen Austausch „auf Augenhöhe". Gleichzeitig ist für standardisierte Tools von Beratern (im schlimmsten Fall eine Black Box für die beteiligten Mitarbeiter des Kunden) kein oder wenig Platz.

(10) Resilienz und Agilität in den Geschäftsmodellen oder „Der Mut, sich selbst überflüssig zu machen"

Die großen Krisen seit 2000, also das Platzen der Internetblase 2002, die Finanzkrise 2008/09 und die Corona-Krise 2020, haben die Unternehmensberater jeweils stark getroffen. Dabei setzt sich die Erkenntnis durch, dass die Geschäftsmodelle im Markt auf Krisenfestigkeit zu überprüfen sind.

Möglicherweise kommen einige Beteiligte auch zur Erkenntnis, dass Geschäftsmodelle, die auf ein überproportional starkes Wachstum setzen, nicht zwingend robust sind, sondern eine unerwartete Fragilität mit sich bringen. Aber auch Einzelberater sind als Selbstständige von Krisen stark betroffen. Gefragt sind nicht nur in der Wirtschaft allgemein, sondern auch insbesondere in der Unternehmensberatungsbranche, Geschäftsmodelle mit hoher Agilität. Agil bedeutet zum Beispiel, sich als Berater selbst in Frage zu stellen, die Frage in den Raum zu stellen, ob der Kunde grundsätzlich auf die Beraterleistung verzichten könnte oder sollte.

Diese Frage führt dann im positiven Fall zum Erkennen weitergehender Beratungspotenziale und zum Aufbau von Kundenvertrauen.

10.3 Quintessenz

Abschließend ist noch einmal auf die Grundintention des Buches hinzuweisen. Ziel war es, Studierenden, Lehrenden, Quereinsteigern und anderen Interessierten einen umfassenden, aber nicht zu umfänglichen Blick auf eine spannende Branche zu ermöglichen. Dabei sollte es weder zu einer Glorifizierung des Berufsstands kommen, noch sollte eine einseitige Kritik formuliert werden. Vielmehr war es das Ziel, eine nüchterne und distanzierte Beschreibung, welche die speziellen Besonderheiten der Beratung herausstellt, vorzulegen.

Konkret haben sich zwei Dinge herauskristallisiert. Zum einen gibt es Mechanismen in der Beratungsbranche, deren Erkennen es erlaubt, bewusst und professionell als Berater und auch als Kunde zu agieren. Hier werden an Beratungseinsteiger andere Anforderungen gestellt, als an fortgeschrittene Experten. Zu diesen Mechanismen zählen sicherlich das „Up-or-Out"-Prinzip in vielen größeren Beratungen, die Vorherschafft von Tagessätzen und Festpreisen bei der Vergütung sowie die stetig notwendige Balance zwischen dem Verkaufen von Erfahrung und der Neuartigkeit von Projektsituationen. Zum anderen wurde deutlich, dass sich die Beratungsbranche dauerhaft in einem Wandlungsprozess befindet. Immer neue thematische Fragen durch die Kunden, der Umgang mit unterschiedlichen Wirtschaftsbedingungen sowie die Resultate der Wissensdiffusion lassen keinen Stillstand zu. Erkennbar wird, dass die erfolgreichen Konzepte der Vergangenheit, beispielsweise die starke Ausrichtung auf Wachstum, nicht mehr als Standardlösung herhalten können. Wenn Gesellschaft und Unternehmen zukünftig dem Thema Wachstum (z. B. von Umsatz, BIP etc.) ein anderes Gewicht beimessen, könnte das dazu führen, dass die Formel *Beratung mit starkem Wachstum = erfolgreiche Beratung = zwingend gute Leistung* möglicherweise nicht mehr greift. Aber auch weitere Perspektivwechsel erscheinen erforderlich und wünschenswert. Beratung sollte als das gesehen werden, was ihren Kern auszeichnet: Der Versuch, Organisationen durch Interventionen erfolgreich zu machen. Dafür werden Berater entlohnt. Auch wenn eine Ent-Mythologisierung bzw. Ent-Mystifizierung des Berufsstands nicht jedem Berater willkommen ist, auf Dauer dürfte sie der Profession helfen (und die Akzeptanz in der Gesellschaft erhöhen).

Summarisch kann also festgehalten werden, dass sich die Berufsgruppe der Consultants in der Vergangenheit als sehr anpassungsfähig erwiesen hat. Zum Abschluss des Buches sei daher die Prognose gewagt, dass Consulting bleiben, wachsen und sich weiter professionalisieren wird; Gegenstand, Art und Weise der Leistungserbringung aber werden dabei stetigen Änderungen, Anpassungen und Adjustierungen unterliegen.

Literaturverzeichnis

Absolventa (2020a): Top 100 Arbeitgeber – Wirtschaftswissenschaftler. Online unter: https://www.arbeitgeber-ranking.de/rankings/studenten/bereich/wirtschaft, Abruf am 15.06.2020.

Absolventa (2020b): Top 100 Arbeitgeber – Informatik. Online unter: https://www.arbeitgeber-ranking.de/rankings/studenten/bereich/it, Abruf am 15.06.2020.

Absolventa (2020b): Top 100 Arbeitgeber – Ingenieurwesen. Online unter: https://www.arbeitgeber-ranking.de/rankings/studenten/bereich/ingenieurwesen, Abruf am 15.06.2020.

Ahlert, D.; von Wangenheim, F.; Kawohl, J., Zimmer, M. (2008): The Concept of Solution Selling – Theoretical Considerations and Methods. Project Report, Münster 2008.

Allweyer, T. (2005): Geschäftsprozessmanagement. W3L, Herdecke, Bochum 2005.

Armbrüster, T. (2006): The economics and sociology of management consulting. Cambridge University Press, Cambridge/UK 2006.

Artz, M. (2017): NPS – The One Measure You Really Need to Grow? Controlling & Management Review, 61 (1) 2017, 32-38.

Association of Management Consultants Switzerland (2019): Statuten. Online unter: www.asco.ch/wp-content/uploads/2019/03/ASCO-Statuten-ab-2019.pdf, Abruf am 08.10.2019.

Baaij, M. (2013): An introduction to management consultancy. Sage, London/UK 2013.

Backhaus, K., Spät, M. (1994): Unternehmensberatung durch Wirtschaftsprüfer – Eine sortimentspolitische Grundsatzentscheidung. Die Betriebswirtschaft, 52 (1992), S. 761-776.

Baker, R. J. (2009): Pricing on Purpose – How to Implement Value Pricing in Your Firm. Journal of Accountancy. Online unter: http://www.journalofaccountancy.com/Issues/2009/Jun/20091530.htm, Abruf am 07.08.2015.

Belbin (2019): Teamrollen. Online unter: https://www.belbin.de/teamrollen/, Abruf am 08.10.2019.

Bendle, N. T., & Bagga, C. K. (2016): The metrics that marketers muddle. MIT Sloan Management Review, 57 (3) 2016, 73-78.

Bertini, M.; Koenigsberg, O. (2014): When Customers Help Set Prices. Sloan Management Review, Summer 2014.

Bessant, J.; Rush, H. (1995): Building bridges for innovation – the role of consultants in technology transfer. Research policy, 24 (1) 1995, S. 97-114.

Biech, E. (2019): The dark side of consulting (and what it takes to power through). Online unter: https://www.quirks.com/articles/the-dark-side-of-consulting-and-what-it-takes-to-power-through, Version vom 10.10.2019, Abruf am 03.06.2020.

Boston Consulting Group (2019): Erfüllung und LGBT-Karrieren bei BCG. Online unter: www.bcg.com/de-de/careers/working-at-bcg/pride.aspx, Abruf am 08.10.2019.

Bourgoin, A.; Harvey, J. F. (2018): How Consultants Project Expertise and Learn at the Same Time. Online unter: https://hbr.org/2018/07/how-consultants-project-expertise-and-learn-at-the-same-time, Abruf am 24.01.2020.

Brand eins (2018): Die besten Berater Deutschlands. Online unter: https://www.brandeins.de/magazine/brand-eins-thema/consulting-2018/interaktives-ranking-und-bestenliste, Abruf am 08.10.2019.

Breuer, P. (2011): Trend zu lebenslangen Netzwerken – Alumni-Netzwerke in Unternehmen. In: Klaffke, M. (Hrsg.): Personalmanagement von Millennials. Gabler, Wiesbaden 2011, S. 181-196.

Brosziewski, A. (2004): Die Öffentlichkeit der Beratung Zur Prominenz des Unternehmensberaters Roland Berger. In: Hitzler, R.; Hornbostel, S.; Mohr, S. (Hrsg.): Elitenmacht. VS Verlag für Sozialwissenschaften, Wiesbaden 2004, S. 261-273.

Büchsenschütz, A.; Baumgart, K. (2005): Quo vadis Inhouse Consulting? Strategische Erfolgsfaktoren interner Unternehmensberatungen. In: Petmecky, A.; Deelmann, T. (Hrsg.): Arbeiten mit Managementberatern – Bausteine für die erfolgreiche Zusammenarbeit. Springer, Berlin, Heidelberg 2005, S. 25-35.

Bundesministerium des Innern (2012): Praxisleitfaden – Projektmanagement für die öffentliche Verwaltung. Berlin 2012.

Bundesrechtsanwaltskammer (2017): Statistiken der BRAK. Online unter: http://www.brak.de/fuer-journalisten/zahlen-zur-anwaltschaft/, Abruf am 08.10.2019.

Bundesverband Deutscher Studentischer Unternehmensberatungen e.V. (2016): Studenten beraten Unternehmen. Presseinformation, Bonn 2016.

Bundesverband Deutscher Unternehmensberater BDU e.V. (1993): Jahresstatistik 1993. Online unter: http://bdutime.live.kmf01.kmf-port.de/wp-content/uploads/2014/09/BDU-Jahresstatistik-80er-300x214.jpg, Abruf am 27.02.2017.

Bundesverband Deutscher Unternehmensberater BDU e.V. (2012): Vergütung in der Unternehmensberatung 2012. Bonn 2012.

Bundesverband Deutscher Unternehmensberater BDU e.V. (2013): Honorare in der Unternehmensberatung. Bonn 2013.

Bundesverband Deutscher Unternehmensberater BDU e.V. (2016): 1960 – Unternehmensstrategie, Vertrieb und Marketing rücken in den Fokus.

Bundesverband Deutscher Unternehmensberater BDU e.V. (2017): Honorare in der Unternehmensberatung 2015/16. Bonn 2017.

Bundesverband Deutscher Unternehmensberater BDU e.V. (2018): Berufsgrundsätze des Bundesverbandes Deutscher Unternehmensberater BDU e.V. Online unter: www.bdu.de/media/3767/berufsgrundsaetze.pdf, Abruf am 08.10.2019.

Bundesverband Deutscher Unternehmensberater BDU e.V. (2019a): Facts & Figures zum Beratermarkt 2019. Bonn 2019.

Bundesverband Deutscher Unternehmensberater BDU e.V. (2019b): Veranstaltungen und Seminare. Online unter: Online unter: https://www.bdu.de/veranstaltungen/#seminare, Abruf am 02.10.2019.

Bundesverband Deutscher Unternehmensberater BDU e.V. (2020a): Facts & Figures zum Beratermarkt 2020. Bonn 2020.

Bundesverband Deutscher Unternehmensberater BDU e.V. (2020b): Honorare in der Unternehmensberatung 2019. Bonn 2020.

Bundesverband Deutscher Unternehmensberater BDU e.V. (o.J.): Recht der Unternehmensberatung. Bonn o.J.

Bundesverband Deutscher Unternehmensberater BDU e.V.; exeo Strategic Consulting AG (2010): Pricing und Honorarbildung von Beratungsleistungen – Repräsentativbefragung. Bonn 2010.

Canbäck, S. (1998): The Logic of Management Consulting (Part One). Journal of Management Consulting. 10 (1998) 2, S. 3-11.

Carl von Ossietzky Universität Oldenburg (2019): Studiengangskonzept. Online unter: https://uol.de/mmc/studiengangskonzept, Abruf am 02.10.2019.

Carnahan, S.; Somaya, D. (2015): The other talent war – Competing through alumni. MIT Sloan Management Review. Spring 2015. S. 14-16.

Caspers, R. (2004): Gesellschaftliche Bedeutung von Wissen und Wissensnetzwerken. In: Caspers, R.; Bickhoff, N.; Bieger, T. (Hrsg.): Interorganisatorische Wissensnetzwerke – Mit Kooperationen zum Erfolg. Springer, Berlin, Heidelberg 2004, S. 59-107.

Caspers, R.; Kreis-Hoyer, P. (2004): Konzeptionelle Grundlagen der Produktion, Verbreitung und Nutzung von Wissen in Wirtschaft und Gesellschaft. In: Caspers, R.; Bickhoff, N.; Bieger, T. (Hrsg.): Interorganisatorische Wissensnetzwerke – Mit Kooperationen zum Erfolg. Springer, Berlin, Heidelberg 2004, S. 17-58.

Christensen, C. M.; Wang, D.; van Bever, D. (2013): Consulting on the Cusp of Disruption. Harvard Business Review, 91 (10), S. 106-114.

Coakes, E. (2004): Knowledge Management – A Primer. Communications of the Association for Information Systems, Vol. 14, 2004, S. 406-489.

Coase, R. (2013): Erneuert die Wissenschaft! Harvard Business Manager, Febuar 2013, S. 96-97.

Comatch (2017): The DNA of the Independent Consultant, Online unter https://cdn.comatch.com/wp-content/uploads/2017/10/COMATCH-DNA-of-the-Independent-Consultant_Survey-2017-1.pdf, Abruf am 3.6.2020.

Conrad, P.; Trummer, M. (2007): Beratung als investive Dienstleistung – eine kritische Einführung. Discussion Papers No. 3/2007, Institut für Personalmanagement, Helmut-Schmidt-Universität, Hamburg 2007.

Consulting.de (2018): Gehaltsstudie 2017. Online unter: https://www.consulting.de/gehaltsstudie, Abruf am 23.03.2020.

Cugini, A.; Pilonato, S. (2013): Pricing and Costing in Professional Service Firms. Proceedings of Global Business Research Conference, 07.-08.11.2013, Kathmandu/Nepal 2013.

Czerniawska, F. (2005): The New Business Consulting Landscape. Consulting to Management, 16 (4), S. 3-6.

Dahm, M. H.; Thode, S. (Hrsg., 2019): Strategie und Transformation im digitalen Zeitalter. Springer, Wiesbaden 2019.

Dawes, P. L.; Dowling, G. R.; Patterson, P. G. (1992): Criteria used to select management consultants. Industrial Marketing Management, 21(3)1992, S. 187-193.

Deelmann, T. (2015a): Beratung – Beschreibung von Begriffen und Beziehungen. In: Deelmann, T.; Ockel, D. M. (Hrsg.): Handbuch der Unternehmensberatung. Erich Schmidt Verlag, Berlin 2015, Kz. 1101.

Deelmann, T. (2015b): Meilensteine und Trends der Betriebswirtschaft – Grundlagen, Geschichte und Geschichten der BWL. 2. Aufl., Erich Schmidt Verlag, Berlin 2015.

Deelmann, T. (2016): Consulting in Zahlen. 2. Aufl., epbuli, Berlin 2016.

Deelmann, T. (2017): Does Digitization Matter? Reflections on a Possible Transformation of the Consulting Business. In: Nissen, V. (Hrsg.): Digital Transformation of the Consulting Industry. Springer, Cham/CH 2017, S. 75-99.

Deelmann, T. (2018): Consulting in Zahlen. 5. Aufl., epbuli, Berlin 2018.

Deelmann, T. (2020a): Denkanstoß, Kolumne 3.2020 – Consulting & Corona. Online unter: https://www.consultingbay.de/ce/deelmanns-denkanstoss-consulting-amp-corona/detail.html, Abruf am 30.04.2020.

Deelmann, T. (2020b): Denkanstoß, Kolumne 4.2020 – Corona und die Digitalisierung von Beratung. Online unter: https://www.consultingbay.de/ce/deelmanns-denkanstoss-corona-und-die-digitalisierung-von-beratung/detail.html, Abruf am 30.04.2020.

Deelmann, T. Huchler, A., Jansen, S. A., Petmecky, A. (2006): Internal Corporate Consulting – Thesen, empirische Analysen und theoriegeleitete Prognosen zum Markt für Interne Beratungen. zu|schnitt 005, Diskussionspapiere der Zeppelin University, Nr. 5, Friedrichshafen 2006.

Deelmann, T.; Nissen, V. (2018): Institutionalization of Consulting Research – Review and Comparison of Two Approaches in Germany over the Period 2007-2017. In: Nissen, V. (Hrsg.): Advances in Consulting Research. Springer, Cham/CH 2018, S. 53-75.

Deelmann, T.; Ockel, D. M. (2015): Einführung in das Handbuch der Unternehmensberatung. In: Deelmann, T.; Ockel, D. M. (Hrsg.): Handbuch der Unternehmensberatung. Erich Schmidt Verlag, Berlin 2015, Kz. 0200.

Deltek (2019): Five Major Challenges Facing The Global Consulting Industry. Online unter: https://www.deltek.com/en-gb/learn/blogs/uk-blog/2019/08/five-major-challenges-global-consulting, Abruf am 26.05.2020.

Deutsche Telekom AG (2004): PM Excellence Handbook. Bonn 2004.

Deutscher Imkerbund e. V. (2020): Anzahl der Imker. Online unter: http://deutscherimkerbund.de/161-Imkerei_in_Deutschland_Zahlen_Daten_Fakten, Abruf am 10.05.2020.

Dolan, R. J.; Gourville, J. T. (2009): Principles of Pricing. Harvard Business School Background Note 506-021, Boston/MA/USA 2009.

Dolan, R. J.; Gourville, J. T. (2014): Pricing Strategy – Core Curriculum Marketing. Harvard Business School, Boston/USA 2014.

Egloff, N. (2020): Seit 25 Jahren stehen wir erfolgreich im Wettbewerb mit teilweise sehr viel größeren Unternehmen. Online unter: https://www.marktforschung.de/ aktuelles/interviews/marktforschung/seit-25-jahren-stehen-wir-erfolgreich-im-wettbewerb-mit-teilweise-sehr-viel-groesseren-unternehmen/, Abruf am 11.01.2020.

Ennsfellner, I. (2014): Beratungsnorm EN 16114 Unternehmensberatungsdienstleistungen – Ein Beitrag zur Professionalisierung der Unternehmensberatung. In: Deelmann, T.; Ockel, D. M. (Hrsg.): Handbuch der Unternehmensberatung. Erich Schmidt Verlag, Berlin, Kz. 5520.

Ennsfellner, I. (2020): Internationaler Standard ISO 20700 – Leitlinien für die Professionalisierung von Unternehmensberatungsdienstleistungen. In: Deelmann, T.; Ockel, D. M. (Hrsg.): Handbuch der Unternehmensberatung. Erich Schmidt Verlag, Berlin, Kz. 7523.

Erhardt, A.; Gerds, M. (2004): Die Auswahl von Bewerbern und Leistungsevaluation von Beratern in Top-Management-Beratungen – Einblicke in die Praxis. In: Nippa, M.; Schneiderbauer, D. (Hrsg.): Erfolgsmechanismen der Top-Management-Beratung – Einblicke und kritische Reflexionen von Branchenkennern. Physica-Verlag, Heidelberg 2004, S. 209-226.

Erlen, B. (2020): Die Beratung ist ein lukratives Geschäft – Bilanzanalyse der Beratungsbranche. Online unter: https://www.consulting.de/hintergruende/meinung/ einzelansicht/die-beratung-ist-ein-lukratives-geschaeft/, Abruf am 30.04.2020.

exeo Strategic Consulting AG; Bundesverband Deutscher Unternehmensberater BDU e.V. (2010): Repräsentativbefragung „Pricing und Honorarbildung von Beratungsleistungen". Bonn 2010.

exeo Strategic Consulting AG; Rogator AG (2020): OpinionTRAIN. Unveröffentlichte Studienergebnisse. Bonn, Nürnberg, Mai 2020.

Fassbender, P. (2004): Managementberatung und Ethik – Widerspruch oder Erfolgsfaktor? In: Nippa, M.; Schneiderbauer, D. (Hrsg.): Erfolgsmechanismen der Top-Management-Beratung. Physica, Heidelberg 2004, S. 227-241.

Fiedler, R. (2010): Organisation kompakt. 2. Aufl., Oldenbourg, München 2010.

Fink, D. (2017): Intellektuelle Vielfalt ist Pflicht. Online unter: https://www.consulting.de/ hintergruende/themendossiers/consulting-2017-work-forward/einzelansicht /intellektuelle-vielfalt-ist-pflicht/, Abruf am 08.10.2019.

Fischer-Winkelmann, W. F. (1995): Gutachterliche Unternehmensbewertung. In: Walger, G. (Hrsg.): Formen der Unternehmensberatung – Systemische Unternehmensberatung, Organisationsentwicklung, Expertenberatung und gutachterliche Beratungstätigkeit in Theorie und Praxis. Dr. Otto Schmidt, Köln, S. 19-40.

Friedrich von den Eichen, S. A. (2005a): Der Berater und seine Rollen – Vortragsmaterialien. München 2005.

Friedrich von den Eichen, S. A. (2005b): Der Berater und seine Rollen – Höhere Klientenzufriedenheit durch erwartungszentrierte Beratung. In: Seidl, D.; Kirsch, W.; Linder, M. (Hrsg.): Grenzen der Strategieberatung – Eine Gegenüberstellung der Perspektiven von Wissenschaft, Beratung und Klienten. Haupt, Bern 2005, S. 369-382.

Friedrich von den Eichen, S. A.; Stahl, H. K. (2004): Die Rollen der Berater. In: Deelmann, T.; Ockel, D. M. (Hrsg.): Handbuch der Unternehmensberatung. Erich Schmidt Verlag, Berlin 2004, Kz. 1500.

FSGU Akademie (2019): Business Consultant (IHK). Online unter: www.fsgu-akademie.de/weiterbildung/business-consultant-ihk/, Abruf am 02.10.2019.

Gabriel, R.; Dittmar, C. (2001): Der Ansatz des Knowledge Managements im Rahmen des Business Intelligence. HMD 222, 2001, S. 17-28.

Gavett, G. (2013): Is your next great CEO a Management Consultant. Harvard Business Review, 11/2013. Online unter: https://hbr.org/2013/11/is-your-next-great-ceo-a-management-consultant, Abruf am 08.10.2019.

Gluchowski, P. (2001): Business Intelligence – Konzepte, Technologien und Einsatzbereich. HMD 222/2001, S. 5-15.

Glückler, J.; Armbrüster, T. (2003): Bridging uncertainty in management consulting – The mechanisms of trust and networked reputation. Organization Studies, 24 (2) 2003, S. 269-297.

Gourville, J. T.; Soman, D. (2002): Pricing and the Psychology of Consumption. Harvard Business Review, Vol. 80, September 2002, S. 90-96.

Gräper, S.; von Corvin, B. (2012): Mehr als reine Datenlieferanten. Online unter: https://www.marktforschung.de/dossiers/themendossiers/vom-marktforscher-zum-berater/dossier/mehr-als-reine-datenlieferanten/, Abruf am 23.10.2019.

Grundei, J.; Werder, A. v. (2006): Konzeptionelle Grundlagen des Organisations-Controlling. In: Werder, A. v.; Stöber, H.; Grundei, J. (Hrsg.): Organisations-Controlling. Gabler, Wiesbaden 2006, S. 15-50.

Gutberlet, M. (2012): IT & Technologie Beratung. Unveröffentlichtes Vortragsmanuskript, Iserlohn, 25.10.2012.

Haake, K. (2018): Arbeitnehmerüberlassung und Scheinselbständigkeit – Zur sachgerechten Abgrenzung von Consultingmandaten und anderen höheren Dienstleistungen zur Arbeitnehmerüberlassung und Scheinselbständigkeit. In: Deelmann, T.; Ockel, D. M. (Hrsg.): Handbuch der Unternehmensberatung. Erich Schmidt Verlag, Berlin 2018, Kz. 7719.

Hauser, H.-G.; Egger, E. (2004): Worauf Berater achten – Ein Handbuch für die Praxis. Linde, Wien 2004.

Heinecke, H. J. (2002): Methodische Differenzierung der Geschäftsstrategie – Prozeßberatung in der Praxis. In: Mohe, M.; Heinecke, H. J.; Pfriem, R. (Hrsg.): Consulting – Problemlösung als Geschäftsmodell. Klett-Cotta, Stuttgart 2002, S. 225-242.

Herrlein, F. (2004): Einkauf und Einsatz von Managementberatern bei der Bayerischen Hypo- und Vereinsbank. In: Treichler, Chr.; Wiemann, E.; Morawetz, M. (Hrsg.): Corporate Governance und Managementberatung. Gabler, Wiesbaden 2004, S. 133-145.

Heuermann, R.; Herrmann, F. (2003): Unternehmensberatung – Anatomie und Perspektiven einer Dienstleistungselite. Vahlen, München 2003.

Hill, A. (2016): Changing face of advisers' war for talent. Online unter: https://www.ft.com/content/dbd794f6-990d-11e6-8f9b-70e3cabccfae, Abruf am 08.10.2019

Hinterhuber, A. (2004): Towards value-based pricing – An integrative framework for decision making. Industrial Marketing Management, 8/2004, S. 765-778.

Hinterhuber, A. (2008): Customer value-based pricing strategies – Why companies resist. Journal of business strategy, 4/2008, S. 41-50.

Hinterhuber, A.; Liozu, S. M. (2013): Innovation in Pricing – Introduction. In: Hinterhuber, A., Liozu, S. M. (Hrsg.): Innovation in Pricing. Routledge, Abingdon/UK 2013, S. 3-23.

Hübscher, M.; Schneidewind, U. (2002): Unternehmensethikberatung – Betriebswirtschaftliche Notwendigkeit in Fusionsprozessen oder akademische Fiktion? In: Mohe, M.; Heinecke, H. J.; Pfriem, R. (Hrsg.): Consulting – Problemlösung als Geschäftsmodell. Klett-Cotta, Stuttgart 2002, S. 262-280.

Industrie- und Handelskammer Nordwestfalen (2019): Gepr. IT-Berater (Certified IT Business Consultant). Online unter: www.ihk-nordwestfalen.de/bildung/Fortbildungspruefungen/IT-Berater-Certified-IT-Business-Consultant/3604090, Abruf am 02.10.2019.

Institut der Unternehmensberater (2019): IdU Homepage. Online unter: http://www.idu.eu/iduhome/, Abruf am 02.10.2019.

Institut für Freie Berufe (2020): Struktur der Selbstständigen in Freien Berufen in Deutschland zum 01.01.2019. Online unter http://ifb.uni-erlangen.de/wp-content/uploads/Struktur-der-Selbstst%C3%A4ndigen-in-Freien-Berufen-2019.jpg, Abruf am 03.06.2020.

Jänig, C. (2004): Wissensmanagement – Die Antwort auf die Herausforderungen der Globalisierung. Springer, Berlin, Heidelberg 2004.

JCNetwork (2016): Unser Verband. Online unter: http://www.jcnetwork.de/unserverband/, Abruf am 08.08.2016.

Junior Enterprise (2016): Discover the Junior Enterprise concept. Online unter: http://juniorenterprise.net/en#concept, Abruf am 08.08.2016.

Junker, C. (2005): Nachhaltige Einführung von Wissensmanagement. In: Deelmann, T.; Ockel, D. M. (Hrsg.): Handbuch der Unternehmensberatung. Erich Schmidt Verlag, Berlin 2005, Kz. 3420.

Kaiser, S.; Bürger, B. (2005): Erfolgversprechende Strategien für Professional Service Firms in Krisenzeiten. In: Ringlstetter, M.; Bürger, B.; Kaiser, S. (Hrsg.): Strategien und Management für Professional Service Firms. Wiley-VCH, Weinheim 2005, S. 395-412.

Kaplan, S. (2017): The Business Consulting Industry Is Booming, and It's About to Be Disrupted. Online unter: https://www.inc.com/soren-kaplan/the-business-consulting-industry-is-booming-and-it.html, Abruf am 08.10.2019.

Kaufmann, L.; Wagner, C. M.; Carter, C. R. (2017): Individual modes and patterns of rational and intuitive decision-making by purchasing managers. Journal of Purchasing and Supply Management, 2/2017, S. 82-93.

Klein, L. (2018): Systemische Beratung. In: Deelmann, T.; Ockel, D. M. (Hrsg.): Handbuch der Unternehmensberatung. Erich Schmidt Verlag, Berlin 2018, Kz. 1685.

Knod, C.; Wieghardt, J. (2019): Emotionales Business. Research & Results, 7/2019, S. 26-27.

Krämer, A. (2002): Zur Zukunft der anwaltlichen Honorargestaltung – Neue empirische Ergebnisse zur Nutzung unterschiedlicher Honorarmodelle durch Anwälte. Anwaltsblatt, 5/2002, S. 260-265.

Krämer, A. (2011): Alternative Honorarmodelle im Anwaltsgeschäft. In: Staub, L.; Hehli-Hidber, C. (Hrsg.): Management von Anwaltskanzleien. Manz, Wien 2011, S. 581-591.

Krämer, A. (2015): Pricing in a VUCA World – How to Optimize Prices, if the Economic, Social and Legal Framework Changes Rapidly. In: Mack et al. (Hrsg.): Managing in a VUCA World. Springer, New York/USA 2015, S. 115-128.

Krämer, A. (2020a): Preisvereinfachung versus Preisdifferenzierung. In: Kalka, R.; Krämer A. (Hrsg.): Preiskommunikation – Strategische Herausforderungen und innovative Anwendungsfelder. Springer Gabler, Wiesbaden 2020, S. 73-88.

Krämer, A. (2020b): Preiskommunikation in Zeiten des „Behavioral Pricing". In: Kalka, R.; Krämer, A.: (Hrsg.): Preiskommunikation – Strategische Herausforderungen und innovative Anwendungsfelder. Springer Gabler, Wiesbaden 2020, S. 27-50.

Krämer, A.; Burgartz, T. (2016): Controlling von innovativen Preismodellen – Status Quo, Anforderungen und praktische Umsetzung am Beispiel „Pay-What-You-Want". Controlling, 28 (6) 2016, S. 325-337.

Krämer, A.; Burgartz, T. (2020): Kundenwertorientiertes Pricing – Die beiden unterschiedlichen Facetten des Kundenwerts. Controlling, 32 / 2020 (im Druck).

Krämer, A.; Kalka, R. (2016): How Digital Disruption Changes Pricing Strategies and Price Models. In: Khare, A.; Schatz, R.; Stewart, B. (Hrsg.): Phantom ex machina – Digital disruption's role in business model transformation. Springer, Cham/CH 2016, S. 87-103.

Krämer, A.; Kalka, R. (2020a): Preiskommunikation – Strategische Herausforderungen und innovative Anwendungsfelder. Springer Gabler, Wiesbaden 2020.

Krämer, A.; Kalka, R. (2020b): Preiskommunikation – Zentrale Rolle für das Sales Team. Sales Excellence, 6/2020, S. 38-41.

Krämer, A.; Lehnhof, R. (1996): Pricing für Anwälte. Anwaltsblatt 6/97, S. 306-313.

Krämer, A.; Mauer, R.; Becker, R. (2000): Unternehmensführung für rechts- und wirtschaftsberatende Berufe. 2. Aufl., C.H. Beck, München 2000.

Krämer, A.; Mauer, R.; Kilian, M. (2005): Vergütungsvereinbarung und -management. Schriftenreihe Anwalts-Management, Band 5, C.H. Beck, München 2005.

Krämer, A., Schmutz, I. (2020): Mythos Value-Based Pricing – Der Versuch einer (wertfreien) Einordnung. Marketing Review St. Gallen, Jg. 38, Heft 2/2019, S. 44-52.

Kraus, A. (2005): Der Einkauf als Intermediär zwischen Berater und Beratenem. In: Petmecky, A.; Deelmann, T. (Hrsg.): Arbeiten mit Managementberatern – Bausteine für eine erfolgreiche Zusammenarbeit. Springer, Heidelberg 2005, S. 65-85.

Krauseneck, C. (2004): Total Knowledge Exchange – Management über Eigen- und Fremdprojekterfahrungswissen. Pforzheim 2004.

Krcmar, H.: Information. In: Gronau, N.; Becker, J.; Kliewer, N.; Leimeister, J. M.; Overhage, S. (Hrsg.): Enzyklopädie der Wirtschaftsinformatik. Online unter: http://www.enzyklopaedie-der-wirtschaftsinformatik.de/lexikon/daten-wissen/Wissensmanagement/lexikon/daten-wissen/Informationsmanagement/Information-/index.html, Abruf am 08.10.2019.

Krizanits, J. (2015): Entwicklungen in Gesellschaft, Organisationen und Unternehmensberatung – Drei Zahnräder, die ineinandergreifen. In: Deelmann, T.; Ockel, D. M. (Hrsg.): Handbuch der Unternehmensberatung. Erich Schmidt Verlag, Berlin 2015, Kz. 1505.

Kurz, A. (1999): Data Warehousing – Enabling Technology. MITP-Verlag, Bonn 1999.

Laube, H. (2014): Pool mit Aussicht. Online unter: https://www.brandeins.de/magazine/brand-eins-thema/unternehmensberater-2014-vom-besserwisser-zum-bessermacher/pool-mit-aussicht, Abruf am 08.10.2019.

Leimeister, J. M. (2012): Dienstleistungsengineering und -management. Springer Gabler, Berlin 2012.

Libert, B.; Beck, M.; Wind, J. (2016): The network imperative – How to survive and grow in the age of digital business models. Harvard Business Review Press, Boston/MA/USA 2016.

Litke, H.-D.; Kunow, I. (2002): Projektmanagement. 3. Aufl., Haufe, Planegg/München 2002.

Lorsch, J. W., Durante, K. (2013): McKinsey & Company. Case Study, Harvard Business School, Boston/USA 2013.

Lünendonk GmbH (2015): 3xD – Trends und Entwicklungen in der Beratung – Vor dem Hintergrund von Digitalisierung, Disruption und Diskontinuität – Management Summary. Mindelheim 2015.

Maister, D. (2003): Managing the Professional Service Firm. Free Press, London/UK 2003.

Manger-Wiemann, E., Treichler, C. (2015): Metaberatung – Lösungen zur Evaluation und zum effektiven Einsatz externer Beratung. In: Deelmann, T.; Ockel, D. M. (Hrsg.): Handbuch der Unternehmensberatung. Erich Schmidt Verlag, Berlin 2015, Kz. 8007.

Mauerer, C. (2013): Unternehmensberatung und Vertrauen – Die Bedeutung des interpersonellen Vertrauens in der Berater-Klienten-Beziehung zur Herstellung von Erfolg im Beratungsprozess. Workshop IV-Beratung, Hamburg, 13.09.2013. Online unter: https://ak-iv-beratung.gi.de/fileadmin/AK/IV-BERATUNG/Workshops/04_Mauerer_Vertrauen.pdf, Abruf am 08.10.2019.

McCallum, D.; Ashford, S. J.; Caza, B. B. (2019): Why Consultants Quit Their Jobs to Go Independent. Online unter: https://hbr.org/2019/07/why-consultants-quit-their-jobs-to-go-independent, Abruf am 03.06.2020.

McDonald, D. (2013): The firm: The story of McKinsey and its secret influence on American business. Simon and Schuster, New York/USA 2013.

McKenna, C. D. (2010): The World's Newest Profession – Management Consulting in the Twentieth Century. Cambridge University Press, Cambridge/UK 2010.

McNamara, Y., McLoughlin, D. P. (2007): Corporate Alumni Networks and Knowledge Flows. Dublin/IRL 2007.

Meier, M. (2004): Competitive Intelligence. Wirtschaftsinformatik, 46 (2004) 5, S. 405-407.

Menden, S.; Czerny, A.; Gulas, S.; Hardt, R.; Saidi, F; Tiede, J. (2015): Bewerbung bei Unternehmensberatungen – Consulting Cases meistern. 11. Aufl., squeaker.net, Köln 2015.

Mohe, M. (2002): Inhouse Consulting: Gestern, heute – und morgen? In: Mohe, M.; Heinecke, H. J.; Pfriem, R. (Hrsg.): Consulting – Problemlösung als Geschäftsmodell. Klett-Cotta, Stuttgart 2002, S. 320-343.

Mohe, M. (2003): Klientenprofessionalisierung – Strategien und Perspektiven eines professionellen Umgangs mit Unternehmensberatung. Metropolis, Marburg 2003.

Mohe, M. (2005): Consulting Skills and Knowledge – Was die Beratungsbranche von Hochschulabsolventen und Universitäten erwartet; Empirische Ergebnisse und Implikationen. Oldenburg 2005.

Mohe, M. (2007): Meta-Beratung – Eine neue Form der Wissensproduktion? Arbeit, 16 (3) 2007, S. 191-204.

Mohe, M., Höner, D. (2006): Behind clients' doors: How managers perceive the use of management consultants and what they think about strategies to professionalize the process of dealing with consultancy – A single case study. 22. EGOS Colloquium. Bergen/Norway 2006.

Mohe, M.; Kolbeck, C. (2003): Klientenprofessionalisierung in Deutschland – Stand des professionellen Umgangs mit Beratung bei deutschen DAX- und MDAX-Unternehmen – Empirische Ergebnisse, Best Practices und strategische Implikationen. Oldenburg 2003.

Mohe, M.; Nissen, V.; Deelmann, T. (2008): Einige Überlegungen und Daten zur Institutionalisierung des Forschungsfeldes Consulting Research. In: Loos, P.; Breitner, M.; Deelmann, T. (Hrsg.): IT-Beratung – Consulting zwischen Wissenschaft und Praxis. Logos, Berlin 2008, S. 75-88.

Möller, M.; Sigillo, F. (2010): Der Enron-Andersen-Skandal und dessen Einfluss auf das Reputationskapital der Institution Wirtschaftsprüfung: Eine empirische Studie zu Kursreaktionen als Folge des Enron-Andersen-Skandals am Schweizer Kapitalmarkt. Gesellschafts- und Kapitalmarktrecht, 1/2010, S. 1-31.

Moscho, A.; Richter, A. (2010): Inhouse-Consulting in Deutschland – Markt, Strukturen, Strategien. Gabler, Wiesbaden 2010.

N.tv (2019): Berater bei der Bundeswehr – Betrugsvorwürfe gegen Accenture. Online unter: www.n-tv.de/politik/Betrugsvorwuerfe-gegen-Accenture-article20850839.html, Abruf am 08.10.2019.

Nagle, T.; Reed, K.; Larsen, G. (1998): Pricing – Praxis der optimalen Preisfindung. Springer, Heidelberg 1998.

Nerlich, D. (2018a): Unternehmensberater – Ein Job mit Aussicht. Online unter: https://www.capital.de/karriere/unternehmensberater-ein-job-mit-aussicht, Abruf am 08.10.2019.

Nerlich, D. (2018b): Die Top 6 Consulting-Exits – eine kritische Würdigung. Online unter: https://consultantcareerlounge.com/2018/04/13/die-top-6-consulting-exits-eine-kritische-wuerdigung/, Abruf am 21.04.2020.

Neuberger, O. (2002): Rate mal! Phantome, Philosophien und Phasen der Beratung. In: Mohe, M.; Heinecke, H. J.; Pfriem, R. (Hrsg.): Consulting – Problemlösung als Geschäftsmodell. Klett-Cotta, Stuttgart 2002, S. 135-161.

Niederstadt, J. (2014): Bei der Arbeit: Eng getaktet. Wirtschaftswoche, 16.06.2014, S. 14.

Nissen, V. (2007): Consulting Research – Eine Einführung. In: Nissen, V. (Hrsg.): Consulting Research – Unternehmensberatung aus wissenschaftlicher Perspektive. Gabler, Wiesbaden 2007, S. 1-38.

Nissen, V. (2018): Consulting Research – A Scientific Perspective on Consulting. In: Nissen, V. (Hrsg.): Advances in Consulting Research. Springer, Cham/CH 2018, S. 1-27.

Nissen, V.; Dauer, D.: Wissensmanagement in Beratungsunternehmen – Ergebnisse einer empirischen Untersuchung deutscher Unternehmensberatungen. In: Nissen, V. (Hrsg.): Forschungsberichte zur Unternehmensberatung. Nr. 2007-01, TU Ilmenau, Ilmenau 2007.

Nissen, V.; Franke, C.; Meppen, M. (2013): Work-Life-Balance in der IT-Unternehmensberatung. In: Nissen, V. (Hrsg.): Forschungsberichte zur Unternehmensberatung. Nr. 2013-01, TU Ilmenau, Ilmenau 2013.

Nissen, V.; Klauk, B. (Hrsg., 2012): Studienführer Consulting – Studienangebote in Deutschland, Österreich und der Schweiz. Springer Gabler, Wiesbaden 2012.

Nissen, V.; Mohe, M.; Deelmann, T. (2009): Ziele, Anforderungen und Institutionalisierung des Forschungsfeldes Consulting Research. In: Möller, H.; Hausinger, B. (Hrsg.): Quo vadis Beratungswissenschaft. VS Verlag für Sozialwissenschaften, Wiesbaden 2009, S. 141-167.

Nissen, V.; Seifert, H.; Blumenstein, M. (2015): Virtualisierung von Beratungsleistungen – Qualitätsanforderungen, Chancen und Risiken der digitalen Transformation in der Unternehmensberatung aus der Klientenperspektive. In: Deelmann, T.; Ockel, D. M. (Hrsg.): Handbuch der Unternehmensberatung. Erich Schmidt Verlag, Berlin 2015, Kz. 7311.

Nissen, V.; Termer, F. (2011): Work-Life-Balance bei Frauen in der IT-Unternehmensberatung. In: Nissen, V. (Hrsg.): Forschungsberichte zur Unternehmensberatung. Nr. 2011-01, TU Ilmenau, Ilmenau 2011.

Nonaka, I.; Takeuchi, H. (1995): The Knowledge-Creating Company. Oxford University Press, Oxford/UK 1995.

Nonaka, I.; Takeuchi, H. (1997): Die Organisation des Wissens – Wie japanische Unternehmen eine brachliegende Ressource nutzbar machen. Campus, Frankfurt/Main 1997.

Oberstebrink, T. (2014): So verkaufen Sie Investitionsgüter. Gabler, Wiesbaden 2014.

Osterwalder, A.; Pigneur, Y.: (2002): An e-Business Model Ontology for Modeling e-Business. In: Proceedings of 15th Bled Electronic Commerce Conference. 17.-19.06.2002, Bled, Slovenia 2002.

Oxford Economics (2016): Global Marco Monitor – Germany. Oxford/UK 2016.

Paddags, N. (2018): Digitale Disruption im Beratungsmarkt – Innovative Gechäftsmodelle im deutschsprachigen Raum. In: Deelmann, T.; Ockel, D. M. (Hrsg.): Handbuch der Unternehmensberatung. Erich Schmidt Verlag, Berlin 2018, Kz. 4613.

Parasuraman, A.; Berry, L. L.; Zeithaml, V. A. (1993): More on improving service quality measurement. Journal of retailing, 69 (1) 1993, S. 140-147.

Perchthold, G.; Sutton, J. (2010): Extracting Value from Consultants – How to hire, control and fire them. Greenleaf, Austin/TX/USA 2010.

Petmecky, A.; Deelmann, T. (2005a): Warum gibt es Berater? Warum gibt es nicht ausschließlich Berater? In: Petmecky, A.; Deelmann, T. (Hrsg.): Arbeiten mit Managementberatern – Bausteine für eine erfolgreiche Zusammenarbeit. Springer,
Heidelberg 2005, S. 3-11.

Petmecky, A.; Deelmann, T. (2005b): Management von Management Consultants – Vo-
raussetzungen, Umsetzung, Zukunft. In: Seidl, D.; Kirsch, W.; Linder, M. (Hrsg.):
Grenzen der Strategieberatung – Eine Gegenüberstellung der Perspektiven von
Wissenschaft, Beratung und Klienten. Haupt, Bern 2005, S. 235-258.

Porter, M. E. (1980): Competitive Strategy. Free Press, New York/USA 1980.

Porter, M. E. (1996): What is strategy. Harvard Business Review, November-December
1996.

Preuss, P. (2019): Agiles Projektmanagement (nicht nur) für IT-Berater. In: Deelmann, T.;
Ockel, D. M. (Hrsg.): Handbuch der Unternehmensberatung. Erich Schmidt Verlag,
Berlin 2019, Kz. 2155.

Probst, G.; Raub, S.; Romhardt, K. (1999): Wissen Managen – Wie Unternehmen ihre
wertvollste Ressource optimal nutzen. 3. Aufl., Gabler, Frankfurt/Main 1999.

Pumpe, D.; Hoffmann, L. (2015): Project Management Office – Ein Competence Center
für das Projektmanagement einer Unternehmensberatung. In: Deelmann, T.; Ockel,
D. M. (Hrsg.): Handbuch der Unternehmensberatung. Erich Schmidt Verlag, Berlin
2015, Kz. 2211.

Quiring, A. (2002): Erfolgshonorare für Unternehmensberater. Unternehmensberater,
1/2002, S. 76-80.

Quiring, A. (2005): Rechtshandbuch für Unternehmensberater. Vahlen, München 2005.

Quiring, A. (2015): Beraterhaftung und Haftungsmanagement. In: Deelmann, T.; Ockel, D.
M. (Hrsg.): Handbuch der Unternehmensberatung. Erich Schmidt Verlag, Berlin
2015, Kz. 7715.

Quiring, A. (2016): Rechtsformen für Beratungsunternehmen. In: Deelmann, T.; Ockel, D.
M. (Hrsg.): Handbuch der Unternehmensberatung. Erich Schmidt Verlag, Berlin
2016, Kz. 7711.

Quiring, A. (2017a): Gewitterwolken und Regenschirme aus Papier – Nur rechtlich belastbare Vertragsregeln haben Wert. In: Deelmann, T.; Ockel, D. M. (Hrsg.): Handbuch der Unternehmensberatung. Erich Schmidt Verlag, Berlin 2017, Kz. 7713.

Quiring, A. (2017b): Erfolgshonorar – eine Herausforderung für Berater und Kunden. In:
Deelmann, T.; Ockel, D. M. (Hrsg.): Handbuch der Unternehmensberatung. Erich
Schmidt Verlag, Berlin 2017, Kz. 7717.

Räth, G. (2015): Was Roland Berger und Rocket nicht schaffen, macht Barkawi. Online
unter: https://www.gruenderszene.de/allgemein/barkawi-berater-inkubator, Abruf
am 08.10.2019.

Rechenberg, P. (2003): Zum Informationsbegriff der Informationstheorie. Informatik
Spektrum, 5/2003, S. 317-326.

Reed, R. C. (1996): Billing Innovations. American Bar Association, Chicago/USA 1996.

Rehäuser, J.; Krcmar, H.: Wissensmanagement im Unternehmen. In: Schreyögg, G.; Conrad, P. (Hrsg.): Wissensmanagement. De Gruyter, Berlin 1996, S. 1-40.

Reichheld, F. (2003): The One Number You Need to Grow. Harvard Business Review, 12/2010, S. 2-10.

Reihlen, M.; Smets, M.; Veit, A. (2010): Management consultancies as institutional agents – Strategies for creating and sustaining institutional capital. Schmalenbach Business Review, 62 (3) 2010, S. 317-339.

Reiter, D.; Schneider, F. (2005): Creative Strategies That Work! In: Petmecky, A.; Deelmann, T. (Hrsg.): Arbeiten mit Managementberatern – Bausteine für eine erfolgreiche Zusammenarbeit. Springer, Heidelberg 2005, S. 87-95.

Richter, A. (2005): Veränderte Klientenerwartungen und ihre Auswirkungen auf Beratungsfirmen. In: Seidl, D.; Kirsch, W.; Linder, M. (Hrsg.): Grenzen der Strategieberatung – Eine Gegenüberstellung der Perspektiven von Wissenschaft, Beratung und Klienten. Haupt, Bern/CH 2005, S. 267-282.

Rieckmann, H.; Neumann, R. (1995): Organisationsentwicklung, Beratungseffizienz und Klientennutzen – Eine Fallanalyse und ihre findings. In: Walger, G. (Hrsg.): Formen der Unternehmensberatung – Systemische Unternehmensberatung, Organisationsentwicklung, Expertenberatung und gutachterliche Beratungstätigkeit in Theorie und Praxis. Dr. Otto Schmidt, Köln 1995, S. 202-238.

Robbins, S. P.; Coulter, M. (2012): Management. 2. Aufl., Pearson, Essex/UK 2012.

Rommel, D. (2020): Beratung: Eine Mutprobe? Online unter https://www.marktforschung.de/dossiers/themendossiers/from-insights-to-impact/dossier/beratung-eine-mutprobe/, Abruf am 19.01.2020.

Roth, C. (2005): Einkauf Managementberatung in einem Großkonzern. In: Petmecky, A.; Deelmann, T. (Hrsg.): Arbeiten mit Managementberatern – Bausteine für eine erfolgreiche Zusammenarbeit. Springer, Heidelberg 2005, S. 77-85.

Ryals, L. (2005): Making customer relationship management work – The measurement and profitable management of customer relationships. Journal of Marketing, 4/2005, S. 252-261.

Sandberg, R. (2003): Corporate Consulting for Customer Solutions – Bridging Diverging Business Logics. Diss., Handelshögskolan, Stockholm/Schweden 2003.

Sarach, E.; Deelmann, T. (2016): Studentische Unternehmensberatungen – Bestandsaufnahme und Nutzen. In: Deelmann, T.; Ockel, D. M. (Hrsg.): Handbuch der Unternehmensberatung. Erich Schmidt Verlag, Berlin 2016, Kz. 4612.

Scheer, C.; Deelmann, T.; Loos, P. (2003): Geschäftsmodelle und internetbasierte Geschäftsmodelle – Begriffsbestimmung und Teilnehmermodell. Johannes-Gutenberg-Universität, Mainz 2003.

Scherer, A. G.; Alt, J. M. (2002): Unternehmensethik für Professional Service Firms – Problemtatbestände und Lösungsansätze. Zeitschrift für Wirtschafts- und Unternehmensethik, 3/2002, S. 304-336.

Scheffler, H. (2019): Consulting war immer Bestandteil unserer DNA. Online unter: https://www.marktforschung.de/dossiers/themendossiers/from-insights-to-impact/dossier/consulting-war-immer-bestandteil-unserer-dna/, Abruf am 20.01.2020.

Scherr, M.; Berg, A.; König, B.; Rall, W. (2005): Einsatz von Instrumenten der Strategie-entwicklung in der Beratung. In: Bamberger, I. (Hrsg.): Strategische Unterneh-mensberatung – Konzeptionen, Prozesse, Methoden. Gabler, Wiesbaden 2005, S. 143-180.

Schnor, P. (2017): Perfektes Match gesucht. Online unter: https://www.gruenderszene.de/allgemein/comatch-gruenderszene-wachstumsranking-2017, Abruf am 08.10.2019.

Schulz, C. (2020): Consulting Studium – alle Hochschulen und Universitäten auf einen Blick. Online unter: www.consulting-life.de/consulting-studium-in-deutschland-alle-hochschulen-abschluesse-und-kosten-auf-einen-blick, Abruf am 09.06.2020.

Serrao, F. (2005): Wie ich fast Berater wurde. Online unter: https://www.welt.de/print-wams/article135965/Wie-ich-fast-Berater-wurde.html, Abruf am 23.10.2019.

Siems, F.; Röhr, E. (2017): Preis im Relationship Marketing – Ansätze und Potenziale. Marketing Review St. Gallen, 6/2017, S. 34-39.

Simon-Kucher & Partners (2019): Press Release – Record Revenue Growth for Simon-Kucher & Partners, Driven Primarily by U.S. Business Growth and Digitalization. Online unter https://www.marketwatch.com/press-release/record-revenue-growth-for-simon-kucher-partners-driven-primarily-by-us-business-growth-and-digitalization-2019-01-22, Abruf am 08.10.2019.

Strehlau, R. (2017): Trends im Beratungsmarkt in Deutschland und Europa. Dokumentati-on zum Vortrag, Deutscher Beratertag, 17.11.2017, Köln.

Tacke, G. (2018): Machen Sie Pricing zur Chefsache. Online unter: https://www.consulting.de/hintergruende/interviews/einzelansicht/machen-sie-pricing-zur-chefsache/, Abruf am 08.10.2019.

Thronberens, R. (1995): Zum Verhältnis von Abschlussprüfung und Unternehmensbera-tung durch Wirtschaftsprüfer. In: Walger, G. (Hrsg.): Formen der Unternehmensbe-ratung. Otto Schmidt, Köln 1995, S. 91-120.

Tirard, A.; Lyell, C. (2019): How to Transition from Consulting to C-Suite. Online unter: https://knowledge.insead.edu/node/4128/pdf, Abruf am 08.10.2019.

Tolbert, P. S.; Zucker, L. G. (1996): The institutionalization of institutional theory. In: Clegg, S. R.; Hardy, C.; Nord, W. R. (Hrsg.): Handbook of Organizational Studies. Sage, London/UK 1996, S. 175-190.

Top-Consultant (2019): Top Consultant – Die Auszeichnung für Deutschlands beste Bera-ter. Online unter: http://www.top-consultant.de, Abruf am 08.10.2019.

T-Systems (2015): Vorlage Statusbericht. Internes Arbeitsdokument. Bonn 2015.

Turner, A. N. (1982): Consulting is more than giving advice. Harvard Business Review, 5/1982, S. 120-129.

Universum Communications (2017): Germany's Most Attractive Employers 2017 – Stu-dents. Köln 2017.

U.S. Securities and Exchange Commission (2018): Guidance for Auditor Independence. Version vom 27.09.2018. Online unte:r https://www.sec.gov/page/oca-independence-guidance, Abruf am 28.06.2020.

Walger, G. (1995): Idealtypen der Unternehmensberatung. In: Walger, G. (Hrsg.): Formen der Unternehmensberatung – Systemische Unternehmensberatung, Organisationsentwicklung, Expertenberatung und gutachterliche Beratungstätigkeit in Theorie und Praxis. Dr. Otto Schmidt 1995, Köln, S. 1-18.

Walter, E.; Deelmann, T. (2005): Der „andere" Beratungsmarkt in Deutschland – Alternativen zur klassischen Managementberatung. In: Deelmann, T.; Petmecky, A. (Hrsg.): Schriften zur Unternehmensberatung. Band 5, Siegburg, Düsseldorf 2005

Wang, P.; Swanson, E. B. (2007): Launching professional services automation – Institutional entrepreneurship for information technology innovations. Information and Organization, 17 (2) 2007, S. 59-88.

Webster Jr, F. E.; Wind, Y. (1972): A general model for understanding organizational buying behavior. The Journal of Marketing, 36 (2) 1972, S. 12-19.

Wegmann, C.; Winklbauer, H. (2006): Projektmanagement für Unternehmensberatungen. Gabler, Wiesbaden 2006.

Weiber, R.; Adler, J. (1995): Informationsökonomisch begründete Typologisierung von Kaufprozessen. Zeitschrift für betriebswirtschaftliche Forschung, 47 (1) 1995, S. 43-65.

Werth, D.; Greff, T.; Scheer, A.-W. (2016): Consulting 4.0 – Die Digitalisierung der Unternehmensberatung. HMD Praxis der Wirtschaftsinformatik, 53 (1) 2016, S. 55-70.

Wimmer, R. (1995): Wozu benötigen wir Berater? – Ein aktueller Orientierungsversuch aus systemischer Sicht. In: Walger, G. (Hrsg.): Formen der Unternehmensberatung – Systemische Unternehmensberatung, Organisationsentwicklung, Expertenberatung und gutachterliche Beratungstätigkeit in Theorie und Praxis. Dr. Otto Schmidt, Köln 1995, S. 239-283.

Winnen, L. (2012): Der Beratervertrag – Eine juristische, betriebswirtschaftliche Betrachtung mit praktischen Beispielen. In: Deelmann, T.; Petmecky, A. (Hrsg.): Schriften zur Unternehmensberatung. Band 9, Bonn, Düsseldorf 2012.

WirtschaftsWoche (2019): Best of Consulting. Online unter: https://award.wiwo.de/boc, Abruf am 08.10.2019.

Wischnewski, E. (2001): Modernes Projektmanagement. Springer, Heidelberg 2001.

Wurps, J.; Musone Crispino, B. (2002): Inhouse Consulting in der Praxis – Ein Erfahrungsbericht der Volkswagen Consulting. In: Mohe, M.; Heinecke, H. J.; Pfriem, R. (Hrsg.): Consulting – Problemlösung als Geschäftsmodell. Klett-Cotta, Stuttgart 2002, S. 344-356.

Younger, J.; Patterson, S.; Younger, A. (2015): The big factors that attract the best freelancers. Harvard Business Review, 10/2015, S. 1-8.

Stichwortverzeichnis

Stichwort Seite

Agil 109
AKS V, 281
Alumni 277
Arbeitsintensität 18
Arbeitstag 69
Arbeitszeit 89
Attraktivität 275
Aufbauorganisation 132
Ausbildung 266
Auslastung 130
Automatisierung 26
Awards 35

Berateraffäre 199
Beraterauswahl 179, 185
Berater-Bashing V
Beraterentwicklung 180
Beraterevaluation 180
Beratermanagement 179
Beratersystem 245
Beratertrennung 180
Beraterzahl 54
Beratungsfeld 56
Beratungsform 217
Beratungsforschung 257
Beratungsgesellschaft 1
Beratungssystem 245, 249
Berufsbezeichnung 250
Berufsgrundsätze 208
Beschaffung 186
Bewerbungsprozess 59
Bewerbungsverfahren 61
Big Four 27, 42
BIP 56
Brainteaser 63
Break-even 156
Buchführung 6
Buying-Center 190

Cases 63
Commercial Cycle 4
Commodity-Beratungen 120
Concept Cycle 3
Consultancy Cycle 3
Consultant 1, 69
Consultant Career Cycle 3
Consulting Research 257
Corona-Krise 57, 282
Cultural Cycle 4
Customer Cycle 3

Definition "Beratung" 13
Dienstleistung 15
Digitalisierung 24
Dilemma 206
Disruption 51

Einkauf 186
Erfolg 172
Erfolgshonorar 171
Ethik 207
Exit 79, 178
Expertenberatung 219
Externalisierung 92

Fähigkeiten 75
Festgehalt 87
Festpreishonorar 168
Fortbildung 266
Freelancer 178
Freiberuflertum 251

Gap-Modell 174
Gehalt 87
General Management-Beratung 57
Geschäftsmodell 30
Gewinnaufschlag 156

Gewinnmarge 19
Glass-Steagall-Banking-Act 16
Gutachterliche Beratung 218

Hebelwirkung 130
Honorar 153
Honorarbestimmung 154
Honorarform 38
HR-Beratung 57

Image 271, 273
Informationsökonomisches Dreieck
   143
Inhouse Consulting 44, 226
Intellektuelles Kapital 19
Internalisierung 92
Interne Beratung 178, 225
Interventionsform 217
IT-Beratung 57

Junior Consultant 75
Junior Partner 75
Junior-Beratung 233

Karriere 177
Karrierepfad 80
Kombination 92
Kompetenzen 75
Kostenbasierte
   Honorarbestimmung 154
Kritik 205
Kundenprofessionalisierung 179
Kundensystem 245, 248

Lessons Learned 186
Linienorganisation 114
Linienposition 178

Magisches Dreieck 101
Markt 53
Markteintrittsbarriere 251
Marktforschung 7

Marktvolumen 54
Matrix-Organisation 133
Me too-Beratungen 121
Meta-Beratung 36

Nebenleistungen 87
Netzwerk 29

Office Day 69
Ökonomische Stellgrößen 130
OpinionTRAIN 199, 203, 274, 276
organisationale Beratung 13
Organisations- und
   Prozessberatung 57
Organisationsentwicklung 219

Partner 119
Perceived Value 151
Personal Fit 62
Personalentwicklung 80
Personalpyramide 75
Plattformen 29
Polarisierung 201
Preis 153
Preisdifferenzierung 162
Problemdefinition 185
Profitabilität 131
Programm-Management 99
Project Manager 75
Projekt 99
Projektakquise 144
Projektevaluation 186
Projektleitung 99
Projektmanagement 99
Projektorganisation 114
Projektplanung 186
Projekttypen 101

Qualität 145

Ranking 35
Rauf-oder-Raus 77

Rechtsberatung 7
Rechtsform 251
Rechtsrahmen 250
Rekrutierung 61
Reputation 35, 144
Risikomanagement 106
Rollen 116

Scrum 109
Senior Consultant 75
Senior Partner 75
Senior-Beratung 242
Sozialisation 92
Spezial-Beratungen 120
Spezialisierung 31, 148, 279
Standardisierung 26
Start-up 179
Statusbericht 106
Steuerberatung 6
Strategie 119
Strategieberatung 56
Studentische
    Unternehmensberatung 233
Studium 266
Systemische Beratung 220

Tagessatz 130, 163
Teamrollen 117
Tech-Dimension 145

Touch-Dimension 145
Transaktionskosten 96

Unternehmerlohn 155
Up-or-Out 78

Value-Based Pricing 160
Variable Bezüge 87
Vergütung 87
Vermittlungsfunktion 51
Vertragsgestaltung 186
Vertrauensgut 143
Virtualisierungsgrad 27

War for Talents 28
Wert 151
Wertbasierte Honorarbestimmung
    157
Wettbewerbsbasierte
    Honorarbestimmung 157
Wettbewerbsstrategien 121
Wirtschaftsprüfung 6
Wissensmanagement 90

Zahlungsbereitschaft 156
Zeitbasierte Vergütung 18
Zeithonorar 166